Eberhard Werner Happel

Deß Teutschen Carls

Oder so genannten Europaeischen Geschicht-Romans, auf das 1689. Jahr

Eberhard Werner Happel

Deß Teutschen Carls
Oder so genannten Europaeischen Geschicht-Romans, auf das 1689. Jahr

ISBN/EAN: 9783743657809

Hergestellt in Europa, USA, Kanada, Australien, Japan

Cover: Foto ©ninafisch / pixelio.de

Weitere Bücher finden Sie auf **www.hansebooks.com**

Deß
Teutschen
Carls/
Oder
so genannten
Europæischen
Geschicht-ROMANS,
Auf
Das 1689. Jahr/
Dritter Theil.
Worinnen
Unter
Einer angenehmen Schreib-Art/
nach Weise der vorigen Geschicht-Romanen/ angeführet und abgehandelt werden/ die
Merck-würdigsten Fürfälle und Begebenheiten jetzt-
besagten Jahrs/ auch andere Lesens-würdige
Materien von allerhand Sachen;
Aufgesetzet
Von
Everhardo Gvernero Happelio.

———————————————
U L M/
Druckts und verlegts Matthæus Wagner/ 1690.

Vorrede.

Geneigter Leser!

JEtzo præsentire ich Dir hiermit den Dritten Theil unsers Edlen Teutschen Carls/ welcher durch Discurſen und Thaten seine Erfahrung und Verstand allwege gnugsam an Tag/ und darneben zu erkennen gibt / daß man in unserm Teutschen Vatterland solche Helden und Berühmte Männer finde/ die sich für keiner andern Nation in der weiten Welt zu schämen haben. Unter andern beschreibet in diesem Dritten Theil unser Edler Carl den jämmerlichen Untergang der weyland hochberühmten Städten/ Corinthus, Carthago, Numancia, Jerusalem/ und vieler andern mehr / zu welcher Beschreibung ihn veranlasset der jämmerliche Anblick der Edlen Pfaltz/ und sonderlich der Speyerischen/ Wormsischen/ Mannheimer/ und anderer erbärmlichen Ruinen. Der Lebens-Lauff deß gewesenen Englischen Lord-Cantzlers Jeffreys wird eingeführet/ und darauf gehet unser Carl vor Mäyntz/ allwo man/ bey Gelegenheit deß jüngstverstorbenen Siammischen Königs/ desselben Landes Gelegenheit und Revolutiones erzehlet/ nebst einem Absprung zu allerhand andern Exempeln unglücklicher Königen und hohen Potentaten/

Vorrede.

taten/ fürnemlich in Indien. Unſer Carl hält ſich in gemelter Belagerung ſehr wol/ wider einen Edlen Tartar/ und darauf erzehlet ſein wieder-gefundener Diener/ welcher Geſtalt Er/ der Unvergleichliche Carl/ dem Türckiſ. Sultan das Leben erhalten/ der ihm darfür eine rühmliche Ehren-Säule aufrichten laſſen/ auch ſonſt groſſe Gnade erzeiget. Er gehet darauf nach Orient, und wird mit Ruhm auß der Gefangenſchafft zu Caffa erlediget / darauf gehet Carl nach Georgia, und läſſet ihm die Sitten und ſeltzame Gebräuche der Circaſſier/ Comouchi uñ Calmuker-Tartarn beſchreiben/ weil auch dieſe ſeltzame Raub-Vögel die gantze Dageſtaniſche Tartarey ruiniret/ und unter ſich gebracht/ thut der Edle Carl ein Redliches Stück / an der noch übrigen Prinzeſſin deß Landes/ Daregam, uñ gehet mit ſolcher Fürſichtigkeit auf die Landes-Feinde loß/ daß dieſelbe/ nach offt wiederholten Feldſchlachten / endlich gezwungen werden/ ſich mit Schanden wieder nach ihren Schlupff-Winckeln zu retiriren / da inzwiſchen/ bey müſſigen Stunden/ die Beſchaffenheit und Regierungs-Form Teutſchlandes erzehlet / auch das Journal der Belagerung Mäyntz richtig eingeführet wird. Was im IV. und Letzten Teil hernach folget/ ſtehet an ſeinem Ort gleicher Geſtalt zu vernehmen.

§ (1.) §

Deß Teutschen Carls

Dritten Theils
Erstes Capitul/
Erbärmliches Ansehen der verwüsteten Pfalz. Carthago wird von dem Römischen Scipio zum Stein-Hauffen und Asche gemacht.

Als unser Ulucastri am folgenden Morgen wieder zu Beinen kam/ fand er den Villars schon zu seiner Aufwartung bereit / wie auch die Amalia und ihre Brüder/ und weil die Teutschen Herren grosses Verlangen trugen/ fordersamst nach dem Lager vor Mäyntz zu kommen/ als wolten sie sich so bald zu Pferde setzen; Weil aber diese der Amalia ihren Bräutigam gelieffert/ wolte sich dieselbe auch danckbar erzeigen/ derowegen machte sie ein gutes Frühstück/ und offerirte solches ihren lieben Gästen. Ulucastri genosse darvon mit gutem Appetit, aber Villars war nicht gewohnet/ Vormittag zu speisen/ dannenhero sprach Ulucastri zu ihm / er möchte an Statt deß Essens ihm etwas erzehlen. Villars antwortete: Ich habe gestern Abends gehöret/ wie man die Belagerung Londondery abgelesen/ weil ich demnach weiß/

Deß Teutschen

daß dieser Ort an ihm selber seiner Gelegenheit und Stärcke nach Niemand allhier bekandt seyn wird/ ich dargegen vor etlichen Jahren einsmahls durch einen Sturm dahin verschlagen worden / als wil ich euch/ was ich darvon weiß / jetzo unter eurem Frühstücken mittheilen: So ist demnach zu wissen/daß das Jenige/ was man von den Norder-Frontieren Jrzlands schreibet / ob wären solche annoch meist von Heydnischen Aberglaubigen bewohnet / gar keinen Stich halte / wann man anders sich nach der Sachen wahren Beschaffenheit recht erkundiget. Vielmehr ist die ziemlich grosse Jnsul oder Königreich Jrzland durchgehends von lauter Christen bewohnet / die sich aber principaliter in 2. Religionen zerspalten/ nemlich in die Röm:sch-Catholische und Protestantische/wiewol/ was Civilität belanget/unter den eingebohrnen Nordischen Einwohnern Jrzland annoch weit mehr und rauhere Gemüther / als irgend in einem andern Europæis.Land-Strich/Lapland außgenommen/gefunden werden. Gantz Jrzland/ so vor anderthalb hundert Jahren annoch eine Herzschafft war/hernach aber ein Königreich worden/theilet sich in 4. Theile/davon La-genia, in welcher die Haupstadt Dublin nach Osten ; Momonia, darinn der beste Hafen Kinsale, nach Süden ; Connachia nach Westen ; Und Ultonia oder Ulster nach Norden sehen. Ich bleibe allein bey der letzten Provintz/in welcher Armagh die Ertz-Bischöffl. Haupt-Stadt/ darinn weyland der Primas Hyberniæ zu residiren pflegte/ ist aber jetzo schier gar unter ihren Stein-Hauffen begraben / Dredagh liget an der See nach Engelland zu/ist sehr vest / und führet den besten Handel in dieser Provintz/daher sagt man im Sprichwort: Wexfort ist im Werden / Dublin ist es / und Dredagh wird es werden. Aber alle diese Oerter werden in Ulster übertroffen von der Nordlichen See-

Stadt

Carls / 3. Theil.

Stadt Derry, welche sich/ seithero ihr von der Englischen Haupt-Stadt Londen um der Religion willen unter die Arme gegriffen worden/ Londonderry/ als ein Sohn nach seinem Vatter genennet hat. Sie lieget unter dem 11.Grad der Länge/ und 55.Grad 30.Min. Nordlicher Breite auf einer Insel/ welche auf ihre Landsprache Inis Owen genannt wird/schier am äussersten Ende gegen Norden in Irland/ allwo es auf dem Land so Frucht- und Wäyd-reich / daß man einen Ochsen von 1000.Pfund um 6.Reichs-Thaler kauffen kan / und so einer nur einem Landsassen von Adel etwa 400.Reichs-Thaler geben wil/ wird er ihn die Zeit seines Lebens an Essen und Trincken versorgen/ihm auch noch darüber ein Reit-Pferd zur Zucht/die allhier gar schön ist/ halten. Es ist sonsten diese Stadt ziemlich alt / und treibet durch die Schiffahrt über den Fluß Oncher einen starcken See-Handel. Etwa 3.Viertel einer Meile nach Nord-Osten davon/ liget das starcke Castell Kelmore, am Außfluß deß Strohms Oncher, bey der See/welcher sein Wasser daselbst in den Hafen Lough Foyle ergiesset / der so fähig ist / daß er eine grosse Anzahl Kriegs-Schiffe beherbergen kan. Nach Westen etliche Meilen darvon/liget die Stadt Tyrconnel, nach welcher sich der neuliche Vice-Roy und Graf deß Königs Jacobi nennet.

Londonderry liget etwa 11.Meilen von Schottland/wann man das Maaß von dem äussersten Theil besagten Hafens nimmet/die Stadt ist sehr wol und gantz regulier gebauet/ rings um einen Berg her/ der sich allgemach erhebet/und mitten in der Stadt seine Spitze zeiget / darauf ein grosser viereckigter Marckt-Platz/auf welchem das schöne Rath-Hauß liget/und kan man von hinnen einen überauß schönen Prospect haben/

Deß Teutschen

haben/ in die umligende Korn- Wäyd- und Marsch-Länder/ womit der Ort umgeben. Es steiget aber der Berg/ woran die Stadt gelegen/ in der Docirung oder Böschung/das ist/im äusserlichen Aufgehen bey 180. Ruthen/ und auf der Spitzen fället die gantze Höhe/biß zur Horizontalischen Ebene/auf 120.Fuß. Von dem Marck-Platz gehen 4. Haupt-Strassen/ und auß diesen wieder 14. kleinere Gassen/doch alles gar schicklich und gantz regulier. So zehlet die Stadt auch bey 800. Wohn-Häuser/ und 724.Ruthen in der Circumferentz innerhalb der Mauer/so sehr starck/ und auß Jrländischem Marmor/dessen in der Nachbarschafft sehr viel gehauen wird/ erbauet/ Jede von den 4. Haupt-Gassen lauffen gerades Weges nach einem von den 4.Stadt-Thoren. Sonsten zeiget die Stadt 2. schöne Kirchen/ starcke Wälle/ so gewaltig dick/ darzu mit Rondelen und Thürnen zur Gnüge/ wiewol doch nach alter Weise etwas irregulier. Gegen Norden und Nord-Westen siehet man einen grossen Morast/ und gegen Morgen bemelten Oncher-Fluß/ welche beyde Stücke der Stadt eine natürliche Vestigkeit ertheilen/ wiewol an der Wasser-Seiten die Bollwercke ziemlich alt/ und schier meist verfallen sind. Sehet/ meine Herren/ das ist das Wenige/ welches ich damahl von der Beschaffenheit der nunmehro durch eine schwere Belagerung berühmt-gewordenen Stadt und Vestung Londondery in der Jrländischen Provintz Ulster, oder Ultonia, zu ertheilen habe.

Ulucastri danckete ihm darfür/ und wie er sahe/ daß sich Villars auch wieder gestieffelt hatte/ bathe er ihn/ daß er nur bey seiner Braut bleiben möchte/ er könte ja einen andern so lang an seine Stelle ordiniren/ der das Commando über die Frantzösis.Geleits-

Leute

Carls / 3. Theil.

Leute führete / weil dann die Amalia auch sehr darum anhielt / inmassen sie mit der Hochzeit gern fortfahren wolte / damit ihr der Vogel nicht abermahl entwischen möchte / zu dem Ende hatte sie auch noch vorigen Abends nach einem Priester gesandt / der die Copulation verrichten solte / als ließ sich Villars bewegen / und nachdem er von unserm Teutschen Helden ein schön Præsent an Gold-Stücken empfangen / nahmen sie Abschied von einander / und giengen Jene ihres Weges weiter. Sie kamen zwar in eine lustige Gegend / die aber gar erbärmlich außsahe / wegen der vielen verbrandten Dörffer und Städten / darvon man nicht ohne hertzliches Mitleyden zum Theil annoch den traurigen Rauch auffsteigen sahe. Baldrich wandte sich jetzo zu den Frantzosen / und sagte: Wie seyd ihr Leute dann so gar anders / und ärger als die Barbarn und Türcken worden / daß ihr deß unschuldigen Edlen Landes / deß schönsten Teutschen Paradieses / deßgleichen gantz Franckreich nicht aufzuweisen hat / auß dem Grund verwüstet? Es ist nicht unsere Schuld / gabe ihm einer von den Frantzosen zur Antwort / dann ich gestehe gar gerne / und kan meinen Herrn versichern / daß die meiste meiner Lands-Leuten einen rechten Abscheu an dem grausamen Verfahren unserer Gebieter haben / ja manche Officirer entledigten sich gern von der Feuer-Execution, durch ein ansehnlich Stück Geldes / wann es möglich / und die Königl. Ordre nicht so streng wäre. Ich zweiffele nicht / fiel jetzo Ulucastri ins Wort / euer König wird dardurch die Gnade und Seegen deß Allwissenden GOttes / der ihm eine gute Zeit her so Gnädig erschienen / gäntzlich von sich und seinem gantzen Königreich ablencken / und einen Mann erwecken / der seine Unterthanen eben also heimsuchet / wie erbärmlich er

die

Deß Teutschen

die Pfaltz/ und etliche angråntzende Länder/ heimgesuchet hat/ dann/ wer ist jemahl so Barbarisch gewesen/ der eine uhralte Stadt/ die sich doch in keinem Ding deß Königs Willen widersetzet hat/ zum Stein-Hauffen solte gemacht/ und so gar vertilget haben/ daß nicht ein Stein auf dem andern geblieben? Und dannoch hat sich die unverföhnliche Rache euers Königs an den alten Städten Speyer und Worms/ auch an der neuen und schönen Stadt Mannheim/ wie nicht weniger an dem fürtrefflichen uhralten Chur-Fürstl. Residentz-Schloß zu Heydelberg/ und an vielen andern grossen und kleinen Orten/ solcher Gestalt gnugsam spühren lassen / daß die späthe Nach-Welt/ wann sie über etliche hundert Jahre darvon lieset/ ihre Mitleydens-Zähren darüber vergiessen/ und dem Verwüster alles Unglück wünschen wird. Der vorige Frantzoß gab hierauf dieses zu vernehmen: Ich wil hoffen/ daß man der Verstörer dieser Pfältzischen Städte mit der Zeit eben also vergessen wird/ wie derer/ die wol ehemahlen gewaltige Städte verwüstet haben/ derer Namen nicht mehr bekandt sind. So meynet ihr wol/ fiel ihm Ulucastri ins Wort/ daß die Historien die Namen solcher Städte-Würger (wie man sie nennet/) erlöschen lässet? Bey weitem nicht/ sie bleiben alle wol aufgezeichnet/ und das warlich nicht zu ihrem Ruhm. Carthago, Corinthus, Rom / Jerusalem / Constantinopel/ Troja/ und mehr dergleichen gewaltige Städte/ sind zwar weyland zu nicht gemacht/ aber die Namen ihrer Mörder bleiben annoch bey der heutigen Welt in frischem Gedächtnüß. Mein Herz/ sprach jetzo der Frantzoß/ wann ich dann auß euerm Discurs erkenne/ daß ihr in den Historien ziemlich müsset belesen seyn/ so bitte ich euch/ beschreibet uns doch den Untergang

etlicher

nun Liebhaberi ein überauß angenehmer Zeitvertreib der Ritter war/ also wolte er dem Frantzosen hierinn auch zu Gefallen seyn/ sprach demnach also:

Ihr werdet ausser Zweiffel ehemahl gehöret haben/ von der Grösse/ Gewalt und Reichthum der mächtigen Stadt Carthago, aber wo ist sie? Unter ihren Stein-Hauffen wird man sie zerschmettert sehen/ und wer etwa noch einen kleinen Rest oder Ebenbild von ihr zu sehen begehret/ der wird solches an der Stadt Tunis finden/ welche auß ihren Ruinen wieder erbauet worden. Wer diese Stadt zum ersten mahl erbauet/ darüber sind die Scribenten nicht einig/ die Meisten schreiben solches den Phœniciern/ insonderheit aber der Printzessin Dido zu/ dargegen behauptet Iguu Rachif, ein Africanischer Historicus, es sey geschehen von einem Volck/ so durch die Egyptische Könige auß Barca vertrieben worden. Diese Stadt hat mit der Zeit dergestalt zugenommen/ daß sie bey allen andern Städten eine Verwunderung und eine Furcht erwecket. Ihre Macht ist der Griechischen Macht gleich gewesen/ und ihr Reichthum nicht kleiner/ als der Perser. Diese Stadt wollen wir in ihrer Wiege und in dem Sarge betrachten. Die Römer haben sich deß Welschlandes nicht ehe bemächtiget/ bevor die von Messina, ihre Bunds-Genossen/ kamen/ und über die Carthaginenser klageten/ und die Römer und Africaner hatten damahl gleiche Lust nach Sicilien. So bald sich nun Messina über die Carthaginenser beschweret/ kamen die Römer/ die nicht anders/ als zu Land gekrieget/ und von See-Schlachten noch nichts wusten. Aber die Beute machte sie blind/ daß sie/ wie Florus spricht/ nicht einmahl überleget/ ob man in Sicilien zu Schiffe oder zu Pferd fechten müste. Es gelung ihnen aber nach dem Sprüchwort: Fortuna juvat audaces. Sie überwunden gleich Anfangs den Hiero, König zu Syracusa, sie lieffen zum andern mahl in die See/ und machten gantz Sicilien zu einer Römischen Provintz. Darnach giengen sie in die Inseln Sardinien und Corsica, allwo sie durch Verwüstung der Städte Olbia und Valeria sich noch formidabler und auch reicher machten. Dieses Glück gab ihnen solchen Muth/ daß sie Lust bekamen/ die Waffen in Africam zu verlegen/

verlegen / allwo ihnen nicht allein seltzame Menschen entgegen kamen / sondern sie musten mit ungeheuren Schlangen fechten/ und dannoch kunten sie nicht verhindert werden/ nach Carthago zu gehen. Sie waren damahlen nicht sonders Glückseelig/ weil die Carthaginenser zu den Lacedæmoniern ihre Zuflucht genommen hatten / welche ihnen einen trefflichen Capitain zugesandt/ der ihnen grossen Nutzen schaffte. Hierdurch nun wurden auch die Carthaginenser hoffärtig/ und giengen wieder nach Sicilien / allwo sie offt Stürme und Ungewitter zur See empfinden musten/ insonderheit einsmahls/ da sie durch dergleichen Unglück ein grosses Volck verlohren / und sich nach Gelegenheit umsehen musten / wieder nach ihrem Vatterland zu kehren. Dieser Verlust war sehr groß/ dann alle ihre beste Mannschafft und gröste Schätze kamen in der See um / daß man glauben kunte / Carthago sey auffer Carthago erobert. Vier Jahr hernach hat Hannibal auf dem Altar zwischen den Händen seines Vatters geschworen/ die Römer heimzusuchen/ und abzustraffen/ weil sie von den Carthaginensern Schatzung foderten. Er belagerte vorerst Saguntus, welche Spanische Stadt von den Römern und Carthaginensern Freyheit erhalten hatte/ Hannibal hielte sich nicht an den Accord, mit welchem beyde Städte den Saguntinern verbunden waren / er wolte lieber denselben brechen/ als die Gelegenheit versäumen/ Carthago zur Obsiegerin zu machen. Die Saguntiner hielten die Belagerung gantzer 9. Monat auß / sie duldeten grossen Hunger/ um die Sclaverey zu meyden/ und als sie keine Hülffe noch Erlösung sahen/ stecketen sie ihre Häuser in Brandt/ und überliessen dem Feind nichts/ als Asche zur Beute.

Nach wenigen andern Verrichtungen in Spanien/ machte er ihm einen Weg mitten durch die Alpen; Er sahe wol/ daß der hohe Schnee daselbst den Menschen allen Zutritt nach Italien benahm/ derowegen durchbohrete er die Felsen selber/ und gieng hindurch. Zwischen dem Po-Fluß und Etsch schlug er das Römische Lager / und hinter dem Strohm Trelüc noch einmahl. Zum dritten mahl victorisirte er bey Perusia, und bey Cannas zog er ihnen das Fell gar über die Ohren. Daselbst blieben 40000. Römer auf dem Platz/ eines von ihren Häuptern nahm die Flucht / und das Andere blieb. Der Fluß Ofiente blieb eine Zeitlang roth von Blut/ und Hannibal ließ eine Brücke machen über den Fluß Vergelle, auß lauter Todten-Körpern derer/ die in der Schlacht geblieben waren. Zween Scheffel voll Ringe

sandte

sandte er nach Carthago, zu zeigen/ wie viel Ritter er erschlagen hatte. In 5. Tagen hätte er können ins Capitolium gehen/ wann er Lust gehabt hätte / seinen Sieg zu verfolgen. Hernach legte er sich in Capua, und daherum/ auf die Wollust/ und ließ sich zu seiner eigenen Schande gar leichtlich dardurch überwinden. Die Römer inzwischen hatten keine andere Waffen mehr / als die in ihren Tempeln hiengen/darauß holeten sie selbige/und machten Soldaten auß ihren Sclaven/denen sie ihre Freyheit ertheileten. Mit denselben giengen sie recht auf den Hannibal, mit welchem sie stritten/und ihn zwangen/die Belagerung Nola aufzuheben/ wie dann auch ihre Göttliche Responsa und ihr Fatum ihnen das Käyserthum und die 4. Monarchie zugedacht hatten. Also sandten die Römer ihre Scipiones nach Spanien/ die Carthaginenser darauß zu verjagen / und der junge Scipio hatte das Glück/ daß er in 4. Jahren gantz Spanien gewann / von den Pyreneischen Alpen / biß zu den Herculis-Säulen hinzu.

Hannibal vernahm dieses mit sonderbaren Schmertzen/ und muste hören / daß die Römer auch Taranta gewonnen/ und Capua belagert wäre / derowegen gieng er gerades Wegs auf Rom. Als er aber durch einen ominensen Regen verjaget ward/ und bald verstund/ daß die gantze Armee unter Syphax und seinem Bruder Asdrubal, die ihm zu Hülffe gesandt waren / geschlagen worden / wie auch daß Scipio schon vor den Thoren zu Carthago stünde / so wuste er vor Bekümmernuß nicht zu bleiben. Er verließ Italien mit grossem Schaden/ und gieng nach Africa, daselbst griff er den Scipio an / aber mehr beherzt / als glücklich/ dann er verlohr die Schlacht/ zu merklichem Schaden der Stadt Carthago. Die Römer betrachteten hernächst / daß die Carthaginenser mit dem Numidischen König Masinissa, ihrem Bunds-Genossen/ viel zu thun gehabt / dadurch nahmen sie Anlaß/ den Lauff ihrer Waffen zu rechtfertigen.

Als die Carthaginenser nun von den Römern aufs äusserste verfolget wurden/daß sie keine Außflucht mehr sahen/da sandten sie den Feinden ihre Schiffe zu / aber die Römer verbrandten sie vor ihren Augen/und liessen ihnen darbey andeuten/ sie möchten sich zum Tode bereiten / oder alsobald die Stadt quittiren / um das Leben zu erhalten. Hierdurch wurden die Carthaginenser dergestalt erbittert/ daß sie alle Straffen geringer achteten / als sothane Schmach. Dieser Befehl der Römer machte sie verwirreter/ als ihre Ankunfft / weil sie aber keine Hoffnung noch Zuflucht mehr übrig sahen/ wolten sie lieber durch die Hand der Feinde/

Feinde / als durch die Ihrige zu Grunde gerichtet seyn / und warlich / wann wir dem Floro glauben dörffen / so haben die Römer mehr zu thun gefunden an der halb-zernichteten Stadt/ als da sie noch in ihrem Flor gewesen. Also rissen die Carthaginenser ihre eigene Häuser nieder/ um eine neue Schiff-Flotte zu bauen/ sie bedieneten sich deß Silbers und Goldes an Statt deß Eysen und Kupffers/ die Frauen schnitten ihre Haare ab/damit es nicht an Materie zu Stricken gebrechen möchte / dann sie achteten ihnen es nicht so schimpfflich / daß sie den Kopff scheeren liessen/ als daß man ihnen die Mauren einrisse. Ob aber gleich der Carthaginenser Hartnäckigkeit groß war / so war doch ihre Noth noch viel grösser. Sie hatten ihnen vorgesetzt mit / fechtender Hand zu sterben/ Groß-müthig gnug / aber es kunte nicht darzu kommen / dann sie litten schon an allem / grossen Mangel / also ergaben sich in dieser äussersten Noth und letzten Verzweiffelung 40000. Menschen dem Gutdüncken und der Barmhertzigkeit der Römer. Asdrubal selber folgete diesem nach/ und wolte lieber zu Rom in Ketten und Banden / als unter den Ruinen seines Vatterlandes begraben ligen. Seine Frau erzeigte sich bey dieser Gelegenheit Männlicher/ als er/sie nahm ihre 2. Kinder in die Aerme/und stürtzete sich samt denselben von einer Höhe hernieder / sie wolte nicht länger leben / nachdem ihr Ehe-Gemahl seine Ehre und Ruhm in die Schantze geschlagen hatte / und nachdem ihr Vatterland vertilget worden.

Endlich ist Carthago durch das Feuer zernichtet worden/ und hat die Flamme weder der Häuser noch der Kirchen verschonet. Der Brandt war so hefftig/ daß er in 17. Tagen nicht kunte gelöschet werden / und der Jammer war so groß / daß Scipio selber die Asche ohne Thränen nicht ansehen kunte. Also ist die Stadt durch sich selber vergangen / dann die Einwohner zündeten ihre Holtz-Hauffen selber an; Worauß wir zu lernen haben / daß kein Tag ist ohne Nacht / noch ein Sommer ohne Winter / Ja die Sonne selber / wann sie den Mittags-Punct erreichet / eylet alsobald wieder zum Untergang. Sehet / das war also das jämmerliche Geschick der mächtigen Stadt Carthago.

Das II. Capitul /
Ulucastri beschreibet den Untergang der Stadt Corinthus , **und die listige Händel** Rufini **und** Stiliconis.

Als

Als Ulucaſtri hiermit zu reden aufhörete/ ſahe er
ſich um/ und merckete/ daß ſeiner gantzen Geſellſchafft die Thränen in den Augen ſtunden.
Der vorige Frantzoß aber ſagte: Mein Hertz/ ihr habt
uns eine Sache erzehlet/ dardurch eines jeden vernünfftigen Menſchen Hertz nicht ohne Urſach muß
gerühret werden. Wir Menſchen ſind alſo geartet/
daß wir die traurigſten Fälle mit mehrerer Aufmerckſamkeit vernehmen/ als die Frölichen; Alſo werdet
ihr in dieſer Materie noch ein wenig weiter fortfahren/ weßfalls ich euch im Namen unſerer gantzen
Geſellſchafft höchlich wil gebetten haben. Der
Teutſche Held wolte ſeine begierige Geſellſchafft
nicht unvergnügt laſſen/ dannenhero fuhr er in ſeiner
Erzehlung weiter alſo fort:

Corinth war auch eine gewaltige Stadt/ die ſich
nicht einbilden kunte/ daß ein gemeiner Tag ihr
alles Unglück ſolte zuwegen bringen/ oder daß ſie ihre
Freyheit hätte mögen verliehren/ durch eine Macht/
oder Kunſt/ wodurch ſie ſich allweg ſo trefflich empor
gehalten hatte. Sie bildete ihr in ihrem Wolſtand
ein/ daß ihr alles erlaubt wäre zu thun/ was ſie thun
könte/ und daß alles/ was ſie thäte/ wol und redlich
gethan ſey. In dieſer Einbildung griffen ſie auß
bloſſem Ehrgeitz die Stadt Lacedæmon an/ welche/
weil ſie ſahe/ daß die Römer damahl vor alle Welt
eine Zuflucht waren/ ſich bey denſelben über die Trotzigkeit der Corinther hefftig beklageten. Die Römer
ſahen nicht auf die Freyheit deß Volcks/ welches denſelben rechtmäſſig zukam/ waren vielmehr zufrieden/
daß ſie Urſach funden zum Krieg/ welchen ſie vorlängſt gerne in Achajen verſetzt hätten/ um ſolche
Landſchafft unter ihre Bottmäſſigkeit zu bringen.
Sie ſandten alſo ihre Geſandten nach dieſer Landſchafft/

schafft/ welche von den Einwohnern hart angefahren wurden / und weil diese ihre Gesandten vor heilig wolten gehalten haben/ urtheileten sie / Ursach gnug gefunden zu haben/ solch Verbrechen an den Feinden mit den Waffen auß aller Macht zu rächen. Critolaus, der Corinther Gesandte/ hatte hart wider die Römische Gesandten gesprochen/ und das verdroß sie von einem solchen/ der ehemahlen ihr Sclav gewesen/ und hernach freygelassen worden/ dannenhero sandten sie vielmehr ein Lager / als nachmahls einen Gesandten.

Es sahen die Römer wol/ daß es besser sey/ mit den Corinthern zu fechten/ als zu sprechen/ dann sie musten ihnen als Löwen erscheinen / weil die Corinther den Fuchs-Balg angeleget hatten. Zu dem Ende zogen sie gerad auf Achajen an/ und gaben Ordre, unbarmhertzig zu verfahren/ wider die Jenige/ von denen sie waren verachtet worden / dadurch zu zeigen/ daß sie wüsten zu rächen eine Undanckbarkeit/ durch eine gnugsame Grausamkeit. Die Achajer entsetzten sich gar nicht über die Gegenwart und Drohungen der Römer/ sie waren vergnügt/ daß sie ein Volck in ihr Land gelocket/ welches bey allen andern Völckern sehr verhasst war/ sie passeten auf die Römer nicht anderst/ als auf eine reiche Beute/ und betrachteten die Römische Soldaten nicht anderst/ als ein Volck/ das ihnen viel Raub und Ehre zubrächte. Ja/ sie verliessen sich so sehr auf ihr Glück/ daß sie alle ihre Mütter/ Frauen und Kinder auß den Städten liessen gehen/ um Zeugen zu seyn von ihrer Tapfferkeit. Sie setzten sich also auf die Spitzen der Bergen/ von dannen sie ihre Männer/ Vätter und Söhne kunten sehen streiten vor die Freyheit/ Ehre und vor das Vatterland/ eben auf diese Weise/ wie
sie ge-

Carls / 3. Theil.   13

ſie gewohnet waren / den Corinthiſchen Spielen zu zuſchauen.

Als die Römer ſahen / daß man ſie ſo wenig achtete / da man ſie billich zu fürchten hätte / wurden ſie ſehr ergrimmet / und fielen mit ſolcher Furie auf ihre Feinde / daß der Tod denſelben zum Preiß und Belohnung ihrer Hoffärtigkeit und Geringachtung bald ertheilet ward. Die Achajer rieffen den Sieg vor dem Streit auß / und waren allein in der Hoffnung reich. Alles ihr Glück war ein lauterer Traum / der nicht lange gedauret / auf die Neugierigkeit der Frauen folgete bald eine groſſe Beſtürtzung / und als dieſer Tag zum Ende / befunden ſie ſich mit einander ohne Männer / Vätter / Brüder und Söhne. Nach dieſer Niederlag verkrochen ſie ſich in die umligende Speluncken / aber durch ihr Seuffzen / oder durch den Fleiß der Römer / wurden ſie entdecket / und alſo gerieth ihnen die Flucht nicht zur Erhaltung / und welche damahlen nicht ſturben / oder vorher geſtorben waren / durch Bekümmernuß / die muſten die jenige Ketten ſelber tragen / womit ſie die Hände der Obſieger zu binden meyneten. Die Römer waren nicht vergnügt an dieſer bloſſen Victorie, die ſie ſo leicht gewonnen / ſondern wolten / daß die Haupt-Stadt von Achajen deſſen ein ewiges Merckmahl tragen ſolte / damit andere Städte ſich daran ſpiegeln / und vor Hochmuth und Undanckbarkeit ſich hüten möchten. Dieſes war die Urſach / daß ſie nach Corinth giengen / ſolche Haupt-Stadt zu belagern / und ſie muſten ſich verwundern über die ſtoltze Gegenwöhr der Einwohner. Man hätte gemeynet / der Tod ihrer Mit-Geſellen ſolte ihnen allen Muth genommen haben; Aber / weit gefehlet / dardurch wurden ſie vielmehr zu einer hartnäckigen Standhafftigkeit und

bluti-

blutigen Rache wider die Römer angereitzet. Inzwischen gienge die Belagerung sehr standhafftig fort/ und wuste man nicht/ ob die muthigen Corinthier in der Stadt/oder die tapffern Römer in ihren Erdenen Wällen/am meisten zu fürchten wären. Jene verharreten in ihrer Halßstarrigkeit biß auf die letzte Stunde/ ihr Verstand war nicht so groß/ als ihre Gedult/ und man hat niemahl Leute gesehen/welche bequemer gewesen/ Ubel zu thun/ und auch Ubel außzustehen/ aber aufs Letzte musten sie sich ergeben. Die Römer wurden nicht matt/ durch ihr stätiges Wachen/ noch durch ihre unaufhörliche Arbeit/ derowegen suchten sie sich am Ende/ und nach der Ubergabe der Belagerten/grausamlich zu rächen. Also ward die Stadt geplündert/ so bald sie erobert worden/ und durch die Trompeter hat man den Soldaten/ um solche zu erfrischen/die Plünderung angekündiget. Die Häuser und Thore wurden durch der Einwohner Blut besprützet/ und das Morden war nicht so abscheulich/ wegen der Neuheit/ als wegen der Langwierigkeit.

Gleich wie es aber nicht gnug für die Römer war/ die muthwilligen Corinthier zu erwürgen/also haben sie auß der gantzen Stadt eine glühende Kohle gemacht/ und durch dieses Feuer haben sie vernichtet ihre Mauren/Häuser/ Tempeln/ Götter und Priester. In diesem Brandt sind alle Götzen-Bilder von Gold/ Silber und Kupffer durch einander zerschmoltzen/ und die Flamme ist nichts anders gewesen/ als eine Vermischung verschiedener Metallen/welche so überflüssig allhier waren/ daß noch biß auf den heutigen Tag die gantze Welt von diesem berühmten Corinthischen Ertz zu sagen weiß. Man kan warlich nicht sagen/ daß die stärckesten Städte am sichersten sind/ und nach jetzt-erzehlten Exempeln können wir sagen/

daß

daß hier unten auf Erden kein Anfang sonder Ende sey. Das ward also auch das Geschick der weyland Welt-beruffenen Stadt Corinthus. Der Außführer dieser Verwüstung war der Römische Bürgermeister L. Mummius. Hernach ist die Stadt in etwas wieder erbauet/ aber sie hat den vorigen Glantz nimmer wieder erreichen mögen/ und ist vor 2. Jahren durch die sieghaffte Venetianer/ samt gantz Achaja, und dem Rest von Morea, den Türcken abgenommen worden.

Aber/was soll ich sagen/die Welt-Haupt-Stadt Rom selber hat sich endlich ebenmässig sothanem Geschick unterwerffen müssen/ dann Käyser Theodosius verließ 2. Söhne nach seinem Tod/Honorius und Arcadius genannt/und eine Tochter/Namens Placidia, unter welche er das Käyserthum außgetheilet/ und weil sie noch etwas jung/ hat er ihnen zu Vormündern verordnet/ 2. berühmte Männer/ Rufinum und Stiliconem, Rufinum in dem Theil gegen Orient, und Stiliconem in Italien/ oder Occident. Es war aber Stilico ein sehr berühmter und erfahrner Kriegs-Obrister/ wie dann auch Rufinus ein sehr erfahrner und tapfferer Mann war/ aber darneben waren sie Beyde auch mit dem Ehrgeitz und Regiersucht starck behafftet/und weil sie beyde Söhne deß Käysers noch unerwachsen sahen/ nahm ihm ein Jeder für/ das Käyserthum zu erlangen/ Rufinus zwar für sich selbst/ Stilico aber für seinen Sohn/ weil aber solches nicht leichtlich geschehen kunte/wegen der grossen Affection und Zuneigung / so das Reich gegen deß Käysers Theodosii Söhne trug/ingedenck der Tapfferkeit und Tugend deß Vatters. Jedweder nun/auß gedachten Vormündern/war/wiewol so heimlich/als es immer möglich/ dahin bedacht und bemühet/ wie sie Krieg
und

und Zweytracht im Reich erregen möchten/ damit sie/ als in den Waffen berühmte und erfahrne Männer/ allezeit das Commando haben / und ihre Authorität erhalten könten / und so sie (wie dann vielfältig geschehen/) zu Bürgermeistern erwählet würden / alsdann auch / als Kriegs-Generalen / sie Gelegenheit haben möchten / sich desto leichter deß Reichs zu bemächtigen.

Der Erste unter ihnen/ welcher solch sein Vorhaben entdeckte/ war Rufinus, der/ als er durch unterschiedliche Mittel die Barbaren zum Krieg gereitzet/ und hierauf wider selbige/ zum Kriegs-General erkläret wurde/ unterfienge er sich/ einen Käyser zu nennen/ welches ihm aber übel bekommen/ dann er wurde auf Honorii Befehl/ der schon ziemlich erwachsen war/ oder vielmehr auf Stiliconis Einrathen / als welcher diese Practiquen (womit er auch selbsten schwanger gieng/) wol merckete/ getödtet/ mit mehr als tausend Wunden / von seinen eigenen Soldaten hingerichtet/ und in Stücken zerhauen.

Der Andere aber/ nemlich ermelter Stilico, welcher vorsichtiger war / und die Zeit besser zu beobachten wuste / vermählet dem Honorio seine Tochter/ welches dann billich eine Ursach hätte seyn sollen/ ihn von solchem seinem Gottlosen Vorhaben abzuwenden. Er suchte aber nichts desto weniger auf alle Weise und Wege seinen Intent werckstellig zu machen/ reitzete heimlich- und tückischer Weise die Gothen/ Wenden und Hunnen/ wider andere Barbarische Völcker zum Krieg/ um einen Krieg und Unruhe in dem Reich zu moviren / griffe sie zu Zeiten an / und vermüssigte sie zu den Waffen; Zu Zeiten wickelte er solche Völcker auf/ ihnen durch heimliche Conspiration eine Hoffnung machend/ wie sie diese und jene

Provintz

Proving deß Reichs erobern könten. Und dieses thäte er in Hoffnung/ (wie vor gemeldet/) daß er durch diß Mittel zum General und Kriegs-Obristen möchte erwählet werden/ weil er an Authorität/ Reichthum/ Gewalt und Hoheit / wie auch in Kriegs-Wissenschafften/ der Berühmteste und Erfahrenste vor allen andern selbiger Zeit war. Ob auch gleich Arcadius und Honorius schon ziemlich erwachsen/ waren sie doch/ wegen Regierung deß Reichs/ nicht sonders sorgfältig. Als nun die Gothen mit gewaffneter Hand im Anzug waren/ wurde Stilico wider selbige zum Obristen-Kriegs-General erwählet; Ob er nun wol zu etlichen mahlen obsiegete/ hielte er doch mit der Victorie jederzeit an sich / und wolte selbige niemahls prosequiren/ und fortsetzen/ ob er schon gute Gelegenheit hatte/ und solches darum/ damit der Krieg nicht zu Ende gienge; Es war aber seine Reputation und Ansehen/ welche er hiebevor erlanget/ und meisterlich in Acht zu nehmen wuste/ schon so hoch gestiegen/ daß alles/ was er thäte/ approbiret und gut geheissen wurde.

Inzwischen erwähleten die Gothen Alaricum zu ihrem König/ welcher mit einer sehr mächtigen und außerlesenen Armada kam/ und ob er zwar wol den Gothen ziemlich Schaden zufügete/ sahe man doch wol/ daß/ so er gewolt/ er ihnen noch schärffer hätte in die Eysen kommen können. Alaricus, welcher sehr verschlagen war/ merckete gar wol/ daß es dem Stiliconi, den Krieg zu Ende zu führen/ kein Ernst war/ damit er der Ehre und seines Commando nicht beraubet werden möchte/ und daß er durch solchen Krieg so viel Zeit zu gewinnen suchte/ biß ein anderer Hauffen Barbarischer Völcker/ die Wenden genannt/ (von denen man gewiß sagte/ daß sie einen Einfall in das Reich thun

thun würden/) ankäme/ auß deren Herkommen Stilico war/ hoffete also/ durch deren Favor und Hülff sich leichtlich deß Käyserthums zu bemächtigen/ und seinen Sohn Euchenium einzusetzen. Da nun Alaricus von deß Stiliconis Vorhaben gewisse Nachricht hatte/schriebe er an Käyser Honorium, und bath ihn/ daß er mit ihm Frieden machen wolte/ sintemahl er anders nichts suchete/ als ein Stuck Landes/ damit er mit den Seinigen wohnen könte/ sich erbietend/ ihme treulich zu dienen. Auß diesem Bericht nun/ wie auch wegen etlicher anderer vorgegangener Dinge/ welche den Stiliconem suspect machten/ erkannte Käyser Honorius desselben Gedancken zur Gnüge/ ließ es sich aber zur Zeit nicht mercken. Unterdessen verwilligte er deß Alarici Bitte/ und erlaubete ihm/ mit den Seinigen einen Theil Franckreich zu bewohnen/über der Vollziehung dieser Tractaten/wurde viel Zeit zugebracht/biß endlich mit beyderseits Versicherung capitúliret/ und solcher Frieden/ wiewol wider deß Stiliconis Willen und Meynung/ geschlossen worden.

Nachdem sich nun Alaricus, dem Accord gemäß/ mit seinem Kriegs-Heer von deß Reichs Boden movirte/ die jenige Landschafft einzunehmen/ welche ihm in Franckreich assignirt worden/tractirte Stilico heimlich/ mit einem seiner Haupt-Leute/ der ein Jud war/ Namens Saulus, daß er mit seinen untergebenen Soldaten/ vorwendend/ daß er eine Particular-Verrichtung habe/ am H. Oster-Tag/ (welche die Gothen/ als Christen/ zu feyren pflegten/) sie unversehens überfallen/ und so viel ihm möglich/ derselben niedermachen solte/ hoffentlich/ daß durch diß Mittel der Krieg wiederum auffs Neue sich anfangen/und er zu seiner vorigen Charge und Generalat, welches sich
mit

Carls / 3. Theil.

mit dem Frieden geendiget hatte / hinwiederum aufgenommen werden solte. Ermelter Jud vollzog seinen Befehl / überfiel die Gothen / und gieng mit ihnen übel um / muste aber endlich solchen Betrug und Verrätherey mit seinem Leben bezahlen / dann die Gothen unirten sich / giengen auf ihn loß / und schlugen ihn / samt dem mehrern Theil der Seinigen / todt.

Alaricus hierüber sehr entrüstet / gieng mit seinen Völckern zuruck / auf Stiliconem und sein Heer loß / dieser stellete sich / als ob er sich fürchtete / und wolte sich auf keine Weise mit ihm in eine Feld-Schlacht einlassen / sondern sandte an den Käyser / um mehrern Succurs zu erhalten. Der Käyser Honorius, als welcher bereits von deß Stiliconis listigen Practiquen gewisse Nachricht hatte / sandte zwar ein grosses Heer ihme entgegen / doch unter dem Commando solcher Personen / die offt-ermelten Stiliconem, samt seinem Sohn / vom Brodt thun / und umbringen musten. Hierauf wurde die Ursache solches ihres Todes publiciret / und die Verrätherey / die er practiciret / entdecket. Obwol nun Honorius zwar diesem Ubel vorgebeuget / wuste er doch nicht sattsame Anstalt zu machen / einen qualificirten Kriegs-General über sein Heer / wie es nothwendig hätte seyn sollen / zu erwählen / also / daß Alaricus entweder vermeynend / es sey ihm solcher Einfall mit Vorwissen deß Käysers geschehen / oder aber die bequeme Gelegenheit beobachtend / sich unterstünde mit seinen Völckern gegen die Stadt Rom / und zwar ohne einigen Widerstand / zu avanciren / legete alle Oerter selbiger Gegend in die Asche / und plünderte das gantze Land / wo er hintraff. Endlich kam es zur Blocquirung ermelter Stadt / im 1160. Jahr nach Erbauung derselben. Als sich aber die Römer defendirten / und tapffer zur Gegenwöhr

B 2 stelle-

stelleten/ also/ daß er ihnen im ersten Argriff nichts
anhaben kunte/belagerte er sie an allen Orten auf das
Hefftigste/ und währete solche Belagerung 2. Jahre.
Von dieser Belagerung/ und wie sie Alaricus endlich
eingenommen/ schreiben viel Authores, daß es also
(wie hernach folget/) zugegangen/ die Begebenheiten aber/ so währender Zeit vorgangen/ haben sie sehr
kurtz beschrieben/ und fast gar nichts darvon tractiret/
oder gehandelt.

Das III. Capitul/
Die Stadt Rom wird von den Gothen und
andern Nationen erobert/ und gewaltig verwüstet.

Die Jenige/ so darvon melden/ seyn/ Paulus
Orosius, in seinem 7. Buch/ Paulus Diaconus,
im Leben Honorii, Jornandes in der Historia
von den Gothen/ S. Augustinus de Civit. Dei, lib. 7. und
S. Hieronymus im Anfang seiner Episteln meldet/ daß
solches zu seiner Zeit vorgangen; Es erzehlet es
gleichfalls Isidorus, in der Historia von den Gothen/
samt andern neuen Authoren/ welche alle mit einander übereinstimmend/ melden/ daß es folgender Gestalt zugangen: Als Alaricus gegen Rom mit seinem
Kriegs-Heer im Marsch begriffen war/ und ungeacht
er ein Christ/ doch wild und grausam gnug hausete/
begegnete ihm unter Weges ein Mönch/ von grossem
Ansehen/ und eines heiligen Lebens/ Niemand aber
wuste/ von wannen er war/ da sich nun Alaricus mit
ihm besprach/ gab er ihme den Rath/ und ermahnet
ihn/ er solte von diesem bösem Vorhaben ablassen/ in
Betrachtung/ daß er ein Christ wäre/ und demnach
um Christi Willen seinen Zorn mässigen/ und ja nicht
Ergötzlichkeit suchen/ mit Vergiessen so viel Menschen-Bluts/ zumahlen ihme die Stadt Rom niemahlen einiges Leyd zugefüget hätte. Diesem/ schreiben sie/

ben sie / habe Alaricus geantwortet: Du solt wissen/ du Mann GOttes / daß ich nicht von mir selbst / oder auß freyem Willen / Rom überziehe / sondern ich versichere dich / daß mir täglich ein Mann erscheinet / der mich verunruhiget und nöthiget / zu mir sagend: Wende dich mit deinem Kriegs-Heer gegen Rom/ dann du solt dieselbige gantze Stadt zerstören und verwüsten. Der Mönch entsetzte sich hierüber / und unterstunde sich nicht ferner etwas zu repliciren / der König Alaricus aber setzete sein Vorhaben fort. Diß findet man geschrieben/ in den Annalibus der Stadt Constantinopel / woselbst es der Historia Eutropii beygefüget ist. Hierauß erhellet/ daß diese Widerwärtigkeit der Stadt Rom eine absonderliche Straff GOttes gewesen sey. Paulus Orosius bestättiget es gleichfalls / sagend: Daß / gleichwie GOtt der HErr den gerechten Loth auß Sodoma geführet / als er beschlossen / die Stadt und selbige Gegend zu verderben; Also errettete er (und reitzete vor der Belagerung außzuziehen) Papst Innocentium den I. welcher viel Tage zuvor nach Ravenna gezogen / den Käyser Honorium zu sehen / wiewol Platina sagt / es sey der Stadt Rom diese Widerwärtigkeit zur Zeit Papst Zosimi zugestossen / und kan wol seyn / daß sie sich zu Jenes Zeit angefangen / und zu deß Andern Zeit geendiget hat / es befande sich gleichfalls ausser Rom der H. Hieronymus, welcher zur selbigen Zeit in Bethlehem Pœnitentz thäte. Als nun Alaricus die Stadt sehr eng belägert hielte / da dann wegen Mannheit und Tapfferkeit beyder Theil / nemlich der Gothen und der Belägerten / grosse Thaten und Begebenheiten in den Waffen vorgangen / und verrichtet worden / war inzwischen der Hunger und die Noth der Römer / (welches sie doch mit tapffern Gemüth / und sonder-

sonderbarer Standhafftigkeit erdultet/) so groß/daß wie der H. Hieronymus erzehlet/ als Rom eingenommen worden/ der Gefangenen gar wenig gewesen seyn/ weilen der wütende Hunger sie dermassen auffgefressen/ und gezwungen/ mit unnatürlichen Speisen sich zu nähren/ indeme einer deß andern Fleisch gefressen/ die Mutter ihres Kindes/ so ihr an der Brust lag/ nicht verschonet/ und auß Hunger wieder in den Leib begraben/ worauß es kurtz zuvor kommen war/ dieses seynd Wort deß Ehr=würdigen Hieronymi. Es sind die Authores nicht einig/ was Gestalt die Stadt Rom sey eingenommen worden/ und beschreiben es unterschiedlich: Procopius Græcus meldet/ daß/ als Alaricus gesehen/ daß durch Macht und Gewalt nichts außzurichten war/ beschloß er bey sich/ Rom per Stratagema und List zu bezwingen/ stellete sich demnach/ als wolte er von der Belagerung ablassen/ schloß einen ordentlichen Stillstand mit der Stadt/ und überschickte derselben/ betrieglicher Weiß/ 300. Gefangene/ welche er sich starck vereydiget/ und informiret hatte/ wie sie die Sach angreiffen solten/ mit Versprechung der Freyheit/ und vielen andern grossen Verheissungen/ so sie die Sach zu erwünschtem Ende bringen würden. Da nun die bestimmte Zeit herbey kam/ rückte Alaricus mit seinen besten Völckern vor das hierzu bemelte Thor/ die 300. Verräther/ so in der Stadt waren/ nahmen selbiges Thor ein/ und öffneten es im Angesicht selbiger Guardie; Alaricus näherte sich hierauf mit einer Anzahl Gothen/ ihm folgete das gantze Feld=Lager/ und kamen also mit grosser Furie und Geschwindigkeit hinein. Andere melden/ es wäre durch Rath uñ Verstand einer fürnehmen Adelichen Frauen in Rom selbiges Thor in der Gothen Hände geliefert/ und eröffnet worden/

worden/ und zu solcher That wäre sie auß Barmhertzigkeit beweget worden/ indeme sie das Volck darinnen solche Noth leyden sehen/ ließ sich demnach bedüncken/ daß die Feinde nicht so übel hausen könten/ wann sie hinein kämen/ als eben die Römer selbsten thäten.

Andere Authores sagen/ es sey die Stadt durch die Kriegs-Macht mit Sturm eingenommen worden/ und hätten die in der Stadt nicht mehr Widerstand thun können. Dem sey nun/ wie ihm wolle/ so sind doch hierinn alle Authores einig/ daß Alaricus, ehe er in die Stadt kommen/ unter seinen Soldaten habe außruffen lassen/ daß bey Lebens-Straff sich Niemand unterstehen solle/ einige Person von denen/ so sich in die Kirchen/ absonderlich aber in St. Petri und Pauli Tempel/ reterirten/ antasten solte/ ausser denen ist die Stadt beraubet und geplündert/ viel tausend Personen niedergemacht/ und viel gefänglich genommen worden/ worunter auch deß Käysers Schwester Placidia gewesen/ die Adolphus, einer von denen fürnehmsten Gothen/ und deß Königs Alarici naher Verwanther/ in seine Gewalt bekam/ welche er nachmahls zu seiner Gemahlin genommen. Deß folgenden Tages bemächtigten sie sich der gantzen Stadt/ und erwähleten die Soldaten/ zu mehrerer Schand und Beschimpffung deß Käyserthums/ einen neuen Käyser/ Namens Attalus, führeten ihn in Käyserl. Habit umher/ auf die fürnehmsten Plätze der Stadt/ deß andern Tages aber liessen sie ihn/ als einen Sclaven/ aufwarten. Es verblieben die Gothen 3. oder 4. Tage in Rom/ hernach/ da sie die Stadt an etlichen Orten in Brandt gesetzt hatten/ zogen sie herauß. Käyser Honorius, unerachtet dieser erbärmlichen Zeitung/ bliebe ohne einiges Bedencken in der Stadt Ravenna,

Deß Teutschen

Ravenna, und ließ ihm nicht einmahl das erbärmliche Elend/ in welchem die Stadt/ deren Käyser er war/ sich befand/ zu Hertzen gehen. Dieses nun war das erste mahl/ daß die berühmte Stadt Rom/ nachdem sie so mächtig geworden in frembder Völcker Gewalt kommen ist/ dann dieses ist nicht zu rechnen/ daß zur Zeit Brenni, die Gallier Rom erobert haben/ welches 794. Jahre vor dieser Eroberung/ und also fast Anfangs der Stadt Rom geschehen/ da sie bey weitem noch nit so mächtig gewesen/ als sie hernach worden.

Von dieser Zeit an kam die Stadt und das Imperium immerzu in Abnehmen/ und ward Rom offtmahls zerstöret/ und wieder aufgebauet/ darvon wollen wir kürtzlich nur die denckwürdigsten Dinge/ so vorgegangen/ erzehlen/ damit man die Nichtig- und Flüchtigkeit der Reiche und der zeitlichen Macht erkennen möge/ und sehen/ wie Rom/ als eine Beherrscherin der Völcker/ endlich eine Sclavin und Dienerin allerley Nationen und Völcker geworden sey. Nach wenig Tagen/ als Alaricus auß Rom gezogen war/ wolte er hinüber in Siciliam schiffen/ das Ungewitter aber triebe ihn wieder zuruck in Italiam, daselbsten starbe er in der Stadt Consentia, an dessen Statt erwähleten die Gothen vor-ermeltem Adolphum, welcher Placidiam, Käysers Theodosii Tochter/ gefreyet hatte; Da dieser König worden/ kehrete er wiederum nach Rom/ deß Vorhabens/ selbige auf den Grund zu schleiffen/ öde und unbewohnet zu machen/ ja so gar auch derselben Namen zu vertilgen/ hätte auch solches werckstellig gemacht/ so nicht die Thränen seines Ehe-Gemahls/ der Placidiæ, sich in das Mittel geleget/ uñ ihn hiervon abgehalten hätte.

Als diese und viel andere Sachen vorgangen/ zogen die Gothen auß Italia, uñ nach 40. Jahren kamen
die

die Wenden/ so gleichfalls Mitternächtische Völcker waren/ unter dem Commando ihres Königs Genserici, und giengen mit viel Africanis. Völckern in Italiam, und weilen er daselbsten den Meister spielete/ galt es endlich auch der Stadt Rom/ deren sie sich dann auch/ ohne einigen Widerstand/ bemächtigten/ weil der meiste Theil der Inwohner hinweg geflohen war. Gensericus verbliebe in gedachter Stadt Rom 14. Tage lang/ darnach zog er wieder hinweg/ nachdem er die Stadt zuvor gantz beraubet/ geplündert/ und an vielen Orten Feuer eingeleget hatte.

Als anderer 17. Jahr vorbey waren / nachdem Rom von den Wenden eingenommen worden/ welches dann 57. Jahre machet/ von der Zeit an/ als die Gothen unter Alarico selbige eingenommen hatten/ kam Odoacer, der König der Hetulier / mit grosser Heeres-Macht/ vor die Stadt Rom/ als sie sich nun dessen Macht nicht zu widersetzen getraueten/ kamen ihm die Fürnehmsten der Bürgerschafft herauß entgegen / empfiengen ihn freundlich/ und nahmen ihn auf für ihren Herrn. Dieser ließ sich zuerst einen König in Italia nennen/ und regierete daselbst 14. Jahr/ zu Zeiten deß Käysers Augustuli, sonst Leo der Jüngere genannt/ der nur noch ein Kind war. Diesem succedirte in dem Regiment Zeno, dieser sandte auß Constantinopel/ allwo er selbiger Zeit residirte/ Theodoricum, (zu Teutsch Dieterich/) den König der Gothen/ (welche damahlen deß Römis. Reichs Freunde waren/ deren ermelten König Dieterichen / gedachter Käyser Zeno zum Feld-Obristen über seine Armee/ darnach zum Burgermeister gemacht/ endlich auch gar an Sohnes Statt adoptirt hatte/) wider Odoacrum, mit einem grossen Heer/ daß er Rom wiederum einnehmen solte/ und da er Odoacrum in 2. Schlachten überwunden hatte/ verjagete er ihn nicht nur von Rom/ sondern auch auß gantz Italia, bediente sich aber deß Königl. Tituls und deß Reichs für sich/ und bliebe ein Herr über Italiam 38. Jahre lang/ in gutem Frieden/ und ohne einigen Widerstand. Nach seinem Tod regierte Athalaricus, (zu Teutsch Edel-Reich/) sein Enckel/ als der noch unmündig/ mit seiner Mutter Analasunta, (zu Teutsch Amelschwinde/) so deß verstorbenen Königs Dieterichs Tochter war, gleichfalls 8. Jahre. Nachdem etliche Kriegs-Gewitter vorbey passiret/ als im Käyserthum Justinianus succedirte/ kehreten die Gothen von neuem in Italiam, unter dem Commando eines sehr grausamen Kriegs-Obristen/ ihres Königes Totilæ, als dazumahlen Käysers Justiniani Kriegs-Obristen oder Generalen waren/ Belisarius und Narses, die Fürtrefflichsten/ in den Waffen geübtesten und allertapffersten Leute/ welche die Gothen vielmahls überwunden/ um das Jahr Christi 552. biß 554.

Dieser Totila. nachdem er Rom mehrmahlen belagert hatte/ und viel grausame Schlachten vorgangen waren/ eroberte sie endlich durch Verrätherey etlicher in der Stadt/ so mit ihm conspirirten/ als eben zu der Zeit Pelagius Papst war/ und sich darinnen befand/ auf dessen flehentliche Bitte und Thränen mäßigte er das Würgen und die Barbarische Grausamkeit/ die mit dem armen Volck verübet worden. Von dar auß schickte dieser grausame König Abgesandte an Käyser Justinianum, einen Frieden von ihm begehrend/ weilen er ihm aber solchen nicht verwilligte/ sondern hierinn die Vollmacht zu thun und zu lassen dem Belisario, welcher damahls als Generalissimus mit einer Armee wider ihn in Italia angelanget war/ übergabe/ entrüstete sich Totila so sehr/ daß er das Jenige/
was

was er dem Käyser bedrohlich hatte andeuten lassen/ daß er thun wolte/ so fern er in sein Begehren nicht würde einwilligen/vollzoge/nemlich: Er zerstörete fast die gantze Stadt/ sintemahl er den dritten Theil der Mauren einreissen/und das Capitolium, samt vielen schönen Häusern und Pallästen/ ja den grössesten Theil der Stadt/in die Aschen legen ließ/befahl auch/ daß alle Einwohner selbige verlassen solten/die er dañ in die umligende Städte vertheilete/die fürnehmsten Personen und Raths-Herren führete er gefangen mit sich/und verließ die Stadt also unbewohnet/welche also jämerlich stunde/an Leuten und Gebäuen entblösset/indem die Herzlichsten und Stattlichsten derselben niedergerissen worden. Es war dieser Ruin so groß/daß es nimmermehr in vorigen Stand restituirt werden kunte/obgleich hernach Belisarius, als er dahin kam/ einen grossen Theil der Mauren und Gebäude reparirte/ worzu ihm die arme Römer/ so viel ihnen möglich/ Hülff leisteten/er fortificirte auch die Stadt/ so gut er kunte/und kehreten die Inwohner/ so in den umligenden Städten außgestreuet waren/ wieder hinein/ von neuem selbige zu bewohnen/ wurde sie auch also wieder angerichtet/daß sie bastant war/sich zum andern mahl zu defendiren / da Totila wieder kam/sie zu belagern. Als aber Belisarius sich auß Italien begab/ durch dessen Aufrichtung die Römer gezwungen worden/sich zu defendiren/überfiel sie Totila von neuem / und nahm sie wiederum ein/ erzeigete sich aber gantz anders gegen ihr/ als das erste mahl/ dann/ an Statt/ daß er sie das erste mahl zerstörete/ bemühete er sich/die verfallene Mauren und Wöhren/ auch andere Gebäude/so ruinirt waren/wieder aufzurichten/ er ließ die Inwohner/so geflohen waren/wieder heimkehren/ und hielte viel Festivitäten und Frölichkeiten in Rom. Es schreiben die Autores, es sey eine Ursach solcher Veränderung diß gewesen / daß Totila deß Königs in Franckreich Tochter zur Ehe begehret habe/ dem der König antworten lassen: Daß er sie ihm nicht zu geben willens sey / alldieweilen er den Jenigen für keinen König in Italien halte / der die herrliche Stadt Rom zerstöret hätte/ und sich solche zu erhalten nicht versichert wüste.

Andere bestättigen/ es habe ihn die an der Stadt Rom begangene Grausamkeit gereuet/ und habe deßwegen ein Gelübd S. Petro und Paulo gethan / daß er selbige wieder auf bauen wolle. Dem sey nun / wie ihm wolle / so verhielte sich doch die Sach solcher Gestalt/ daß dieses das letzte mahl war / daß die Gothen nach Rom kommen / welche sich dann von dannen in kurtzer Zeit verlohren / als sie von Narsete, dem vortrefflichsten Kriegs-General deß Käysers Justiniani, überwunden/ und gäntzlich auß Italia geschlagen wurden/ nachdem sie nimmermehr wieder kommen sind.

Gleichwol lehreten andere die Stadt Rom/ daß sie könne bezwungen werden/ und mangelte demnach nicht an Völckern / so sie ruinirten und verwüsteten/ massen dann bald hernach die Longobarder / (so Teutsche Völcker waren/) in Italiam kamen/ und sich zu Herren machten über Galliam Cisalpinam, welches dann noch heutiges Tages nach ihnen Lombardia genannt wird.

Drey Jahr / nachdem die Zerstörung von Totila vorgangen / kamen die Longobarden unter ihrem König Cleopho, (oder Kleffo,) über die Stadt Rom/ hielten sie hart belägert / und verheereten die nahe gelegene Oerter sehr/ wiewol sie die Stadt nicht einbekommen. Nach kurtzer Zeit / als Gregorius III. den Päpstl. Stuhl besaß/ belägerte sie abermahls ein Longobargobardischer König / Namens Leufredus, und da es schon an dem war / daß er sie gewinnen und zerstören wolte / unterließ er es / auf Intercession und Fürbitte Caroli, Königs in Franckreich.

Als nun wieder eine geraume Zeit verflossen / um das Jahr 752. belägerte ein anderer Longobardischer König / Aistulphus, (oder Hasthulff genannt/) zur Zeit Papst Stephani II. ebenmässig die Stadt Rom/ und wiewol er nicht in die Stadt kam / verheerete er doch das gantze Land umher so grausamlich/als nach Totila, weder von den Longobarden / noch andern Völckern/ jemahls geschehen ist/ und so Pipinus, König in Franckreich/ Caroli Magni Vatter/ ihr nicht zu Hülff kommen wäre / hätte er unfehlbar die Stadt erobert/ und in Grund zerstöret / wie er dann solches ausserhalb der Stadt bereits angefangen hatte. Nach diesem Ungewitter und grausamen Kriegs-Ruptur respirirte die Stadt Rom in etwas / und zwar auß Favor und Zuneigung Käysers Caroli Magni, und weilen das Käyserthum in Occident, oder Niedergang transferiret und versetzet worden.

Gleichwol begab es sich hernach / daß um das Jahr Christi 833. da Gregorius IV. Papst/ und Ludovicus Käyser waren / die Saracener-Mohren / deß Mahomets Anhang / mit einem mächtigen Kriegs-Heer Italiam überzogen / und da sie viel umligende Oerter/ wie auch Civita-Vechia, oder die alte Stadt/ zerstöret hatten/ überzogen sie die Stadt Rom/ hielten selbige belägert/ nahmen endlich das Vaticanum ein / ruinirten und entheiligten den Tempel S. Petri, verunehrten denselben auf das Greulichste / und damit sie mit der Belägerung nicht fernere Zeit verliehreten/ giengen sie / nachdem sie so viel verheeret und verbrandt / als sie gekunt hatten/ mit vielen Gefangenen, und grossem
Raub

Deß Teutschen

Raub beladen/wieder zu Schiffe/ und nahmen ihren Raub-Weg über das Meer in die Barbarey.

Nachdem nun Rom diese und viel andere Unglückseeligkeiten erlitten hatte/ succedirte im Papstthum Gregorius VII. welcher grosse Kriege wider Henricum den Teutschen Käyser führete/ dieser widersetzte sich seinem Gewalt/ kam mit einem starcken Kriegs-Heer/ und belägerte den Papst in Rom/ die Römer thäten zwar Männlichen Widerstand/ und defendirten die Stadt mit grosser Hertzhafftigkeit/ dessen ungeachtet/ beharrete Käyser Heinrich die Stadt zu gewinnen. Als sich nun solche Belägerung lange Zeit verzogen/ hat er es endlich mit Sturm erobert. Der Papst flohe in die Engelburg/woselbst er ferners belägert wurde/ indem kamen ihm die Normandier mit einem grossen Kriegs-Heer zu Hülff/ welche aber Käyser Heinrich nicht erwarten kunte/ wegen der grossen Unruh im Römischen Reich/ und nachdem er zuvor viel Gebäue ruiniret hatte/ zog er ab/ ließ aber einen ziemlichen Theil seines Kriegs-Volcks in Rom/ selbige zu defendiren/ ausser den Römern/so auf seiner Seiten waren. Da die Normandier mit andern deß Papsts Gregorii Adhærenten ankamen/ eroberten sie die Stadt ohne sonderbaren Widerstand/ weilen die Päpstischen und Käyserlichen darinnen uneins/ und beyde Theil mehrmahls sich selbst mit einander schlugen/ und war der Ruin, so auf allen Seiten zu dieser Zeit vorgieng/ so groß/ daß der meiste Theil der Stadt abgebrandt wurde/ absonderlich aber die Normandier verbrandten und zerstörten alle Palläste und Wohnungen/die sie ihren Feinden abgenommen. Also wurde auch das Capitolium von neuem abgebrandt/ welches hiebevor schon wieder aufgebauet worden war/ worinnen sich

deß

Carls / 3. Theil.   31

deß Käysers Henrici Völcker fortificiret und verschantzet hatten / und blieben die Normandier und der Papst Uberwinder / damit endete sich die Zerstörung und Verwüstung der Stadt Rom / also / daß sie sich von der Zeit an / nemlich im Jahr Christi 1084. als solches geschehen / nimmer erholet / auch nimmermehr in den vorigen Stand gebracht werden wird.

Das IV. Capitul /

Die verzweiffelte Resolution der tapffern Numantiner. Wie es mit Zerstörung Jerusalems hergangen.

Als Ulucastri hiermit seine Rede beschlossen hatte / wolten die Frantzosen wissen / wie es doch eigentlich bey der Zerstörung Numantia zugegangen sey? Aber Ulucastri wiese sie an seinen Baldrich, biß er sich ein wenig von dem langen Reden wieder erholet / darauf nahm dieser Ritter die Mühe über sich / und contentirte die Gefährten mit folgender Erzehlung:

Numantia träget den Namen von Numa Pompilio, und ob gleich diese Stadt nimmer so reich worden / als Carthago, Corinthus oder Rom / und also deßfalls mit keiner von diesen dreyen mag verglichen werden / so hat sie doch in einer andern Vergleichung / nemlich / was die Standhafftigkeit belanget / vorbesagten 3. Städten nicht zu weichen. Sie war erbauet auf einem kleinen erhabenen Ort / bey dem Spanischen Fluß Dueza, und ist lange Zeit genannt worden ein Schrecken der Nachbarn / und eine Zierde von Spanien. Mit 4000. Celtiberen hat sie sich gantzer 14. Jahre gewöhret / gegen 40000. Menschen / die Römer hatten es so weit gebracht / daß schon alle Spanische Städte ihr Joch tragen musten / derowegen muhteten sie solches auch der guten Stadt Numantia zu / aber dieselbe wolte lieber nicht mehr Numantia seyn / als eine Römische Sclavin heissen / zu welchem Ende sie dann von den Ehrgeitzigen Römern Feindlich angegriffen worden / und ist sie von 9. Burgermeistern nach und nach belagert gewesen / die aber allerseits ihr Leben davor eingebüsset haben. Die Römer hatten zwar damahlen ihren Namen und

Deß Teutschen Schrecken in der gantzen Welt außgebreitet / aber / als sie Numantiam so lange Zeit bekriegeten / schiene ihre Tapfferkeit und Reputation in etwas Schiffbruch zu leyden / allermassen der Belagerten ihre Hartnäckigkeit glückete / biß auf die letzte Minute. Es ist ein seltzames Ding / daß die Ehrsucht der Römer / welche bey nahe allemahl Unmanierlich gewesen / dannoch fast allewege Preiß-würdig ist gewesen / und daß sie sich in keiner andern Gelegenheit grösser und unrechtfertiger erzeiget hat / als bey Numantia. Die unrechtfertigen Besitzer liessen sich weder durch Furcht / noch durch Motiven bewegen. Um neue Conquesten zu machen / haben sie kein neues Vornehmen unterlassen. Die Gierigkeit ist nimmer erfüllet / und die See wird nimmer grösser / ob gleich die Ströhme in der gantzen Welt hinein lauffen. Die Römer hatten erfahren / daß die Numantiner zurück gezogen hatten / ihre Eltern und Bunds-Genossen / welche von der Römischen Gefängnuß waren befreyet worden / derowegen hielten sie solches vor eine Unrechtfertigkeit / da sie es vor eine Liebe achten solten / machten also grosse Bereitschafften / die Jenige zu bestraffen / welche sie hätten preisen mögen. Also bekriegeten sie Numantia, und der Krieg hat lange Zeit angehalten / biß die Gewalt endlich über die Rechtfertigkeit triumphiret hat.

Die Numantiner begehrten nichts / als die Erhaltung ihrer Bunds-Genossen / und gleich wie sie nicht über die Römer herrschen wolten / also wolten sie doch auch nicht unter den Römern stehen / welches diese dermassen verdroß / daß sie solches den Waffen übergaben. Solches verdroß die Numantiner gewaltig / erwähleten demnach ein Haupt / und widerstunden dem Römischen Feld-Herrn Pompejo so beherzt / daß derselbe gezwungen ward / einen Vertrag zu machen / nach ihrem vorgeschriebenen Begehren / und er muste versprechen / nimmermehr ihr Feind zu werden / nachdem er ihr Beschirmer nicht seyn könte. Die Römer ergrimmeten gar hefftig über diesen Vertrag / und über die darbey erlittene Niederlag / sandten einen andern Burgermeister dahin / und als Mancinus vor Numantia angelanget war / eine exemplarische Straffe anzustellen / so empfand er im Gegentheil gleicher Gestalt eine grosse Niederlag / und ward / gleich dem Vorigen / gezwungen / einen Vertrag zu unterzeichnen / und mehr auf Mittel zu dencken / seine Freyheit zu versichern / als Ehre zu suchen. Rom hätte vor Schmach jetzo bersten mögen / Numantia war nur eine Stadt / darzu nicht groß /

Carls/ 3. Theil.   33

groß/ und durffte sich ihr widersetzen / welche von vielen grossen Königen angebettet ward. Und damit sie ihren Unwillen über diesen letzten Accord bezeugen möchte/ so ordnete sie/ daß Hostilius Mancinus in Gegenwart der gantzen Armee solte gegeisselt werden / und er solte bloß darum also mißhandelt werden/ weil er sich unterstanden hatte/ einen Bund zwischen einem Sclaven und einem gebietenden Ober-Vogt zu machen/ und daß er nicht hatte zu unterscheiden gewüßt/ die Jenigen/ welche zur Unterthänigkeit gebohren sind/ von dem/ der von der Natur zur Herrschafft gewiedmet war.

Weil aber Rom/ um ihre Sache wider Numantiam glücklich und wol auszuführen / eines grossen Capitains benöthiget war/ so erwählten sie den berühmten Scipio, welcher von dem Verbrennen der Stadt Carthago annoch gantz aufgeblasen war/ wie auch von den Feld-Schlachten/ die er befochten hatte wider Viriacus, der gantz Spanien in Aufruhr gebracht hatte/ und der sich also durch diese letzte Uberwindung unsterblich zu machen suchte. Die Numantiner kenneten aber schon der Römer Tapfferkeit/ und weil sie gemercket/ daß diese Leute auch nicht unüberwindlich/ warteten sie nicht/ biß sie von Scipio angegriffen wurden/ sondern kamen ihm zuvor / suchten ihn / funden ihn/ und schlugen sich mit ihm herum. Zwey gantzer Tage ist der Opfer an beyden Seiten gleich gewesen/ beyde Partheyen hatten gleichen Vortheil und gleiche Hoffnung / und die Uberwindung erzeigete sich damahl weder durch Ehrsucht noch durch Rechtfertigkeit. Am 3. Tag haben die Numantiner gar viel gethan / den völligen Sieg zu erlangen/ aber sie haben deßwegen auch wenig gethan / weil sie damahls von den Römern überwunden/ und in die Stadt verfolget wurden. Daselbst hat man sie von der Zeit an so genau beschlossen/ daß sie Zeit gnug übertommen / zu bekennen / daß gutes Recht nicht allezeit vergesellschafftet mit gutem Glück.

In dieser äussersten Noth haben die Numantiner beschlossen/ nochmahlen zu fechten / doch mehr/ um zu sterben/ als zu siegen/ stelleten demnach ein grosses Fest an / und fülleten sich mit Essen und Trincken/ als ob dieses ihr letztes Fest seyn solte. Scipio wuste von diesem allem gar nichts / dann er hielte sie gar genau beschlossen/ durch eine Schantze / mit einer umgezogenen Mauer/ und 4. Bollwercken/ um ihnen zu hindern/ daß sie frey stürben/ und zu zeigen/ daß Rom wisse Gnade zu erweisen denen/ die sich ihr widersetzen. Dannenhero baten die Belagerten den Scipio, er möch-

er möchte doch zum wenigsten es zu einer Schlacht laſſen kom-
men/ dann ſie hätten ja keine Lebens-Mittel mehr übrig/ und es
würde für ihn/und zugleich auch für ſie/rühmlicher ſeyn/wann
ſie durchs Schwerdt/als wann ſie durch Hunger ſtürben. Ihr
Begehren aber ward von keinen Würden befunden. Scipio wolte ſich weder durch ſeine Großmüthigkeit/ noch durch ihr Elend/
bewegen laſſen/darauf thäten ſie zwar annoch etliche kleine Auß-
fälle/ aber dieſelbe waren ihnen allemahl tödtlich. Ihre Kräfften
ſtimmeten mit dem Muth nicht überein/ und der Hunger war
ſo groß / daß ſie gezwungen waren / ihrer Mit-Geſellen Leiber
aufzufreſſen/ die ſie todt funden/ und daß ſie ſich ſättigen/ oder
füllen muſten/ mit ſolchen Dingen/ die ſie ohne Schrecken und
Verzweiffelung nicht dürfften anſchauen. In dieſer Noth reſolvirten ſie/ mit der Flucht durchzugehen/ aber dieſer Anſchlag
ward durch ihre Frauen geſtöret/welche den Pferden die Senn-
Adern zerſchnitten/das war ein Zeichen der Liebe/weil Scipio bezeuget hatte eine ſonderbare Probe der Grauſamkeit. Als ſie
endlich keine Mittel mehr hatten ſich noch zu erhalten/und hatten doch auch den Willen nicht / ſie wolten lieber einander ſelber
umbringen/ als dem Feind die Ehre überlaſſen/ daß er ſie unge-
rochen tödten ſolte/und deßwegen haben ſie Gifft/Schwerdt und
Feuer wider ſich ſelber gebrauchet. Es iſt hier keine Zeit zur
Furcht/ ſprach einer von ihren Hauptleuten/ (der in der einen
Hand eine Wachs-Kertze/uñ in der andern ein bloſſes Schwerdt
hielte/) unſer Vatterland fordert von uns ein Opffer/ und es iſt
durch ſeine Gunſt/daß wir die Opfferer und das Opffer zugleich
ſelber ſind. Laſſet uns gehen/lieben Kinder, laſſet uns ſelber gehen nach unſern Gräbern/laſſet uns die Freyheit nicht verlieren/
als mit dem Leben/ wir müſſen unſer Hertz üben/ weil uns nicht
vergönnet iſt/daſſelbe wider den Scipio zu üben. Diß iſt der Tag/
an welchem ſich Numantia muß unſterblich machen/durch ſeine
Verwüſtung. Laſſet uns unſere Thürne und Tempel verbren-
nen/ laſſet uns ein Begräbnüß machen/ welches wir gemein mit
unſern Göttern haben. Laſſet uns ein Triumph-Feſt halten/
ſonder zu gehen/und zu ſuchen die Uberwindung in den Bollwercken unſerer Feinden/ und laſſet uns an dieſen Tyrannen erwei-
ſen/ daß die Numantiner ſind erhalten worden/ in dem Verluſt
ihrer Stadt / und daß ihre Standhafftigkeit nicht möge ſehen/
ſeine Grauſamkeit. Ein Jeder hat alſo nach dieſem Vorgänger
das Feuer in ſein Hauß geſtecket / und ein Jeder hat dardurch
die Eitelkeit ihres Glücks bezeuget. War es nicht eine groſſe
Unmenſch-

Unmenschlichkeit/ in dieser Außführung? Und war es nicht eine Raserey/ daß sie ihr Glück suchten/ in einem erschröcklichen Tod? Inzwischen/ da Numantia in vollen Flammen stunde/ tödteten die Numantiner einander selber/ damit sie nicht in die Hände ih-Feinden fallen möchten. Die grösseste Grausamkeit bestunde in der grössesten Verbündnüß und die Liebe bestunde allein im Ermorden. Der Sohn stach seinem Vatter die Käble ab/ welchem das Alter keine Krafften gelassen / sein Eigen-Mörder zu werden. Die Mutter erstickte ihr eigen Kind in der Wiegen/ oder begienge einen doppelten Mord / durch einen Stich in den schwangern Leib/ wordurch Mutter und Kind zugleich dahin fielen. Der Mann ermordete die Frau/ unter dem Haupt-Küssen / das Schwerdt deß Bruders rauchete vom warmen Blut der Schwester / und der Bräutigam ward für einen Feind seiner Braut gehalten/ wann er nicht ihr Büttel werden wolte. Dieses Spectacul ward noch erschröcklicher / durch ein anders: Die Flamme/ welche verschlunge die/ so nur halb-tode waren/ überwande die Jenigen/ sich ermorden zu lassen/ daß also dieser erschröckliche Brandt ihre Asche vermenget hat/ mit der Aschen der Häusern und Tempeln/ und die gantze Stadt ward zuletzt nichts anders / als ein Kirch-Hof von Feuer. Endlich: Scipio war mehr bestürtzet über der Numantiner Vornehmen/ als er aufgeblasen war/ durch seine Uberwindung. Numantia hatte ihm viel Mühe gemacht / aber keinen Raub hinterlassen/ und dieser grosse Capitain bekam nichts/ als lauter Erzehlungen zum Lohn seines Wolverhaltens/ und nichts/ als Asche/ zum Genuß aller seiner tapffern Thaten.

Durch diese Erzehlung zwang Baldrich allen seinen Gefährten die Thränen auß den Augen/ und da die Frantzosen bekenneten/ daß die Römer gleichwol höchlich zu lästern wären/ weil sie Ursach gewesen/ an so mancher herzlichen Städten gäntzlichem Untergang; Da antwortete Baldrich, daß solches freylich wahr/ aber ihre Landes-Leute wären noch mehr zu tadeln/ indem sie die an Speyer und Worms/ als Uhralten wolhabenden Reichs-Städten/ die sich ihnen doch in keinem Ding widersetzet / eben dergleichen Greuel gepflogen hätten. Aber/ sprach er weiter/ wo

C 2   Eh-

Ehrgeitz und Regiersucht einmahl eingerissen / und das Glück darzu gesellet / da gehet es nicht anders zu. Ich wil an der Verwüstung der gewaltigen Stadt Jerusalem noch ein einziges Exempel der Römer Grausamkeit / und deß Glückes Unbeständigkeit / beweisen: Jerusalem / als ein Tempel und Sitz-Platz deß Gottesdienstes der Hebreer / ist zu allen Zeiten hart verfolget worden. Erstlich hat sie angegriffen der König von Assyrien und Babylon / hernach Antiochus Epiphanes, und andere Könige / endlich auch selbst durch die Römer / unter deren Herrschafft sie doch damahl stund / die Stadt ward von ihnen erobert / die Bürger ermordet / oder gefangen / und alles verwüstet. Der alte Tempel war von NebucadNezar verbrandt / und von Zorobabel wieder erbauet / aber es mangelten noch 60. Ehlen an der vorigen Höhe / und nicht wenig an seinem vorigen Glantz. Derowegen hat Herodes lange Zeit hernach / weil er sehr reich war / und die Juden zu beschneutzen suchte / denselben abermahl hertzlich aufgeführet / also / daß viel Scribenten diesen Tempel unter die Wunder der Welt gestellet haben. Es war keine Nation so weit entsessen / welche nicht nach Jerusalem zog / diesen prächtigen Tempel zu sehen / aber das ist das Gesetz deß Geschicks / daß alle die herrlichste und höchste Dinge nicht lange stehen bleiben. GOtt hatte beschlossen / ein solch gewaltig Gebäu zu verstören / und damit sein Vornehmen außgeführet würde / hat er zugelassen / daß das Volck durch etliche Buben zum Abfall gereitzet ward. Die närrische Juden gaben etlichen Aufrührern Gehör / und fielen von dem Römischen Käyser ab / der ihr Ober-Herr war. Also ist ihr Irrthum eine Missethat worden / und das gantze Volck ward gestrafft / ob gleich nur etliche die Aufruhr angerichtet hatten. Titus Vespa-

tus Vespasianus belagerte die Stadt Jerusalem/ und verstörete dieselbe nach vielen Tagen/ da er sie außgehungert hatte. Er verschonete selbst deß allerschönsten Tempels nicht/ der in so vielen Verwüstungen doch durch viele Wieder-Aufrichtungen noch war gantz geblieben. Es ist ein Wunder Ding/ und ein Zeichen deß Göttlichen Gerichts/ welches die Rabbinen haben angemercket/ als die die alten und neuen Dinge sehr genau untersuchet haben. Rabbi Jose hat gesagt: Gleich wie die Belohnung der Diensten nach langer Zeit wieder umkehret/ und auf denselben Tag kom̃t/ so ist es auch mit der Belohnung der Sünden/ und solches bezeuget die Erfahrung/ dann/ als vormahlen der Tempel zerstöret ward/ geschahe solche gegen das Ende deß Sabbaths/ und es war auch das Ende deß siebenden Jahrs. Uber dem war es die Woche der Classis Joarib, und der 9. Tag deß Monats Aberat, Dieses alles hat sich auch bey der zweyten Verwüstung also befunden. In beyden Zerstörungen stunden die Leviten auf den Leß-Stühlen/ und lasen diesen Vers: Er wird ihre Ungerechtigkeit vergelten. Josephus hat die Verwüstung gar genau beschrieben/ und sagt unter andern/ daß es ein solcher verlassener und trübseeliger Zustand gewesen/ daß die Feinde selber Mitleyden darüber gehabt/ daß Titus, als er gesehen/ daß alles verwüstet würde / daß auch selbst der weitund Welt-berühmte Tempel unter dem Feuer und Dampff/ und unter grausamen Morden und BlutVergiessen/ zu Grund stürtzete/ darüber geseufftzet/ und die Anfänger der Aufruhr verfluchet/ als die ein so erbärmlich Unglück über die herzliche Stadt gezogen hätten. Dardurch hat er bezeuget/ daß er wider seinen Willen ein solches ungnädiges Mittel hat vor die Hand nehmen müssen. Er war auch an ihm selber von Natur nicht grausam/ sondern man hielt ihn für einen Außbund nicht allein deß Römischen Volcks/ sondern deß gantzen Menschlichen Geschlechts. Aber/ was solte er thun/ er muste streng seyn/ um das gemeine Beste der Römischen Macht handzuhaben / gleich wie ein ungehorsamer Patient offt einen harten Wund-Artzt macht.

Welche Jeder ist mächtig/ alle Unfälle/ Hungers-Noth/ Todtschläge/ Mißhandlungen / Blutvergiessen/ &c. die in dieser Belagerung/ und fürnemlich in der letzten Verwüstung vorgefallen/ zu beschreiben? Und welches standhafften Mannes Hertz solte sich nicht in dem Busen verkriechen/ bloß zu gedencken/ wie viel tausend Seelen durch Mangel der Lebens-Mittel auß den verschmachteten Leibern gepresset sind? Wem gehet nicht ein kalter Schauder über den gantzen Leib/ welcher höret, daß eine außgezehrete Mutter ihr eigen Kind/ die Frucht ihres Leibes/ und die sie mit grosser Sorgfalt getragen / und mit Schmertzen gebohren hat/ die sie im Auferziehen so mannichmahl gehertzet/ und geküsset/ an ihr Hertz gedrücket/ und sich zum öfftern daran ergötzet hat/ auß einer rasenden Hungers-Noth abgeschlachtet/ gekocht und gebraten / mit ihren Zähnen zermalmet/ und wieder in ihren Leib geschoben hat? O Schrecken! O Unglück! wie erschrecklich ist es/ zu fallen in die Hand deß lebendigen GOttes/ wann sein Zorn am hefftigsten brennet/ und wann die Zeit der Abbittung gäntzlich versäumet ist! Wie kräfftig und warhafftig hat der Seeligmacher das Urtheil/ welches gewißlich wegen der Halßstarrigkeit der Juden über diese Stadt kommen solte/ gerechtfertiget/ wann er in seiner weynenden Prophezeyhung über dieselbe außrieff/ und ihren Untergang verkündigte/

mit

mit diesen Worten: Jerusalem! Jerusalem! wie offt habe ich deine Kinder versammlen wollen/ wie eine Henne ihre Küchlein versammlet/ unter ihre Flügel/ und du hast nicht gewolt! Siehe! dein Hauß wird verwüstet/ und ledig gelassen werden. Luc. 19. v. 41. Matth. 23. v. 37.

Dieser prächtige Tempel/ zu welchem alle Frommen/ als zum Hauß deß Gebetts/ täglich mit Gebetten und Opffern willig ihre Zuflucht nahmen/ und von welchem der gantze Gottesdienst/ ja die gantze Majestät der Jüdischen Respubliq, vest war/ dieser Tempel/ sage ich/ ist zu einem Ziel der Verwüstung/ Morden und Blutvergiessen/ gestellet worden. Seine schöne Gallerien und prächtige Vorhöfe/ mit den hellen Mittel-Plätzen/ zwischen so viel herrlichen Pallästen und Zimmer der Priester-Orden/ da so viel hundert Jahre/ und damahl noch unlängst die Altaren mit Rauchwerck/ und unaufhörlichen Brandt- und Schlacht-Opffern in der offenbahren Lufft pflegten zu glimmen/ und dem GOTT deß Himmels gedienet ward/ mit Blut-Vergiessen der Farren und Widder/ und andern Opffer-Viehe/ nach Einführung deß Mosaischen Gesetzes/ da sahe man nun diese Oerter entheiliget/ und verwandelt in eine greuliche Fleisch-Banck durch Gottloses Vergiessen deß Menschen-Bluts/ welches so unachtsam außgestürtzet ward/ daß es annoch warm und rauchend über das Marmorne Pflaster und Treppen herab ströhmete/ wie Wasser. Da sahe man Schuldige und Unschuldige/ Leviten/ Priester und geflüchtete Bürger/ vermenget mit einem Pöbel von allerhand Juden/ Meutmachern/ Aufrührern/ Halßstarrigen/ und die durch verkehrte Einbildungen in diesem Spiel hofften Meister zu werden/ und die sich in den heimlichen

Winckeln der unterirrdischen Kellern deß Tempels lange Zeit versteckt hatten/ (aber durch die Noth endlich gezwungen wurden/ zum Vorschein zu kommen/) gantz und halb ermordet/zerschlagen/zerstümpelt/ und in ihrem eigenen Blut/ das noch frisch auß ihren Wunden stürtzete/ taumeln und sich umkehren/ unter einem greulichen Verfluchen ihres Elendes/ und ihrer Gebuhrt-Stunde. In den offenen Gallerien und schönen Saalen/ so nach den offenen Plätzen deß Gottesdienstes außsahen/und da die liebliche Stime der Sänger/ und der Laut der Spiel-Leuten/ unter dem Opffer das Ohr belustigten/da die Posaunen an den Fest-Tagen und am Neumond geblasen wurden/ die Gemüther andächtiglich zum Gottesdienst zu lencken/ da gieng jetzo ein Gelaut/ hernach ein Geschrey/ ein Weinen und Mord-Heulen/ nach dem Himmel hinauf/da leyder kein Gehör mehr war. Die hin und wieder lauffende Soldaten/ welche mit Brennen/ Plündern/ Rauben und Morden sich erlustigten/ stürtzeten mit ihren metallenen Mauer-Brechern alles darnieder/ und da muste mancher Tempel-Bedienter/ der sich in den Gemächern vergeblich bemühete zu verstecken/ um den Halß komen. Viele wurden überschüttet mit Stein-Hauffen/ da sie halb todt zappelten/ und um GOttes Willen bathen/ daß man sie doch vollends tödten möchte. Und ob es gleich in dem Tempel so grausam zugieng/eben/ als wann alle Orlochs-Furien ihre Krafft wider dieses Gebäu allein üben wolten/und ob man schier gar allein an diesem Ort fochte/so war dannoch die gantze Stadt dermassen mit einem allgemeinem Strohm der Verwüstung überschwemmet/daß man kein Entkommen sahe/zumahl/weil es auch die Schlösser und Vestungen nicht länger halten kunten/und etliche der

Fürnehm-

Fürnehmsten eingenommen waren. Die Römer hatten alles gleich im Anfang so genau eingeschlossen/ daß weder Katz noch Hund auß- oder einkommen kunte. Die Menge deß Volcks war um so viel grösser/ weil sich solches damahls eben am Oster-Fest versammlet hatte/ da sie zusammen/ wie in einer Mauß-Falle/ überschnellet wurden. Ehe sie ihren Untergang erwegen kunten/ waren sie nach der Kriegs-Wissenschafft der Römer mit allerhand Sturm-Zeug und Wach-Thürnen umringet. Also wurden sie durch Hungers-Noth/ Sterben/ Uneinigkeit/ Hinterlist und Todtschläge inwendig dermassen geschwächet/ daß sie ihren Fall schon würcklich vor Augen sahen. Es war zwar der Heyden und der Römer Gewonheit nicht/ die Tempel der verwüsteten Städten zu ruiniren/ aber ein verborgener Rathschlag lenckete die Sache gantz anders/ daß der Römische Feld-Obrister Titus mit genauer Noth etliche wenige Heiligthümer bergen kunte/ um solche im Triumph mitzuführen. Hier war kein ander Ende von diesem Pracht-Gebäu zu hoffen/ dann der Mund der Warheit hatte dessen Verwüstung und die Verbrennung der Stadt den hartnäckichten Juden gnugsam zuvor gesagt. Und GOTT hatte beschlossen/ dem Schattenhafften Gottesdienst und dem Weltlichen Heiligthum ein Ende zu machen. Die Jüdische Meister/ so auf dem Stuhl Mosis sassen/ wolten nicht weichen dem/ der gekommen war/ eine Verbesserung der Zeit einzuführen/ darum musten sie mit Gewalt darvon gestossen/ mit Feuer und Flamme getaufft/ und zugleich mit der gantzen Macht ihrer Respubliq, heiligen Stadt und Tempel/ als ein brennender Berg/ auf einmahl in die See geworffen werden. Fürwahr/ der die nachdenckliche Parabeln unsers Seligmachers/

machers / Matth. 22.v. 28. liefet / wird gnugsam sehen / daß zwischen dem Verkündigten und der Erfüllung nicht ein Jota mangelt / wie dann auch anmercklich observirt worden / daß die böse Juden sehr wol verstunden / daß der Seeligmacher alle solche Gleichnüsse von ihnen gesagt. Also vergieng diese Stadt / der Tempel lag unter den Füssen / den die auß Babel wiedergekehrte Juden in 46. Jahren mit vielem Seuffzen und schwerer Arbeit hatten erbauet / und den König Herodes endlich wieder erneuert / und so herrlich gezieret hatte. Wie warhafftig ist es / was der Messias vorgesagt hat: Es soll kein Stein auf dem andern gelassen werden. Es war kaum ein Augenblick zwischen dem grösten Pracht / und gäntzlicher Verwüstung deß Tempels. Also verkehren sich alle Dinge / und die Natur / welche / um ein Uhrsprung aller Dingen zu seyn / alle ihre Krässten sehr verständig anleget / spannet hier alle Mittel und Macht an / zum Untergang von Jerusalem. Die Juden erwarteten noch eines dritten Tempels / und sagten / daß die 3. Ertz-Vätter / Abraham / Isaac und Jacob / Jeder einen haben müsten; Solches haben sie genommen auß etlichen Orten der H. Schrifft / welche sie nicht recht verstanden haben. Also tröstet sich diß arme Volck / und träumet mit den Sabinern alles / was es wil. Als Käyser Adrianus viel Jahre nach Titus sein Æliam, und an Statt deß Tempels deß wahren GOttes einen Tempel dem Jovi Capitolino bauete / war nichts mehr von Jerusalem zu bedeuten übrig. Uber das hat er auf die Pforte / darauß man nach Bethlehem gehet / ein Schwein in Marmor schneiden / und dahin setzen lassen / zum Trutz der Juden / bey welchen dieses Thier sehr veracht war / wie solches bey Eusebio weitläufftiger zu lesen ist. Im Anfang der

Belage-

Carls/ 3. Theil. 43

Belagerung waren dreyßig mahl hundert tausend
Menschen darinn / darvon sind eilff mahl hundert
tausend gestorben/und 4:000. gefangen/worvon die
Helffte ist verkaufft/ und die andere den Printzen geschencket worden / welche solche Leute hernach meist
von reissenden Thieren haben zerreissen lassen.

Das V. Capitul/

Es sind noch mehr herrliche Städte zerstö-
ret / Ulucastri und Baldrich haben wegen der Ursula Anfechtung. Deß Englischen Cantzlers Jeffreis Lebens-Lauff.

Nicht allein ob-erzehlte / sondern noch viel andere vornehme und grosse Städte haben
gleiches Glück empfinden müssen. Man kan
Troja zehlen unter die berühmtesten Städte der An-
tiquität / aber weil sie sich dieser allgemeinen Veränderung nicht hat entziehen mögen/ hat man befunden / daß sie nicht dauerhaffter gewesen / als andere/
daß ihre Steine nicht bestehen können wider das
Feuer/ und/ daß man heut zu Tag auf ihrer ehemali-
gen Grund-Veste säet und mähet. Babylon war zu
seiner Zeit die prächtigste und stärckeste Stadt in der
Welt / aber sie kunte sich zuletzt nicht vertheydigen
wider den Cyrum, der den Euphrat in 365. Wasser-
Güsse zertheilet hat / weil er den Strohm vor schäd-
lich hielte zu seiner Uberwindung. Hierdurch ist die
Stadt also geschwächet worden / daß hernach die
Perser/ Meder/ Griechen/ Egypter/ Araber/ Sara-
cenen und Türcken/ nicht grosse Zeit bedurfften / sie
einzunehmen und zu verderben. Ninive mit ihren
100. Thürnen/ Thebæ mit ihren 100. Thoren/ haben
sich auch unter solchem Glücks-Lauff beugen müssen/
ihre grosse Ehre hat gedienet zu ihrem grossen Un-
glück/ und man kan nun gehen über ihre Wercke/ über

welche man weyland nicht sehen kunte. Sparta, die Meisterin von Griechenland/ ist jetzo eine Wüsteney/ Athen/ weyland ein Auffenthalt und Zuflucht der weisen Leuten/ist nun ein elendes Dorff/und die Ehre dieser zwo schönen Feindinnen ist mit ihnen begraben. Sardes, so weyland die reicheste und schönste Stadt in Lybien war/ ist gantz zerstöret/und wo jetzo Kräuter und Graß wächset / da glänzete in vorigen Zeiten der Marmor und Jaspis. Sicambria, ward von den Trojanern nach Verwüstung der Stadt Troja erbauet/ aber wo ist sie nun? Sie ist gewesen. Aruntia, Aiguillone und Couvre sind zernichtet durch die Zeit und durchs Feuer/und ist von ihnen nichts mehr übrig/als ihr Unglück und blosser Name. Aber ich scheue mich/ ein Mehrers von solchen Jammer-Fällen zu erzehlen/ es ist keine annehmliche Materie, und man kan sie ohne Mitleyden nicht anhören. Indem Baldrich dieses sagte/ kamen sie in einen dicken Pusch/ und als sie kaum 200. Schritte hinein geritten waren/ward eine starcke Salve von beyden Seiten auß den Hecken auf sie gegeben/ dardurch 8. Frantzosen theils todt/ theils tödtlich verwundet/ alsobald von den Pferden herunter stürtzeten. Die übrigen/ samt Ulucastri und Baldrich, gaben den Pferden die Sporen / und wolten durchstreichen / aber sie funden bald einen grossen Schlag-Baum im Weg/ bey welchem 18. Musquetierer stunden / welche ihnen zurieffen / sie solten sich gefangen geben. Ulucastri wolte nicht viel Wesens mit diesen Teutschen Soldaten machen / sondern sprach sie zufrieden / und zeigete ihnen den Frantzösischen Paß/ darüber Jene erstarreten/ und ihn wegen Deß Begangenen um Verzeyhung bathen/ dann sie hätten gemeynet/ daß es eine Parthey feindseeliger Frantzosen gewesen. Sie theileten sich auch bald auß einander/

Carls / 3. Theil.   45

einander/ und wolten sich an diesen Leuten nicht weiter vergreiffen / und darauf blieben die 3. übrigen Frantzosen bey ihren abgeworffenen Cammerathen/ Ulucastri aber und Baldrich, samt Alarmi, nahmen ihren Abschied von ihnen/ bezeugeten ihr Mitleyden/ und eyleten fort. Sie kamen bald hernach in ein grosses Geholtz/ und verirreten sich dergestalt darinn/ daß sie erstlich bey dem späthen Abend wieder herauß kamen/ damahlen giengen sie in einem flachen Feld fort/ und kamen zuletzt in ein Dorff/ da sie in einem Hauß ein Liecht erblicketen. Hunger und Durst plagete sie/ dannenhero klopffeten sie allhier an/ und als man ihnen aufmachte/ tratten sie hinein/ ein Nacht-Lager ward ihnen vergönnet/ und man setzete ihnen Milch und etliche gebratene Fische/ samt Butter und Käse/ auf/ woran sie sich ziemlich sättigten/ sie funden aber nicht einen einzigen Trunck Weins/ sondern musten sich mit Apffel-Tranck behelffen. Nach gehaltener Mahlzeit tratt ein starcker Bauer-Kerl in die Stube/ und sprach: Ihr Herren werdet hier wenig Feder-Bette finden/ kommet mit mir/ ich wil euch besser pflegen. Unsere Gesellschafft urtheilete nichts Gutes hierauß/ sagten ihm demnach ab/ und also gieng der junge Bauer wieder weg. Bald aber hernach kam die Ursula herein geplotzt/ und fiele dem Baldrich unverschämt um den Halß/ bezeugete darneben/ daß er nun so bald nicht wieder auß ihrer Gewalt kommen solte. Baldrich stieß sie von sich / und darauf kamen ihre 2. Brüder/ darvon der vorige Bauer einer gewesen/ auch herein/ mit etlichen ihrer Freunden/ und begehrten/ Baldrich solte sich am folgenden Tag mit der Ursula copuliren lassen. Ulucastri sprach sie zufrieden/ dann mit diesen Leuten war mit Ungestümm anjetzo nichts Fruchtbarliches anzufangen. Und darauf bliebe

der helle Hauffen in diesem Hauß/ biß um Mitternacht/ da legete sich die Ursula zu dem Baldrich auf die Streu/ und ihre Brüder verwahreten die Thür/ mit welchen der Bauer im Hauß auch schon einig worden. Bey dieser Sache war unserer Gesellschafft nicht wol zu Muth/ aber eine Viertel-Stunde hernach kamen über 40. bewöhrte Teutsche Dragoner in das Dorff/ dannenhero sandte Ulucastri alsobald seinen Alarmi zu dem Officirer/ und ließ ihn zu sich bitten/ dieser war ein Hauptmann/ und kam alsobald/ dem er seine Noth klagete. Der Officirer sahe wol/ daß dieser eben der Jenige/ an welchem sie sich diesen Tag so sehr in dem Pusch vergriffen hätten/ sagte ihm demnach alle-Hülffe zu/ und zog 10. seiner Leute zu sich ins Hauß/ welche die Ursula/ samt ihren Brüdern/ auß der Thür stieffen/ und darauf suchten sie im Hauß/ und funden noch etwas zu essen. Sie stachen etliche Hühner ab/ brieten solche/ und sättigten sich darbey/ hernach legten sie sich schlaffen/ biß an den hellen Morgen/ da stunden sie mit einander auf/ bezahleten ihre Zeche/ und ritten ihres Weges/ die Ursula weinete so laut/ daß man es im gantzen Dorff hören kunte/ sie lieff dem Baldrich ein gut Stück Weges nach/ aber endlich ward sie müde/ und bliebe dahinten. Unsere Leute ritten mit den Dragonern fort/ dann sie waren auß dem Lager vor Mäyntz vor etlichen Tagen außgegangen/ die Frantzosen heimzusuchen. Unter Weges forschete Ulucastri, ob man im Lager nichts Neues auß Engelland gehabt? Der Hauptmann antwortete/ er habe unter seinen Leuten einen/ Namens Ludwig/ der vor 5. Tagen allererst auß Engelland zuruck kommen/ wohin er von seinem Obristen in gewissen Geschäfften gesandt worden. Dieser ritte nun herbey/ und sagte/ daß in Engelland
nun=

nunmehro alles wol stünde für den neuen König/ welchem der gefangene Cantzler Jeffreys vor seinem Ende viel Heimlichkeiten offenbahret hätte. Er zog zugleich auch eine Schrifft auß den Hosen/ die er noch mitgebracht / welche er dem Ritter zu lesen überreichete / der dann darinn fand/ und mit grosser Begierde ablase den

Lebens-Lauff deß gewesenen Englischen Groß-Cantzlers / George de Jeffreys.

Aß es dir/ werther Leser/ nicht frembd dünckẽ/ (so lautet diese Schrifft/) daß ich allhier das Denckwürdige Leben und Wandel einer Person vorstelle / welche so wol in Engelland zur Gnüge bekandt/ und von der ohne Zweiffel auch in andern Ländern das Gerüchte nicht wird geschwiegen haben/ zumahl sie zu einem hohen Staats-Minister erhoben/ und darneben das Regierungs-Ruder eines grossen Königreichs in den Händen gehabt hat. Die Zufälle/ so in der Person dieses Favoriten vorgestellet werden / und welche die Veränderung deß Menschlichen Glücks lebhafftig abbilden/ sind in Warheit Merckwürdig / dann er ist von einer geringen und fast unbekandten Abkunfft zu einer erhobenen Ehren-Säule dieses Seculi gestiegen/ woselbst er lange Zeit/ als ein lauffender Stern/ mit einem unvollkommenen Glantz / in den Augen der Englischen Nation sich sehen lassen/ biß daß er endlich durch die plötzliche Umkehrung deß unbeständigen Glücks von seinem Sitz über Hals und Kopff herunter gestürtzet / und ihm darmit zugleich alle seine Grösse und Macht auf einmahl benommen worden. Worauß die Menschen sehen mögen/ wie wenig Staat man auf den betrieglichen Schein der hohen Ehren-Stellen machen kan/ sonderlich/ wann derselbe mit einer vehementen Bewegung vergesellschafftet ist. Ich wil dann den Lebens-Lauff dieses Favoriten/ durch alle seine gehabte Bedienungen / kürtzlich biß an sein Ende vorstellen:

Der Ort seiner Gebuhrt heisset Acton, nahe bey Waerxham in Denbisghire in Wallis, woselbst er im Jahr 1648. das Tages-Liecht am ersten gesehen. Sein Vatter/ Namens . . . Jeffries, ist in solchem Land für einen vom Adel gehalten worden/ und wiewol er mit zeitlichen Gütern nicht sonderlich beladen gewesen/ so hat er jedennoch durch sparsamen Gebrauch seiner Jährlichen Einkünffte/ und durch seinen offenhertzigen Wandel
sich

sich ein gutes Gerüchte bey Jedermann erworben/wordurch er dann zu einer ziemlich vermögenden Heurath einer Frauen von gutem Hauß gelanget/ womit er/ wie vor gesagt/ unter andern Kindern/ auch diesen Sohn/ wovon diese Erzehlung meldet/ erzeuget/ welchem in der heiligen Tauffe der Name Georg beygeleget worden.

Den Anfang seiner Jugend brachte dieser Georg in der Land-Schule zu/ und ob er wol darinn nicht sonderlich proficiren kunte/ so brachten ihn doch seine natürliche Gaben dahin/daß er vor allen seinen Mit-Schülern den Preiß erhielte / und weil seine sorgsame Eltern einen schlauen und arbeitsamen Geist an ihm vermerckten / und er keine Lust zu einem Handwerck / oder anderer Nahrung hatte/ so sandte ihn sein Vatter/ nachdem er zu reiffem Verstand kommen/ auf Zurathen seiner Freunde/ nach London/ und ließ ihn daselbst in der freyen Schule St. Pauli bestättigen. Hieselbsten lernete er unter der klugen Anführung deß D. Gill so viel / daß er in kurtzem die Sprachen so weit verstund/ als er zum Studio Juris vonnöthen haben möchte. Ob er nun wol für sich nichts anders zu erlernen im Sinn hatte / so war doch sein Vatter hefftig darwider / dieweil derselbe in dem Gemüth seines Sohnes einen ungemeinen Funcken der Staats-Sucht vermerckete/ und darneben befürchtete/ es möchte dieselbe zu einer Flammen gedeyhen / und dermahleins zu seinem Verderben außschlagen/ so wandte er alle Mühe an/ ihn von seinem Vorhaben zu bringen. Nachdem er aber sahe / daß er unmüglich darvon abzuwenden war / hat er ihm einsmahls sanfft auf die Schultern geschlagen/ mit diesen Worten: O George,! O George! Ich fürchte/ du werdest noch einst in deinen Schuhen und Strümpffen sterben müssen. Was er nun mit diesen Worten gemeynet / darüber wil ich eben keine Außlegung machen / sondern solches dem Leser überlassen.

Als nun König Carolus der II. wiederum ins Reich kam/ begunten die Gesetz-Gelehrte wiederum von neuem aufzuleben/ und viele unter ihnen gelangten zu grossen Mitteln / welches alles diese Person/ worvon wir handeln / anspornete / zu dergleichen zu gelangen; Auch soll ihn ein Traum/ welchen er damahls gehabt/ als er noch in St. Pauli Schul lag/ darzu sonderlich animirt haben / in welchem ihm Jemand vorkommen/ der ihm gesagt/ er solte der Fürnehmste in der Schule werden folglich durch seine Studia sich solcher Gestalt bereichern/ daß er der zweyte Mann deß Reichs werden, doch aber endlich in grosse Ungnade

Carls / 3. Theil. 49

Ungnade und E'end verfallen solte. Dieses wird für warhafftig erzehlet/ massen er es selbst/ nachdem das andere Theil erfüllet worden/ zu unterschiedlichen gesagt hat. Jedoch aber scheinet es/ daß der letzte Theil seiner Prophezeyhung ihn doch von seiner Intention nicht abbringen mögen.

Die erste Staffel seiner Dignität betrat er in deß innere Temple Hauß / von wannen er zu der Richt-Banck beruffen ward/ und daselbst früher/ als gewöhnlich/ über die Häupter älterer Graduirter Personen hinstieg. Dieses geschahe zu der Zeit/ als londen das Haupt auß der Aschen wieder empor richtete/ da dann zu solcher Zeit viele harte Processen wider einige malitieuse Catholische/ denen die Ursache deß Brandes beygemessen ward/ geführet wurden. Weil nun dieser Jeffreis merckete/ daß in dem Gerichte deß Rathhauses der Stadt mehr zu thun war/ als auf dem Rathhauß zu Westmünster/und das dort alles kürtzer/und mit weniger Mühe außgeführet wurde / so bewoge ihn solches/ daß er so wol da/ als in Hixer-Hall, fleissig aufpassete/ und weil er eine Person von freymüthiger Art/ geschickter Rede / heller Stimme und deutlicher Außsprache war / so kam er in kurtzer Zeit in grosses Ansehen / und wurde fast allen jungen Procuratoren vorgezogen/ wordurch ihm dann das Glück am ersten zuzulachen begunte. Hierauf gedachte er immer weiter/ und es fehlete ihm auch an keiner Gelegenheit/ dann er ward kurtz darauf Commons-Sergeant der grossen Stadt London, bey welcher Gelegenheit ihm dann das Glück ein sonderbahres Gunst-Zeichen spühren ließ / indem der Altermann Jeffries, welcher zum öfftern dieses Georgen Discours und Acten angemercket ; und darinnen einen sonderlichen Gefallen geschöpffet hatte/ ihn/ als der seinen Namen führete/ (wiewol er ihm im Geringsten nicht verwandt war/) mit seinem Beutel/ welcher ein Ehrliches vermochte/unterstützete/ wodurch er nicht allein seinen Staat führen /sondern auch ein ansehnliches Amt sich erkauffen kunte.

Indem er nun nach und nach auf dieser schlüpfferigen Ehren-Stiege immer höher trat/ gedachte er durch eine anständliche Heurath einen vesten Bund mit dem Glück aufzurichten/ wie er dann bald eine junge frische Wittwe deß Sr. Bloodworts, gewesenen Lord Majors der Stadt London/ hinterlassene Tochter / zur Ehe bekam / und weil kurtz darauf der Reconder zu London/ Sr. John Hovvel, mit Tod abgieng/ so empfände er bald die Früchte seiner Heyrath/ indem er durch seiner Freunde angewandte Mühe dahin gelangete/ daß er zum Recorder der

III. Theil. D ansehn-

Deß Teutschen

anſehnlichen Stadt Londen erwählet und beſtellet wurde. Weil
er nun hierdurch (laut ſeiner eigenen Außſage/) gleichſam der
Stadt Mund geworden war/ ja/ gleichſam der Haupt-Richter
deß Rathhauſes/in Sachen/ſo daſelbſt an denen Gerichts-Tagen
beklaget worden/ indem er Macht hatte/ Straff-Sentenzen zu
proferiren/ſo befande er auch/ daß ſeine Staats-Sucht ſich ver-
mehrete/ ſo/ daß er nun nach nichts mehr ſtrebete/als ein Favorit
deß Hofes zu werden / worzu ihm dann auch nach einer kurtzen
Zeit folgende Begebenheit eine hülffliche Hand both:

    Es hatten einige Perſonen ein Pſalm-Buch gedruckt/und
damit ſie das Unrecht/ ſo ſie der Buchhändler-Compagnie hierdurch antbaten/ deſto beſſer bedecken möchten/ ſo nannten ſie es
deß Königs Pſalm-Buch / welches dann einen groſſen Streit
verurſachte/ und die Sache wurd vor den Rath zu Witthal ge-
bracht/um daſelbſt verhöret zu werden/worbey der König ſelbſt
erſchien. Die Buchhändler hatten zu beſſerer Außführung ihres
Rechts / dieſen Jeffreis zum Procuratore erwählet / welcher in
Vorſtellung deß Unrechts / ſo der Compagnie durch Druckung
dieſes Buchs angethan worden / unter andern dieſe Formalien
gebrauchete: Sie ſind ſchwanger geweſen mit einer unehelichen
Frucht/ und weil ſie dieſelbe verdeckt zur Welt gebracht haben/
ſo legen ſie dieſelbe nun/um den Betrug deſto beſſer zu bedecken/
vor Eurer Majeſtät Thüre/ &c. Ob nun wol der König, vieler Umſtände wegen / dieſes/ als einen Stich auf Sr. Königl.
Perſon hätte aufnehmen können/ ſo fehlet es doch ſo weit/ daß er
ſich allein nach einem von den Lords kehrete/ ſo nächſt neben ihm
ſaß / mit dieſen Worten: Das iſt ein freymüthiger Gaſt/ das
verſichere ich euch. Und die Buch-Händler hatten das Glück/
daß das Urtheil zu ihrem Vortheil außgeſprochen ward.

    Um dieſe Zeit entdeckete D. Oates einen groſſen Verrath/
wodurch die Nation eine Zeitlang in höchſte Unruhe geſetzet
ward/ wie dann deßwegen groſſer Streit und Diſputen vorfie-
len. Bey dieſer Gelegenheit ſeegelte unſer Jeffreis mit Strohm
und Wind/ weil er gegen die Pfaffen/ Jeſuiten/ und andere
Conſpiratores der Römiſchen Faction, einen ſonderbahren Ey-
fer/ſo wol in ſeinen Reden, wann er gegen ſie agirte/ſpühren ließ/
als auch, wann er das Todes-Urtheil wider einige derſelben auß-
ſprach/ that er ſolches mit einem ſo frölichem Angeſicht/ daß er
daher auch bißweilen einen Verweiß empfieng/ und alſo einiger
Maſſen der Römiſch-Catholiſchen Schrecken ward. Allein/ ſo
bald er merckete/ daß der Wind am Hof auß einer andern Ecken
bließ/

bließ, und daß ein Mißverstand zwischen dem König Carolum II. und dem Parlament war/ so fiel er auch ab/ und ließ seinen Eyfer/ zu Beförderung deß Reichs Wolstand erkalten/ und frequentirte hingegen fleissig zu Hof/trachtete auch/den Magistrat der Stadt an sich zu ziehen/ welches sonderlich in nachfolgender Sache erhellet: Nachdem der König von einer schweren Kranckheit, so ihn einsmahls überfallen/ sich wieder erholet/ so giengen deßhalben der Lord-Major und Aldermans zu Sr. Majestät/ um deroselben wegen der Restitution zu congratuliren. Nachdem nun dieselbe freundlich empfangen worden/ so stellete unser Herr Jeffreis vor/ dergleichen Compliment bey dem Hertzog von Jorck, der damahlen auß Flandern wieder zu Hauß kommen war/abzulegen/weil aber Niemand darzu einige Lust sehen ließ/ so bliebe Niemand/ als Herr Jeffreis und sein Schwieger-Vatter/bey der Intention,diesen Acceß zu erlangen. Diese und andere Handlungen verursacheten in der Stadt eine Jaulosie, und Muthmassung/ daß er sein Interesse zum Nachtheil der Stadt suchete/welches dann eine so kräfftige Impression in denen Gemüthern verursachte/ daß in der Rath-Kammer deß Rath-Hauses beschlossen ward,daß er sein Recorder-Amt niederlegen solte/ und nachdem ihm solches angedeutet worden, muste er die Papieren und Schrifften/ so ihm anvertrauet waren/außliefern, und also wurde er ab- und Sr. George Treby zum Recorder an seine Statt wieder eingesetzet. Dieses verdroß unsern Herrn Jeffreis solcher Gestalt/ daß er sich nun öffentlich einen solchen erklärete/wofür man ihn so lang gehalten/und schärffete er seine Gedancken auf nichts mehr/ als wie er sich aufs Beste an die Dissenters rächen möchte/ als deren Macht am Hof der Aldermänner/ er seine Absetzung von der Recorderschafft vornemlich zuschriebe/ deßwegen suchete er sie/ so viel möglich/ schwartz zu machen. Ohnerachtet nun dieses/lag doch seine Ehre nicht gantz in dem Staub/ dann er wuste zuweg zu bringen/ daß Sr. Job Charleton von der Ober-Richterschafft der Grafschafft Chester ab- und er dargegen/ durch Anhalten seiner Interessenten Parthey am Hof in solche Charge wieder eingesetzet wurde/ und trat den ersten Besitz derselben an/mit grossem Pracht.Als er um diese Zeit seinen Vatter mit einem grossen Gefolg besuchte/ verdroß solches den alten Edelmann gar sehr/weil dieses unnöthige Geschleppe ihm seinen Apffel-Tranck außgesoffen/und seinen gesammleten Vorrath an Speiß verzehret hatte/daher er seinen Sohn beschuldigte/ daß er es dahin angeleget hätte/ ihm

ins

ins Verderben zu helffen / indem er / (so zu reden!) ein gantzes
Land mit sich schleppete / mit der angehängten Verwarnung/
daß / dafern er dergleichen Verschwendung noch einmahl unternehmen würde/ es so dann nicht wol ablauffen solte. Um diese
Zeit wurden wegen der Dissolvirung deß Parlaments viel
Schrifften eingegeben / damit ehestens ein anders beruffen werden möchte. Weil nun dieses Ansinnen dem König nicht allerdings angenehm war / so ließ sich dieser Herr Jeffreis deßwegen
auch mißvergnügt spühren / und damit er sich desto vester am
Hof verbinden möchte / so sagte er öffentlich / daß er solch Re-
quest-Eingeben vermaledeyete/ wodurch/ und weil er die Jenki-
ge so darum anhielten/ so viel möglich/ abwiese/ bekam er den
Zunahmen Vermaledeyer/ so gar/daß/als auf der Königin Eli-
sabeth Tag/ gewohnter Massen, deß Papstes Bildnüß zu Tem-
ple-Bar verbrandt wurde/ die Jungen unter andern noch eine
Abbildung gemacht/ so verkehret auf einem Pferd saß/ und auf
dessen Rücken sie einen Zettel bevestiget hatten / mit der Auf-
schrifft: Ich bin ein Vermaledeyer. Endlich kam es doch dahin/
daß ein Parlament beruffen wurde/ vor welches/ unter andern
Personen/ auch dieser Herr Jeffreis mit citiret ward/ weil man
ihn beschuldigte/daß er getrachtet hätte, die Gesetze und Privilegien deß Volcks zu beschneiden/und nachdem man alles angehö-
ret hatte/so er zu seiner Verthädigung beybringen kunte, wird er
verurtheilet/seine Schuld auf den Knien zu bekennen und dann
eine Reprimende von dem Redner deß Parlaments zu empfangen. Worauf er/ nach einer scharffen Bestraffung/ als der Cen-
sur deß Hauses/ erlassen ward. Damit er nun in dieser Betrübnüß einen Trost haben möchte/ zumahl ihn/ als eine Person von
hochmüthigem Geist, dieses sehr drückete/ so wurde er/ nachdem
das Parlament dissolviret / und einige Sergeanten zu deß Königs Richt-Banck nach Westmünster beruffen worden/ oben an
in der Rolle gestellet / wordurch er also deß Königs Sergeant
wurde/ und weil es gebräuchlich ist / dem König auf solchem
Vorfall einen Ring zu præsentiren / so nahm er diesen Wahl-
Spruch darzu: ADEO Rex, à Rege Lex! Der König von
GOTT/ und das Gesetz vom König. Zu dieser Zeit setzte die
Römisch-Catholische Parthey ihr Spiel mit mehrerer Sicherheit fort / und fiel unter andern auch der Proceß mit einem/
Eduard Fitz-Harris genannt vor/ welcher vor das Unter-Hauß
wegen hohen Verraths war angeklaget worden / und dannoch
vor deß Königs Richt-Banck gestellet wurde / woselbsten er an

Herrn

Carls / 3. Theil. 53

Herrn Jeffreis seinen stärckesten Gegentheil fand / als welcher
durch seine Rhetorische und fliessende Rede/ die Juais, welche bereits zweiffelhafftig waren / was in dieser Sache zu thun wäre/
dahin bewogen, ihn schuldig zu erklären/worauf er auch zu Ty-
burn executiret wurde. Und dieweil kurtz darauf die Dissenters
ihr Ansehen bey dem Hof verlohren/ und einige Frieden-Rich-
tere von Midelsex ihnen hart begegneten so wurde diese Person
zum Richter von Hixs Hal erkohren/ woselbsten er Gelegenheit
bekam/ ihnen seinen Grimm noch mehr fühlen zu lassen. Weil
aber dieser Ort viel zu gering für einen so hohen Geist/ welcher
mit einer so übermässigen Staatsucht geflügelt war/ so trachtete er dahin/ als ein anderer Icarus, nahe bey die Sonne zu ge-
langen/ ob er gleich in Gefahr gerathen möchte/ seine wächserne
Flügel zu verbrennen/und also von oben herunter in die See seines Verderbens zu stürtzen. Er dann merckende / daß ein har-
ter Streit in der Stadt Londen / wegen Erwählung des Ma-
gistrats und der Officirer war/ so schärffete er seinen Grimm
darauf, und brachte es dahin daß ein Quo Warranto gegen den
Charter der ansehnlichen Stadt Londen heraus kam/ und nach
vielem pro & contra Disputiren wurde besagte Charter übergeben, und zwar mit Zustimmung der meisten/ von denen/ die am
Ruder sassen/ und weil der König das Urtheil verschobe/ so bekam er Ordre, inzwischen sothane fügliche Ordres zu unterhal-
ten/als möglich wäre. Das Fürnehmste/so man der Stadt auf-
bürdete/ war dieses/ daß die Stadt die Zölle von den Märckten
eingenommen/ und Geld zusammen gesammlet hätte/ um die
Conduit von Cheapside &c. wieder aufzubauen. Folglich wurden unterschiedliche Personen / welche bey der Erwählung der
Scheriffs und deß Majors gewesen / als Aufrührer vors Recht
gestellet / und viele Bürger dieser Ursach wegen in Straff ge-
nommen/ worzu unser Herr Jeffreis sehr behülfflich war/ dann
durch seine wol-beschwatzte Zunge wurde er das fürnehmste
Werckzeug darzu/ und er gab ihren Staat und Vermögen dem
Hof über/ damit er so viel besser ein Reglement in denen Straff-
Geldern machen könte.

Das VI Capitul/
Der Jeffreis ist sehr streng / wird aber offtmahlen heßlich angefahren. Er lässet viel unschuldige Leute hinrichten.

ES begab sich kurtz darauf/ daß der Lord Ober-Richter Saunders, die Schuld der Natur bezahlete/dem dieser Jeffreis als LordOber-Richter in deß Königs Banck succedirte; So bald er dieses Amt angetretten/ ließ er alsobald die gefangene Catholische Lords auf Burgschafft loß/welche unter deß Parlaments Beschuldigung lagen/ und deren Burgstellung von seinem Antecessore war abgeschlagen worden. In Summa/er ließ jetzo sehen daß er aller Affronten/ so man ihm vor diesem bewiesen/ eingedenck wäre; Wie darvon/ einer Namens Best, so ein Jury gewesen/ zu der Zeit als Jeffreis noch Recorder war/ ein Exempel geben kan/ dann weil damahlen dieser Jeffreis mit besagtem Best wegen Loßzehlung eines Pasquilmachers in grossen Streit gerieth/ die Sache auch von beyden Seiten hefftig getrieben ward/ so gerieth sie doch durch Absetzung dieses Jeffreis von der Recorderschafft ins Stecken. Weil er nun damahlen sich nicht revengiren kunte/ so that er es jetzo/ dann/ als er einsmahls/ als Lord Ober-Richter/ mit einer grossen Suite zu Pferd und zu Fuß die Ronde durch das gantze Land thate/und ihm ungefähr dieser Best, welcher zu der Zeit eben anderer Ursach halben flüchtig war/ begegnete/ ließ er ihn anhalten/ und in das Gefängnüß werffen/ von dannen er sich mit 500. Pfund Sterlings loß kauffen muste. Noch ein ander Exempel hat man von seiner Empfindlichkeit/ als er Anno 1679. zu der Graffschafft Surey Rath in einem Proceß Nisi Prius war/und wolte/ daß die Quæstiones solten protocolliret werden/ ohne zu zustehen/ daß die von der antern Seite die Zeugen fragen solten/ was rathsam in der Sache zu thun wäre; So gebott der Richter ihm/daß er seinen Mund halten möchte. Hierüber wurde unser Jeffreis

ins

ins Harnisch gejaget / daß er sich beschwerete / man tractire ihn nicht als einen Rath / indem man seine Macht umschrencken wolte/ worgegen aber der Richter im Zorn replicirte: Ha! weil der König euch begünstiget hat / daß ihr Ober-Richter von Chester worden / so meynet ihr Jederman über den Tölpel zu werffen; Im Fall euch unrecht geschehen / so könnet ihr klagen/ hier ist Niemand/ der etwas nach euch fraget. Dieses gieng unserm Herrn Richter an das Hertz / und weil er noch weiter mit Disputiren sich hören lassen wolte / so ward ihm zum andern mahl befohlen/ seinen Mund zu halten. Worauf er sich niedersetzete und vor Boßheit weinete / und so gieng es ihm öffter / daß er viel harte Spott-Worte verdauen muste / auch von geringen und schlechten Leuten / worvon ich ein paar Exempel anführen wil: Es begab sich einsmahls / daß in einem Examine ein einfältiger Bauer ein Zeugnuß vor Gerichte ablegen solte / weil er nun nach seiner Einfalt alles wol beybrachte / so verursachte solches bey unserm Herrn Jeffreis, welcher als Rath an deß Gegentheils Seite saß / einigen Verdruß / und suchte deßhalben eine Quer-Elle über deß armen Mannes ledernen Wammes/ so er an hatte / so / daß er unter andern Fragen dem Bauern zuschrye: Du Kerl/ mit dem ledernen Wammes! Was bekommest du vor dein Schwören? Worauf der Bauer ihn starr ansehende / zu ihm sagte: Gewiß mein Herr / woferne ihr nicht mehr für das Lügen bekämet / als ich für das Schwören / so würdet ihr so wol als ich / ein ledernes Wammes tragen müssen. Dieser plumpe Bescheid causirte am Hof ein grosses Gelächter/ und viel Redens in der Stadt. Auf eine andere Zeit forderten einige Musicanten Jemand für das Gericht/ auf dessen Hochzeit sie aufgewartet/ und darfür den bedungenen Lohn nicht bekommen hatten/ indem nun die Zeugen produciret wurden / fieng Jeffreis mitten unter solchem an / und redete einem von denselbigen also zu: Du Fiedeler / &c! Worauf derselbe einiger Massen entrüstet seyend/ antwortete/ er wäre ein Musicant. Hierauf replicirte Jeffreis, und fragte: Was dann vor ein Unterschied unter einem Fiedeler und einem Musicanten wäre? So viel/ mein Herz/ duplicirte der andere/ als zwischen einem Sack-Pfeiffer und einem Recorder. Weil er nun eben zu der Zeit Recorder war / so wurde es vor einen artigen Stich gehalten. Als einst unser Herz Jeffreis auf dem Land die Richter-Stelle vertratt / erschien ein alter Mann mit einem langen Bart vor ihm / um von einer Sache Zeugnüß abzulegen. Weil derselbe solches aber nicht nach seinem Willen thate / so fieng er eine Quæstion mit deß Bauern Bart an / und sagte unter andern zu ihm: Im Fall dein Gewissen so groß wie dein Bart ist / so magst du unbekümmert alles schwören. Worauf der alte Mann/ ohne Acht zu geben/ auf deß Richters hohes Ansehen/ freymüthig antwortete: Mylord, woferne ihr das Gewissen nach dem Bart messen wollet / so hat euer Lordschafft gar keines. Man würde noch mehr solcher artigen Vorfälle gedencken können / weil wir uns aber der Kürtze befleissigen/ so stellen wir es billig auß/ und kehren wieder zu der rechten Historie. Um diese Zeit begab sich die Sache mit dem Lord Russel, dem Doctor Oates und Thomas Dangerfield, welche alle durch deß Herrn Jeffreis Conduite ein blutiges Urtheil erhielten. Sonderlich soll er dem Lord Russel nur darum vom Brodt geholffen haben / weil derselbe zu der Zeit ein Parlaments-Glied gewesen / als er für dasselbe kniend Abbitte thun müssen; Ehe nun etwas Merckwürdiges vorfiel/

Carls / 3. Theil.   57
vorfiel/ gerieth das gantze Königreich in Ruhr/ wegen der Landung deß Hertzogs von Monmouth und deß Grafen von Argyl, und hierdurch erhub sich eine blutige Tragœdie, worinn unser Herr Jeffreis die Haupt-Person agirte/ dann/ nachdem/ wie bekandt/ deß Hertzogs Dessein mißglücket/ und deßwegen nebst Argyle sein Haupt unter das Mord-Beil beugen muste/ so blieb es doch bey demselben nicht/ sondern weil noch viel von ihren Beklagens-würdigen Anhängern waren/ so wurde unserm Herrn Jeffreis die Untersuchung ihrer Missethat aufgetragen/ und damahls kamen ihm alle Begegungen/ so ihm von den Dissentern wiederfahren/ in das Gedächtnuß/ da er dann sehen ließ/ daß die Gesetze schärffer/ als das Schwerdt/ waren/ dann er ließ/ als ein Engel deß Verderbens/ nichts als Mord auß seinem Munde/ so/ daß er auch selbst das Hermeline Rauch-Werck seines Tabbarts in Blut gefärbet hat.

Nach deß Monmouths Hinrichtung wurde unser Herr Jeffreis mit einer besondern Commission eines Richters und Urtheilers versehen/ und derhalben setzte er mit 4. andern Richtern und einer gantzen Parthey/ als ihr General, seine Räyse nach denen Orten fort, wo die Gefangene sich befunden. Der erste Ort/ da er anlangete/ war Winchester, woselbst unter vielen andern Gefangenen auch Madame Lisle wegen Hoch-Verrath vor das Recht gezogen ward/ weil sie Mr. Hicks und Mr. Heltrope, welche es mit Monmouth gehalten/ geherberget hatte. Nachdem nun die Frau examinirt wurde/ so kunten die Juris darinn gar keine Schuldigkeit finden/ unser Jeffreis aber wuste dieselbe durch Drohen dahin zu bereden/ daß sie dieselbe schuldig erkläreten/ und also muste sie ihren Kopff verlieren. Von hinnen gieng die Räyse nach se nach Salisburry, wohin die übrige Gefangene auch gebracht wurden/ weil aber daselbst nicht Zeugen gnug vorhanden waren/zu dem/so unser Mylord vorhatte/so wurde daselbst wenig verrichtet. Als er aber von dannen nach Dorchester gekommen/ wurde seine Commission gelesen/und darauf vor seine Lordschafft eine Predigt gethan/ weil aber der Prediger darinn viel von der Barmhertzigkeit handelte/ so hat man angemercket/ daß unser Herr Jeffreis unter der Predigt und dem Gebett zum öfftern gelachet/ welches eine Sache war/ so einem solchem Amte übel anstund. Hieselbst wurden also fort durch eine Bill 30. Personen deß hohen Verraths schuldig erkläret/ und ob zwar diese Leute ihre Sache Gerichtlich außzuführen sich erbotten/ so mochte es doch nicht helffen/ sondern unser Herr Ober-Richter ließ sich außdrücklich vernehmen/ daß alle die Jenigen/ so sich zu rechtfertigen unterstehen würden/ und man doch schuldig befunde/ keine Gnade zu hoffen hätten/ wer aber sich alsobald schuldig erkläret/ vor den wäre noch Gnade übrig.

Unter diesen 30. Personen wurde nur einer frey gelassen/ und ob zwar viel darunter unschuldig waren/ so befand sich doch fürnemlich einer/ Namens Braag, darbey/ für welchen die höchsten Personen der Graffschafft intercedirten/ daß sein Urtheil möchte nur etwan 10. Tage verschoben werden/ weil der Mann bey Jedem ein gutes Lob und Zeugnuß hatte/ so ward doch solches alles vor eines Tauben Thüre gesungen. Dieser Mann/ so von gutem Abel/ und von Jugend auf die Rechte studiret hatte/ welches Amt er auch jetzo exercirte/hatte bey Jedermann das Lob eines ehrlichen und aufrichtigen Mannes. Sein Verbrechen war dieses: Zu der Zeit/ als Monmouth zu Lizu Lime gelandet war/ hatte er bey einen Edelmann eine Rechts-Sache bedienet/ indem er nun von dannen nach Hauß zu reiten auf dem Weg war/ begegnete ihm eine Parthey von Monmouths Reutern/ welche nach eines Römisch-Catholischen Hauß zu wolten/ um von dannen Gewöhr zu holen. Weil sie nun deß Weges unkundig waren/ so begehrten sie/ daß er mit ihnen gehen/ und ihnen/ als der besser in der Gegend bewandert wäre/ den Weg zeigen solte. Ob er nun gleich von dieser Comission auf alle Weise und Wege sich zu entbrechen bemühet war/ so mochte es doch nicht helffen/ sondern besagte Reuter zwungen ihn/ daß er mit ihnen gehen muste. Als sie nun an den verlangten Ort gekommen waren/ lieff eine Parthey ins Hauß/ und visitirte dasselbe/ inzwischen war Braag nicht von seinem Pferd gestiegen/ und als die Reuter ihr Dessein verrichtet hatten/ nahmen sie diesen Braag auch mit sich nach Chard, woselbst damahls der Hertzog von Monmouth war. So bald er nun allda angelanget/ stellete er sein Pferd in einen Stall/ wo er gewohnet war/ allemahl abzusteigen/ weil er an diesem Ort öffters zu verrichten hatte. Der Hertzog von Monmouth ließ ihm inzwischen sehr zureden/ um ihn in seine Parthey mit zu verwickeln/ allein er weigerte sich dessen/ und als er darauf folgenden Tages eylig wieder von dannen wolte/ ohne Monmouth zu sprechen/ und sein Pferd begehrend/ sagte man ihm/ daß es zu deß Hertzogs Dienst verarrestiret wäre/ worauf er seinen Staab und Handschuhe in die Hand nahm/ und zu Fuß nach seiner Wohnung gieng/ so 6. Englische Meilen von dannen war/ ohne sich ferner um deß Hertzogs Sache zu bemühen. Nachdem nun Monmouth zu Sedgemore geschlagen worden/ gab man auch diesen Mann bey dem Frieden-Richter an/ und obgleich

Deß Teutschen

obgleich über 20. Zeugen auf seiner Seite/ und hingegen Niemand/ als der Römisch-Catholischer/ dessen Hauß von Monmouths Leuten visitiret worden/ wie auch ein berüchtigtes Weibes-Mensch/ und wormit unser Herr Jeffreis sehr frey umgieng/ wider ihn waren/ so muste er doch mit seiner Parthey unten liegen/ und/ nebst den übrigen allen/ deß Todes Urtheil auß dem Mund deß Herrn Jeffreis anhören. Und also gienge es mehr andern braven Männern/ als nemlich: Thorncomb, Speed, Mr. Smith, Constabel Chardstock, George Seward, welche alle/ mit Bezeugung ihrer höchsten Unschuld/ zu aller Zuschauer Verwunderung/ sich dem Todes-Streich unterwarffen. Unter andern wurde auch einer/ Namens Samuel Robbins, mit hingerichtet/ dessen Verbrechen nur bloß dieses war/ weil er sich und die Seinigen mit dem Fischfang ernährete/ und eben zu der Zeit/ als Monmouth auf die Rhede kam/ in seiner Nahrung begriffen war/ und von ihnen am Bord geruffen worden/ er ihnen Fische verhandelt/ ob er sie gleich nicht gekannt/ und da sie ihm folglich den Hertzogen von Monmouth gezeiget/ mit dem Vermelden/ daß er gleich jetzo landen wolte/ hat er inständigst gebetten/ man möchte ihm vergönnen/ an Land zu fahren/ so hätten sie ihm solches abgeschlagen/ mit dem Vermelden/ daß/ so bald der Hertzog an Land seyn würde/ er seine Freyheit haben solte/ wie auch folgends geschehen. Ob er nun gleich niemahlen nach dem wieder zu Monmouth gekommen/ noch die Waffen zu seinem Dienst ergriffen/ so ward ihm doch/ wie denen andern/ der Lebens-Faden durch den Strick abgeschnitten.

Indessen/ damit unser Mylord ja den kürtzesten Weg mit seinen Proceduren gehen möchte/ so sandte er einen Officirer ins Gefängnüß/ welcher den armen

Leuten

Carls / 3. Theil.   61

Leuten andeutete/ daß/so fern sie nur ihre Schuld bekenneten/Gnade erlangen könten/ im Widrigen aber nicht. Hierdurch wurden viel verführet/daß sie alles beichteten/ welches ihnen sonst unmöglich hätte überwiesen werden können/und wann sie also vor Gericht ihre Schuld offentlich bekenneten / brauchte man keinen weitern Beweiß / und dann war unser Herr Jeffreis mit der Sentence parat,so/daß hier eine Zahl von 292. zugleich deß Todes Urtheil empfiengen/worvon alsofort ungefähr 80.hingerichtet wurden. Von hier gieng er nach Exon. Als er nun einmahl in der Nacht/ wie er auf dem Weg dahin war / einige Pistohlen-Schüsse hörete/ bildete er sich ein/ es wäre etwan ein Dessein auf seine Person / und deßwegen sagte er bey dem Abzug/ daß keiner von allen Leuten in denen umligenden Parochien / welche er schuldig erklären würde/frey komen solte. Als er nun zu Exon angelanget/ fand er daselbst wol 243. gefangene Personen / von denen eine gute Anzahl hier und da in den Städten der Graffschafft gehangen/ und deren Viertheil und Häupter längst den Heer-Straffen/Jedermann zum Abscheu aufgestecket wurden. Von dar gienge er nach Tauton, und nachdem er daselbst seine Commission geöffnet / und die Session begonnen war / stelleten sich etliche wenige selbsten ein / um ihre Sachen außzuführen/allein sie wurden schuldig erkläret/und executirt / deren Exempel dann noch viele folgen müssen/ so / daß in dieser Graffschafft 239. hingerichtet wurden/die aber/so etwas von Mittel hatten/musten sich frey kauffen/worvon das Geld alles in deß Herrn Jeffries Sack rollen muste. Nachdem nun hier das Löbl. Werck (scil.) verrichtet war / wandte sich unser Mylord nach Wels, woselbst er eben/ wie zu Touton, mit den Gefangenen verfuhr.

Das

Das VII Capitul/

Jeffreis wird Hoch-Cantzler von Engelland/ verfolget die Geistlichen/ kommt aber zu Unglück/ wird gefangen/ und stirbet/ wie man glaubt/ von Gifft.

Nachdem nun Mylord mit dieser extraordinairen Commission fast auf den Schluß kommen war/ so eylete er darmit/ so viel möglich/ zum Ende/ um bey Sr. Majestät/ welche sich damahlen zu Windsor befanden/ zu kommen/ und den Lohn für seine erwiesene Dienste zu empfangen. Er ließ dann die übrige Gefangene/ so deß Landes verwiesen worden/ und so sich zu lösen keine Mittel hatten/ in den Gefängnüssen bleiben/ damit dieselbe zu bequemer Zeit auß dem Land geführet werden möchten. Und also schiede er von dannen/ und hinterließ das Land aller Orten mit den Häuptern und Viertheilen der executirten Personen/ und die Gefängnüsse mit Gefangenen angefüllet. Als nun Mylord bey dem König angelanget/ und Relation von seiner saubern Verrichtung im Westen abgeleget hatte/ und weil damahlen eben durch den Tod deß Siegel-Bewahrers solche Charge ledig war/ so küssete er darfür deß Königs Hand/ und ward zum Lord-Cantzler creiret/ welche hohe Bedienung ihm nur gleichsam als ein Unter-Pfand einer weit bessern Vergeltung für einen so herrlichen Dienst conferiret ward. Es waren noch viel Personen übrig/ so an der Monmouthischen Rebellion schuldig waren/ selbige verkrochen sich hier und da an verborgene Oerter/ da unterdessen ihre Freunde bey Hof für ihnen Perdon suchten/ weil aber ohne Geld schwerlich was außzurichten war/ so wurden grosse Summen beysammen gebracht/ welche meistentheils alle unserm Herrn Lord-Cantzler zu

Theil

Theil wurden. Endlich kam ein General-Perdon auß/ wordurch die meisten/ um welche die Freunde sollicitiret/ und grosse Summen spendiret hatten/ vom König frey gesprochen wurden/ allein von dem Geld/ so sie hier und da verspendiret hatten/ wurde ihnen nicht ein Heller wieder zugekehret/ dann es hieß bey unserm Cantzler: Auß der Höllen ist keine Erlösung. Unter denen Perdonnirten befande sich auch ein Edelmann/ der sich für 15.à 16000. Guinees, so fast eine Tonne Goldes außträget/ frey gekauffet hatte/ welches Geld alles in unsers Herrn Cantzlers Kasten verwahret wurde. Unter denen/ so von dem Perdon außgeschlossen waren/ befanden sich auch einige Mägdlein von 8.à 10. Jahren so dem Monmouth Fähnlein præsentiret hatten/ und solche musten auch einige für 100. andere für 50. Pf. Sterlings ihre Freyheit erhandeln.

Ehe ich von dieser Materie scheide/ muß ich noch ein wenig von denen melden/ welche auf Befehl unsers Herrn Cantzlers gegeisselt worden/ unter denen einige waren/ welche solche harte Straffe so wenig verdienet hatten / als irgend ein Mensch auf der Welt / sintemahlen ein junges Mägdlein / welche bloß deßwegen/ weil sie auß Kurtzweil zu den Accis-Bedienten gesagt hatte: Ich wil meine Accis an König Monmouth bezahlen; verurtheilet war/ in unterschiedlichen Marck Städten zur Staupe geschlagen zu werden/ welches auch also an ihr executirt worden. Ein armer Knabe/ bey dem man eine Schrifft funde/ worinn zu deß Volcks Vergnügung vorgestellet ward/ daß Monmouth kommen wäre/ die Protestantische Religion zu beschirmen/ so ward derselbe deßwegen/ ob er gleich nur 12. Jahre alt war/ so greulich gegeisselt/ daß er darvon gestorben/ und dergleichen Exempel mehr / gehet man der Kürtze halben mit

Still-

Stillschweigen vorbey. Hierbey wird sich nicht übel schicken eine Lista, aller der jenigen Personen/ so durch deß Jeffreis Urtheils-Spruch im Westen von Engelland hingerichtet worden/ mit kurtzem anzuführen/ als nemlich:

In Hamp-Shire,	1.
In Wiltschire,	1.
In Dorsetshire,	85.
In Devonshire,	37.
In Sommerset-Shire,	238.

Thut in allem 362. Personen.

Nachdem nun die blutige Tragœdie solcher Gestalt im Westen geendiget worden/ kehrete unser so genannter Protestantischer Richter wieder nach Londen/ allwo derselbe/ als eine zur höchsten Dignität deß Reichs Engelland erhobene Person/ seine Function wahrnahm/ so/ daß er nun/ wie man meynen möchte/ über den Neyd erhoben wäre/ und es wäre zu wünschen gewesen/ daß er/ auf dieser gefährlichen Höhe/ seine Tritte mit besserm Vorbedacht dirigiret hätte. Allein/ es schiene/ daß das Sprüchwort: Tolluntur in altum, ut lapsu graviore ruant! an ihm solte erfüllet werden. Dann seine Ambition ließ ihn nicht ruhen/ und nachdem er zum Baron von Wem gemacht/ ward er auch vom König unter die Commissarien zu den Kirchlichen Sachen gesetzet/ in welcher er den Bischoff von Londen/ darum/ daß er wider den D. Scharp, welcher seine Zuhörer für der Römisch-Catholischen Irrthümer gewarnet/ nach deß Königs Willen nicht suspendiren wollen/ selbst von seinem Amt suspendirte. Hierbey bliebe es nicht/ besondern es muste das Magdalenen-Collegium zu Oxfort auch seinen Eyfer empfinden/ allwo der rechtmässig-erwählete D. Houg ab-und ab- und dargegen ein Römisch-Catholischer eingesetzet ward/ wodurch dann nicht allein solches Collegium, besondern auch das gantze Königreich/ in Bestürtzung gerieth/weil in der Mutter-Stadt aller Gelehrten/und dem fürnehmsten Zucht-Garten der Kirchen/ solche Veränderungen gemacht wurden. Endlich legete man die Axt gar an die Wurtzel/indem man der Geistlichkeit anbefahl/die Brunn-Quell alles Unheils/ nemlich die so genannte Königl. Declaration, wegen Freyheit der Gewissen/ von allen Predig-Stühlen abzulesen/ weil nun hierbey ihnen angedienet ward/ daß/ wofern sie dem Königl. Gebott kein Gnügen leisten würden/ der Straffe gewärtig seyn solten / so tratt endlich der Ertz-Bischoff von Canterbury, nebst 6. andern Bischöffen/ ins Mittel/ stellete dem König in einer unterthänigen Supplicq vor/ wie ohnmöglich man solche Declaration in den Englischen Kirchen ablesen könte; Allein/ an Statt der Erhörung gab der König dem Ertz-Bischoff zur Antwort/ daß er Rebellionis Fax & Tuba wäre/ mit dem Anhang/ er wäre König/ und wolte gehorsamet seyn/ sie möchten ihren Cours nehmen/er wolte den Seinigen nehmen/ auf ihnen solte die Last kommen. Biß man sie endlich gar in den Tour brachte/und obgleich unser Herr Lord-Cantzler hierbey seine bekandte Blutgierigkeit gern hätte mögen sehen lassen/ so fügete es doch GOtt solcher Gestalt/ daß die Herren Bischöffe denen Römisch-Catholischen und Anklägern zum höchsten Verdruß frey erkannt wurden. Nichts desto weniger wurden in allen Provintzien von Engelland Ordres abgesandt/ dem Lord-Cantzler eine genaue Lista aller der Jenigen zu senden/ welche deß Königs Declaration zu lesen geweigert hätten/ um wider dieselbe/ als Verächter deß Königl. Befehls/

zu procediren/ und gieng man eine Zeitlang mit diesem Werck eyferig fort/allein wegen der Zeitung von der grossen Zurüstung in Holland erkaltete diß Werck/ und hielt endlich gar auf.

Nachgehends wurde auch unter andern der Stadt Londen ihr alter Charter wieder gegeben/und welches Anmerckens-würdig/so ward ihr solcher eben durch unsern Jeffreis, der ihr solchen abdisputiret hatte/ selbst wieder auf dem Rathhauß behändiget/ wiewol er es mit keinem frölichem Gesicht thate/ auch wurde er nicht mit so grossem Gejauchtz/ wie er sich eingebildet hatte/empfangen/ dahero schon viel darauß nicht viel Gutes prognosticirten. Und es wird erzehlet/ daß ihn kurtz hernach ein Höfling gefraget/ welche doch wol die fürnehmste Personen in deß Printzen Declaration seyn möchten/ er darauf geantwortet: Das weiß ich gewiß/ daß ich einer darvon bin/die andern mögen auch seyn/wer sie wollen.

Nachdem nun endlich der Printz von Oranien mit seiner Macht ins Land kam/ auch sich der Stadt Londen näherte/da begunte sich der Hof hier und da zu verstreuen/und suchte ein Jeder, dem sein Gewissen nichts Gutes zusagte/ein sicheres Außkommen/unter denen unser Lord-Cantzler sich mit befand/ welcher/ nachdem der König und die Königin auß dem Land gewichen/ sich in Boots-Gesellen-Habit verkleidete/ und nach Wapping gieng/ in Willens/ sich daselbst auf ein Kohl-Schiff zu setzen/und nach Hamburg zu fahren/allein/die Göttliche Rache wolte diesen Menschen/ welcher so viel Menschen-Blut auf sich geladen/ so nicht entwischen lassen. Mit einem Wort/er wurde erkannt / und also metamorphosirt vor den Lord-Major gebracht/ welcher dann/ weil er diesen seinen liebsten Freund in einem so elenden Staat vor sich

Carls / 3. Theil. 67

sich sahe / darüber ein hertzliches Mitleyden empfande / daß er sich auch der Thränen nicht enthalten kunte / und weil der Lord-Major angestrenget ward / ihn nach dem Gefängnuß zu senden / worzu er nicht resolviren kunte / so fiel er darüber in Ohnmacht. Endlich aber / weil unser Herr Jeffreis sahe / daß kein ander Mittel war / auß deß Pöbels Händen zu kommen / welche ihn / wo sie seiner mächtig worden / gewiß mit Knütteln würden erschlagen haben / so erbotte er sich / nach dem Tour zu gehen / und ohngeachtet er von einer starcken Guarde Bürger begleitet wurde / war dieselbe doch kaum mächtig gnug / ihn vor deß Pöbels Wuth zu beschirmen / als welche ohne Unterlaß ihn mit Millionen Flüchen und Läster-Worten begleiteten. Endlich kam er doch unbeschädiget in dem Tour an / woselbst er / auf Ordre der Geist- und Weltlichen Lords, gefänglich verwahret wurde. Er suchte zwar kurtz hernach gegen Bürgen erlassen zu werden / weil er sich unpäßlich befande / allein / es wurde ihm rund abgeschlagen. Nachdem endlich der König Wilhelmus III. und dessen Gemahl / Maria, den Königl. Thron bestiegen / wurde dieser Jeffreis scharff wegen seines geführten Wandels befraget / sonderlich wegen der Gebuhrt deß prætendirten Printzen von Wallis, wovon ihm / als fürnehmsten Mit-Zeugen seiner Gebuhrt / das Beste bewußt seyn müste / darvon er zwar Anfangs nichts wissen wollen / doch aber endlich viel wichtige Dinge offenbahret hat. Und weil er zuletzt sahe / daß Se. jetzt-regierende Königl. Majestät der Güte und Barmhertzigkeit sonderlich zugeneigt waren / so ließ er auß dem Tour nachfolgendes demüthiges Schreiben an dieselbe abgehen:

SIRE!

Er vor Eurer Maj. allhier erscheinende Supplicant, welcher ehemahlen Hoch-Cantzler von Engelland gewesen / ist nun

E 2 geworden

geworden der Elendeſte und Niedrigſte von Eurer Maj. Supplicanten/und der/welcher vormahlen der höchſte und fürnehmſte Rath deß Throns war / iſt nun ein elender Gefangener deß Tours geworden. Ich wil mich nicht unternehmen/meine Sachen zu juſtificiren/ dann das würde eine Vermeſſenheit ſeyn/ ſo ſchwer und heßlich/als meine Miſſethat ſelber. Ich muß bekennen / daß ich ſo unwürdig bin zu leben / als ich unwillig bin zu ſterben! Und darum werffe ich mich zu den Füſſen Eurer Maj. Gnaden und Clemenß/ als ein Brunnen unerſchöpfflicher Güte / worauß allein Gnade für einen ſo verachteten und bekanten Delinquenten flieſſen kan. Meine Miſſethaten zu zehlen/ſolten ſelbe ſo unzåhlich ſeyn/als meine Feinde/die ich mir dardurch gemacht habe. Ich wil mich auch nicht unterſtehen/Eure geheiligte Ohren zu prophaniren mit ſeinem heßlichen Regiſter/derer köſtliche Minuten viel glücklicher in wichtigern Sachen/der Nation zum Beſten / und zu Wiederbringung ſolcher Geſetze und Freyheiten/die ich durch meineUnbereitung und unzeitigen Rath umzukehren getrachtet/angewendet werden. Was könte ſchädlicher/boßhafftiger und verderblicher ſeyn/ für die fundamentale Geſetze der Nation,als eine Macht in der Monarchie ſtabiliren/ worvon die abſolute Diſpenſation dem König bleiben ſolte? Was für gröſſere Einführung zur Römiſch-Catholiſ.Religion, als die Wegnehmung deß Teſtes und der Pœnal-Geſetze? Was für ein empfindlicher Schlag für die Proteſtantiſche Kirchen/ als eine Verſammlung der Geiſtlichen Commiſſarien aufzurichten/derſelben Pfeiler dardurch nieder zu werffen? Was für ſchärffere Verfolgung für die Prælaten/als eine arbitraire Declaration zu publiciren/indem viel von denen/die derſelben nicht Gehorſam leiſten wolten/als Criminal-Perſonen in dem Tour tractiret worden? Es kunte auch kein unregulirter Weg ſeyn/ als in Erwählung deß letzten Parlaments geweſen. Zu dieſen und noch vielen andern Sachen mehr / muß ich zu meiner eigenen Schande bekennen/bin ich allezeit das principaleſte Werckzeug und Rathgeber geweſen. Dieſe/ſo es Eurer Maj.beliebet/ſind meine druckende Miſſethaten geweſen. Wären ſie aber alle noch gröſſer/ſo iſt es dannoch in Eurer Macht/ſolche durch Eure Interceſſion zu vernichtigen/indem ich allbereit deß Königs Perdon habe. So Ihr dieſe Gnade einem unterthänigſten Supplicanten erweiſet/ſo verſpreche ich Arcana Imperii oder Staats-Intriguen zu entdecken / ſo viel ich fähig bin/ und daran Eurem Intereſſe und dieſem Königreich ſehr viel gelegen iſt.

Es

Es schiene aber/daß dieses Schreiben wenig bey Sr. Maj. außwürckete/ dann/ weil er bey der gantzen Nation verhasset war/ wegen seiner bösen Conduite, so war so viel weniger Gnade für ihn zu hoffen/ dann St. Maj. ließ Comissarien ernennen/ welche ihn examiniren/ und sein Verbrechen recht gründlich erforschen solten/ allein/ man fand ihn wenig Tage hernach todt im Tour, ohne/ daß man weiß/ durch was Zufall? Einige meynen/ daß ihm seine Freunde vom Brodt geholffen/ dann/ weil er bereits unterschiedliche wichtige Dinge offenbahret hatte/ er auch in seiner Supplication sich zu mehrerer Entdeckung erbotten/ als fürchteten dieselbe für das Jenige/ so ihm billich gebühret hätte/ nemlich/ daß ihm ein schmähliger Tod wiederfahren möchte/ weßwegen dieselbe/ wie man glaubet/ ihm Gifft beygebracht/ und also vom Leben geholffen haben/ durch welches Expedientz sie zweyerley Vortheil gezogen/ erstlich/ daß er sein Geschlecht durch einen schmählichen Tod in keine Schande gesetzet/ und zum Andern/ haben sie dadurch alle seine Güther/ welche ihnen/ weil er (scil.) natürliches Todes gestorben/ und sein Procesß noch nicht außgemacht gewesen/ heim gefallen/ sonst aber/ wann er seinem Verdienst nach abgestrafft worden/ dem Königl. Fisco zuerkannt wären. Und dieses ist also das Ende dieses grossen Estats-Ministri, dessen Ambition und Geitz unersättlich/ und dessen Tyranney unglaublich gewesen/ an welchem so wol seines Vatters/ als seine eigene Prophezeyhung erfüllet worden. Daß er bey Jedermann verhasset gewesen/ gibt dieses ein klares Exempel: Dann/ man erzehlet/ daß kurtz/ nachdem er in den Tour gesetzet worden/ ihm durch Jemand ein Auster-Fäßlein gesandt worden/ weil er nun das Jenige darinn zu seyn vermuthet/ so in dergleichen Gefässer

Deß Teutschen

fäffen zu seyn pflegete/ so sagte er zu dem Bringer deß-
selben: Ich sehe nun gleichwol/ daß mir noch einige
Freunde übrig geblieben/ die meiner im Besten gedencken. Als er aber dasselbe eröffnete/ fande er an
Statt der Delicatesse nichts/als einen guten starcken
Strick darinn. Womit der Jenige/so es sendete/an-
deuten wolte/ daß man mit Ungedult nach der Vorstellung seines letzten Endes wartete. Ob nun wol
derselbe der zeitlichen Schmach durch diesen unzeitigen Tod entgangen/ so ist doch nichts desto weniger
der Beschluß seines Lebens unglücklich gnug gewe-
sen/ und ein so lasterhafftes Leben muste billich auch
nehmen ein erbärmliches Ende.

Das VIII. Capitul/
Holger wird auß dem Tod errettet/ erzehlet
seine Räyse. Alarmi hält sich wol/ und errettet
seinen Freund von den Teutschen.

Unter diesem Lesen/ und andern Discursen/ kamen sie zu einem Flecken/ darinn sie zu Mittag speiseten/ hernach setzten sie sich wieder
auf/ und erreichten 2. Tage hernach/ ohne weitern
Anstoß/das Lager vor Mäyntz frisch und gesund. Hieselbst ward Ulucastri von Hohen und Niedrigen alsobald mit grosser Neigung und Ehrerbietigkeit empfangen. Ein Jeder trug Verlangen/mit ihm umzu-
gehen/ dann sie hatten von seiner Tapfferkeit vielfältig gehöret/ fürnemlich/ wie er sich auf dem Caroussel
zu Versailles, und hernach zu Bonn/ verhalten hatte.
Verschiedene Printzen machten vertrauliche Freundschafft mit ihm/ dann/ an allem seinem Wesen sahen
sie wol/ daß er kein einfältiger noch schlechter Ritter
wäre. Man raumete ihm/auf Ordre eines gewissen
hohen Haupts/ein schönes Zelt in dem Käyserl. Lager
ein/darinn er mit Baldrich und Alarmi logirte. Am

andern Tag / nachdem er im Lager angelanget war/ hörete er eine Zeitung/die ihn bewoge/daß er Sinnes ward/ den Baldrich nach Ehrenfelß/ einem bekandten vornehmen Schloß und Residentz in Teutschland zu senden / darzu er ihm seine Instruction Schrifft- und Mündlich ertheilete/ und damahl begunte Baldrich allgemach Augen zu bekomen / daß er in seines Herrn Stand und Angelegenheit etwas tieffer hinein sehen kunte. Weil ihm aber das Schloß der Verschwiegenheit alsobald an die Lippen geleget ward / ließ er diese Heimlichkeit in seinem Hertzen vergraben bleiben / biß es Zeit seyn würde / dieselbe kund und offenbahr zu machen. Inzwischen aber kunte er nicht umhin/ seinem Ulucastri grössern Respect, als vorhin geschehen / zu erweisen / welches der Edle Ritter muste geschehen lassen. Es begab sich aber/wie Baldrich sich fertig machte/in seines Herrn Geschäfften fort zu reysen/daß etliche Bauern auß den umligenden Dorffschafften ins Lager kamen / mit allerhand Victualien/ auß denselben kam einer vor deß Ulucastri Zelt / und brachte ihm einen Ring zu verkauffen. Alarmi wolte den Bauern abweisen/ aber Ulucastri kam selber heraus/ besahe den Ring/und sprach: Bauer/wie komst du zu diesem Kleinod? Ich habe ihn / sprach er / von meinem Nachbarn um 3. Hühner erhandelt/dann er hat diesen Ring von einem Frembling bekommen/ der in seinem Hauß viel Uneinigkeit angestifftet/ und darüber erschlagen ist. Der Bauer muste hierauf näher ins Zelt tretten / und wie Baldrich herzu gefodert worden/ sprach Ulucastri zu ihm: Wie gehet das zu/ habe ich euch diesen Ring nicht in Pariß verehret? Baldrich besahe ich eigentlich/ und antwortete endlich: Warlich/das ist der Ring/ den ich von meinem Herrn empfangen / und hernach im Haag dem ehrlichen

E 4

Deß Teutschen

lichen Schwedischen Holger, zu Beståttigung unserer gemachten Freundschafft / gegen einander außgewechselt habe; Oder/ so es dieser Ring nicht selber ist/ muß er zum Wenigsten von dem jenigen Meister gemacht seyn/ der den Meinigen gemacht hat. Es hat aber/ replicirte Ulucastri, der Bauer diesen Ring von seinem Nachbarn bekommen/ der ihn einem Frembling abgezogen. Hierauf wandte sich Baldrich zum Bauern/ und forschete/ wie dieser Fremde gestalt gewesen? Und als dieser auß dessen Erzehlung so viel merckete/ daß Holger selber grosse Noth gelitten/ sprach er zu Ulucastri: Die grosse Freundschafft/ mein Hertz/ womit ich diesem ehrlichen Schweden verbunden bin / treibet mich / daß ich hinziehe / mit diesem Bauern/ und diese Rencontre genauer untersuche. Ist Holger todt/ welches mir von Hertzen leyd seyn solte/ so gebühret es mir / daß ich seinen Leib Ehrlich begraben lasse. Ist ihm aber noch zu helffen/ so wil ich alle Möglichkeit anwenden/ daß sein Leben erhalten werde. Weil demnach der Bauer selber bekannte/ daß er den Ring für 3. Hühner an sich erhandelt hätte/ gaben sie ihm einen Reichs-Thaler darfür / nemlich noch 2. mahl so viel / als er hatte außgeleget/ ohnerachtet der Ring unter Brüdern 40. Rthlr. werth war/ und weil Ulucastri selber begierig war/ zu sehen/ was für eine Beschaffenheit es mit dem Holger habe/ setzete er sich/ nebst Baldrich und Alarmi, zu Pferd/ um mit dem Bauern nach seinem Dorff zu reiten. Etliche hohe Officirer / als sie solches verstunden / thäten deßgleichen/ und also giengen sie bey 20. zu Pferde/ mit diesem und andern Bauern nach ihrem Dorff. Die Bauern mit einander erschracken/ als sie so viel wackere Leute ankommen sahen / die nach dem erschlagenen Frembling fragten/ dannenhero machten sie sich

heimlich

Carls/ 3. Theil.

heimlich auß dem Staube/ und versteckten sich dergestalt/ daß man keinen finden kunte/ dannoch blieben etliche Kinder/ welche so bald nicht fortzubringen/ in den Häusern/ zu welchen Baldrich sich verfügete/ aber sie wusten ihm nichts anders von der Rencontre zu melden/ als daß sie ihm das Hauß anzeigten/ in welchem dieselbe am vorigen Tage vorgefallen war/ wie sie in dieses Hauß kamen/ sahen sie/ daß in der Stuben der Kachel-Ofen zerbrochen/ und die meisten Fenster zerschlagen waren/ weil aber kein einziger Mensch darinn zu finden/ suchten sie das Hauß allenthalben durch/ und als sie darinn nichts funden/ gienge einer in den Garten/ ein anderer in den Hof/ und andere vertheileten sich anders wohin/ Alarmi tratt zu einem Pfuhl/ der im Hof war/ und erblickete darinn einen todten Körper/ welchen man bald herauß holete/ aber Baldrich fande nicht das Geringste an ihm/ welches dem Holger gegleichet hätte/ darüber er sich hertzlich erfreuete/ und Hoffnung hatte/ daß ihre Einbildung von dem Edlen Schweden ein blosser Irrthum wäre. Wie sie aber in dem Hof noch herum giengen/ kam ungefähr einer auß der Gesellschafft auf einen Mist-Hauffen/ und sahe eines Menschen Hand auß dem Mist herfür ragen/ dannenhero rieff er den übrigen/ und wie sie den Mist abgescharret/ funden sie leyder den armen Holger in seinen Kleidern unter diesem Koth verscharret. Der Körper war annoch gantz warm/ und weil etliche darfür hielten/ solches rühre her von dem warmen Mist/ so bewährte Baldrich dargegen/ daß annoch Leben an ihm seyn muste/ ob man gleich keinen Athem mehr an ihm spührete. Man trug ihn in das Hauß/ und nachdem man ihm das besudelte Gesicht rein abgewaschen/ wurden ihm die Kleider abgezogen/ da man etliche gefähr-
E 5 liche

liche Messer-Stiche in seiner Seiten und in den Armen fand / worauß ihm schier alles Blut entgangen war/doch hatten sich die Wunden mit einander durch den beissenden Mist-Safft wieder zugezogen / und weil der Körper sehr warm blieb / erquickete man ihn/ biß man endlich einen sanfften Athem auß dem Munde gehen merckete. Darauf erquickete man ihn auß allen Kräfften / und über 2. Stunden hernach erschloß der arme Holger seine Augen wieder / aber die Sprache bliebe noch weg. Es wolte keiner von der gantzen Gesellschafft wegziehen/biß er vorher gesehen/ wie es mit dem halb-todten Menschen abgelauffen wäre/ und ob derselbe annoch wieder zurechte zu bringen sey. Man sandte etliche Diener nach einem nahgelegenen Dorffe / von wannen einige Frauen mit Essen und Trincken geholet wurden / und als diese kamen/ ward angerichtet/ und die Gesellschafft speisete mit einander / Baldrich aber genosse für hertzlichem Mitleyden wegen seines lieben Freundes nicht einen Bissen. Gegen den Abend begunte Holger etwas mehr Lufft zu schöpffen / und mit sanffter Stimme zu reden. Solches erweckete bey seinem Freund / und bey der gantzen Gesellschafft/ eine sonderbare Freude/ inmassen er an seiner Auffkunfft nun nicht mehr desperirte.

Als die Nacht eingebrochen/legte sich die Gesellschafft auf ein Reuter-Lager/die Knechte aber hielten gute Schildwacht. Um die Mitternacht erhube sich ein Lärmen im Dorff/dann es kamen wol 50. bewöhrte Bauern deß Dorffes / welche noch andere auß den umligenden Dörffern an sich gezogen hatten/und als sie vor das Hauß kamen/worinn unsere Gesellschafft logirte/ wolten sie zur Thür hinein stürmen/ aber die Wachten setzten sich zu Wöhr/und darüber kamen sie
zu

zu Streichen. Die Bauern hatten Aexte/Gabeln/ alte Degen/Spiſſe/und allerhand Zeug. Als die Cavalliere in der Stuben den Tumult höreten/ſprungen ſie alſobald auf / nahmen ihr Gewöhr / und ſchoſſen durch die Fenſter/daß einige Bauern niederfielen/hernach fielen ſie auß dem Hauß/ und hauſeten mit ihren breiten Degen gewaltig unter dem leichtfertigen Geſindlein / welches ſich endlich / als es ſahe / daß ſie die meiſte Schläge darvon trugen/allgemach zum Dorff wieder hinauß ſtahl. Die übrige Nacht bliebe die Geſellſchafft munter / welche nur einen Knecht miſſete/ dem mit einer Miſt-Gabel der Halß an zween Orten durchſtochen war. Andere Zween waren nur etlicher Maſſen verwundet/und hoffete man/ihnen bald wieder zurecht zu helffen. Als der helle Morgen angebrochen war / ſahe man 16. Bauern todt ligen / darvon Ulucaſtri allein 5. erſchlagen hatte / andere 5. waren hart verwundet / und bathen um einen Trunck Waſſers/den man ihnen reichete/den Durſt zu löſchen/dieſe wurden auch verbunden/ und erzehleten ſie/ daß ſie in der Nacht kommen wären / die Unſern als Feinde zu tractiren/weil ſie wol gewuſt/daß ſie ihnen in ihren Häuſern nichts überlaſſen würden/ ſintemahl ſchon etliche kleine Partheyen auß dem Lager mit andern Dörffern in der Nachbarſchafft alſo verfahren wären. Ulucaſtri ſprach: Weil ihr ſo Unrecht von uns geurtheilet / hingegen einen feinen Edlen Fremdling ſo übel vorher tractiret habt / iſt euch die Belohnung nach der Gebühr gereichet worden. Sie forſcheten aber / wo doch der Herr dieſes Hauſes ſeyn möchte? Und als die verwundeten Bauern ſich umſahen / erblicketen ſie denſelben unter den Todten/und Baldrich merckete an ſeinem Kleid / daß er dieſen hingerichtet/ und alſo ſeinen beſten Freund gebührlich an ihm gerochen

rochen hätte/ dann dieser leichtfertige Schelm hatte den Holger, seiner Meynung nach/ erwürget/ und ihn in den Mist-Hauffen gestecket. Man ordinirte/ daß die Erschlagenen eingescharret wurden/ und die Verwundeten mochten zusehen/ wie sie wieder zurecht kämen. Inzwischen war Holger etwas mehr zu sich selber kommen/ daß er etwas zu trincken foderte/ man reichete ihm also einen Trunck Weins/ den man am vorigen Abend noch auß einem nah-gelegenen Flecken hieher hatte holen lassen/ ihn darmit zu erquicken/ und als er getruncken hatte/ begehrete er auch etwas Speise zu sich zu nehmen/ welche ihm gegeben ward. Damahlen erzehlete er mit kurtzen Worten/ daß er vom Haag nach Hamburg gegangen/ um sich in Schweden zu seinem Gnädigsten Herrn zu verfügen/ aber an gemeltem Ort habe er Brieffe vor sich gefunden/ welche ihn beordert/ nach der Campagne der Alliirten zu gehen/ und zu sehen/ wie es daselbst abliesse/ um alsdann mündliche Relation deßfalls abstatten zu können. Ich habe also/ sagte er/ nachdem ich einen Diener angenommen/ mich zufoderst nach Bonn begeben/ und bin daselbst angelanget/ als einige Tage vorher der General Schöning mit seinen detachirten Trouppen wieder ins Lager kam/ nachdem sich die Frantzosen unter Monsr. Bouffleur von ihm nirgends wollen finden lassen. Als ich nun noch etliche Tage allhier verzogen/ und ich merckete/ daß es mit der Belagerung etwas sachtmüthig hergienge/ da nahm ich meinen Weg nach Mäyntz/ in Hoffnung/ daselbst ein Mehrers zu sehen; Als ich aber mit meinem Knecht in dieses Dorff kam/ und in diesem Hauß eingekehret war/ da fande ich etliche truncke Bauern/ welche mich alsobald mit groben Schelt-Worten antasteten/ worüber es zu Streichen kam/ und ehe ich michs

versahe/

Carls / 3. Theil.

versahe / trunge der Hauß-Wirth selber plötzlich zu mir ein/ und versetzte mir etliche Messer-Stiche/ daß ich dahin sanck / und seithero nicht gewußt habe/ wie man mich weiter tractiret hat / als biß ich nunmehro sehe/ daß ich durch eure Hülffe/ mein wahrer Freund Baldrich, dem Tod wieder auß dem Rachen gerissen bin / welche Wolthat euch zu vergelten ich allwege nach möglichster Gelegenheit streben werde. Baldrich erzehlete ihm mit Wenigem / wie er ihn bey seinem Ring/ den ihm die Bauern abgezogen/ erkannt/ und als man ihm die Gestalt deß im Pfuhl gefundenen Körpers beschriebe/ merckete er/ daß dieser sein Knecht gewesen. Seine beyde Pferde aber/ welche er bezeichnete/ wurden annoch wol behalten in dem Stall gefunden / bey welche die andern auß dem Lager ihre Pferde hingestellet/ und bißhero ihrer/ samt der Ihrigen/ mit Heu gepfleget hatten. Als Holger weiter erfuhr/ daß der Bauer von Baldrich erschlagen worden/ der ihn zu erwürgen getrachtet/ gab er sich zufrieden/ und die Gesellschafft ritte hernach wieder ihres Weges nach dem Lager/ ohne Baldrich, und einer von den Knechten/ welche bey Holger noch diesen Tag verharreten.

Holger genosse nach und nach mehr Speise/ und kam solcher Gestalt wieder zu sich selber / daß er am folgenden Tag auf einem Stuhl durch etliche gemiethete Bauern sich vollends nach dem Lager tragen ließ/ woselbst man seiner gnugsam pflegete. Baldrich und der eine Knecht begleiteten ihn hieher/ Jener aber muste in den aufgetragenen wichtigen Geschäfften seines Herrn den folgenden Tag Abschied von ihm nehmen/ da ihm dann Ulucastri zusagte/ sich seiner/ als ein ehrlicher Ritters-Mann / anzunehmen / welches auch geschehen / und ist also Holger 8. Tage hernach
gantz

gantz gesund worden. Wir wollen den ehrlichen Baldrich seines Weges ziehen lassen/ und ich glaube/ er dürffte uns zu seinem eigenen Unglück noch allzufrühe wieder zum Vorschein kommen / es sey dann / daß sich inzwischen die Zeiten in etwas verändern möchten. Alarmi sahe unterdessen/ wie es bey den Außfällen hergienge / und wie verwegen die Frantzosen sich manchmahl gantz weit unter die Teutschen in die Approchen wagten / dannenhero ersuchte er seinen Herrn / daß er auch mit in die Wercke gehen möchte/ welches ihm bald vergönnet ward. Als demnach die Frantzosen in 400. Mann auf die Käyserl. Attaque loßgiengen/ begegneten ihnen die Teutschen/ als ehrliche Leute/ Alarmi schlug mit seinem breiten Schweitzer-Schwerdt/ nachdem er sich verschossen/ dermassen unter die Feinde / daß hier ein Arm / dort ein Kopff/ da ein Stück vom Leib dahin flog. Die Frantzosen wichen alle vor ihm auß dem Weg / biß er endlich einen Bekandten unter denselben fande/ der sein guter Freund allemahl gewesen war / dieser hatte schon einen Schuß/ und blutete hefftig / und die Teutschen hätten ihm vollends den Rest gegeben / wofern nicht Alarmi hinzu gesprungen/ und sie mit diesen Worten darvon abgehalten hätte: Lasset diesen Menschen/ der mein bester Freund ist/ leben/ ich wil euch dargegen 10. andere Frantzosen in die Hände liefern / und solches entweder lebendig/ oder todt. Hiermit zogen sich die Käyserliche zuruck / und überliessen dem Schweitzer den Frantzosen/ welcher seinen Freund/ den Pegnerain, mit beyden Armen umfienge/ und ihn mit sich in ein Zelt/ welches nicht weit von Ulucastri war/ führete/ daselbst ließ er ihn verbinden/ und verstunde von ihm/ daß er auf deß Gouverneurs Vettern/ den Marquis d'Orgeille, sehr übel zu sprechen sey/ dann/ sprach er/

Carls / 3. Theil. 79

er / wie ihr wisset / so bin ich unter dessen Leib-Compagnie lange Zeit der älteste Sergeant gewesen; Als nun in einem Außfall neulich unser Fähnrich erschossen ward / hätte mir diese Stelle gebühret / aber er hat seinen Kammer-Diener zum Fähnrich gemacht / und mir das Nachsehen gelassen / dannenhero ich nach Gelegenheit getrachtet habe /. mich gebührlich zu revengiren / und ich wünsche nichts mehr / als Morgen wieder in dem Stand zu seyn / daß ich fechten könte / ich glaube ich wolte ihm ein Redliches anbeugen. Als Alarmi gern ein Mehrers hiervon vernommen hätte / erzehlete er ihm / wie dieser Orgeille resolviret hätte / Morgen gegen 8. Uhr einen Außfall zu thun / und das Volck darbey zu commandiren / dannenhero man ihm gebührlich / und mit gutem Vortheil aufpassen könte. Hiermit gienge Alarmi zu Ulucastri und etlichen hohen Officirern / denen er seines Freundes Außsage offenbahrete / und sich offerirte / daß er dem Marquis wol vom Brodt helffen wolte / wofern man ihm in einer Sache favorisirte. Als Jene zu wissen begehrten / worinn? sprach er weiter: Wann die Frantzosen heran rücken / wil ich mit einem schnellen Pferd von den Teutschen abstechen / als wann ich zu den Frantzosen übergehen wolte / und damit dieses desto ehe solches zu glauben verleitet werden / wil ich einen grossen Bündel hinter mich legen / als hätte ich meine Kleider darinn / und wann ich also nach den Frantzosen eyle / so müsten mir etliche Teutsche Reuter nachjagen / und blind auf mich Feuer geben / alsdann wil ich weiter sehen / was bey diesem Spiel anzufangen seyn wird. Die Officirer sagten ihm zu / in dieser Gelegenheit zu willfahren / und einer von ihnen leyhete ihm ein sehr schnelles Pferd zu diesem Ritt. Er machte sich also wieder zu seinem Pegnerain, und betheurete ihm / daß
er ihn

er ihn gebührlich an dem Marquisen rächen wolte. Inzwischen begunten die Officirer einen Argwohn auf Alarmi zu schöpffen/ und sagten in seiner Abwesenheit/ daß er keine bessere Gelegenheit finden könte/ wieder zu den Frantzosen zu kommen/ als eben diese. Ulucastri dargegen wolte um 1000. Ducaten wetten/ daß es mit seinem Diener keine Noth hätte/ und wie sich ein fürnehmer Obrister dargegen stellete/ traffen sie eine Wette über deß Alarmi Redlichkeit/ um 1000. Ducaten/ jedoch mit dem Beding/ daß Ulucastri inzwischen seinen Knecht nicht besonder sprechen solte. Also blieben diese Häupter bey einander diesen Abend zu Gast/und obgleich Alarmi seinem Herrn aufwartete/kunten sie doch nicht allein mit einander reden.

Das IX. Capitul/

Alarmi begehet eine listige That. Die Eporedia gehet nach Teutschland. Ulucastri hält einen dreyfachen sieghafften Kampff vor Mäyntz.

Er Diener gieng endlich/weil er am folgenden Tag ein so gutes Werck vorhatte/bey Zeiten nach seinem Zelt/ und legete sich schlaffen/ Ulucastri aber bliebe bey seinem Wolthäter im Zelt über Nacht/ und wie der folgende Tag angebrochen war/ stunden sie mit einander auf/ setzten sich zu Pferde/und machten sich zum Widerstand der Frantzosen bereit/ diese kamen auch um die bestimmte Zeit angestochen/ und die Käyserliche/ welche besagter Massen Wind darvon bekommen hatten/ waren auch auf ihrer Hut/ und hatten sich wol eingetheilet/ die hohen Officirer/so nicht auf ihren Posten waren/ hielten allesamt vor der grossen Batterie, allwo sie alles wol in Augenschein nehmen kunten. So bald demnach Alarmi den Marquis d'Orgeille, welchen er
wol

wol kennete/voran stechen sahe/ gabe er seinem Pferd die Sporen / und rannte auß aller Macht auf die Frantzosen/ denen er mit vollem Halß zuschrye: Bon Amy! Bon Amy! Und weil etliche Teutsche genau hinter ihm darein setzten / und etliche blinde Schüsse nach ihm thäten/so stunden die Frantzosen gäntzlich in der Einbildung/ein Frantzoß wolle auß den Teutschen zu ihnen über lauffen/dannenhero nahmen sie ihn mit einem Freuden-Geschrey auf/aber Alarmi, der mit seinem blinckenden Schwerdt stäts um den Kopff schwenckete / und darmit die Teutsche Kugeln gleichsam von sich abkehrete/ war nicht faul/ sondern/ nachdem er dem Orgeille ein höflich Compliment in Frantzös.Sprache gemacht/schlug er ihm in einem Augenblick den Kopff vom Leib herunter. Er hatte nicht Zeit/ denselben aufzulangen/ sonsten hätte er solchen zum Beweiß seiner ehrlichen Treu gern mit zuruck gebracht / er schwenckete sich demnach Augenblicklich zuruck/ und gienge so schnell zu den Käyserlichen/ als er von denselben abgerannt war. Die Frantzosen kamen durch solche unvermuthliche Action in solche Bestürtzung/ daß sie nicht lang Stand hielten / sondern sich alsobald wieder zuruck nach den Contrescarpen zogen/und also gewan dieser Außfall ehe sein Ende / als man es vermuthet hatte. Alarmi ward von Grossen und Kleinen/Hohen und Niedrigen/als ein braver Soldat und ehrlicher Teutscher gepreyset/ und weil die jenigen Officirer/so am vorigen Tag keinen Glauben auf sein Vorgeben gesetzet/jetzo wieder mit Ulucastri in einem grossen Zelt mit einander speiseten/ so rühmeten sie ihn sehr hoch/und der Obriste ließ unserm Ulucastri die 1000. Ducaten alsobald zahlen / welche dieser auß Großmüthigkeit seinem Alarmi alle mit einander verehrete/ und ihm zusagte/

Deß Teutschen

ihn dieses und seines andern Wolverhaltens halber dermahleins dergestalt zu versorgen/ daß es ihn nicht gereuen solte/ jemahls in seine Dienste getretten zu seyn. Alarmi nahm dieses Geld auf einem Knie-Fall an/ und nachdem er seinem Herrn die Hände und Knie geküsset/ weinete er für Freuden/ und schwur ihm/ sein Leben allemahl/ da es nöthig/ für ihn gantz willig zu lassen. Alle anwesende Officirer machten jetzo grosse Augen/ daß Ulucastri einen solchen Posten Geldes so wenig geachtet/ und urtheileten hierauß/ daß er kein geringer Mann seyn müsse/ und von derselben Zeit an ward er nicht anders/ als ein hoher General, im Lager geehret/ und alle Printzen suchten seine Freund- und Bekandtschafft/ deren er sich auch bald hernach durch eine denckwürdige That/ wie wir bald vernehmen werden/ gnugsam würdig machte. Wo hernach Ulucastri im Lager wandelte/ da wiese Jedermann mit Fingern auf den tapffern Herrn mit dem Hand-vesten Knecht. Noch desselben Tages/ nach gehaltener Mittags-Mahlzeit/ weil man versichert war/ daß die Feinde diesen Tag keinen Außfall mehr tentiren würden/ zumahl es ihnen auch/ Laut der Uberläuffer Außsage/ schon gewaltig an Pulver und Bley zu gebrechen begunte/ schlugen sich etliche Cavallier, unter welchen verschiedene fürnehme Voluntairs waren/ zusamen/ und ritten mit einander in das Feld/ auf die Hasen-Jagd. Sie hatten gute Spuhr-Hunde und Windspiele mit genommen/ welche ihnen bald etliche Lang-Ohren zu Beinen brachten/ darvon einige im Lauff von Ulucastri mit der Pistohl erleget/ andere aber von den Hunden niedergeworffen wurden. Endlich ward ein Rehe zu Bein gebracht/ welches sie mit einander auß allen Krafften verfolgeten/ und weil dasselbe so schnell auf den Füssen/ daß man

es so

Carls / 3. Theil. 83

es so bald nicht einholen kunte / so giengen sie demselben eyferig nach / kamen aber darüber gantz von einander / und vertieffeten sich dergestalt im weiten Feld/ daß der Abend darüber einzufallen begunte / dannenhero sich Ulucastri, welcher das Rehe verließ / bald nach einem Dorff umsahe / zu allem Glück hatte er noch seinen Alarmi bey sich / welcher das schnelle Pferd / so ihm vorhin zum Außritt von einem Officier erstlich geliehen / hernach wegen seiner Tapfferkeit vollends war verehret worden / unter dem Leib hatte. Alle die andern / deren noch 12. ins gesamt / waren ihnen auß den Augen gekommen. Sie erreicheten eine halbe Stunde nach der Sonnen Untergang ein Dörfflein / welches voll Einwohner war / dann diese Leute hatten keinen Uberlast von den Alliirten / weil sie nahe bey dem Lager waren / denen sie schier alle Tage allerhand frische Feld-Früchte / Fische / Fleisch / Wildpreth / Butter / Käse / und Feder-Viehe / in grossem Uberfluß zuführeten. Sie kehreten mit einander in eine Herberg / und bestelleten eine gute Nacht-Mahlzeit. Etwan eine Viertel-Stunde hernach kamen etliche von ihren Gefährten / und als eine volle Stunde vorbey / kam ein Cavallier, welcher durch Schnelligkeit seines Pferdes das Rehe endlich eingeholet / und mit dem Seiten-Degen erstochen hatte. Weil demnach von den andern sich keiner mehr einstellete / war darauß zu schliessen / daß sie sich bey Zeiten wieder nach dem Lager verfüget hätten / zumahl die Ordnung an denselben war / mit ehestem in die Approchen zu gehen / und ihre Posten zu besetzen. Endlich ward die Tafel gedecket / und als sich diese hohe Gesellschafft alleweil zu Tisch setzen wolte / kamen etwan 30. Dragoner zum Dorff herein / und weil sie vernahmen / daß die ordinaire Herberge von

F 2 ver-

Deß Teutschen

verschiedenen Cavallieren auß dem Lager schon besetzet wäre/ kehreten sie bey etlichen Bauern ein / und zehreten für ihr Geld. Einer darvon kam alsobald in die Herberge / weil er vernommen / daß sein Obrister darinn wäre/ und sagte ihm/ daß sie etliche Gefangene Frantzosen mit sich führeten / dannenhero begehrete der Obriste/ daß man solche alsobald herzu führen solte/ damit man sie examiniren könte. Der Dragoner war willig hierzu / fürnemlich / weil sie nichts anders auß ihnen bringen können/ als daß sie sich für täpffende Leute außgegeben/ die in ihren wichtigen Geschäfften nach Teutschland gedächten. Wie sie nun herzu gebracht wurden / (ihrer waren 3.) da examinirte sie der Obriste mit harten Worten / und drohete ihnen mit einer schweren Gefängnuß / im Fall sie nicht die lautere Warheit bekennen würden. Der Principalste bliebe bey dem vorigen Bekänntnuß / daß er mit seinen 2. Knechten / wofür er die andern außgabe / nach Teutschland gedächte / und ob er gleich sein Gewöhr führete / wäre doch solches auf keinen Teutschen angesehen / zumahl er keine Profession von den Waffen machte/ auch deßwegen in guter Zuversicht sich ohngescheuet in Teutschland gewaget hätte. Der Obriste sprach: Du bist ausser Zweiffel/ samt den Deinigen/ Außspäher und Kundschaffter / darum ist es billich/ daß man dich an Händen und Füssen schliesse/ wie auch deine Cammerathen / biß die hohe Generalität ein Urtheil über euch fällen wird. Und ihr Dragoner/ führet sie mit euch/ und verwahret sie also/ daß sie euch nicht entkommen/ oder sie entlauffen auf eure Gefahr. Indem die Dragoner nun mit den Gefangenen wieder fort wolten/ sahe der Principal sich etwas erbärmlich nach unserm Ulucastri um / Ulucastri sahe wol/ daß er seiner Hülffe begehrete/ und von gantzem Hertzen seuff-

Carls / 3.Theil. 85

ßen seufftzete / dannenhero nahete er sich zu ihm / und sagte: Mein Freund / habt ihr etwas unter eurem Hertzen verborgen / so saget mirs / fürnemlich aber / was ihr eigentlich für eine Person seyd / vielleicht stehet es alsdann dahin zu vermitteln / daß man für eure Freyheit sprechen dörffe. Der Gefangene (mit welchem die Dragoner jetzt gleich wieder fort wolten) lenckete sich näher zu Ulucastri, und sagte: Mein ehrlich-Teutscher Carl / kennet ihr die Eporedia nicht mehr? Ich habe gethan / was in meinem Vermögen gewesen / eure Freyheit / da ihr gefangen waret / zu befordern / und euch auß den Händen meines Blutdürstigen Bruders / und der Rachgierigen Freunden deß von euch erlegten Florians zu erledigen! Ist einige Erkänntlichkeit bey euch / so helffet mir / die ich mich in Manns-Kleidern auß meinem Land begeben / daß ich ohne weiters Auffhalten vollends in Teutschland gelangen möge / allwo ich / welches ihr künfftig dürfftet zu vernehmen haben / etwas Nothwendiges zu verrichten habe / als woran meine zeitliche Wolfahrt hanget. Ulucastri kennete das Angesicht der Printzessin Eporedia alsobald / weil sie aber ihr Geschlecht verborgen halten wolte / umfienge er sie mit einem Brüderlichen Kuß / und sprach zu dem Dragoner-Obristen: Mein Herr / dieser Cavallier hat nimmermehr einigen Teutschen beleydiget / und ich setze mein Leben zum Pfand / daß uns seinethalben keine Ungelegenheit zustossen wird; Nun kenne ich ihn allererst / und wann er mir vor etlichen Monaten zum andern mahl auß einem Gefängnuß in Franckreich geholffen / da ich schwerlich mit dem Leben würde darvon kommen seyn / so bin ich verpflichtet / eine nachdrückliche Vorbitte für ihn zu thun / daß er ungehindert nach Teutschland mit seinen Leuten räysen möge / woselbst

selbst er seine eigene Sachen zu bestellen hat. Der Obriste / so ein redlicher Cavallier, und überauß viel auf unsern Ulucastri hielte / gab ihm diese Antwort: Es müste mir von Hertzen leyd seyn / wann ich einen/ der euch / mein Hertz einige Freundschafft und Dienste erwiesen / auf die allergeringste Weise bekümmern solte/ dannenhero spreche ich diesen euren Freund von Stund an frey/und mag er meinethalben ziehen/wohin es ihm beliebet. Hierauf bedanckete sich so wol Ulucastri, als die verkleidete Eporedia, und diese muste bey ihnen zur Mahlzeit bleiben/ worbey sie sich rechtschaffen lustig machten. Als es schon ziemlich weit in die Nacht hinein/legten sie sich schlaffen/und die Eporedia bliebe unserm Ulucastri in ihren Kleidern an der Seiten ligen. Am folgenden Morgen giengen sie mit einander nach dem Lager/woselbst Ulucastri einen Paß für die Eporedia außwürckete/daß sie in Teutschland sicher rähsen/ und ihrem Gewerbe ungehindert nachziehen könte. Sie nahm demnach/als sie sich nur 3. Stunden im Lager aufgehalten hatte/ ihren Weg auf Franckfurt/ wohin sie sich aber weiter gewendet/ dürfften wir an seinem Ort zu vernehmen haben. Inzwischen kunte Ulucastri nicht errathen / was diese Printzeßin immermehr bewegen möchte / in Mannskleidern sich in Teutschland zu verfügen/ doch hielte er es der Höflichkeit zuwider / daß er sie ihres Anligens halben auf einige Weise hätte befragen sollen.

Es begab sich aber/daß ein Frantzösischer Trompeter kurtz hernach vor das Lager kam/ und im Namen deß Gouverneurs begehrete / daß man ihm den Leichnam deß hinterlistig erschlagenen Marquis d'Orgeille zu begraben möchte abholen lassen. Ob nun gleich die hohe Generalität die Abfolgung der Leiche gerne einwilligte/ so verdroß es sie dannoch mit einan-

einander / daß der Gouverneur die Teutschen einer Hinter-List beschuldigte / dannenhero hätten sie ihm gerne eine gebührliche Antwort ertheilet / wofern sie deßfalls so bald hätten einig werden mögen. Ulucastri sprach jetzo: Meine Herren / lasset mich diese Sache mit dem Gouverneur außführen / es ist ja doch dieselbe also beschaffen / daß sie alle ehrliche Teutschen / als wann sie nicht redlich / sondern allein hinter-listig fechten / touchiret. Nachdem sie sich ein wenig mit einander beredet / gieng Ulucastri nach seinem Zelt / und sandte von dannen einen andern Trompeter zu dem Frantzösischen / welcher ihm dieses sagen muste: Den begehrten Leichnam könnet ihr noch diesen Tag abholen / aber ihr sollet darbeneben wissen / daß die Worte / ob hätte man den Marggrafen hinter-listig erschlagen / alle ehrliche Teutschen im Lager sehr empfinden / dannenhero habe ich Ordre, dem Gouverneur, eurem Herrn / im Namen eines sonders hohen Teutschen Cavalliers zu entbiethen zu lassen / daß man ihm stellen möge / einen ehrlichen aufrichtigen Frantzösischen Cavallier, so wolle er mit demselben kämpffen / um Leib und Leben / in Harnisch oder ohne Harnisch / zu Pferde oder zu Fuß / um dadurch zu zeigen / daß man der Hinter-List halben den Teutschen grosses Unrecht thut: Dieser Teutsche Cavallier bedinget darbey vor den Uberwinder deß Uberwundenen Pferd als ein Sieges-Zeichen / und die freye Macht über deß Untenligenden Leben. Mit diesem Bescheid ritte der Trompeter wieder zuruck / und alsobald ward der Körper abgeholet. Es erschiene hernach der vorige Trompeter wieder / und brachte dieses mit heller Stimme vor: Der Gouverneur von Mäyntz / mein Herr / wil die Worte / die er geredet / behaupten durch einen Cavallier, der dem angegebenen Teutschen Helden

Deß Teutschen

Helden in vollem Harnisch/ auch ohne denselben zu Pferd und hernach zu Fuß/ und also entweder in allem/ oder in einem Stück/ wie er es begehren wird/ soll begegnen/ und er wird annehmen die Bedingungen deß Sieges/wie sie sind begehret worden. Ich erwarte Bescheid auf dieses/und ob es nicht besser/ daß 3.Cavallier nach einander kämpffen von beyden Seiten/ damit einer von dem andern könne abgelöset werden/im Fall es beliebet wird/daß man alle Kampff-Arten annimmet/ und einer in der ersten Probe bleibet. Diese Rede kam unserm Teutschen Helden bald zu Ohren/ dannenhero bestimmete er den folgenden Tag/und gieng alles ein/ was der Gouverneur begehret hatte. Der Trompeter ritte hiermit seines Weges. Und ob gleich Ulucastri gantz allein auf dem Kampff-Platz zu erscheinen resolvirte/rietten ihm die hohen Generalen/ er solle noch 2.tapffere Voluntairs zu sich nehmen/ um den Frantzosen ihren Willen zu erfüllen/er könne für sich doch allein kämpffen/ so lange er die Oberhand behielte. Zu dem Ende nun gaben sich 2. junge Ritterliche Grafen bey ihm an/ deren Tapfferkeit ihnen einen sonderbahren Ruhm erworben hatte. Also machten sie sich alle mit einander bereit/ und der hoch-tapffere Chur-Fürst von Bäyern überließ unserm Helden einen überauß köstlichen Harnisch/samt Schild und Speer. Als der folgende Tag angebrochen/ hielte man mit den Feindseligkeiten zu beyden Seiten ein/ und so bald unsere 3.Kämpffer mit so viel Knechten auf dem angewiesenen Platz bey der Conterscarpen sich præsentiret/ kamen 3.prächtige Frantzosen herauß geritten/ und stelleten sich mit ihren Dienern gerade gegen sie über. Die Mäyntzische Bastionen stunden gepropfft voll Cavalliers und Soldaten/ gleichwie auch zwischen

den

Carls / 3. Theil.   89

den Teutschen Lauff-Gräben alles von Zuschern wimmelte. Alle hohe Fürsten und Generalen waren zugegen / daß keinem einiges Unrecht wiederfahren möchte / und weil sie wusten / daß Ulucastri vor Bonn die Teutsche Ehre so wacker maintenirt / hatten sie Hoffnung / daß es ihm auch jetzo gelingen werde. Er theilete mit dem geharnischten Gegenpart Wind und Sonne gleich / und damit ritten sie auf einander loß / und traffen beyderseits sehr wol / jedoch mit dem Unterschied / daß der Frantzösische einen Stegreiff verlohr. Solchen ließ er ihm wieder anhefften / uñ im andern Ritt ward der Frantzoß gantz auß dem Sattel gehoben / worüber sich im Teutschen Lager ein solches Jubel-Geschrey erhub / daß die Lufft darvon erschallete. Die Frantzosen schwiegen an ihrem Ort Maußstill / und hatten noch Hoffnung / daß die zween Ubrigen von ihrer Seiten / als die berühmtesten Balger in Franckreich / sich schon deß ersten Verlusts halben gnugsam revengiren würden. Ob nun gleich einer von den mitgegangenen Teutschen Grafen den Ulucastri ablösen wolte / so war es doch diesem nicht gelegen / sondern er behielte ihm den gantzen Kampff vor / so lange er nicht unten gelegen / wie solches an beyden Seiten war beliebet worden. Ulucastri, der die Außforderung / als ein Uberwinder frey behalten / legte nunmehro den Harnisch ab / und erschien in einem zierlichen Ritter-Kleide / da er dem andern Frantzosen winckete mit den Pistohlen. Dieser kam / und also trieben sie einander in einem bezirckelten Cräpß herum / biß ein Jeder seinen Vortheil zum Schuß ersahe. Die erste Pistohl deß Frantzosen schickte ihre Kugel den Teutschen Ritter vorbey / Ulucastri hingegen traffe ihm das lincke Ober-Bein / daß er vor Schmertzen vom Pferd fiel. Der Siegende Teutsche

J 5   sprang

sprang behende vom Pferd / tratt zu dem vorhin ab-
gehobenen Frantzosen im Harnisch / der noch nicht
wieder zu Beinen kommen kunte / und nachdem er
ihm den Helm ablösen lassen / sprach er zu ihm: Es
ist mir leyd / mein Hertz / daß euch mehr das Glück als
meine Lantze vom Pferd hat geworffen / und ob gleich
euer Leben jetzo in meiner Gewalt stehet / so schencke
ich euch solches zusamt eurem Pferd / womit ihr wieder zu den Eurigen reiten möget. Der Abgeworffene
bedanckete sich dieser Höflichkeit / und ließ sich wieder
auf das Pferd setzen / und also gieng der Obsieger
nunmehr zum andern Frantzosen / und schenckete ihm
gleichfalls das Leben und das Pferd. Hernach wandte sich Ulucastri zu Fuß gegen dem dritten Frantzosen /
und winckete ihm vom Pferd zu steigen / inmassen er
referirt / zu Fuß mit dem Degen gegen ihn zu kämpffen. Dieser / der einer von den fertigsten Balgern und
Fechtmeistern in gantz Franckreich war / erzeigte sich
darzu gantz willig / und also legten sie gegen einander
ein / und brachen großmüthig loß. Der Frantzoß war
sehr hitzig / und wolte das Jenige / was seine Cammerathen verdorben / gantz allein durch seine Geschicklichkeit wieder gut machen / aber gleich im ersten Gang /
gab er sich zu viel bloß / daß ihm Ulucastri einlieff / den
Degen auß der Faust riß / und ihn darauf zu Boden
warff. Der Uberwundene zückete hierauf einen heimlichen Dolch / und stoch von unten auf / worüber Ulucastri dermassen ergrimmete / daß er ihm den Degen
durch den Leib jagete / und todt ligen ließ. Hierauf
lenckete er sich gegen die andern beyde Frantzosen /
und nachdem er ihnen erlaubet / wieder nach der
Stadt zu reiten / setzte er sich auch zu Pferde / und
ritte mit seinen zween Gefährten wieder nachdem Lager / Alarmi muste deß ertödteten Frantzosen Pferd
zum

zum Siegs-Zeichen mit sich führen / und gleichwie der erste Frantzoß im Harnisch nach Mäyntz ritte/ also ward der andere von etlichen seinen Gefährten hinein getragen. Es ist sonst nicht außzusprechen/mit was grosser Höflichkeit und ungemeiner Freude Ulucastri von allen hohen Häuptern im Lager empfangen ward. Ein Jeder wolte der Nächste bey ihm seyn/ und sie mit einander machten verträuliche Freundschafft mit ihm / als mit einem unvergleichlichen Helden / der Gouverneur von Mäyntz hingegen war so zornig/ daß die Seinigen es so schlecht ligen lassen/ daß er alsobald gantze Salven auß Canonen nach den Approchen schoß. Inzwischen ward von der hohen Generalität ein grosses Panquet angestellet / auf welchem Ulucastri, als ein Siegs-Held / oben an sitzen muste. Sie offerirten ihm eine Obristen Stelle/aber er wegerte sich solche anzunehmen / vorwendend / daß ihn seine Angelegenheiten förderfamst wurden nach Hauß beruffen.

Das X. Capitul/

In Siam entstehet eine denckwürdige Revolution, so allhier erzehlet wird nach allen Umständen.

Nach der Mahlzeit ward einem hohen Officirer eine Beschreibung überreichet von der grossen Revolte in Siam,wodurch die Frantzösische Progressen in selbigem Reich einen gewaltigen Stoß bekommen/ weil nun dieses etwas Neues/ ohn erachtet es schon im vorigen Jahr passirt war/so ward diese Schrifft offentlich verlesen wie folget:

Kurtzer Bericht / der in dem Königreich Siam vorgefallenen seltzamen Veränderung/ Anno 1688.

Nach dem sich der alte König in Siam schon eine gute Zeit über befunden/ ward er endlich durch seine Schwachheit so hart ange-

angegriffen/ daß er sich gar zu Bette legen muste/ welches dann verursachte/ daß sein Hof in Judia, wiewol er selbst in Luovo zu Bette lag/ mit einer starcken Wache besetzet ward. Dieses erweckete aller Orten ein falsches Gerüchte/ als ob Se. Maj. allbereit den Geist aufgegeben hätte/ wordurch dann eine solche Bewegung unter den Hof-Leuten und Grossen entstunde/ daß der Kriegs-Obriste Opra Piteratjay, welcher deß Königs Schwager und Schwieger-Vatter ist/ gezwungen wurde/ durch seine Authorität alles wieder in Ruhe zu bringen/ und einige der fürnehmsten Aufrührer in die Gefängnüß zu werffen/ unter denen sich auch einer/ Namens Opra Soula, befande/ der eine fürnehme Creatur deß grossen Siamischen Estaats-Ministri, Constantini Phaulcon, war. Dieser Minister wandte unter der Hand allen Fleiß an/ deß Königs angenommenen und erzogenen Sohn Moonpi zu stärcken/ und dahin anzumuthigen/ daß er auch offentlich nach der Kron zu trachten sich unterstehen dürffe/ zu solchem Ende auch durch seines Vatters und anderer Verhülffe/ eine ziemliche Anzahl Leute in Dienst nahm/ welche/ wie für gewiß berichtet wird/ sich auf 14000. Mann erstrecket/ womit es dann so wol sich anliesse/ daß es zu seinem vorhabenden Zweck, ein guter Anfang schiene zu seyn/ dasero dann auch besagter Phaulcon viel trutziger und aufgeblasener wurde/ als er zuvor nicht gewesen. Es kunte aber dieses alles so geheim nicht zugehen/ daß nicht der Obriste Piteratjay darvon hätte Wind bekommen sollen/ jedoch ließ er der Sachen damahls noch so ihren Lauff/ biß daß der König wegen seiner zunehmenden Schwachheit/ und um desto besser Ruhe zu haben/ ihm die fürnehmste Verrichtungen deß Reichs auftruge. Solches gab Monsr. Phaulcon einen harten Stoß/ sintemahl er darburch nicht allein seine fürnehmste Stütze/ sondern auch bey vielen Grossen sein Ansehen verlohr/ als welche seinen Hochmuth/ Vermessenheit und Tyranney schon vorlängst gesehen/ und gehasset hatten. Gleichwol fande er ein Mittel/ bey den König zu gelangen/ welchem er mit vielen Umständen und Beweg-Reden vorzustellen wuste/ wie daß zu Sr. Maj. Person und Reichs Sicherheit zum höchsten dienlich seyn würde/ daß die Frantzosen/ so sich auf dem Casteel Bankok befünden/ hinauf geruffen würden/ um bey diesem Sr. Maj. schlechten Zustand den Pallast zu bewahren/ und Sr. Maj. als eine Leib-Wache zu dienen. Dieses gefiel dem König Anfangs so wol/ daß er auch Ordre gab/ daß besagte Frantzosen so fort nach Luovo kommen solten. Sie machten sich auch dahin bereits auf

den

den Weg/ allein/ sie wurden so wol/als ihr Principal Phaulcon,
durch den Obristen Piteratjay überlistet/ dann/ so bald selbiger
erfuhr/daß Phaulcon bey dem König gewesen/und was daselbst
verhandelt worden/ wuste er dem König so nachdrücklich zu re-
monstriren/wie Phaulcon, und seine Anhängere/nichts suchten/
als sich Meister von Sr. Maj. Person und des Reichs zu machen/
daß Se. Maj. die vorhin gegebene Ordre revocirte/ und befahl/
daß die Frantzosen nicht herauf kommen/und auch die Jenige/so
bereits in Judia seyn möchten/ wieder hinunter nach Bankok
sich begeben solten. Diesem zu Folge muste der Frantzös. General, Monsr. de Fargues, so bereits mit 60. Mann der Seinigen
im Anzug war/wieder zurück kehren. Daß ihm aber solches nicht
zum Besten gefallen/ ist darauß abzunehmen, daß er im Ruck-
March einige Feindseeligkeiten verübete/worinn ihm auch sein in
Bankok zurück gelassener Major gleichfalls folgete/ dann selbiger verließ alsofort das auf der West-Seiten der Rivier auf
Bankok belegene alte Casteel,und begab sich mit den besten Güthern in das von ihnen dargegen über gebauete neue/ und ließ
das schwere Geschütz/so er nicht mit fort bringen kunte/sprengen
und vernageln/ ingleichem auch das Pulver/ so er nicht lassen
konte/ oder auch nicht nöthig hatte/ mit Wasser begiessen/ das
Zeug-Hauß abbrechen/ und in Summa/ alles ruiniren/ so er
ihm im Weg oder nachtheilig zu seyn erachtete/ wo hingegen die
Siamer gleichwol nichts anders thaten/ als daß sie solcher Gestalt das verdorbene und demolirte alte Casteel einiger Maßen
reparirten/ und in Defensions-Positur brachten/ auch der Frantzosen ferners Unternehmen beobachteten. Inzwischen wurde
der geschmiedete Verrath deß Königs angenommenen Sohns
Moonpi und Phaulcons entdecket/ dann/ als dieselbe/ nebst unterschiedlichen Mandarins/ von ihrem Anhang/ einsmahls in einer Kammer im Pallast sehr spät in der Nacht versammlet wa-
ren/wurden sie durch eine von deß Königs Weibern und deß Piteratjay Sohn/ welche platt auf der Erden mit den Köpffen gegen die Thüre lagen/belauschet/ ohne/daß sie durch die Duncke-
heit der Nacht entdecket wurden/daselbst konten sie alles gemäch-
lich und von Wort zu Wort hören/ und verstehen/ was sie be-
rathschlagen/ und beschlossen/ welches vornemlich darinn be-
stunde/ daß/ so bald der König würde verschieden seyn/sie desselben jüngstem Bruder/ den die fürnehmste Grossen bereits fort
geschickt hatten/zur Kron verhelffen/den Kriegs-Obristen Piteratjay, nebst dessen Sohn/ und viel andere/ ums Leben bringen/
und

und zu dem Ende alle Mohren / so ihnen etwan im Weg seyn möchten/auf die Seite räumen/und vertilgen wolten. Hierzu kam auch dieses/ daß Phaulcon, sehende/ daß sein mit den Frantzosen vorgehabtes Dessein vernichtet / sich eine geraume Zeit vom Hof enthielte/und sich nicht/wie er sonst pflegte/sehen liesse/ wodurch dann seine Widerwärtige noch mehr übele Gedancken von ihm fasseten. Selbige dann urtheilende/daß die Sache nunmehro nach der Blüthe bald zur Frucht gedeyhen würde/ liessen ihn fordern/ welchem zu Folge er sich den 19. May Vormittags nach Hof begabe / er kehrete aber bald wieder zurück nach Hauß/ hielte das Mittag-Mahl/stellete ferner in einem und anderm Ordre, ließ sich auch gegen seine Europæische Leib-Wache vermercken / daß in vorstehender Nacht etwas Mercklichesvorgehen solte/ wodurch das Werck auf eine Seite sich neigen würde / nahm endlich von ihnen mit ziemlicher Verschlagenheit Abschied/ und gieng wieder nach Hof. Es stunde aber nicht lang an/da sahe man dessen mit Silber beschlagenen Trag-Stuhl ledig zurück kommen/welches seine Domestiquen für ein böses Omen aufnahmen/ wie sie dann auch kurtz darauf erfuhren / daß ihr Herr Phaulcon, samt deß Königs angenommenen Sohn Moonpi, wie auch dem Capitain von der Leib-Wacht, im Pallast angehalten / und gefangen gesetzet worden / sie / die Bediente / wurden auch noch selbigen Tag nach dem Pallast geholet/und in Ketten geschlossen. Folgends plünderten sie/die Siamer / das Hauß gäntzlich / und liessen seiner Frauen nicht das Geringste über / dessen Buchhalter / so ein Engels-Mann war/ muste in Bashyoole Rechnung von seines Herrn Zustand und Mitteln ablegen. Als nun dieses Werck solcher Gestalt in Gang gebracht war / ließ der Kriegs-Obrister/ Pitarntjay, noch einen/ Namens Opra Sivipat, bey dem Kopff nehmen in dessen Tasche eine gewisse Schrifft / wodurch die gantze Conjuration deß Königs angenommenen Sohns Moonpi und Phaulcons entdecket/ und von denen Interessenten eigenhändig unterschrieben war. Weil nun dardurch alles Sonnenklar zu Tag lag/ daß man keines weitern Beweises nöthig hatte/ so kunte auch der König nunmehro seinen angenommenen Sohn und Liebling Moonpi nicht länger beschirmen / sondern muste ihn dem Richter überlassen/ worauf ihm seine Widersacher nach einer 3. Tägigen Gefängnüß/ den Kopff herunter schlagen/ un denselben für seines Anführers / deß Phaulcons / Füssen / welcher noch mit schweren eysernen Ketten an Händen/ Füssen und um den Leib geschlossen saß/
werffen

werffen liessen/ und mit schmählichen Worten darbey sagten: Siehe da/ deinen König! Hierbey bliebe es fürs Erste. Der König aber/ dessen Schwachheit täglich zunahm/ und der über die Hinrichtung seines Sohns Hertzlich betrübet war/ begehrete/ daß dessen Cörper keine fernere Schmach angethan/ sondern begraben werden solte/ worinn man ihm auch gehorsamete. Inzwischen hatte man den Frantzös. General, Monsr. des Fargues, nach Luovo beruffen/ der aber erst nach der dritten Citation erschiene. Bey seiner Ankunfft wurde er freundlich bewillkomet/ und im Namen deß Königs mit einer güldenen Bousette, oder Pynang-Schachtel/ beschencket/ folglich ihm vorgestellet/ daß er das auf Bankok von ihnen/ denen Frantzosen/ gebauete Casteel denen Siamern übergeben solte/ und damit er solchem nachkäme/ solte er seine beyde Söhne/ nebst dem Frantz/ Bischoff/ Monsr. Louis, Metropolitanus, als Geissel zu Luovo hinterlassen/ er folglich mit allem seinem Volck hinaufwärts kommen/ und zu gelegener Zeit mit einigen Schiffen/ welche sie/ die Siamer/ darzu verschaffen wolten/ auß Siam weggeführet werden.

Damit er nun diesen Vorschlag acceptiren möchte/ ließ ihm der gefangen sitzende Phaulcon durch die hin und wieder gehende Botten/ (dann selbst durffte er mit ihm nicht reden/) darzu ernstlich anrathen/ weil er vielleicht meynete/ dardurch/ wo möglich/ der Siamer wider ihn gefasseten Zorn in etwas zu mildern; welches aber/ wie der Erfolg weiset/ ihn wenig geholffen; Dann/ weil die Siamer besorgeten/ er möchte durch seine hartnäckige Enthaltung der Speisen/ und andere ihm angethane Tortur, wodurch er gantz abgefallen/ und von Kräfften kam/ seinen Tod befördern/ und also ihrer Rachgier vorbeugen/ und sie dahero seine Ubelthat auß eigener Bekäntnuß nicht hören/ noch dessen Helffers-Helffer/ erfahren würden/ liessen sie ihn den 4. Junii, eben nach der Sonnen Untergang/ in einem schlechten Stuhl/ weil er nicht wol gehen kunte/ nach seinem Hauß tragen. Daselbst ruckten sie ihm erstlich den kostbaren Bau desselben sehr spöttlich auf/ folglich trugen sie ihn in den Stall/ allwo seine Frau gefangen lag/ diese/ wie sie sahe/ daß ihr Mann schon auffs äusserste gebracht war/ ließ/ an Statt deß Trostes/ auß ihrem Mund gegen demselben nichts/ als bittere Schmach-Reden hören/ ja/ speyete ihm gar ins Angesicht/ und wolte kaum vergönnen/ daß er seinen einigen/ etwan 4. Jährigen Sohn zu guter Letzt noch eins küssen möchte. Uber welche Boßheit die Siamer fast entzücket gestanden/ und deßhalben desto eher mit ihm darvon

Deß Teutschen

von geeylet/um ihn ausserhalb der Statt zu bringen. Phaulcon sehende/daß sie ihn nicht wieder in die Gefängnüß brachten/ wie er vermuthet/ fragte/ wohin sie mit ihm wolten? Er bekam darauf/ unter vielen Schelt-Worten/ zur Antwort: Hinauß vor die Stadt/ um euch daselbst/ laut Befehl/ euer Recht zu thun. Uber welche Antwort er hefftig bestürtzete/ und etliche mahl an seine Brust schlug/ weßhalben er aber von den wütenden Siamern belachet/ und also mit vielen Schmach- und Schelt-Worten biß an den Ort gebracht wurde/ da er sein Leben beschliessen solte. Als er nun sahe/daß es nicht anders seyn konte/ nahm er den Ritter-Orden St. Michael, nebst einer sonderbahren sehr schön und rar in Gold gefasseter Reliquie von seinem Halß/ gab solche einem darbey stehenden Mandarin über/und bath ihn/ er möchte solches seinem Sohn übergeben. Hierauf befahlen ihm die Büttel/ daß er niederknien solte/ weil er aber solches ungern thun wolte/ begunten sie zusammen zu ringen/ unter welchem Handel sie ihm den Kopff vor die Füsse legten/ den Cörper theileten sie in 3. Theile/ und bescharreten solche mit ein wenig Erde; dahero die Hunde selbige deß Nachts wieder herauß gekratzet/ und solcher Gestalt zerzerret/ daß man deß Morgens nichts, als hier und da einige abgenagete Beiner gefunden/ welches etliche Europæer/ so deß Morgens auß Curiosität dahin gangen/ und den Richt-Platz beschauet/ mit Augen gesehen zu haben berichtet. Einige fügen auch noch darbey/ ob solten seine letzte Worte gewesen seyn: HERR JESU, gedencke meiner! Weil aber/ so viel man weiß/ kein Europæer bey seiner Hinrichtung zugegen gewesen/ so kan man es auch nicht als eine Warheit berichten. Dieses ist also das Ende deß Herrn Constantini Phaulcon. Er ist ein Griech von Gebuhrt/ durch die Engelländer erzogen worden/ und nachgehends wegen seiner guten Vernunfft/ Sprachen/ Erfahrung und Klugheit/ von einem Schiffs-Quartier-Meister/ in weniger dann 9. Jahren zu der höchsten Würde und Staat deß Königreichs Siam gestiegen/ den der Papst in seinen Wapen 2. silberne Creutze/ und der König von Franckreich mit dem Ritter-Orden deß Heil. Geistes beschencket hat.

  Nachdem nun dieses also verrichtet worden/ ohne daß der Frantzösis. General darvon etwas erfahren/ wurde er noch selbigen Abends beurlaubet/ und räysete er darauf mit einigen Frantzösis. Geistlichen/ wie auch 2. Siamischen Committirten/ welche das Casteel auf Bankok von ihm übernehmen solten/ hinunter. So bald aber er daselbst ankommen/ ließ er bald bli-
cken/

Carls / 3. Theil.

ten / daß er mit der Intention nicht auß Luovo abgereyset wäre / dann er ließ alsofort die Siamische Coulys, oder Schiffer / so auf seine Ballon im Hinunterfahren geschiffet hatten / fest setzen / und machte über das auch Anstalt / die Committirte in Arrest zu nehmen / welches ihm aber nicht gelingen wolte. Ferner ließ er auf 2. Königs-Juncken / so die Rivier abwärts trieben / und nach Japan wolten / starck Canoniren / worüber 2. Personen / deren einer ein Europæer / und der andere ein Mistys war / und Beyde in deß Königs von Siam Dienst stunden / elendig um das Leben kamen / dann weil dieselbe sich wegerten / auf deß Königs Schiffe zu canoniren / ließ er selbige grausamer Weise lebendig spiessen. So weit kam es mit der Frantzosen Procedur. Jedoch trachtete der General durch ein Brieflein dieses alles zu entschuldigen / indem er die Schuld auf sein Volck legte / unter dem Vorwand / daß es ihm nicht gehorsamen wollen / bathe derowegen um ein Schiff damit er auß Siam abreysen könne. Hierauf wurde ihm Anfangs nicht geantwortet / der Obriste Piceratjay aber, sandte eine grosse Macht von Volck hinunter-wärts, welche von der See-Seiten der Rivier wol 12. Batterien aufwurffen / den Mund deß Flusses mit gesencktem Fahrzeuge und Pallisaden stopffeten ; und sie aller Orten mit einer starcken Wacht besetzeten. Jedoch wurde nichts Thätliches wider sie unternommen / ohne Zweiffel / um abzusehen / was sie ferner unternehmen möchten. Unter währenden diesen Troublen / sandte der Obriste Piceratjay einige Mandarins expressé an das Haupt der Niederländischen Compagnie ab / ließ ihnen seine Zuneigung zu derselben bezeugen / und darbey bitten / bey diesen Troublen unbekümmert zu seyn / worbey er klagender Weise anführen ließ / welcher Gestalt die Siamer von den Frantzosen verunglimpffet worden / und an Statt der Vergeltung für allerhand ihnen von dem König und dessen Unterthanen erwiesene Gutthaten / so schlechten Danck erwiesen.

Unterdessen da dieses vorgieng / und das Gerücht darvon zu Luovo auskam / suchten die beyden Söhne deß Frantzösischen Generals / Mons. Fargues, so als Geisseln allda gelassen worden / mit 10. à 12. Frantzosen zu eschappiren / weil selbige eben nicht gar zu genau bewahret wurden / aber / ob sie gleich darzu gute Gelegenheit hatten / auch bereits ein gut Stück Weges auß der Stadt entrunnen waren / wurden sie doch durch die Siamer zurück g:bolet / und mit Stricken um den Halß wieder in die Stadt gebracht / worüber sie in sothanen Schrecken fielen / daß

III. Theil. G einer

einer unter ihnen/ so ein Ingenieur war/ von Angst tobt zur Erden nieder fiel/ weil er sonder Zweiffel befürchtet/ daß auf solche ihre Flucht eine schwere Straffe erfolgen würde/ so jedoch bloß diese war/ daß sie besser und genauer/ als zuvor/ bewahret wurden. Sie verursachten aber durch solche ihre Flucht/ daß alle noch freye Europæer/ so wol Geistliche/als andere/ins Gefängnüß darüber geriethen/ außgenommen deß Königs Barbierer/ Namens Daniel Braucheborde, welcher es auch noch selbiges Tages bey dem Obristen Piteratjay dahin zu bemitteln wuste/ daß 2. Personen/ einer ein Goldschmidt/ der andere ein Soldat/ welche Beyde unlängst die Holländis. Compagnie, Jenen dem König/ und diesen dem Phaulcon geliehen hatte/ wieder auf freyen Füssen gesetzet wurden. Bey diesen Troublen waren die Engelländer und Portugiesen in nicht geringer Bekümmernüß/ dann/ weil die Siamer denselben auch nicht viel traueten/ und ihre Schiffe im Namen deß Königs auf der Revier in Arrest genommen hatten/und zum Theil abtackelten/ohne Zweiffel/weil sie besorgeten/ daß sie es mit den Frantzosen halten/ und ihnen entweder in einem oder anderm behülfflich seyn möchten/ zumahl noch 2. Königl. Siamische Schiffe/ so mit Frantzosen besetzet waren/ auf die See-Räuber kreutzeten/ in See sich befunden/ und nun wieder zu Hauß erwartet/ welche die Siamer gern unter ihre Gewalt haben wolten/ehe die darauf befindliche Frantzösis. Capitaine, von dem Zustand ihrer Nation Nachricht erlangen möchten/ welches ihnen dann auch nach wenig Tagen sehr wol glückte/ sintemahl sie eine Chalouppe, welche Monsr. Fargues in der Nacht von Bankok abgeschicket hatte/ um die Befehlshaber der erwartenden Schiffe/von dem Jenigen/so inzwischen sich begeben/ Nachricht zu bringen/eben ausserhalb deß Frantzösis. Geschützes/ als sie den Fluß hinunter triebe/ angriffen/ und nach einer tapffern Gegenwehr verbrannten. Hierdurch fiele dem Monsr. Fargues und seinen Leuten der Muth solcher Gestalt/daß sie kurtz hernach von dem Casteel zu Bankok an Statt der bißher außgesteckten Frantzösisch- nun Siamische Fahnen wehen liessen/ womit aber die Siamer nur ihren Spott trieben. Sie hatten auch ohne das den Obristen Piteratjay durch Vorstellung der Frantzösis. Procedur gebrochenen Friedens und verübten Hostilitäten so weit überredet/ daß er sich verlauten liesse/ Willens zu seyn/ Monsr. Louis, Metropolitanus, und deß Generals beyde Söhne/ hinunterwärts zu bringen/ und selbige auf das alte reparirte Casteel einen Jeden vor eine Canon zu binden/

und

und selbige auf diese Art denen Frantzosen zuschiessen zu lassen. Man glaubet auch/ daß er es ohne Zweiffel würde ins Werck gestellet haben / wann nicht der Fürnehmste der Niederländischen Compagnie, durch viel Beweg-Reden ihn davon abgerathen hätten, wie er dann/ auf deren Bitte/ dem General nach wenig Tagen seine beyde Söhne unbeschädiget zusandte/ nebst einem Brieff / worinnen er in den Substantz dem General seine Bund-Brüchigkeit und verübete Hostilität verwiese/ mit diesem Beyfügen: Daß / obgleich er / als Vatter / für seine beyde Kinder/ welche er zum Pfand und Nachkommung deß Jenigen / so er versprochen/ zu Ludvo hinterlassen hätte/ wenig Liebe trüge/ sie dannoch bey ihm/ Piterarjay, Barmhertzigkeit gefunden hätten/ daß er seines Orts gar nicht Blutgierig wäre/ noch begehre/ sich an diesen Unschuldigen zu rächen/ sondern/ daß er der gantzen Welt sehen lassen wolle / daß die Siamer das Recht an ihrer Seite hätten/ und durch die Frantzosen zum höchsten wären beleydiget worden. Worauf der General sein vorhin gethanes Ersuchen daß er ein Schiff zu seiner Abräyse erhalten möchte/ wiederholet ; Es wurde ihm aber nur bloß diß geantwortet: Daß ihm ein Stillstand der Waffen vergönnet wäre / und er auf sein geschehenes Bitten/ die Ordre vom Hof erwarten müsse/ dann/ man konte sich nicht entschliessen / ihm und den Seinigen darinn biß dato zu willfahren/ weil sie es doch damahlen/ als ihnen solches angebotten worden/ nicht allein abgeschlagen/ sondern auch mit verübten feindlichen Actionen / sich dessen verlustiget gemacht hätten. Indessen bekam der Obriste Oya Dietjo, welcher die Siamische Kriegs-Macht commandiret/ völlige Ordre, daß/ im Fall sie sich nun zum andern mahl feindlich anstellen würden / er sie alsdann mit gesamter Macht attaquiren / und ohne Ansehen vertilgen solte. Weil nun nach dieser Zeit für den Obristen Piterarjay etwas anders vorfiel / zumahl deß Königs Schwachheit täglich grösser ward / so bliebe es mit den Frantzosen darbey. Mittlerweile bemühete sich deß Königs Jüngster Bruder / welchen / wie vor gedacht/ die fürnehmste Mandarins weggeschickt hatten/ heimlich eine gute Anzahl Volcks anzunehmen / um / so bald der König / sein Bruder / mit Tod abgehen würde / sich deß Reichs und der Krone zu bemeistern / worauf hingegen ohne Zweiffel Opra Piterarjay, welcher sich bereits so fern in die Regierung gemischet/ ohne Zweiffel sein Absehen auch gemüntzet hatte/ wiewol er kurtz zuvor/ auf geschehene Vorstellung und Frage deß Königs/ ob er nach seinem Tod wol solte die

Kron

Kron annehmen wollen? sich sehr wol zu verstellen gewust/ und sich erkläret/ daß er darzu nicht die geringste Zuneigung hätte/ da er doch gantz anders gesinnet war/ nachtem er das völlige Regiments-Ruder in die Hände bekommen/ wiese der Erfolg/ dann er ließ den 9. Julii zu Abends deß Königs beyde Brüder greiffen/ und solche dicht vor der Stadt Luovo in einer Pagode mit Knütteln von Sandel-Holtz zu todt schlagen/ welches/ als es der König erfahren/ darüber zum höchsten betrübet gewesen/ und erfolgete auch 2. Tage hernach/ nemlich den 11. Julii, sein tödtlicher Hintritt/ und starb an der Wassersucht dahin/ nachtem er daß Siamische Königreich 31. Jahre/ 8. Monat/ und 14. Tage/ mit grossem Ruhm glücklich und wol regieret hatte/ hinterlassend nur eine einige Tochter/ ungefähr von 20. Jahren/ in deren Hände er wenig Stunden vor seinem Tod das Reichs-Schwerdt übergeben. Ob nun zwar deß Königs Tod aller Orten kund/ und einem Jeden wissend war/ bliebe doch der Obriste Piterarjay ohne die geringste Hinderung/ biß den 1. Augusti, in beständigem Regierungs-Sitz / als an welchem Tag er mit ungemeinem Pracht und Staat, bey sich führende die Leiche deß abgelebten Königs/ von Luovo nach Judia, sich erhube/ ließ sich noch denselben Tag offentlich als König außruffen und krönen/ nahm auch zugleich deß abgestorbenen Königs nachgelassene einige Tochter zu seiner Gemahlin/ nachdem er vor seinem Abzug auß Luovo, denen Talopoins, oder Siamischen Geistlichen/ den alten Pallast / die Stadt aber / samt allen Häusern/ denen Einwohnern verehret hatte/ ferner auch alle ansehnliche Gebäude/ Schulen/ und dergleichen / welche der hingerichtete Staats-Minister Phaulcon, theils für die Frantzös. Geistliche/ theils für ihn selbst in den Städten Luovo und Judia erbauen; unterschiedlichen Mandarinen und Particulieren Chinesen zur Wohnung einräumen lassen/ und also regierte er ferner zu vieler Verwunderung/ ohne Jemahds Widerstreben/ und zwar mit einer solchen Authorität/ und so absolute, wie die Nordische Monarchen in Indien pflegen/ eben/ als ob er schon vorlängst den Thron bekleidet hätte. Dannenhero viele glauben/ daß die fürnehmste Grossen/ samt der Gemeine / sich darum so viel eher unter seinen Gehorsam begeben/ und geschicket/ weil sie vorhero allezeit gespühret/ daß er mit seinem Amt und Stande wol zufrieden gewesen/ und den Geringern nie hart noch strenge gefallen/ und was das Fürnehmste war/ die übermässige Einfuhr der Zölle und Schatzungen/ welche der verstorbene König in den letzten Jahren seiner

Regie-

Carls / 3.Theil.

Regierung über Gewonheit angeleget/ stäts mit Mißvergnügen angesehen/ auch das Verhalten deß Phaulcons ernstlich gehaßt/ hingegen die Talopoins, oder Geistliche / eyferig geliebet hatte; Dieses/ und das er im Anfang seiner Regierung/ ja noch bey Erbzeiten deß alten Königs zu Bezeugung seiner guten Zuneigung/ alle neue Schatzungen so auf Anstifften deß Phaulcons eingeführet worden/ abgeschaffet/ hernach auch allen Unterthanen deß gantzen Siamischen Reichs / eine allgemeine Zoll-Freyheit/ auf 3. nach einander folgende Jahre zugestanden/ damit das arme Volck/ so durch die schwere Schatzung/ die auf alles groß und klein Viehe/ ja gar auf die Fische / Bäum- und Erd-Gewächse geleget worden/ fast außgemergelt waren/ sich in etwas erholen/ und erquicken möchten brachte ihm die Gunst und Geneigenheit deß gantzen Landes zuweg.

Unterdessen / da die Sachen solcher Gestalt in diesem Königreich abgehandelt/ und das Werck wegen der Frantzosen/ wie vorgedacht/ noch so hin gehalten wurde/ liessen sich 2. Portugiesische Mistysen durch Monsr. Fargues gebrauchen / daß sie die Anstalt deß Siamischen Hofes / und was sonsten hier und da passirte/ erkündigten/ und ihm darvon Nachricht ertheileten. Ob sie nun wol sich auf Siamische Weise verkleidet hatten/ wurden sie doch bald entdecket, und gefangen gesetzet/ welches/ als es dem neuen König zu Ohren kam/ so übel aufnahm/ daß er allen Portugiesen/ ohne Ansehen der Person/ einig Gewöhr zu tragen verbieten ließ, befahl auch über das/ alle Kinder/ so von solcher Nation mit Peguanischen oder Siamischen Frauen erzeuget worden/ aufzufangen/ und nach Hof zu bringen/ welches strenge Verfahren in der gantzen Stadt ein jämmerliches Geheul und Wehklagen erweckete/ fürnemlich/ da sie keine Hoffnung haben / daß sie solche jemahlen mit ihren Augen wieder zu sehen bekommen werden. Die Niederländische Ober-Häupter begaben sich zwar/ auf deren vielfältiges Anhalten/ nach Hof/ und bathen Se. Maj. demüthigst/ um Erledigung solcher unschuldigen Kinder/ und daß durch Wiedergebung derselben die betrübte Eltern möchten erfreuet werden. Sie erlangten auch die Gnade/ daß der König ihnen alle die durch Christliche Vätter gezeugete Kinder schenckete / wie es aber aus Wiederlieffern kam/ wurde nur ein einiges Mägdlein gefunden/ welches Monsr. Herbin, der Englischen Compagnie Ober-Haupts/ Töchterlein war/ und welches zu der Elteren und deß Kindes Glück/ durch deß Königs Niederländischen Wund-Artzt/ Daniel Brouchebuoïde,

G 3

bourde, noch entdecket/ und mit genommen wurde. Ob nun zwar dieses betrübte Werck ein steinernes Gemüth zum hertzlichen Mitleyden bewegen möchte/ schiene es doch/ daß die Frantzosen solches wenig achteten/ da sie doch daran die fürnehmste Urheber waren. Kurtz darauf erregten sie noch ein neues Unheil/ dann es lag vor Tanaſſery ein Schiff/ mit Reiß beladen/ so einem Engliſchen Kauffmann/ Namens Monſr. Teyler, zugehörete/ und nach Coromandel deſtinirt war/ Seegel fertig auff der Rhede, ſolches Schiff überfielen die Frantzoſen einsmahls in der Nacht/ nahmen es weg/ ſo/ daß der Eigener deß Morgens ſeiner Jacht mit der gantzen Ladung quitt war. Es hatten aber die Siamer die übrige Frantzoſen / ſo mit um das Deſſein waren/ und an Land geblieben waren/ oder ihrer Geſellſchafft nicht ſchleunig gnug folgen kunten/ alle todt geſchlagen.

Endlich erhielte der Frantzöſiſ. General, Monſr. Fargues, Vergünſtigung vom Siamiſchen Hof / daß er mit allen den Seinigen auß dem Reich abziehen/ und nicht nöthig hätte/ erſt hinaufwärts zu kommen/ und von ſeinem bißherigen Verhalten Rede und Antwort zu geben; Jedoch/ daß ſie an Statt der Schiffe/ ſo ihnen zuvor zu leyhen angebotten waren/ als auch die übrige Provision für ihr Geld ſolten kauffen / und damit ſie ſolches alles getreulich ins Werck richten möchten / ſolte der Biſchoff/ nebſt dem Commandeur von der Logie, Monſr. Verret, als Bürgen/ zurück bleiben. Dieſem zu Folge erhandelten ſie von den Portugieſen 2. Schiffe/ eines etwan von 100. Laſten/ und darfür bezahlten ſie 6000. Reichs-Thaler/ für das andere/ ſo etliche 50. Laſten führen kunten/ gaben ſie 2000. und noch für eine Chaloupe auch bey nahe 2000. Reichs-Thaler. Die Provision, ſo ſie kaufften / wurde ihnen auch von den Siamern auf 6000. Reichs-Thaler angeſchlagen ; Als nun dieſer Kauff richtig war/ bereiteten ſie ſich zum Abzug/ indem aber/ als ſie darmit geſchäfftig waren/ langete den 9. Novembr. das Schiff/ l'Orphelin, auß Franckreich auf der Rhede von Siam an/ wodurch ihnen der Muth ſolcher Geſtalt von neuem wuchſe/ daß ſie ihr abermahliges Gelübde / nichts Ungebührliches wider die Siamer zu verüben/ in Vergeſſenheit ſtelleten/ dann ſie lieſſen durch ihre Geiſtlichen/ ſo noch obenwärts geblieben waren/ und Freyheit hatten/ nach Belieben auf- und abzufahren/ deß hingerichteten Staats-Miniſtri Phaulcons nachgelaſſene Frau und Söhnlein auffuchen / und nach Bankok bringen / allwo ſie dieſelbe fleiſſig verbargen/ in Meynung/ ſelbe mit ſich hinweg zu führen.

Als

Carls / 3. Theil.   103

Als es aber der König erfuhr/ (andere sagen auch/ daß es der Frantzös. General dem König selbst habe wissen lassen/) erzürnete derselbe sich so darüber/ daß er Monsr. Fargues andeuten ließ/ wofern er besagte Frau und Sohn nicht ohne Verzug wieder dahin bringen liesse/ wo sie genommen worden/ er keinen einigen Frantzosen auß dem Reich Siam ziehen lassen wolte. Worauf sie sich resolviren müssen/ das Weib mit ihrem Sohn in die Hände der Königl. Bedienten wieder zu lieffern / nachdem sie dieselbe biß den 19. Octobr. und also über 5. Wochen im Casteel bewahret hatten. So bald dieselbe nun wieder in deß Königs Gewalt war / ließ er sie viel genauer / als vorhin/ im Schloß bewahren/ und wurde zu Küchenwerck/ und andern verächtlichen Diensten/ gebrauchet. Durch diese ihre Flucht verursachte das Weib/ daß ihre Mutter/ Groß-Mutter/ und andere Freunde / welche zwar Anfangs auch gefangen gesetzt/ folglich aber wieder erlassen worden/ nun aufs Neue auß ihren Häusern geholet/ und mit schweren Ketten geschlossen wurden. Endlich schiene es/denen Frantzosen mit ihrem Abzug ein Ernst zu seyn/ je näher sie aber darzu waren/je mehr befürchteten sie sich/daß ihnen die Siamer/ eben wie sie mit den Ihrigen verfahren/ begegnen möchten/ begehrten deßhalben/ 2. à 3. Siamische Geisseln/ an Statt anderer zween/ so sie hingegen im Casteel auf Bankok zurück lassen wolten/und hernach/ wann sie erst in geraumer See/ und also gantz ausser der Siamer Macht gekommen seyn würden/gegen einander wieder sollten außgewechselt werden. Als nun dieses alles also bestellet war/ brachen sie endlich den 7. Novembr. auf/ und begaben sich ausserhalb der Revier; Worauf der Barcalon,oder fürnehmster Minister in Siam, der sich keiner Hinterlist befürchtete/ denen Frantzosen ihre Geissel / deren einer ein Sohn deß Generals/ und der andere sonst ein fürnehmer Officier war/ zusandte/ in Meynung/ sie würden dargegen/ laut Versprechen/ die Siamische Geissel auch wieder zu Land kehren lassen/ allein sie hatten solches gantz aufgeschwitzet/ und nahmen solche beyde Ostagiers, genannt Opra Rongsom Kram, und Eloean Raad, mit etwan 20. Personen von ihrem Gefolge mit sich/ und liessen allein das Fahrzeug / welches ihnen der Barcalon zu guter Letzt noch voller Erfrischung zugesandt/ledig zurück kehren/nachdem sie das Schiff-Volck/ an Statt der Danckbarkeit/ nacket außgezogen/und lustig abgeprügelt hatten. Auf solche Weise geriethen sie mit 4. Fahrzeugen nach 3. Tagen gantz auß dem Gesichte der Siamischen Rheede. Weil sie auch mit wenig Matrosen versehen

sehen waren / so nahmen sie / mit Vergünstigung deß Königs zu
Siam über 30. Engl. und Holländis. See-leute mit sich / denen
sie nichts/ als die blosse Kost/ für die Uberbringung nach Coromandel, geben solten. Sie hatten sonst nicht allein ihre Logie,
worinn ein ziemlich Capital Contanten / als auch eine Partey
Blut-Corallen / und andere Waaren / über das auch einige
Stücke Canonen / und noch über 10. Personen / worunter sich
einige Krancke befunden / und ohne das noch ihren Bischoff /
Monsr. Louis, Metropolitanus, und andere 10. Geistliche/ so nun
meist alle mit Ketten an Händen und Füssen sehr hart geschlossen seyn/zuruck gelassen. Besagte Geistliche werden sehr hart gehalten / und sonderlich der Bischoff aufs Allerschärffste bewahret/und am härtesten gepeiniget/weil er/ wie man muthmasset/
nebst Monsr. Verret, Commandeur der Logie, welcher heimlich
darvon gezogen / für der Frantzosen Wolverhalten und Treu
Bürge worden / sonderlich hält man ihn für einen Außführer
und Rath deß gewesenen Staats. Ministri Phaulcons / und Anfänger und Stiffter alles geschehenen Ubels. Wie es nun ferner
mit ihnen ergehen / und was für Veränderungen nach diesem in
solchem Königreich ergehen möchten / wird die künfftige Zeit an
Tag geben.

Das XI. Capitul/
Hier wird das Königreich Siam umständlich beschrieben/ was man nemlich darvon zu wissen nöthig haben mag.

Als dieser Bericht überlaut abgelesen war/ trug
ein Jeder Verlangen zu wissen/ wo dieses Königreich Siam eigentlich belegen / was es für einem König hätte/ und wie es sonsten beschaffen wäre.
Hier tratt ein alter Obrister auf/ und sagte: Ich bin
vor etlich und 20. Jahren in selbigem Land persönlich
gewesen/da ich dann alles genau observiret/und demnach folgendes darvon mitzutheilen weiß:. Der meiste Theil deß Königreichs Siam in Ost-Indien jenseit
deß Ganges-Fluß ist zwischen dem Meer-Busen gleiches Namens/ und dem von Bengala, stösset gegen
Mitternacht an Pegu und gegen Mittag an die Halb-

Insel

Insel Malacca. Der kürtzeste und beste Weg/so sich die Europæer/ um sich in dieses Königreich zu verfügen/halten können/ist/auf Ispahan zu gehen/von dannen auf Ormus, und von hinnen auf das Indianische Meer nach Suratte, alsdann über Golconda nach Masulipatam, wo man zu Schiff gehet/und zu Denouserin außsteiget/welches der See-Hafen von Siam ist. Von Denouserin zu der Haupt-Stadt Siam, die auch Judia und India genannt wird/hat man noch bey 35.Tag-Räysen/ dessen Helffte man einen Fluß hinauf kommen kan/ der ander Theil wird zu Land auf Wagen und Elephanten verrichtet. Der Weg/ so wol zu Land/als zu Wasser/ist unbequem/in Betrachtung/ daß man zu Land allwege wieder die Tyger und Löwen zu fechten hat/ und zu Wasser hat es auf dem Fluß verschiedene Wasser-Fälle/daß es also schwer ist/ das Schiff hinauf zu bringen/daß man gleichwol mit gewissen Rüstungen thun muß. Dieses ist der Weg/ den ich in meiner Rück-Räyse auß Indien dreyen Bischöffen/ so ich auf dem Wege angetroffen/gezeiget; Der erste war der Bischoff von Beryte, den ich zu Ispahan antraff/ der andere der Bischoff von Megalopolis, als ich über den Euphrat gieng/ und der dritte der Bischoff von Heliopolis, der zu Alexandreta ankam/ als ich wieder nach Europa räysete. Das gantze Reich Siam ist mit Früchten reichlich versehen/ fürnemlich mit Reiß/ die andern besten Früchte sind die Mangues, Durions und Mangounstans. Die Wälder sind voll Hirsche/Elephanten/Tyger/ Nasen-Hörner und Affen/ und man siehet aller Orten viel Bambous, so grosse Rohre/ sehr hoch und hohl/auch Eysen-hart. An dem äussersten dieser Rohren findet man Näster/ so groß/ als ein Mans-Kopff/ und es seyn die Ameisen/ die solche von feister Erde machen/

machen / so sie dahin tragen. Es ist nur ein kleines Löchlein unten darein / durch welches sie hinein gehen/ und in diesem Näst hat eine jede Ameise eine besondere Kammer / wie die Bienen. Sie machen darum ihre Näster auf diese Rohre / dann / wann sie solche auf die Erde machten / würden sie alle in währendem grossem Regen / der 4. biß 5. Monat anzuhalten pfleget / zu Grunde gehen / weil alsdann das gantze Land unter Wasser gesetzet wird. Man muß / wann man sich deß Nachts schlaffen leget / eine Wacht halten / damit man von den grossen Schlangen nicht gebissen werde. Man findet dieser Würme / die 22. Fuß lang sind / und zween Köpffe haben / aber der am Ende deß Schwantzes sitzet / thut seinen Mund nimmer auf / hat auch keine Bewegung. Es gibt auch daselbst ein gifftiges Thier / und das kaum eines Fusses Länge hat / sein Schwantz ist gespalten / und macht 2. Spitzen / seine Gestalt ist / wie ein Salamander. Die Flüsse deß Reichs sind sehr schön / und der / so durch die Haupt-Stadt fliesset / heisset Menan, und ist sehr groß / und aller Orten bey nahe gleicher Breite. Sein Wasser ist sehr gesund / aber voll abscheulicher grossen Crocodilen / welche viel Menschen / die nicht wol auf ihrer Huth sind / verschlingen. Siam, die gewonliche Haupt-Stadt deß Königreichs / und Residentz deß Königs / ist mit Mauren umgeben / und kan in 3. Stunden schwerlich umritten werden / sie ligt auf einer Insel mitten im Strohm Menan, und man könte gar leicht durch alle Gassen Wasser-Leitungen machen / wann der König einen Theil von dem grossen Geld / so er zu den Ampeln der Götzen-Tempeln jährlich anwendet / herschiessen wolte. Die Siamer haben 33. Buchstaben in ihrem Alphabet, sie schreiben / wie wir Europæer / von der lincken zur rechten Hand / gantz anders /

als

Carls / 3. Theil.

Als ihre benachbarten Nationen in Japon, Sina, Cochin-China, und Tunquin, welche ihre Schrifften / von der Rechten zur Lincken / und von oben zu unterst deß Blats führen. Die Völcker dieses Reichs sind entweder dem König / oder den grossen Herren deß Reichs unterworffen. Männer und Frauen schneiden ihnen die Haare ab / und ihre Kleider sind nicht gar köstlich.

Unter den Höflichkeiten / so bey ihnen üblich / ist diese eine sehr merck-würdige / daß sie niemahl dem Jenigen / so man ehret / ohne vorher begehrte Erlaubnuß vorgehen / welches sie alsdann mit aufgehobenen beyden Händen thun. Die Vermöglichsten haben unterschiedliche Weiber / wie die Heyden und Türcken anderswo. Die Müntze deß Landes ist Silber / und schier wie eine Musquet-Kugel gestaltet / die Geringste ist von kleinen Muscheln / so man auß den Manilles-Inseln bringet. Es gibt im Land schöne Zinn-Gruben. Der König von Siam, ist einer von den reichesten Monarchen in Orient, und nennet sich / in offentlichen Brieffen einen König deß Himmels und der Erden / ob er gleich bißweilen andern Königen zinßbar ist. Er lässet sich selten von seinen Unterthanen sehen / und höret allein die Fürnehmsten seines Hofs an / weilen die Fremden und Außländischen keinen Zutritt zu seinem Pallast haben. Er überlässet die Regierung seinen Bedienten / welche zum öfftern der in Händen habenden Authorität mißbrauchen. Er lässet sich nur zweymahl deß Jahrs offentlich sehen / welches mit grosser Herzlichkeit geschiehet. Erstlich / wann er mit grossem Gepräng zu einer Pagode zu gehet / die in der Stadt / und deren Thurn in- und außwendig starck vergüldet ist. Darinn sind 7. Götzen-Bilder / 6. biß 7. Fuß hoch / welche von dichtem Gold

Deß Teutschen

Gold/ und durch die Almosen/ so er den Armen/ und durch Geschencke/ so er den Priestern seiner falschen Göttern/in Hoffnung deren Gunst zu erlangen/ aus theilet/ gemacht/ alsdann gehet er mit seinem gantzen Hauß/und zeiget/ was er am prächtigsten hat. Unter andern Herrlichkeiten siehet man 200. Elephanten/ unter denen ein Weisser gefunden wird/ den der König so hoch schätzet/ daß er sichs vor eine sonderbare Ehre rechnet/ ein König deß weissen Elephanten zu heissen. Diese Elephanten leben etliche hundert Jahr. Wann der König sich zum andern mahl sehen lässet/ geschiehet solches/ wann er in eine andere Pagode gehet/welche 5.oder 6. Meilen oberhalb der Stadt belegen/ so man den Strohm hinauf fähret. Aber ausser dem König und seinen Priestern wird Niemand in diese Pagode gelassen. So bald der König die Pforten ersehen kan/ muß sich alles Volck zu Boden werffen. Alsdann erscheinet der König auf dem Strohm mit 200.Galleeren von wunderlicher Länge/ eine jede mit 400.Rudern versehen/ und sind meisten Theils vergüldet und auf das Schönste gezieret. Weil aber diese zweyte Erscheinung deß Königs im Winter-Monat geschiehet/ bereden die Priester das Volck/ daß Niemand als der König/ den Lauff deß Wassers aufhalten könne/ durch die Gebett und Eyffer/ so er in der Pagode verrichtet/und diese arme Leute bilden ihnen ein/ der König zerschneide das Wasser mit seinem Säbel/ und beurlaube es/ hin nach dem Meer zu fliessen. Der König gehet noch einmahl/ aber ohne sonderliche Pracht/zu einer Pagode,so auf einer Insul ist/ da die Holländer ihre Hütten haben. In dem Eingang siehet man einen Götzen sitzend/ auf die Weise/wie unsere Schneider/ die eine Hand auf dem Knie/und die andere auf seiner Seiten haltend. Es

ist sel-

Carls / 3. Theil.

ist selbiger mehr als 60. Fuß hoch/ und um diesen grossen Götzen herum/ hat es mehr als 300. andere unterschiedlicher Grösse / so allerhand Manns- und Weibs-Personen vorstellen. Alle diese Götzen-Bilder sind vergüldet/ und es hat eine unglaubliche Anzahl Pagoden in diesem Lande/ welches daher kommt/ daß kein reicher Siamer ist/ so nicht eine zu seinem Gedächtnuß bauen lässet. Diese Pagoden haben Thürne und Glocken/ und die Mauren sind innwendig gemahlet und vergüldet/ aber die Fenster sind so eng/ daß sie wenig Liechts einlassen können. Die Altäre sind mit kostbaren Götzen beladen/ unter welchen gemeiniglich 3. von unterschiedlicher Grösse/ so nahe beysammen stehen. Die zwo Pagoden/ die der König/ wie gesagt/ jährlich in seinem Gepräng besucht/ sind mit verschiedenen schönen Pyramiden/ alle starck vergüldet/ umgeben/ und die/ so in dem Eyland/ darauf die Holländer ihre Hütten haben/ sich befindet/ ist mit einem Kloster/ dessen Gebäu sehr zierlich/ bekleidet. Man hat in der Mitte eine grosse Capelle/ innwendig gantz vergüldet/ aufgerichtet/ da man eine Ampel und 3. angezündete Kertzen vor dem Altar/ so gantz mit Götzen bedecket ist/ verwahret/ deren die eine von purem Gold/ die andere aber von vergüldetem Kupffer sind. Die Pagode, so in der Mitte der Stadt/ und eine von den Zweyen/ wohin der König einmahl deß Jahrs gehet/ begreiffet bey nahe in 4000. Götzen-Bilder/ und stehen umher/ wie um die Jenige/ so 6. Meilen von Siam, viel Grab-Spitzen / deren Schönheit machet/ daß man sich über der Kunst dieser Nation verwundern muß.

Wann der König erscheinet/ müssen alle Thüren und Fenster der Häuser verschlossen seyn/ und das Volck wirfft sich auf den Boden/ ohne daß es den

König ansehen darff/ weil Niemand an einem erhabenern Ort/ als der König ist/ seyn darff. Wann er durch die Gassen gehet/ist alles Volck/so in den Häusern ist/verbunden/sich hinunter zu verfügen. Wann er ihm die Haare abschneiden lässet / wird eine von seinen Weibern zu solchem Amt gebrauchet / und er gibt nicht zu / daß ein Balbierer Hand an ihn lege. Dieser Fürst ist in gewisse Elefanten verliebt/ welche er als seine Zärtlinge und Staats-Zierden unterhält. Wann etliche derselben erkrancken / haben die Vornehmsten deß Hofs eine grosse Sorge darvor/ um dadurch dem König zu gefallen/und wann sie verrecken / wendet man eben solchen Pracht an / wie bey den Begräbnüssen der Grossen im Königreich. Die Leich-Gepränge der grossen Herren geschehen auf folgende Weise: Sie richten ein herzliches Grabmahl auf von Binßen / auß- und inwendig mit gefärbtem Papier überzogen / weil alle wolriechende Höltzer nach dem Gewicht verkaufft werden / leget man dessen so viel/ als der Körper wieget/ in die Mitte/und nachdem die Priester etliche Gebett zusprechen vollendet / wird alles eingeäschert. Die Reichen verwahren sothane Asche in silbernen und güldenen Gefässen / aber die Unvermöglichen zerstreuen sie in die Lufft. Was die Ubelthäter betrifft/ welche ihr Leben durch einen schmählichen Tod geendet / deren Leiber werden nicht verbrandt/sondern begraben. Der König gestattet / daß offentliche Dirnen seyn/ allein sie haben ihre Wohnung besonders / und ein Hauß/ so verhindert/daß ihnen nichts Leydes widerfahre. Wañ eine von ihnen stirbet/verbrennt man ihren Leib nicht/ wie mit eines ehrlichen Weibs Leib verfahren würde/ sondern man wirfft ihn auf einen Platz/ den Hunden und Raben zur Speise/vor. Man hält dafür/daß im

König-

Carls / 3. Theil.   111

Königreich über 200000. Priester gezehlet werden/ so man Bonzes nennet/ und die so wol bey Hof / als bey dem Volck in grossem Ansehen leben. Der König selber achtet etliche so hoch / daß er sich in ihrer Gegenwarth demüthiget / Dieser ungewöhnliche Respect, so ihnen von Jedermann erzeiget wird / macht sie manchmahl so hochmüthig/ daß man deren gefunden/ die wol zum Thron selber einen Lust bekommen. Aber wann der König etwas dergleichen entdecket/ lässet er ihnen das Leben nehmen / wie dann kurtz vor meiner Zeit in einer Empörung geschehen/ deren Urheber ein Bonze war /. dem der König das Haupt abschlagen lassen. Diese Bonzes sind gekleidet/und tragen um ihre Lenden ein rothes Tuch/ in Gestalt eines Gürtels. Sie lassen äusserlich eine grosse Ehrbarkeit blicken / und man siehet niemahlen an ihnen das geringste Zeichen einiges Zorns. Sie stehen deß Morgens um 4. Uhr auf / wann die Glocken läuten/ ihr Gebett zu verrichten / und auf den Abend thun sie deßgleichen. Es gibt gewisse Täge im Jahr/daran sie sich von der Gemeinschafft der Menschen absondern/um in der Einsamkeit zu leben. Etliche derselben leben von dem Allmosen / und andere von reichen Stifftungen. So lange sie der Bonze Kleider tragen/ dörffen sie keine Weiber haben / und wann sie sich verheyrathen wollen / müssen sie solche ablegen. Der meiste Theil von ihnen sind ungelehrt / und wissen nicht/ was sie glauben. Es muß seyn/ daß sie gleich den Indianischen Heyden/ die Umwandelung der Seelen in unterschiedliche Leiber glauben. Es ist ihnen verbotten/einigem Thier das Leben zu nehmen/ doch machen sie ihnen kein Gewissen darvon / daß sie Thiere/ so von andern getödtet worden/ essen. Der Gott/ von welchem sie reden/ ist ein Gespenst/ von

welchem

welchem sie wie die Blinden reden / und sie sind so
eigensinnig/ihren groben Irrthum zu behaupten/daß
es schwer fället/ sie davon abzubringen. Sie sagen
daß der Christen GOtt / und der Jhrige / Gebrüder
sind / und der Jhrige der Aeltere sey. Wann man sie
fraget / wo ihr Gott sey? antworten sie/ er seye ver-
schwunden/daß sie nicht wissen/ wohin er gekommen.

Was die lebendige Macht deß Reichs belanget/
bestehet solche fast alle in den Fuß-Völckern/ so ziemlich gut sind. Die Soldaten sind der Arbeit ergeben/
ihr Kleid ist allein von einem Stück Tuch gemacht/
um zu bedecken/ was man zu weisen sich schämet / der
übrige Theil deß Leibes/ als der Magen/ Rücken/ die
Aerme und Schenckel/bleiben entblösset/das Fleisch/
so gantz zerschnitten/ gleich wie man Schrepff-Köpffe
aufsetzet / stellet allerhand Blumen und Thiere vor.
Nachdem sie das Fleisch zerschnitten / und das Blut
außgeronnen/reiben sie diese Blumen und Thiere mit
beliebigen Farben / und wann man sie von weitem
hernach siehet/könte man sagen/ daß sie mit geblümt-
seydenen Zeug / oder gemahltem Tuch bekleidet wä-
ren/dann die Farben/ so sie solchen geben/ gehen nimmermehr auß. Jhre Waffen sind Bogen und Pfeile/
Musqueten und Piquen und eine Assagaye, welches
ein Stab ist/ 5. oder 6. Schuhe lang/ vornen beschla-
gen/ den sie mit grosser Geschicklichkeit auf den Feind
werffen.

Sonsten ist zu wissen/ daß der Winter in Siam,
Cochinchina, Tunquin, Laos, Asem und andern an-
gräntzenden Ländern sich im September, October und
November einzustellen pfleget/ alsdann regnet es sehr
überflüssig/ also/daß alsdann schier alle 15. Tage eine
grosse Überschwemmung der Flüsse entstehet/ welche
das Land mehrentheils 2. oder 3. Tage unter Wasser
setzet/

Carls / 3. Theil.

☞ ... / und solche Fluth dienet nicht allein die Lufft zu ... / sondern auch das Land fruchtbar zu machen / ... ... nhero die Einwohner dieser Länder gar sehr ... ... verlanget. Wann sich nun das Wasser er... ... / ist ihre Freude so groß / daß sie dieselbe mit ... ren und Panquetiren aller Welt zu erkennen ge... ... Ja / sie reichen einander alsdann Geschencke / und ... Hauffen-Weiß mit vollem Haß: Daden Lut! Daden Lut! Der Uberfluß ist kommen! Der Uberfluß ist kommen! Diese Wasser fallen so plötzlich auf das Land / daß die Einwohner manchmahl deß Abends nichts davon wissen / und deß Morgens damit gäntzlich umzingelt sind / daß sie nicht auß ihren Häusern gehen können / welche zu dem End auf hohe Säulen erbauet sind / daß die Fluth drunter durchlaufft / und niemahl an die Gemächer reichet. Gleichwol geschiehet es vielfältig / daß das Vieh auf dem Feld / wann es von der Fluth zu plötzlich überraschet wird / in grosser Menge ersauffet / weil man keine Zeit hat / solches auf das Gebürge zu treiben. Die solcher Gestalt ertrunckene Ochsen / Ziegen / Schweine / oder was es immer seyn mag / kommen hernach / Krafft eines Uhralten Gebrauchs und Gesetzes / nicht mehr den vorigen Einwohnern / sondern dem / der sie am ersten findet / zu / welches unter den gemeinen Leuten ein grosses Jauchzen verursachet / dann so bald die Fluth den Erd-Boden bedecket / fahren sie mit Schuten auß / das ertrunckene Vieh aufzusuchen / welches sie nach ihren Wohnungen bringen / und hernach auf ihren Mahlzeiten und Gastereyen nicht anders / als ein Stück Wildbrät / verspeisen.

In den Reiß-Feldern enthält sich dieser Landen gemeiniglich eine grosse Menge Mäuse unter der Erden / welche durch das überlauffende Wasser gezwun-

III. Theil.   H   gen

Deß Teutschen

gen werden / auß ihren Löchern hervor zu kommen/ und sich auf die Bäume zu retiriren / dafern sie nicht ersauffen wollen / daß demnach die Zweige der Bäumen von den Mäusen gantz angefüllet / und hart beschweret / sich davon niederbeugen müssen / alsdann fahren die Kinder bey grossen Hauffen nach solchen Bäumen / schütteln mit kleinen Häcklein die Aeste und werffen die Mäuse solcher Gestalt wieder in das Wasser/ da sie alsdann ihr Grab finden. Diese Kinder-Kurtzweil gereichet dem gantzen Land zu einem grossen Vortheil und Nutzen / weil es dadurch von diesem schädlichen Ungeziffer guten Theils befreyet wird/ welches sonst alle Saat abnagen / und dem armen Land nichts / als ein betrübtes Nachsehen / ja, Hunger und Kummer überlassen würde. Es gibt auch diese Fluth erwünschte Gelegenheit / sein Hauß mit aller Nothwendigkeit zu versehen/ dann in derselben Zeit fähret man gleichsam über eine See mit leichter Mühe von einer Stadt zur andern / welches hernach zu Land viel mühsamer fallen würde/ darum werden auch Zeit-währender dieser Fluth die meisten Märckte gehalten/ und alsdann versiehet sich ein Jeder mit dem/ dessen er benöthiget ist. Man führet in dieser Zeit grosse Flösse mit Brenn- und Zimmer-Holtz über das Feld/ wohin man es haben wil / und solcher Gestalt fället diese Fluth diesen Ländern nicht schädlich/ sondern erwünscht und gantz nutzlich / inmassen sie sich auch/wie gesaget/ derselben höchlich zu erfreuen pflegen.

Als der Obriste hiermit zu reden aufhörete / trug ein Jeder Verlangen/ wann/ und welcher Gestalt dann das Christenthum in Siam sey gepflantzet worden? Darauf besanne sich ein gewisser General, ließ demnach einen Pater herholen/ welcher ihm wol ehemahls

Carls / 3. Theil. 115

mahls darvon gnugsamen Bescheid ertheilet/ als der mit den Orientalischen Missionariis fleissig zu correspondiren pflegte. Wie dieser bey der Tafel erschien/ ward er um bewuste Erzehlung ersuchet/ der sich dann sobald niedersetzete / und nachdem er von seinen Nachbarn einen grossen silbernen Pocal mit Wein griffen/sprach er: Ihr lieben Herren/ jetzo wollet ihr nach Ost-Indien senden/ warlich/ es ist ein über weiter Weg/ zu dem ist die Hitze sehr gross/ und dörffte auf der Rayse verschmachten/ im Fall ich nicht ein Lab-Trünklein vorher zu mir nähme. Hiermit setzte er den Becher an den Mund / und trunck ihn rein aus / hernach wischete er den Barth mit der Lincken und auch mit der rechten Hand/ und nachdem er sich gantz Peripatetisch geräuspert / fieng er seine Rede also an:

Das XII. Capitul/
Wann und welcher Gestalt das Christenthum in Siam gepflantzet worden. Grosse Revolution daselbst Anno 1545. welche sehr Merck-würdig ist.

As von uns das Reich Siam, das wird / so viel ich Nachricht von dannen erhalten / von den Eingesessenen Juthia, oder wol mit einem noch ansehnlichern Titul / der so viel heisset / als ein Reich / so hundert Städte unter sich bracht/ genennet. Vor Jahren war es fast das vornehmste Stück von dem Südländischen Ost-Indien/ allwo man dem wahren GOtt viel Kirchen aufgerichtet und geweyhet hat. Die Portugiesen haben vor Jahren diesem König in vielen Begebenheiten sehr grosse Dienste geleistet/ auch hierum fast alles erhalten / was sie verlanget. Unter andern ward ihnen zugelassen / daß sie das Christenthum allenthalben lehren / und die sich darzu bekennen wolten/ solches frey und ungehindert annehmen dörfften. Es folgete aber hierauß sehr geringer Nutzen / ja nicht ein einziger besagter

H 2

tagter Mann wolte sich darzu bequemen/ es sey nun/ daß die angebohrne Art dieses Volcks so thumm und unfähig/ oder daß sie ihren Götzen-Pfaffen dermassen anhängig/ daß sie von ihnen als einfältige Schäfflein zu allen aberglaubigen Possen geleitet/ und darbey erhalten werden. Erst-gemelte Götzen-Priester thun es in ihrem Gepräng den Christlichen Kirchen in vielen Stücken nach. Die Farbe ihrer Kleidung ist gelb und Viol-braun/ etliche leben von den Einkünfften/ viel vom Bettel-Brodt. Manche halten ihren Leib sehr streng und gewinnen dadurch den Ruhm der Heiligkeit / andere halten sich selber/ und geniessen der Wollust. Sie geben mit einander vor/ als lebeten sie in unversehrter Keuschheit/ mögen sich auch nicht Ehelich verbinden/ es seye dann/ daß sie ihr Priester-Kleid weglegen/ welches sie doch nach Belieben wieder anlegen mögen. In ihrem Tempel siehet man einen gewissen Sing-Ort/ gleich einem Music-Chor/ und gewisse Bücher/ darauß sie/ fürnemlich an Fest Tagen/ die gantze Nacht hindurch ihr Gebett singen. Die Glocken werden täglich früh Morgens/ und abermahl zur gewissen Stunde bey Nacht geläutet/ solches geschiehet/ die Pfaffen in den Chor zu versammlen/ das Morgen-läuten aber das Volck deß Allmosen-gebens zu erinnern. Im Fall aber solches nicht zur Gnüge herbey gebracht wird / tretten sie in Brüderlicher Kleidung öffentlich auf die Strassen/ gehen in einer Procession durch die Stadt/ mit so züchtigen und beweglichen Gebärden / daß man es vor eine Missethat hielte/ sie unbeschencket vorbey gehen zu lassen. Es ist fast im gantzen Reich kein lustiger Ort/ da sie nicht ihren Wohn-Sitz/ und zugleich einen herrlichen Tempel haben. Dieser ist meistentheils von Kiß-Stainen erbauet/ mit vergüldeten Gesimsen rings umher gezieret/ und zeiget ein so köstliches Port-Gestell/ daß die Bau-Kunst und Werth der Perlen/ womit es behangen/ um die Wette mit einander streiten/ welches dann einen fast unglaublichen Glantz und Pracht von sich gibt/ besonders in einem Land/ da die Häuser/ auch der vornehmsten Fürsten/ allein von Holtz gezimmert und aufgeführet sind. Innerhalb deß Götzen-Hauses sind ihre Geschichten und grosse Thaten abgebildet/ und viel Weyh-Tische aufgerichtet/ wie auch fast unzählige von Metall und anderm Zeug verfertigte Götzen-Bilder/ daß man in einem Tempel allein deren über 3400. gezehlet. Der

äusser-

äusserliche Schein der Gottesfurcht/ den die Götzen-Bediente
an sich ziehen / verursachet ihnen bey dem Volck einen unglaublichen Respect und Achtbarkeit / dannenhero sie von den Königen mit gar vielen und grossen Freyheiten sind begabet worden. So ein Sclav seinem Herrn entlauffet / und sich in ihren Schutz begibt / ist er sicher / und entfället seinem Herrn alles Recht wider ihn. Ein Ubelthäter findet seine Zuflucht in ihrem Tempel / und dörffen die Gerichts-Diener an seinen selben armen Sünder Hand anlegen. Dieses Ansehen der Götzen-Pfaffen/ hielts das Volck bey ihrem Irrthum/ daß es sich von demselben durchauß nicht wolte abziehen lassen. Die Ordens-Genossen der Gesellschafft JEsu/ haben zu verschiedenen mahlen einen Versuch gethan / diß grosse Königreich Christo zu unterwerffen. P. Balthasar de Siguera legte den ersten Stein zum Gebäu der Bekehrung / kunte solches aber nicht vollziehen / weil ihm sein hohes und schwaches Alter kurtz nach seiner Antunfft zur ewigen Belohnung abgefodert. Don Gonzales de Sylva, Bischoff zu Malacca, sandte zween andere Seelen-Eyferer auß ermeltem Orden dahin / die unlängst in dem Japonischen Weinberg gearbeittet hatten / in Hoffnung / durch sie in Siam gleiche Früchte einzusammlen/ aber ein Mißverstand /, so sich zwischen dem König und den Spaniern zu Manilla eräugnet/ machte diß Vorhaben fruchtloß. Endlich zogen P. Franciscus Cardin und P. Julius Cæsar Margico dahin / und brachten mittelst grosser Bemühung etliche wenige zur Erkänntnuß der Warheit. P. Gardin erachtend/ daß er anderwelt bessere Frucht schaffen könte/ seegelte bald wieder nach Macao, jedoch nicht ohne Gefahr seines Lebens/ sintemahl die Siamer und Spanier / um daß diese letztere 2. Siamische Schiffe in Handt gestecket / einander sehr scharff in den Haaren lagen / und also alle Schifffahrt unsicher machten. Es fehlete auch wenig / die Portugallische Schiffe / so im Siamischen Hafen lagen / hätten eben dieses erfahren / wann nicht der König / den seine Mandarinnen hierzu bereden wolten/ weil nemlich die Portugiesen mit den Spaniern nicht einerley Nation wären / anders Sinns gewesen/ und hoch-vernünfftig geantwortet hätte/ er wäre von den Portugiesen nicht beleydiget / folgends nicht befugt / ihnen etwas Ungütliches zu zufügen / und solcher Gestalt den Zorn deß Himmels auf sich zu laden. P. Margico verharrete

in

in Siam neben einem Japonischen Jesuiten/ woselbst er a[u]ch
nach strenger Arbeit / und eingesammleter schönen Ern[dt]
vieler Seelen / Gottseelig verschieden. Die Meynung wa[r]
ein Bößwicht/ den er mit der Warheit überzeuget / habe i[hm]
auß Rachgierde durch einen gifftigen Trunck vom Brodt [zum]
Leben geholffen. Nach Absterben dieses P. Margico stu[nde]
der Siamische Weinberg fast gantzer 30. Jahr ungeba[uet/]
weil Japon die meiste Seelen-Arbeiter zu sich gezogen / [und]
nicht zuließ/ daß sie sich anderst wohin wenden möchten. [Im]
Jahr 1660. hielten die Christen / so viel deren in Siam [wa-]
ren/ durch ein eyferiges Schreiben bey den Jesuiten um ein[i-]
gen Hirten an / so die noch übrige Heerde versorgen / und die
fast sinckende Kirche GOttes wieder aufrichten möchten.
Man sandte ihnen P. Thomam Valganera, welcher sehr
freudig bewillkommet/ erstlich die Christen zu einem löblichen
Lebens-Wandel/ hernach so viel/ Theils eingesessene/ Theils
außländische Heyden / so allda ihr Gewerb trieben / von dem
Götzen-Dienst zu Christo gebracht/ daß Sebastianus Andreæ,
einer der vornehmsten Portugallischen Kauffleuten daselbst/
von so glücklichem Fortgang bewogen/ die Welt beurlaubet/
und sich in diese so reichlich Frucht-bringende Gesellschafft begeben hat. Seine Mittel verwendete er zu einer Geistlichen
Wohnung/ worinn er die Probier-Jahre vollendet / und den
übrigen Lauff seines Lebens mit höchster Ruhe und Vergnügung deß Hertzens darinn vollzogen hat.

Im Jahr 1665. kam allda ein Häufflein von 90. Siamern / nebst vielen Japoniern/ so bey Abgang der Seelen-
Sorger von dem Glauben abgefallen/ Jene durch die heilige
Tauff / diese durch hertzliche Bereuung zu dem Schoß der
wahren Kirchen / hernach hat das Christenthum mehr und
mehrern Fortgang bekommen. Jeden Sonntag wird das
Volck mit dem Meß-Opffer und H. Wort GOttes erquicket/
zu Abends aber die Schul-Kinder in einer Procession durch
die Stadt geführet/ und von denen/ die an Jahren und Fähig-
keit andern vorgehen / die Christliche Lehre auf offentlichen
Plätzen außgeleget. Drey Bruderschafften sind allda insonderheit im Schwang. Eine unser dem Titul deß Allerheilig-
sten Namens JESu/ vor die Außländer. Die Zweyte/ zu Ehren deß H. Antonii, vor die Sclaven und Leibeigenen. Die
Dritte von der Jungfräulichen Mutter Gottes / vom Trost
genannt/

Carls / 3.Theil. 119

nnt / vor die kleine Jugend. Jede Freytäge/ die Fasten / wird nach gemeinem Gebrauch der Christl. Kirchen in Indien eine Buß-Procession gehalten / darbey sich die Christen zum Gedächtnüß deß bittern Leydens ihres Seeligmachers zu Kasteyen pflegen / auch mitten unter denselben hat sich finden lassen/ der Hochwürdige P. Commissarius von der Inquisition, auß dem löblichen Prediger-Orden / nebst anderen von Portugall / welche mit diesem ihren herzlichen Beyspiel die Andacht und Gottesfurcht in den Neulingen merklich befördert haben. Der jetzige König von Siam wil den Ordens-Leuten der Gesellschafft JEsu sonders gewogen seyn/ und steiget diese seine Gunst-Bezeugung so hoch/ daß er ihnen auch die geheime Reichs-Geschäffte anvertrauen mag/ und sie als treue Räthe zu seiner gemeinen Reichs-Versamlung zu kommen beruffen lässet. Er ist sonsten dem Christenthum nicht abhold/ Ja/ man hat ihn sagen hören/ die Europæischen Priester lehren vor allen andern die Warheit. Um das Jahr 1673. hat er ihnen nicht allein ein Gottes-Hauß aufzuführen erlaubet / sondern über dem noch viel Bau-Materialien anschaffen lassen. Ist also Hoffnung / daß auch dieses Königreich / zumahl seit dem vor wenigen Jahren die Frantzösis. Geistlichen mit einem Bischoff darinn in grosses Ansehen kommen / der König auch selber mit dem Aller-Christlichsten König in genauer Freundschafft lebet / in kurtzem seinen Schöpffer gäntzlich erkennen/ und nach schuldigster Pflicht denselben verehren und anbetten werde.

Hiermit beschloß der gute Pater seine Rede / als man ihm aber/ die letzte Revolution desselben Königreichs erzehlete/ da stiegen ihm die Thränen in die Augen/ und er bejammerte den Verlust der Christen daselbst mit weinen/ urtheilete aber nicht unvernünfftig/ daß die Frantzösische Regiersucht und Hochmuth an diesem Fall allein Ursach gewesen seyn müste/ worinn er von der gantzen anwesenden Gesellschafft Beyfall bekam.

Es ist aber gleichwol / sprach ein hoher General, etwas seltzames / daß eine so ungewöhnliche Revolution in dem Königreich Siam ist vorgefallen; Worauf

Deß Teutschen

voriger alter Obrister sich folgender Gestalt vernehmen ließ: Ich kan vielmehr behaupten / daß nicht
allein Siam, sondern mehr Orientalische Königreich
dergleichen Haupt-Veränderung vielfältig unterworffen sind / und ich habe bey meiner Zeit in Siam
auß ihren Documenten verschiedene solcher Passagen
ersehen/worvon eine/die sich Anno 1545. zugetragen/
sonders Merck-würdig ist. Es hatte die gantze Gesellschafft sonderbahres Belieben / diese Geschicht zu
vernehmen / dannenhero/ solcher zu gehorsamen / erzehlete besagter Obrister Nachfolgendes:

Manchen Potentaten füget das Glück äusserlich
wider ihre Feinde / daheim aber regnet ihnen das
Unglück zu. Unter den Feinden und mitten in der
Schlacht sind sie offt mit dem König Philippo siche-
rer/ als unter den nächsten Freunden. Ja, mancher
hat ein so widriges Verhängnuß / daß auch in dem-
jenigen Schoß / da seine beste Sicherheit und Ver-
trauen solte wohnen / die grösseste Gefahr und Untreu ihm begegnet/und die süsse Umfahung derselben/
die an seiner Seiten schläffet / ihm ein Strick und
Netz deß Todes wird. Agamemnon ist es allein nicht/
der über die Untreu seines Weibs zu klagen hat / es
findet sich auch in Indien manche Clitemnestra, die
samt einem Ægistho ihren vom Feind sieghafft wider-
kehrenden und triumphirenden Ehe-Herrn/ anStatt
der Palmen und Lorbeer / mit tödlichen Cypressen
kräntzet. Gestaltsam nachgehende Erzehlung uns einen solchen glück- und unglückseeligen Indianischen
König vortragen soll.

Im Jahr 1545. bekam der König von Siam,
dessen Reich mit den Königreichen Pegu und Ava
gräntzet/ Zeitung / daß der König von Chiammay,
welcher den Völckern Timocouhos Lahos und Gueos

veralliirt

Carls / 3. Theil. 121

alliirt war / die Stadt Quitiruam belägert / und mehr als 30000. Mann geschlagen hätte / darum brach er eylends auf mit seiner Armee / ließ auch die Portugiesen in seinem Königreich ersuchen / ihm bey diesem Feld-Zug Compagnie zu leisten / und seine Leib-Bewahrer zu seyn / gegen reiche Vergeltung/ unter welchen auch die Erlaubnüß seyn solte / daß sie in seinem Reich Kirchen bauen möchten / worauf er 120. derselben zu seinen Diensten bekam / sein übriges Kriegs-Heer war 400000. Köpffe starck / und segelte nach der Stadt Suropizen, die 12. Meilen von dem blocquirten Ort Quitiruam entfernet / allda sie 2. Tage ligen blieben / und 4000. Elefanten / so zu Land kommen solten / erwarteten.

Mittler Zeit lieff Bericht ein/ die Stadt wäre in äusserster Noth/ und deß Entsatzes höchst benöthiget/darum hielte der König zur Stund Rendezvous, und befand sein Heer noch um 100000. Mann stärcker/ angemerckt/ unter Weges viel Trouppen zu ihm gestossen / über das die verlangte 4000. Elefanten auch allbereit angelanget waren. Mit dieser grossen Macht marchirte er ungesäumt nach Quitiruam, welches von 300000. Mann bedrenget war / und setzte sich in einer Fläche/ anderhalb Meilen von dem Feind / um daselbst das gantze Heer in Schlacht-Ordnung zu stellen. Nachdem solches geschehen/ ruckte er in voller Bataille nach der Stadt zu / und kam mit aufgehender Sonnen allda an.

Dem Feind war seine Zukunfft unverborgen/ gestaltsam er 40000. Reuter auf ihn im Feld bestellet hatte / welche in den Nachzug deß Königs fielen/ der in 60000. Mann bestund / aber in einem Augenblick geschlagen ward. Als der von Siam die Niederlag der Seinigen sahe/ zog er seine gantze Macht zusammen/

H 5

sammen/ setzte damit in den Feind/ brachte selbigen gleich im ersten Anfall in Confusion, und ruinirte ihm viel Volcks/ fürnemlich durch die Elefanten/ wordurch die feindliche Reuterey getrennet/ und gleichfalls alle die andern zum Weichen getrungen wurden. Der Obsieger verfolgete sie zwar biß an den Strohm/ durffte sie aber doch nicht weiter an greiffen/ weil die Ubergebliebene sich in 100000. starck wieder gesammlet hatten/ und in guter Ordnung fortzogen/ über das von ihren 2000.Schiffen darinnen noch viel Volcks lag/ füglich secundiret werden kunten. Als aber die Nächtliche Finsternüß eingebrochen/ marchirten sie eyligst fort/ welches der von Siam nicht ungern sahe/ in Betrachtung/ daß der meiste Theil seiner Leute sehr verwundet waren. Nachmahls/ da er eine allgemeine Musterung vornahm/ spührete man/ daß der Seinigen 50000. im Streit gefallen/ so verstund man auch deß nachgehenden Tages/ der Feind hätte 130000.Mann verlohren.

Hierauf besetzete er zuforderst die Gräntz Oerter seines Reichs/ und avancirte auf das Königreich Quibem, weil selbiges Landes Königin dem König von Chiammay einen freyen Durchzug hatte verstattet. Zu erst ruckte er vor die Stadt Fumbacor, eroberte sie/ und erwürgete die Einwohner/ gieng hiernächst weiter auf Quitor, deß Reichs Haupt-Stadt/ allda die Königin sich aufhielt/ und schloß dieselbe gleichfalls mit einer Belägerung. Weil sich nun selbige Königin viel zu schwach fühlete/ eine solche Macht zu bestehen/ traff sie mit dem König einen Accord, ihm Jährlich 5000.Turmen Silbers/ die sich ohngefähr auf 60000. Ducaten belauffen/ zu contribuiren. Von dannen richtete er seinen Marsch auf die Stadt

Taysi-

Carls / 3. Theil.   123

Taysiran, da man ihm andeutete / wie daß sein Feind
der König Chyammay, vorerwehnte mit andern ge-
schlossene Bündnüß hätte gebrochen. Sechs Tage
lang zohe er in seines Widersachers Lande herum/
nichtete alles / was ihm auffstieß / und verschonete
nichts/ was Männlich war. Endlich erreichete er den
See Singapamor, sonst gewöhnlich Chiammay genannt / und bliebe allda 26. Tage / unter welcher Zeit
zwölff veste Plätze in seine Gewalt kamen. Zuletzt
triebe ihn der Winter und das regenhaffte Wetter/
ingleichem seine Leibes-Schwachheit / wieder zurück
nach der Stadt Quitiruam, die ihn 23. Tage beher-
berget e/ und indessen mit stärckern Mauren und
breiten Gräben bevestiget ward. Nachdem dieser Ort
mit aller nöthigen Gegenwöhr versehen / seegelte er
mit 3000. Schiffen / welche ihn und seine Kriegs-
Menge anhero hatten geführet / wiederum seinen
Hof-Sitz/ der Haupt-Stadt Odia, zu/ erlangete dieselbe nach 9. Tagen/ und ward mit grosser Freude
eingeholet.

Das XIII. Capitul/

Der Siamische König stirbt. Sein Ruhm-
würdiges Leben/und köstliches Begräbnüß. Die
Königin bringet viel Grandes, auch ihren Sohn/
um / und empfänget darfür ihren Lohn.

Wer indem er also außwendig mit dem Glück
buhlete/ und seinem Feinde obsiegete/ ließ sich
unterdessen daheim seine Gemahlin durch ei-
nen/ Namens Uquumchenira, caressiren/ und bestellete denselben zum Statthalter ihres Bettes.
Da sie nun allbereit vier Monat von demselben
schwanger/ und in Sorgen stunde/ ihre Schande
dörffte offenbahr/ und gestrafft werden/ nahm sie ihr
für/ ihrem Herrn/ dem König/ zu vergeben/ wie sie auch
that/

that/ und zwar in einem Porcellanen-Becher voll Milch/ unter derer Süssigkeit der bittere Tod zu ihm einschliche/ und ihm am 5. Tage hernach das Hertz abdruckete.

Innerhalb solcher 5. tägigen Kranckheit/ stellete er in den Sachen deß Reichs allerhand Anordnung/ und ersuchte alle die grossen am Königl. Hof/ sie wolten doch noch bey seinem Leben seinen ältesten Sohn für seinen Nachfolger erklären/ darinn man ihm auch willfahrte. Es war/ neben andern/ dieses an ihm hoch zu loben/ daß er in seinem letzten Willen und Testament verschaffte/ und ordnete/ man solte allen Frembd-lingen/ die ihm in dem neulichen Krieg wider die Chiamer hätten gedienet/ darvon er allererst vor 20. Tagen war wiederum heim gelanget/ außzahlen die Besoldung/ so ihnen von ihm versprochen. In sothanem letztem Testament hat er befohlen/ an dem Ort/ da aller der andern Portugiesen gedacht ward/ diese Clausul hin zu setzen:

Es ist mein gäntzlicher Will und Meynung/ daß die 120. Portugiesen/ die meinen Leib allezeit treulich bewachet haben/ zur Belohnung ihrer guten Dienste/ empfangen mögen/ einen halb-Jährigen Tribut, den mir die Königin von Tybem, (oder Guibem,) zu geben verpflichtet/ und daß ihre Kauffmanns-Waaren 3. Jahre lang alles Zolls und Tributs sollen frey seyn. Neben dem wil ich/ daß in allen Städten meines Reichs ihre Priester frey mögen verkündigen das Gesetz/ welches sie lehren/ namlich von einem GOtt/ der da Mensch geworden/ für die Seeligkeit der Menschen/ wie sie mir etliche mahl gesagt haben.

Noch viel andere merckwürdige Sachen/ seynd dem Testament gleichfalls einverleibet; Aber von dem Erzehler dieser Geschicht/ Fernand Mendez, Pinto,

Carls/ 3. Theil. 125

10. Weitläufftigkeit halben / nicht aufgezeichnet worden.

11. Wie das Testament richtig und verfertiget/hat er gebetten. ihm noch vor seinem Scheiden den Trost zu geben / daß sein ältester Sohn würde zum König erwählet. Worauf alle Oyaas, Conchalis und Monteos, welches die fürnehmste Fürsten und Befehlhaber im Reich sind/ so allen andern vorgehen / den jungen Prinzen für ihren König erkläret / und nachdem sie den Eyd der Treue abgeleget / ihn von oben herab/ durch ein Fenster / allem Volck fürgestellet/ welches unten auf einem grossen Platz stunde / ihm auch eine köstliche Kron aufgesetzet/ in Form einer Jnsul/ oder Bischoffs-Hauben/ ingleichem ein blosses Schwerdt in die rechte Hand gegeben / und eine Waage in die Lincke / welches bey dergleichen Solennität jederzeit also wird in Acht genommen. Was sie ihren Königen damit wollen zu verstehen geben/ stehet ohne weitläufftige Erklärung leicht zu erachten.

Endlich tratt herbey Oya Passiloco, der fürnehmste Herz im gantzen Reich / kniete für dem neuen König nieder / und sprach zu ihm mit weinenden Augen/ so laut/ daß man es überall hören kunte/ folgende Worte: Glückseeliges Kind! Das in seiner noch zarten Jugend von der guten Einfliessung seines günstigen Gestirns die Gnade hat/ oben im Himmel erwählet zu seyn/ zu einem Regenten dieses Reichs/ von Sournau, (das ist Siam,) sehet / wie euch GOTT solches Reich/ durch mich / in eure Hand überliefert/ der ich euer Vasall und Untersaß bin. Ich übergebe euch hiermit solches/mit dem Bedinge/ daß ihr zuvor Eydlich angelobet/ ihr wollet euer Regiment in der Forcht GOttes führen/ und seinem Göttlichen Willen gehorsamen / allen Völckern das Recht gleich

wieder-

Deß Teutschen

wiederfahren laſſen/ ohne Anſehung einiger Perſon/ es betreffe gleich Straffe oder Belohnung der Groſſen und Geringen/ Hohen und Niedrigen/ auf daß euch heut oder Morgen nicht Jemand verweiſen kœnne/ ihr habet demſelben nicht nachgelebet/ was ihr bey dieſer feyerlichen Handlung geſchworen; Solte es geſchehen/ daß einiges Menſchen Betrachtung und Reſpect euch entfernete von dem/was ihr um eurer Rechtfertigung Willen zu thun verbunden ſeyd/ und euch jetzo darzu verpflichtet/ vor einem ſo groſſen gerechten und billichen Herrn/ werdet ihr deßwegen ſchwere Straffe leyden müſſen/in der tieffen Gruben deß Rauch-Hauſes/ dem brennenden Pfuhl/ welcher voll unleydliches Geſtancks/ da die Böſen und Verdamten unaufhörlich weinen und heulen/mit groſſem Hertzleyd in der traurig-finſtern Nacht.   Wann ihr nun dieſer auf euch nehmenden Verwaltung gemäß euch zu bezeigen verobligiren wollet/ ſo ſprecht jetzo/ Xamxaimpom! Welches eben ſo viel/als ob man bey uns Amen ſagte.

Nachdem der Paſſiloco ſolches geredet/ ſprach der neue König mit Thränen/ Xamxaimpom! Und gleich darauf entſtunde unter allem Volck eine ſolche Gemüths-Bewegung/ daß man in langer Zeit anders nichts/ als Seuffzen und Weinen hörete. Hernach/ da ſolches vorüber/ fienge der Paſſiloco wieder an zu reden/ ſahe den neu-gewählten König an/ und ſagte: Dieſes bloſſe Schwerdt/ſo ihr in eurer Hand haltet/iſt euch gegeben/als ein Scepter/von der höchſten Gewalt über den Erd-Boden/um die Rebellen darmit zu zwingen/ welche oberſte Gewalt deß Himmels euch darmit zugleich ſo viel zu verſtehen gibt/ daß ihr veſt verbunden ſeyd/ eine Unterſtützung der Geringen und Schwachen zu ſeyn/auf daß die Jenige/

einige/ welche auf ihre Macht trutzen und stoltziren/ doch ihren aufgeblasenen Hochmuth sie nicht zu Boden werffen/ und untertretten/ welches der grosse HErr eben so sehr hasset/ als das Maul eines Menschens/ der ein unmündiges kleines Kind/ so niemahls noch gesündiget hat/ lästern würde. Damit ihr nun Satisfaction gebt/ dem allerschönsten Kleinod der Himmlischen Sternen/ welches der vollkommene/ gute und gerechte GOtt/ dessen Macht und Gewalt wunderbahr ist/ über alle Dinge der Welt/ so sprecht abermahl: Xamxaimpom!

Hierauf antwortete der Printz zweymahl/ mit thränenden Augen: Maxinau! Maxinau! welches so viel heisset/ als: Ich gelobe/ solches zu thun! Und nachdem ihm der Passiloco noch unterschiedliche andere Ermahnungen mehr gegeben/ wiederholete der gewählte 7. mahl das Wort Xamxaimpom! Hiermit nahmen die Ceremonien seiner Krönung ein Ende. Jedoch kam zu allerletzt noch ein Talagrepo, Namens Quiay Pomuedie, ein Mann/ mehr als 100. Jahre alt/ und der unter den Heydnischen Bischöffen die allerhöchste Würde betratt. Dieser alte Greiß warff sich zu den Füssen deß jungen Königs nieder/ und schwur ihm den Eyd/ über ein güldenes Becken voll Reiß/ und nachdem solches geschehen/ liessen sie den König/ welcher hiermit also war gewählet/ wieder hinein gehen/ dann die Zeit wolte es nicht leyden/ daß man ihn länger draussen aufhielte/ sintemahl sein Vatter/ der alte König/ allbereit in die letzte Züge fiel/ auch über das unter dem Volck eine so grosse Traurigkeit war/ daß überal/ wo man gehen und stehen kunte/ lauter Weinen und Klagen sich eräugnete.

Deß andern Tages/ Vormittags um 8. Uhr/ gab der unglückseelige König/ in Gegenwart der fürnehmsten

nehmsten Herren deß Reichs/ seinen Geist auf/ und
hinterließ den rühmlichen Nachklang / daß er ein
großmüthiger Printz gewesen/ der in seinem Leben
treffliche Thaten verrichtet/ nicht allein im Krieg/
sondern auch im Frieden/ so wol gegen seine Feinde/
als Unterthanen / unter welchen allhier etliche zur
Probe sollen dargereichet werden: Es bemüssigte
ihn einsmahls der feindliche Einfall deß Königs der
Tuparahas, im Land Volck zu sammlen/ damit er
Jenen möchte zuruck treiben. Da ward einer/ mit
Namen Quiay Raudiva, ein wol-versuchter Soldat/
nach Blancha geschickt/ woselbst der meiste Theil von
Einwohnern reich war / und deßwegen zum Fechten
schlechten Magen hatte. Sie spendirten besagtem
Raudiva ein gut Stück Geldes / und blendeten ihn
darmit so sehr/ daß er ihrer keinen sahe/ sondern allein
arme / alte und gebrechliche Leute / welche sonst das
Gesetz deß Landes wolte mit Kriegs-Diensten verschonet wissen / mit sich nahm/ und darmit zu Odia
vor dem König aufgezogen kam.

Der König erblickete solchen elenden Hauffen
mit Verwunderung an/ ließ gleich etliche darvon
sich kommen/ und fragte sie / nach der Ursach ihres
Aufzugs/die sie ihm erzehleten. Darüber ergrimmet
er gar sehr / forderte den Quiay Raudiva eylends zu
sich/ und schalt ihn vors Erste hefftig/ befahl nach-
mahls/ ihm Hände und Füsse zu binden/ und 5. Turmen geschmeltztes Silber in den Halß zu schütten/
darvon er alsobald starbe. Indem er ihn also todt
sahe ligen / sprach er: Schau doch! seynd 5. Turmen
Silbers gnug/ dich zu tödten! Wie hast du dir dann
doch können einbilden/ die fünff hundert tausend Du-
caten/ so dir die Verzagten verehret haben/ würden
nicht mächtig gnug seyn/ dich nach der andern Welt
zu schi-

Carls / 3. Theil.   129

zu schicken? Gleich hierauf ließ er deß Getödteten Hauß durchsuchen/da man 5000. Turmen fande/die er hatte genossen/ und selbige vor den König brachte/ welcher solches Geld/ das über 60000. Ducaten unsers Geldes machte/unter bemelte Arme und Elende/ derer über 3000. gewesen/außtheilete/und sie damit wieder heim sandte. Anbelangend die Jenige/welche die 5000. Turmen hatten gegeben/ um sich damit vom Krieg zu befreyen/ hat er diese/ mit Anziehung Weiblicher Kleider/ in eine besondere Insel verwiesen/ und ihre Güther eingezogen. Und dergleichen Tugendhaffte Exempel soll er noch viel mehr haben statuiret.

Gegen die Armen war er sehr mildthätig/ und so wol mit Wolthaten/ als in Vergeltungen/ sehr freygebig/auch mitleydig/barmhertzig/und sanfftmüthig/ gegen jedwedern Menschen. In Sachen/die Justitz betreffend/ ließ er sich nicht verleiten/ noch die Bösen ungestrafft. Seine Unterthanen gaben ihm ein so grosses Lob/daß Pinto vermeynet/wann es alles wahr/ was sie ihm nachgeredet/ so sey nicht allein in Indien/ sondern auch sonst in der gantzen Welt/ kein Tugendhaffterer König zu finden gewesen. Ob dem aber in allen Stücken also sey/ oder die Liebe und grosse Affection seiner Leute solche seine Meriten zu sehr außgebreitet habe/ wil benahmter Author nicht entscheiden/ bezeuget unterdessen eine und andere Lob.würdige That/ die er selbst von Anno 1540. biß 1545. an ihm ersehen/ nemlich/ die Bestraffung deß Quiay Raudiva, von welcher wir allbereit gesagt haben/ und über das noch einige andere Ruhmhaffte Handlungen/ die ich hiermit/ auß diesem Scribenten/ gleichfalls anführen soll.

Im Jahr 1540. da Pedro de Faria Gubernator

III. Theil.   J   in Main Malacca war/ sandte diesem Johannes der III. König in Portugall/ein Schreiben/ darinn er demselben zum Allerhöchsten recommendirte/ die fleissige Bemühung/daß einer/mit Namen Dominicus de Seixas welcher allbereit 20. Jahre lang im Königreich Siam ein Sclav gewesen/ranzionirt würde/ weil hierdurch nicht allein GOtt/ und den Seinigen/ sondern auch dem König ein wolgefälliger Dienst geschehe/ angemerckt man/ durch diesen Mann/ rechten Unterricht geben könne / von manchen grossen und wichtigen Sachen/die man Sr. Maj. von dem Reich Siam hätte erzehlet/ und so bald man ihn hätte gelöset/ solte er ihn schicken in Indien zum Vice-Roy, Don Garzia.

Pedro de Faria ließ ihm seines Königs Verlangen und Begehren sorgfältig angelegen seyn/ und sandte Franciscum de Crasto, (oder vielleicht de Castro, wie Maffeius ihn nennet/) einen Reichen von Adel ins Reich Siam, um daselbst wegen deß Löß-Geldes gedachtes Dominici zu tractiren/ deßgleichen noch andere 16. Portugiesen loß zu kauffen/ die eben so wol noch in der Sclaverey steckten. Solcher Commission zu Folge/ kommt besagter de Castro (welcher in der Frantzösischen Edition deß Pinto allemahl sonst de Crasto außgesprochen wird/ vielleicht durch Übersehung deß Druckers/) in die Königl. Siamische Haupt-Stadt Odia, und überreichet seine Schreiben an den König zu Siam, welcher ihn gar ehrlich empfienge/und um vielerley neue Zeitungen befragte/ auch hernach so bald einer Antwort würdigte/ als er sonst keinem Legaten zu thun gewohnt. In solchem Königlichem Antwort-Schreiben stunden neben andern/diese Worte: Was angehet den Dominicum de Seixas, um welchen der Hauptmann von Malacca mich begrüssen/und versichern lässet/ daß ich dem König in

Carls / 3. Theil. 131
nig in Portugall werde einen grossen Gefallen erweisen / so ich ihm denselbigen zuschicke/ bewillige ich solches gar gerne / und auch / daß gleichfalls die andere/ so neben ihm sind/ mögen loßkommen.

Dessen bedanckete sich de Castro gantz demüthig/ kniete 3.mahl / und ließ seyn Haupt zur Erden hangen/ wie man den König deß Orts gewöhnlich ehret. Hernach/ als dieser schier heimräysen wolte / ließ der König den Dominicum de Seixas abfodern / auß der Stadt Goutaleu, allda derselbe General über die Gräntzen war / und über 30000. Fuß-Knechte und 5000. Reuter commandirte / auch eine ansehnliche Besoldung / nemlich 18000. Ducaten / Jährlich zu geben hatte / deßgleichen ließ er mit ihm obangeregte 16. Portugaller kommen / und übergab sie alle sämtlich unter die Hand deß de Castro, welcher ihm abermahl darum fleissig danckete. Uber kurtze Weil hernach/ als offt-genannter Dominicus und seine Cameraden hin giengen / von dem König Urlaub zu nehmen / befahl er ihnen 1000. Turmes, (12000. Ducaten/) seinetwegen zu reichen / bathe darneben / sie solten ihm verzeyhen / daß er ihnen so wenig schencketet/ welche Höflichkeit man bey manchem Christlichen Potentaten nicht anträffe.

Zu einer andern Zeit/ nemlich im Jahr 1545. da Simon de Melo in derselbigen Vestung zu Malacca commandirte / ward Ludwigs von Montarroyo sein Schiff/welches auß Sina kam/und nach Patane wolte/ durch einen Sturm-Wind nach dem Hafen von Chatir geworffen / biß auf 5. Meilen von Lugor, woselbst alle seine geladene Waaren durch den Xabandar selbiger Landschafft weggenommen wurden/nachdem das Meer ihn daselbst an Land getrieben. Ihn selbsten/und alle seine Gefährten die ihr Leben hatten

J 2 salviret/

salviret/an der Zahl 24. wie auch 50. junge Knaben/ oder kleine Kinder/ ingesamt 74. Personen / machet man zu Sclaven. Die Sachen / so man auß den Wellen gerettet/belieffen sich gern 15000. Ducaten/ und diese Wegnehmung entschuldigte der Xabandar damit/ daß alle dergleichen auß dem Schiffbruch ans getriebene Güther und Menschen / Krafft einer Uhr alten Gewohnheit/ an ihn verfallen.

Ludwig von Montarroyo entdeckete dieses sein Unglück durch Schreiben etlichen andern Portugiesen/ die sich selbiges mahl in der Stadt allda aufhielten/ worauf sie ihm erstlich ein Kleid/ dessen er auch hoch genug bedurffte/ ins Gefängnuß schickten/ folgends 1000. Ducaten zusammen schossen/ und davor ein sonderliches Præsent kaufften/ um dem König damit aufzuwarten/ an dem Fest-Tag / so dem weissen Elefanten gewidmet / und über 10. Tage einfiel / an welchem Fest/ weil es bey den Heyden in Siam hoch-feyerlich celebriret wird/ dieser Printz reichlich Allmosen außzutheilen pfleget/ allen / die ihn darum bitten/ auch den Seinigen über das manche Gnade erweisen thut. Solchemnach stelleten sich alle die Portugiesen/ deren ungefähr 60. oder 70. waren / an besagtem Feyer-Tag / welchen man die Freude guter Leute tituliret/ in einer Gassen/ an einem Ort /da der König mit grosser Pracht und Majestät vorüber zog / und fielen daselbst / nach gewöhnlicher Reverentz deß Landes/ gantz vor ihm zur Erden nieder. Einer aber unter ihnen hub an/ ihm zu erzehlen / alles/ was dem Montarroyo und dessen Gesellen begegnet wäre/ mit Bitte / an Statt eines Allmosens / zu befehlen / daß man solche arme Gefangene doch möchte loßgeben. Von den Waaren aber / die der Xabandar gleichfalls hätte confisciret / sagte er nichts / weil ihn nicht rathsam

 duncke

dunckte/ darum mit anzuhalten/ auf daß er nicht irgend um Beydes eine Fehl=Bitte thäte.

Der König/ welcher alsobald verstund/ was die Supplicanten begehreten/ ward mitleydig berühret/ durch die Zähren/ die er etliche unter ihnen sahe verschütten/ hielt mit dem weissen Elefanten/ darauf er ritte/ still/ und seine Augen bald auf die flehende Portugiesen/ bald auf die Geschencke/ so ihrer etliche in Händen trugen/ und ihn/ wie er wol merckete/ offeriren wolte/ wendete/ hub endlich an also zu reden: Meine lieben Freunde! Ich nehme an/ als vor empfangen/ das/ was ihr mir gedencket zu geben/ und weiß euch deßwegen grossen Danck/ dann es ist mein Brauch nicht/ an einem so hohen Feyer=Tag etwas zu nehmen/ von einigem Menschen/ sondern zu geben/ und einen Jeden durch Wolthaten zu verbinden/ bitte euch derowegen gar inständig/ um die Liebe willen eures GOttes/ dessen Knecht ich bin/ und allezeit seyn werde/ bedienet euch dieser Præsenten selbst/ um selbige außzutheilen denen Leuten unter euch/ die derselben besser bedürfftig sind/ dann ihr werdet viel weißlicher thun/ so ihr durch dieses Mittel die Vergeltung eures GOttes erwuchert/ so er euch vor diese um seinetwillen gebende Allmosen/ (mercket doch ihr Heydnische Christen/ nehmet zu Ohren und Hertzen ihr unbarmhertzige Geitz=Hälse/ was hier der fast Christliche Heyd redet/) widerfahren lassen wird/ dergleichen ihr nimmermehr erlangen möget/ an allem dem/ was ich euch/ zu danckbarlicher Erkänntnüß dieses Geschencks/ könte geben. Dann warlich/ ich bin gegen demselben GOtt nichts/ weder ein armes kleines Erd-Würmlein. So viel die Gefangene betrifft/ darum ihr mich ersuchet/ ist es meine grosse Lust/ euch selbige vor ein Allmosen zu schencken/ also/ daß sie in völliger

Freyheit

Freyheit von hinnen wieder nach Malacca kehren mögen. Uber das/ so gebiete ich/ daß man ihnen alle ihre Güther und Waaren wieder gebe/ welche man ihnen abgenommen / dann die Sachen / so zur Ehre und Liebe GOttes geschehen / sollen vollkömmlich / und mit weit grösserer Mildigkeit abgestattet werden/ weder es die Nothleydende selbst begehren / am allermeisten aber wann sie solche mit thränenden Augen bitten.

Deß Tages hernach ertheilete er ein offentliches Patent, oder Mandat, daß man innerhalb 10. Tagen bemelte Gefangene / samt allem dem/ was ihnen an Waaren genommen/ solte anhero bringen. Solches geschahe ohne einigen Mangel/ man stellete die Personen stracks auf freyen Fuß/und lieferte ihnen/was man dem Schiffbruch noch entrissen / welches / wie oben erwehnet/ 15000. Ducaten werth war/ und ihnen vom König wieder geschencket wurde. Diesem so rühmlichen König hätte ich meines Theils die Christliche Religion wol mögen wünschen / und hingegen der Christlichen Religion heutiges Tages/ viel so rühmlicher Könige. Leyd ist es mir/daß wir denselben auch nicht sollen sterben und begraben hören mit Christlichen Ceremonien / der in seinem Leben so viel Christliches auß einem Heydnischen Munde geredet/ und am Tag der letzten Vergeltung mit seinen Wercken manchem falsch-genannten Christen eine Entfärbung verursachen wird. Aber demnach mag es/ Neulichkeit halben / vielleicht der Mühe werth seyn/ von seiner auf Heydnische Weise angestellten Leichbestattung auch etwas zu melden. Unbeschreiblich ist fast das Leyd / welches die Reichs-Fürsten über seinen Tod haben blicken lassen. Der Priester samleten sich bey 20000. Man beschloß/ den Leichnam zu verbren-

verbrennen / ehe dann der Gifft ihn entfärbete / oder verstänckerte / weil sonsten / ihrem aberglaubischem Wahn nach / seine Seel der Seeligkeit nicht fähig wäre. Diesemnach ward ein Holtz-Stoß/von allerhand wolriechendem Holtz/zugerichtet/ und nachdem der Körper darauf geleget / angezündet / indem derselbige brandte / weinete das Volck bitterlich. Die Asche ward in eine silberne Truhe gethan / und in ein köstliches Schiff gebracht / in Gesellschafft 40. anderer Schiffe/ welche voller Talagrepos, das ist / Heydnischer Bischöffe oder Groß-Priester waren. Hierzu stieſſen noch viel andere Schiffe/ mit unzählig-vielen Menschen / denen folgeten 100.Barcken/ so mit Götzen-Bildern/ unterschiedlicher Gestalt / beladen / als mit Schlangen/Crocodilen/Löwen/Tygern/Kröten/ Flattermäusen/ Vögeln/ Böcken/ Hunden/ Elefanten/ Geyern/ Katzen/ Weyhen/ Raben und dergleichen/die so Meisterlich gebildet/als ob sie lebeten/ alle Angesichter solcher Abgötter waren mit Seiden in Trauer gekleidet/und Jeder nach seiner Ordnung gestellet. Es war die Menge solcher Thiere so groß/daß man über 5000.Stück zerschnitten / alle Gesichter solcher Teuffels-Bilder zu bekleiden.

In einem besondern sehr grossen Schiff erblickete man den König aller dieser Götzen / welchen man die Schwelg-Schlange auß der tieffen Höllen deß Rauch-Hauses nannte. Selbiges Götzen-Bild war gestaltet / wie eine ungeheure schrecklich-grosse Schlange/dicker/als ein grosses Faß/und in 9.Cräyse geringelt/länger dann 100.Spannen/ ihren Halß und Kopff richtete sie hoch empor / auß ihren Augen/ Rachen und Brust / giengen grosse lange Flammen eines Kunst-Feuers herfür/ welche dieses Wunder so erschrecklich und Höllisch machten/ daß alle/ die es sahen / vor Furcht zitterten.

Darbe-

Darnebenst erschien auf einer gantz vergüldeten und prächtig-geschmückten Schau-Bühne/ welche 3. Klaffter hoch/ ein außbündig-schöner Bub/ ohngefähr 4. oder 5. Jahr alt/mit Perlen/güldenen Ketten und köstlichen Steinen bedecket/ über das mit Flügeln und Haaren von reinem Gold gezieret/ gleich wie man gewöhnlich bey uns die Engel pfleget zu mahlen. Dieses Kind trug einen köstlichen Säbel in der Hand/ und bildete bey selbigen Heyden einen Himmlischen Engel für/ der von Gott gesandt: diese grosse Anzahl der Teuffel zu fangen/ damit sie die Seele deß Königs nicht möchten hinweg nehmen/ (oder gut Teutsch zu reden/ daß der Teuffel kein Strassen-Räuber würde/) ehe sie in ihren Ruhe-Platz käme/ so oben in der Hertzlichkeit für sie bereitet wäre/ zur Belohnung der guten Wercke/ die der König gethan hätte in dieser Welt.

Alle diese Schiffe kamen in gewisser Ordnung zu Land/ bey einer Pagode, Quiay Pourar genannt/ da man den silbernen Kasten/ worinnen die Königl. Asche lag/ beysetzte/ den kleinen Knaben von dem Schiff herauß nahm/ und hernach alle die Teuffels-Bilder/so/wie sie in den Schiffen stunden/in Brandt steckte. Bey Verrichtung dessen machten die Carthaunen-Schläge/ die blitzende Musqueten/ rumorende Trommeln/ die thönende Glocken/ und schallende Trompeten/ ein solches Gebrüll/ daß es sonder Erschrecken Niemand anhören kunte. Solche Ceremonien währeten nicht über eine Stunde/in welcher kurtzen Frist dannoch Bilder/Schiffe/und alles/was darinnen war/ zu Asche und Staub brandte/ angemerckt man in besagte Schiffe eine grosse Quantität von Pech/ Hartz/ und allerley leicht verbrennlichen Materie geleget hatte/ welches gleichsam im Augenblick

blick eine unglaublich-grosse Flamme und erschreckliches Vorbild der Höllen gab.

Nachdem dieses geschehen / und über das noch viel andere hoch-kostbare Erfindungen mehr sehr natürlich præsentiret worden / wichen alle Einwohner/ deren Menge nicht zu zehlen war/wieder in ihre Häuser/darinnen sie 10. Tage lang mit geschlossenen Fenstern und Thüren verblieben / und Niemand auf der Gassen erschien/ ohne/ etliche arme Leute / welche deß Nachts umher giengen / und mit seltzam-weinender Stimme um Allmosen bathen. Nach Verfliessung 10. Tagen / wurden Thüre und Fenster wieder geöffnet/ deßgleichen ihre Pagoden / oder Tempel / die mit köstlichen Teppichten behangen/darzu mit Triumph-Fahnen/ Standarten / und seidenen Panieren prangeten. Es stunden auch etliche Tafeln aufgerichtet/ voll unterschiedliches Rauchwercks.

Bald darauf sahe man in allen Gassen gewisse Männer zu Pferd / in weissen Damast gekleidet/ welche auf den Schall etlicher anmuthiger Instrumenten mit lauter Stimme und Thränen-nassen Augen anhuben zu sagen: Betrübte Einwohner dieses Reichs von Siam, höret/ höret/ mercket auf / was man euch von Gottes wegen ansaget! Preiset alle mit demühtigem und reinem Hertzen seinen heiligen Namen/ dann die Wercke seiner Göttlichen Gerechtigkeit seynd groß/ leget eure Trauer ab/ gehet herfür auß euren Wohnungen/darinnen ihr biß anhero versperret gewesen/preiset mit Lobsingen die Güte eures Gottes/ weil derselbe beliebet hat / euch einen neuen König zu geben / der ihn fürchtet/ und ein Freund ist der Armen.

Als solche Außruffung geschehen / hörete man vielerley Säiten-Spiele von sonderbahren Leuten/
welche

welche gleichfalls zu Pferde saſſen/ und mit weiſſem Atlaß ſtaffiret waren/ worauf alle Umſtehende mit zur Erden gebücktem Angeſicht und gen Himmel geſtreckten Händen/ als die da Gott danckten/ überlaut/ doch weinend/ antworteten: Wir beſtellen die Engel deß Himmels zu unſern Anwalten/ auf daß ſie immerdar/ an Statt unſerer/ den HErrn preiſen. Damit kamen alle Stadt-Leute auß ihren Häuſern herfür/ giengen/ ja tantzten vielmehr/ mit groſſen Freuden nach dem Tempel Quiay Fanarel, das iſt/ deß Gottes der Freuden/ und opfferten da einen ſüſſen Geruch/ die Armen brachten Früchte/ allerhand Vögel und Reiß/ zum Unterhalt der Prieſter. Der neue König ließ ſich zugleich allenthalben durch die gantze Stadt in groſſer Pracht und Herrlichkeit offentlich ſehen/ welches unter dem Volck viel Freude erweckte. Aber dieſe ihre Liebe und Frölichkeit verwandelte ſich bald in groſſes Leyd/ wie nachfolgende Zeilen uns werden lehren.

Weil jetzt-beſagten Königs Alter über 9. Jahre ſich nicht erſtreckete/ ward beſtimmet/ daß ſeine Mutter/ die Königin/ die Vormundſchafft über ihn/ ſo wol auch über alle Befehlhaber deß Reichs Auffſicht tragen ſolte. In ſolchem Zuſtand blieb das Reich ohngefähr bey fünffthalb Monaten/ nach welchen die Königin einen Sohn gebahr/ den ſie von ihrem Ehebrecher hatte empfangen/ und deßwegen ſolchen ihren Buhlen zu heyrathen beſchloß/ den neuen König/ (was für Mißgebuhrten gebieret die unzüchtige Liebe nicht/) umzubringen/ und dem Baſtard, durch Erbſchafft/ an die Kron zu helffen. Zum Deckel ſolcher Schalckheit brauchte ſie den Schein einer Mütterlichen Sorgfalt/ als ob ſie ſtäts in Furchten ſtünde/ es möchte Jemand wider ihres Sohns Leben was

vorneh-

Carls / 3. Theil.

vornehmen/ hielt demnach an/man solte Wächter in den Hof und rings um den König stellen / welches alsobald verwilliget ward. Da wählete sie ihr einen aus / der am bequemesten zu seyn schiene/ ihren verteuffelten Vorsatz ins Werck zu richten/und welchem sie am allermeisten trauete. Also nahm sie eine Leib-Wacht an/von 2000. Fuß-Knechten/ und 500. Reutern/ ohne die gewöhnliche Wache ihres Hauses/ die in 600. Cauchins und Lequios bestund. Uber solche Leib-Hut setzte sie zum Obersten den Tilcubacus, ihres Ehebrechers Vetter / damit ihr derselbe in ihrem schädlichen Vornehmen möchte dienen.

Ihre grosse Macht und Gewalt machten ihr einen kühnen Muth/ sich an einigen grossen Herren deß Reichs zu rächen/ wol wissend / daß sie von denselben verachtet/ oder aufs wenigste nicht so hoch geachtet würde/ wie sie wol begehrte. Die zwey Ersten/ so sie antastete/ waren zum Gubernament deß Reichs gedeputirt / Namens Pinamonteo und Comprimuan, selbige wurden von ihr bezüchtiget eines heimlichen Verstandes mit dem König von Chiammay, dem sie hätten einen Paß ins Reich eröffnet / unter welcher Farb deß Rechtens Beyde sterben musten / und ihre Güther eingezogen wurden / weil aber solche Execution gar unbedachtsam / heimlich / und ohne Beweiß ergangen/ begunten die meisten Herren deß Reichs darüber zu murren/ ihr zu Gemüth zu führen/ was für grosse Dienste die Ertödtete dem Reich gethan hätten/und von was vor einem Adelichen Geschlecht sie wären/ aber das achtete sie nicht.

Uber kurtze Zeit hernach erdichtete sie eine Leibes-Schwachheit / legte unter solchem Vorwand das Gubernament ab / und übergab es ihrem Ehebrecher/ dem Ucunchenira, auf daß er über alle Herren deß Landes

Deß Teutschen Landes zu gebieten hätte/ alle Reichs-Sachen nach seinem Kopff disponiren/und die wichtigsten Aemter seinen Creaturen geben möchte. Welches dieser Ehe-schänder/ als ein sonderbahres Mittel/ erdachte/ die Kron an sich zu ziehen / und sich zum absoluten Herrn über Siam zu machen/ dessen Königreichs Einkünffte sich auf 12.Millionen Goldes belieffen/ ausserhalb noch viel andern Gerechtigkeiten/ die eben so viel eintrugen. Ja das verfluchte Schand-Weib bemühete sich den Beflecker ihrer Ehren und Gewissens zum Königl.Stand zu erheben / auch denselben zu heyrathen/ und den Sohn/ welchen sie von ihm hatte/ zum Erben der Kron zu machen/ daher sie innerhalb acht Monaten alle Herren deß Reichs hinrichtete/ ihre Güther und Aemter hernach einzog / und andern/ die es mit ihr hielten/ schenckte.

Ihr eigener liebster Sohn/ der junge König/gab ihrem Vorhaben noch die grösseste Hinternuß/ und war ihr ein spitziger Dorn in den Augen / der doch vielmehr ihre liebliche Rose seyn solte. Eine Mutter vergisset nicht leichtlich ihres Kindes/ was unter ihrem Hertzen geruhet / das kommt ihr auch hernach schwerlich auß dem Hertzen/ und wird keine so wilder Natur seyn/daß sie sich nicht erbarme über den Sohn ihres Leibs. Aber die sündliche Begierde/ welche wider die Natur / und eine Verderberin derselben ist/ gleich wie sie den Tod gebieret / also erstickt sie auch zuweilen alle natürliche Liebe/ machet auß den Müttern wilde Bestien / ja vielmehr rechte ungeheure Wunder / und solche wütende Unholdinnen / vor welchen die Tyger/ Bären und Löwinnen/ wie Lämmer zu achten. Eine solche Furie war auch diese Königin/ die zwar keine Jackel in den Händen/ keine Schlangen in den Haaren trug / wie die erdichtete
Höllische

Carls / 3. Theil.   141

Höllische Rächerinnen der Poeten und Mahler/aber wol im Hertzen. Die Fackel der geylen und verdammlichen Brunst brandte in ihren Sinnen je länger je mehr / und ihr vermaledeytes Hertz war mit lauter Schlangen gifftiger und tödtlicher Anschläge gleichsam bewickelt / weßwegen man sie mit bestem Fug eine andere Alecto hätte mögen nennen. Dann / wie selbige Teufelin ihren Namen davon führet/ daß ihre Begierden nimmer aufhören / noch sich ersättigen lassen / also kunte auch diese Königin kein Maß noch Ziel ihres unkeuschen/geylen und Ehrsüchtigen Verlangens ertragen / sondern richtete alle Schrancken und Gräntz-Pfähle / so ihr entweder das Glück oder die Natur gestecket/zu Grund. Ihren Ehe-Gemahl hatte sie umgebracht / und viel vornehme redliche Herren deßgleichen. Jetzt war noch übrig der Sohn/ den sie lieber in der Erden/als in der Kron wünschete/ weil er ihrem Verlangen im Wege stund. Aber/wann die Herrschsucht allein offt gnug ist/die Liebe zwischen Mutter und Sohn außzulöschen/ was wird sie nicht außrichten / wann eine unzüchtig-entbrannte Liebes-Begier sich mit ihr vereiniget/sie hielt vor keine Kindliche Wolständigkeit/daß der Jenige/welchen sie mit Schmertzen gebohren/hingegen ein Gebiß und Zaum ihren schnöden Begierden seyn/ und die Mutter/ deß Sohns halben/ nicht solte regieren können/ oder ins Regiment setzen/welchen sie wolte. Sie war/in ihrer Einbildung/ gnugsam befugt und berechtiget / dem Jenigen sein Leben wieder zu nehmen/ der es von ihr empfangen/ vorauß / weil er nunmehr/ zu allem Unglück / eine Ursach worden/ daß sie nicht leben könte/ wie ihr beliebete. Uber das stund zu besorgen / es dörffte einmahl ihr Schelmenstücklein außbrechen/ und der begangene Mord an ihrem Ehe-Herren offentbahr

Deß Teutschen

senbahrt werden / da dann der junge König / wann er
zu Verstand / und mit den Jahren zu grösserer Authoritåt gekommen/ leichtlich von andern sich möcht
bereden lassen / seines Vatters Tod zu rächen / wie
dann ein böses Gewissen selten ohne Forcht bleibet.
Dieses alles gab ihr in ihren Gedancken Fug und
Recht gnug / alle Mütterliche Betrachtungen auß
dem Hertzen zu schlagen / und diesen Sohn auß dem
Mittel zu heben/ welcher dem jungen Bastard, der ihr
lieber war/ doch nur gefährlich / und vermuthlich sein
Tod seyn würde/ dann sie gedachte / gleich wie die
eheliche und Ehe-verletzende Liebe einander zuwider/
also könte auch das/ was auß Beyden erbohren/ nicht
anders/ als einander feindlich hassen/ wäre derowegen
rathsam/ dieser stürbe/ damit Jener lebete. Solchemnach machte sie es mit dem Sohn / wie mit dessen
Vatter / und nahm ihm durch heimliches Gifft das
Leben.

Nachdem dieses geschehen / hielte sie Hochzeit
mit dem Ehebrecher Ucunchenira, und ließ denselben
zum König krönen / da er doch Anfangs nur bey Hof
ihr Schaffner und Proviant-Meister gewesen war.
Aber der Himmel / der so böse Thaten nicht ungestrafft lässet/ fügte es/ daß sie alle Beyde im folgenden
1546. Jahr / am 15. Jenner / bey einem Banquet/
welches ihnen der König von Camboya und obgedachter Oya Passiloco in dem Tempel Quiay Figrau,
deß Gottes der Sonnen-Stäublein zu vermehnten
Ehren angerichtet/ durch jetzt-genannte beyde Fürsten
getödtet wurden. Hierauf kam alles / nach Hinrichtung/ nicht allein der beyden Ehebrecher/ sondern auch
ihres gantzen Anhangs, wiederum in ruhigen Stand/
ohne einigen Tumult und Nachtheil deß Reichs /
außgenommen / daß die Blume deß Adels von der

boßhaff-

boßhafften Königin vorhin außgereutet war. Folgends wählete man deß vorigen Königs Bruder/ Namens Pretiem, der damahls noch Geistlich war/ und in der Pagode Quiay Mitrau lebete/ zum König/ setzete demselben auch/ 7. Tage hernach/ die Kron auf.

Das XIV. Capitul/

Seltzame Veränderung/ welche im Königreich Martaban fürgefallen. Der König von Martaban ergibt sich seinem Feind.

Es sind mir wol seltzame Revolutiones, sprach Ulucastri, und solten deren etliche nach einander kommen/ so dörffte ja ein gantzer Staat zu Grunde gehen. Der Obriste dargegen replicirte: Es hat so leicht keine Noth/ wann dieses Reich schon einmahl Noth leydet/ ja gar einem andern zinßbahr wird/so kan es sich doch bey einer Gelegenheit/ da die Unglücks-Reige ein anders in der Nachbarschafft betroffen/ bald wieder recolligiren und in vorigen Stand setzen. Ich erinnere mich eines sehr kläglichen Falls deß dem Reich Siam benachbarten Königs von Martaban, welcher gleichfalls eine grosse Veränderung nach sich zog; Damit verhält es sich also: Etwa 3. Jahr vor der beschriebenen Revolution von Siam rüstete sich der König von Pegu, der damahl auch König zu Brama, zum Krieg/ wider den König von Martaban. Er belagerte auch dessen Haupt-Stadt Martaban, welche sich zwar 6. gantzer Monat sehr wol hielte/ und dem von Pegu viel Volcks zu Schanden machte/ aber durch die Langwierigkeit deß Kriegs ward der Cambainha, König zu Martaban, auch allgemach consumiret/ inmassen derselbe nach verflossenen 6. Monaten von seinen 130000.

Sol-

Deß Teutschen

Soldaten/ so viel er im Anfang der Belagerung gehabt/ nicht mehr als 6000. Mann übrig hatte/ und die Ubrigen waren allesamt durch Hunger und Schwerdt umkommen. Weil ihn dann die Noth sehr drückete/ ließ er dem Belägerer anbieten/ dafern er mit seiner Armee abziehen würde/ so wolte er ihm 30000. Bissen Silber/ die etwan eine Million Goldes machen/ erlegen/ und zu einem jährlichen Tribut von 60000. Ducaten verpflichtet seyn. Der König von Brama und Pegu aber wolte sich zu keinem Accord verstehen/ es sey dann/ daß er sich selber in seine Gewalt darstellete. Jener hielt darauf weiter an/ man möchte ihn mit nur 2. Schiffen weglassen/ deren eines die Schätze/ und das andere ihn und seine Familie führen solte/ so wolte er ihm darfür die Stadt Martabon, mit allem/ was darinnen/ überlassen. Solches ward gleichfalls abgeschlagen/ weßwegen zum dritten mahl eine andere Bitte geschahe/ nemlich: Der König von Brama solte nach Tegala 6. Meilen von dannen weichen/ damit er/ Cambainha, nebst den Seinigen einen freyen Paß bekommen möchte/ so wolte er die Stadt/ das Reich/ und allen Schatz/ den er und seine Vorfahren besessen/ ihm überlieffern/ oder an Statt dessen 3. Millionen bezahlen/ aber solches ward auch nicht eingewilliget.

Solchemnach muste der Gambainha auf andere Mittel bedacht seyn/ diesem grausamen Feinde zu entkommen/ dachte aber alsobald auf die Portugiesen. Diese Nation erachtete er seinen Beystand am bequemsten/ dannenhero fertigte er einen ab/ Namens Paulus de Seixas, in einem Peguanischen Kleide an den Joan Cayeyro, und ließ ihn ersuchen/ er möchte ihn heimlich samt seiner Gemahlin/ Kindern und Schätzen darvon führen/ so wolte er ihm die Helffte seiner

Schätze

Carls / 3. Theil.   145
Schätze zur Vergeltung überlassen. Hierauf rieff der
Portugieß heimlich seine fürnehmste Räthe zusam-
men/nahm von Paulo de Seixas einen Eyd/daß er ihm
nicht allein alles/so er wisse, offenbahren/sondern auch
auf sein Gewissen außsagen wolte / ob die Schätze
seines Königs so groß/als das Gerüchte darvon meldete. Dieser antwortete / er hätte keine gründliche
Wissenschafft darvon / aber wol mehr als einmahl
im Hauß/ wie eine mittelmässige Kirche / biß an das
Dach mit Gold angehäufft gesehen / welches er so
viel zu seyn schätzete / als 2.grosse Schiffe führen könten. Er meldete ferner/daß er noch 26. Kisten/so verschlossen / und mit starcken Seilen zusammen gebun-
den/gesehen/ in welchem laut deß Cambainha eigenen
Worten / der Schatz deß verstorbenen Bresaguan,
Königs zu Pegu, enthalten / und / daß solche Schätze
zusammen / eine Summa von 60.Millionen machten.
Er bekannte ferner/daß er zwar nicht wissen könte/ wie
viel Bissen Goldes er in dem Tempel deß Donner-
Gottes gesehen/jedoch versicherte er/daß dieser Reichthum 4.grossen Schiffen eine volle Ladung ertheilen
könte. Schließlich gedachte er / daß der Cambainha
ihm das güldene Bild deß Quiay Frigau gezeiget/wel-
ches zu Degum erobert worden/ und von köstlichen
Edelgesteinen dergestalt gefunckelt/daß seines Erach-
tens in der gantzen Welt nicht seines Gleichen zu fin-
den/damit zu vergleichen wäre. Diese Rede erweckete
in den Ohren der Zuhörer eine grosse Verwunderung / hiessen ihn demnach abtretten / und hielten
Rath. Es ward aber nichts anders beschlossen/ als/
daß man befürchtete/so dieser Anschlag nach Wunsch
ausliefe/ würde Johan Cayeyro zu mächtig werden/
derowegen ihm etliche droheten / dafern er in diesen
Sachen fortfuhre/ihn dem Könige von Brama zu ver-
II.Theil.   K   rathen

rathen. Solchemnach ließ Cayeyro einen Brieff/voll schwacher Entschuldigungen an den König abgehen/ und übergab solchen dem Paulo de Seixas, der ihn seinem König überlifferte/ welcher darüber dermassen betrübt ward/daß er wie ein todter Mensch zur Erden fiel. Als er aber wieder zu sich selber kam/beklagte er sich über die Portugiesen/ und sandte ermelten de Seixas mit einer jungen Frauen/ mit welcher er zwey Söhne gezeuget/ wieder zuruck/ schenckete ihm ein paar Arm-Bänder/und sprach also zu ihm: Jch bitte euch/ ihr wollet nicht auf dieses geringe Geschenck sehen/ sondern vielmehr erwegen/ die grosse Gunst/ mit der ich euch stäts zugethan gewesen bin. Vor allen Dingen aber unterlasset nicht/ den Portugiesen zu hinterbringen/ wie sehr grosse Ursache sie mir gegeben/ mich über sie zu beklagen/ und sie ihrer Undanckbarkeit halben vor GOtt zu beschuldigen. Also kehrete Paulus annoch selbige Nacht wieder zuruck/ begleitet von der schönen Frauen/ samt den beyden Kindern/ welche er auch nachmahls auf Choromandel geheurathet hat.

Nachdem sich nun der Cambainha von aller Menschlichen Hülffe verlassen sahe/ hielte er 5. Tage nach deß Pauli Abfertigung mit den Seinigen Rath/ was nun in dieser letzten Noth zu thun sey. Der Schluß fiel endlich dahin/ man solte alles/ was Athem hätte/ und zu fechten untüchtig/ tödten/ und von solchem Blut/ dem Gott der Feld-Schlachten/ Quiay Nivandel, ein Opffer thun/ nachmahls alle Schätze in die See werffen/damit sie dem Feind nicht zu Theil wurden/ und endlich die Stadt selber in die Glut setzen/ was aber zum Fechten tüchtig/ solte außfallen/ entweder zu siegen/ oder zu sterben. Diesen Rath approbirte der Cambainha, ließ demnach alle Häuser
nieder-

Carls / 3. Theil. 147

niederreissen/und viel Holtz-Hauffen auffwerffen/sein Vornehmen in das Werck zu richten. Aber einer unter den dreyen fürnehmsten Hauptleuten wolte das Jenige / so den folgenden Tag solte werckstellig gemacht werden / nicht abwarten / sondern gieng in derselben Nacht mit 4000. Mann über in deß Königs von Brama Lager. Dieser jagte den Ubrigen eine solche Furcht ein/ daß hinführo Niemand mehr seine Wacht observirte/ sondern allesamt überlaut rieffen/ der König möchte sich bald zu etwas resolviren / oder sie wolten dem Feind die Thore eröffnen. Hierauf ließ der Cambainha sein Volck zehlen/und befand nicht mehr/ als noch 2000. Mann / welche so verzagt / daß sie von Weibern hätten können überwunden werden. Dannenhero offenbahrete er der Königin allein / daß es das beste Mittel wäre/ sich dem Feind auf Gnad und Ungnad zu ergeben. Derowegen steckete man am folgenden Morgen ein weisses Fähnlein auß / wormit man in dem Lager antwortete / und schickete der Xemimbrun, oder Feld-Marschall / einen Reuter an die Stadt / dem die Belagerten zurieffen/ daß der Cambainha dem König zu Brama etwas zu hinterbringen hätte/ wann er nun Sicherheit bekommen könte. Alsobald ward ein Paß gesandt / so auf einem güldenen Blech geschrieben war. Zwo fürnehme Personen brachten solchen / und blieben als Geisseln in der Stadt / darauf schickete der von Martaban einen 80. jährigen Priester / der bey ihnen heilig gehalten wird / hinauß / welcher dem König von Brama ein Pacquet überreichete / worinn nachfolgendes Schreiben zu finden:

Die Liebe der Kinder vermag so viel im Hauß unserer Schwachheit / daß unter uns Eltern kein einiger/ der/ wañ er dieselbe bedenckt/nicht gerne 1000.

K 2 mahl

Deß Teutschen
mahl in die tieffe Grube deß Schlangen-Hauß
solte hinab steigen. Weil dem also/es wäre dann ein
ein Wunder oder schwere Sache/ dieselbe zu lieffern
in die Hände derer/ die allezeit eine solche Clementz
denen erwiesen/welche sich ihnen ergeben. Diese Betrachtung hat mich diese Nacht zu andern Gedancken gebracht/ und beredet/ mit meiner Gemahlin
Kindern und allen Schätzen mich Eurer Hoheit zu
ergeben/ daß dieselbe ihres Gefallens und Willens
mit mir und den Meinigen handeln möge. Anlan-
gend die Fehler/ derer man mich bezüchtigen kan/ und
die ich zu euern Füssen stelle / bitte ich gantz demüthig auf dieselbe nicht zu sehen / damit der Verdienst
der Barmhertzigkeit/ die ihr gegen mir werdet ein-
wenden/ vor GOtt und Menschen desto grösser sey.
Mögen demnach Eure Hoheit mich/ meine Gemahlin und Kinder zusamt der Städte/ Schätzen und
gantzem Königreich/auch dessen Befelchhaber in Besitz nehmen lassen; Dann von dieser Stunde über-
reiche ich euch solches alles/als meinem rechten Herrn
und Gnädigsten Könige/warum ich mit einem demüthigen Fuß-Fall bitte/ ist das Jenige/ daß wir mögen
mit eurer Erlaubnüß unser Leben in einem Kloster
endigen; Massen ich bereits ein Gelübde gethan/
daselbst immerdar meine Sünde zu bereuen/ und
davor eine strenge Buß zu thun. Dann/was die Wür-
de/ und den Ehren-Stand belanget/ womit Eure
Hoheit/ als ein Herr über den grösten Theil deß Erd-
bodens/ und der Inseln deß Meers/ mich könten be-
reichern/ so sind das Sachen / denen ich zu euren Füssen billich und willig absage/Kurtz/ich lege euch hiermit
ein ewiges Huldigungs-Gelübde von neuem ab/ und
einen feyerlichen Eydschwur vor dem Grösten unter
allen Göttern/ der mit dem sanfften Schütteln seiner
allmäch-

allmächtigen Hand die Wolcken deß Himmels beweget / mein Lebenlang nicht zu weichen auß dem Orden / den mir Eure Hoheit anbefehlen werden. Und / GOtt gebe / daß mir daselbst alles müsse mangeln / und die Dürfftigkeit allein meine Fülle seyn / auf daß ich also in Hunger und Kummer / aller eitelen und irrdischen Hoffnung entblöset / meine bußfertige Reue desto angenehmer mache / dem Jenigen / der alles vergibt. Dieser heilige Grepo Talopi, Dechant deß vergüldeten Hauses deß heiligen Quiay, dessen Ansehen und Strengigkeit so viel bey mir gilt, daß er meine Person in seiner Gewalt hat / wird Eurer Hoheit mit fernerer Erklärung deß Jenigen / was etwan in diesem Brieff nicht begriffen / an die Hand gehen / und demselben können sie dero Gnädigste Resolution wegen dessen / was meine jetzige Ergebung insonderheit anreichet / eröffnen / sintemahl ich seiner Aufrichtigkeit wol versichert bin / auf daß die Unruhe / womit meine Seele ohne Aufhören geplaget wird / sich einmahl stillen könne.

Der König von Pegu und Brama gabe hierauf folgende angenehme Antwort / daß er alles / was bißhero passiret / verzeyhen / und den Cambainha mit einem solchen Stand beschencken wolte / dessen Einkommen ihn ohne Zweiffel vergnügen würden; Aber / wie er sein Wort gehalten / wird bald zu hören seyn. Inzwischen erscholle diese Post alsobald im gantzen Lager. Am folgenden Morgen erschiene die Zurüstung deß Königs / samt allem Volck / das in seinem Quartier war / man sahe daselbst 86. grosse Lagerhütten / oder Zelte / deren Jedes mit Elephanten umgeben / so Thürne trugen / und zum Streit bereit waren. Ihrer waren an der Zahl 2000. Nicht weit von diesen hielten 12500. Reuter von Brama, alle auf gewaffne-

waffneten Pferden. Diese umringeten in 4. Reigen alle Ecken deß Königl. Quartiers / waren auch alle mit Spiessen / Schwerdtern und vergüldeten Schilden bewöhret. Nach diesem folgeten 4. Reigen Fuß-Volck / lauter Bramaer / deren mehr als 20000. waren. Die übrige Soldaten-Menge war nicht zu zehlen / die ihren Hauptleuten nachfolgeten. In dieser General-Musterung sahe man viel köstliche Fahnen / und hörete die Trummeln und Trompeten wacker rühren / welches nebst dem Lärmen der Soldaten erschrecklich lautete / daß keiner den andern vernehmen kunte. Der König von Brama wolte an diesem Tage seine Grandezza sehen lassen / darum befahl er allen seinen fremden Hauptleuten / sie solten ihre Soldaten waffnen / und sie in 2. Reigen stellen / damit der Cambainha durch sie / wie durch eine Gasse / ziehen könte / welches auch geschahe / dann ungefähr eine Stunde Nachmittag hörete man einen Schuß / welches das Zeichen / daß man die Stadt bald öffnen würde / darauf kamen erstlich alle Soldaten / die der König zur Wache hinein geleget hatte / und die in 4000. Siammern und Bramaern bestunden / herauß. Diese waren mit Helleparten und Spiessen bewaffnet / und führeten mehr als 3000. gewaffnete Elephanten bey sich / über welche ein Brama, der deß Königs Oheim / Bainha, von der Stadt Maletay und Monpacasser genannt war / commandirte. Zehen oder 12. Schritte hinter diesen Elephanten folgeten viel Herren / die im Namen deß Königs die Stadt empfangen hatten / unter denen waren die Fürnehmsten folgende: Der Chirca von Malacou, der von einem andern / dessen Name unbekandt / begleitet ward / diese Beyde sassen auf gewaffneten Elephanten in Stühlen / so mit güldenen Platten bedeckt / und trugen Halß-Bänder
von

der Chamaulacur, der Nhay Vagaru, der Xemin Arseda, der Xemin von Catau, der Xemin Guaram, deß Königs Moncamiey von Jangama Sohn/ der Bainha von La und Raja Savady, der Bainha Chaque, als deß Königreichs Land-Vögte/ der Dumbambu, Herr von Mergim, der Bainha Baſſoy, der Coutalanhameydo, der Monteo von Negrais, und der Chirca von Coulaam. Nach dieſen und andern Fürſten mehr/welcher Namen nicht bekandt/ kam der Rolim von Mounay Talopoy, als der oberſte Prieſter deß gantzen Königreichs. Dieſer war allein bey dem König Cambainha, als ein Unter-Händler und Commiſſarius zwiſchen ihm und dem König von Brama. Kurtz darnach truge man die Nhay Canato, in einem Seſſel/ dieſe war deß Königs von Pegu Tochter/ (welcher durch den jetzigen König von Pegu und Brama ſeines Landes entſetzet worden/) und das Cambainha Gemahlin. Sie hatte 4. kleine Kinder bey ſich/ als 2. Söhne/ und 2. Töchter/ unter denen das Aelteſte noch nicht ſieben Jahre alt war. Rings um ſie her ſahe man 30. oder 40. ſchöne Jungfrauen von Adelichem Geſchlecht/ alle mit weinenden Augen/ und zur Erden geſchlagenen Angeſichtern gehen/ die ſich auf andere Frauen lehneten/ ihnen folgeten in der Ordnung gewiſſe Talagrepos mit entdeckten Häuptern und bloſſen Füſſen/ dieſe ſprützeten ſie an mit Waſſer/ wann ſie ohnmächtig wurden/ welches gar offt geſchahe/ und war dieſes ein ſolch trauriges Spectacul, daß man es ohne Thränen nicht anſehen kunte. Dieſe Troſt-loſe Geſellſchafft ward von einer andern Wacht zu Fuß begleitet/ denen noch 500. Bramaer zu Pferd folgeten.

R 4 Der

Der Cambainha selber befande sich bey dem Rolim, und saß auf einem kleinen Elephanten/ zum Zeichen der Armuth und Verachtung. Seine Kleidung war ein langer schwartzer Trauer=Rock/ er hatte seine Haare Bahrt und Augbrauen abgeschoren/ und ein Seil um den Halß gehänget/ in solcher Gestalt vor dem König/ seinem Uberwinder/ zu erscheinen. Er gab solche traurige Blicke/ daß/ wer ihn sahe, sich deß Weinens nicht enthalten kunte. Er war 62. Jahre alt/ groß von Person/ streng und Ernsthafftig in Gebärden/ und eines recht Adelichen Angesichts. Wie er nahe an die Pforte kam / gaben die Frauen / Kinder/ und alten Leute / so seiner allda warteten / als sie ihn in einem solchen erbärmlichen Zustand sahen / 6. oder 7. mahl ein greuliches Geschrey/ daß die Erde darvon hätte erzittern mögen. Auf dieses Wehklagen folgeten viel Faustschläge / die sie sich selber ins Angesicht gaben / daß sie gantz blutig darvon wurden/ welches auch ihre Feinde selber zum Mitleyden bewegete. Die Nhay Canato fiel 2. mahl in eine Ohnmacht/ deßgleichen auch alle ihre Hof=Damen/ so bey ihr waren. Dieses verursachte / daß der Cambainha vom Elephanten stieg / sie zu trösten / und aufzurichten. Wie er sie nun solcher Gestalt halb=todt auf der Erden ligen fand/ da sie ihre 4. Kinder umfieng/ kniete er nieder / erhube seine Thränen=nasse Augen gen Himmel/ und rieff mit lauter Stimme: O! du Göttliche Macht/ wer kan das billiche Urtheil deiner Göttlichen Gerechtigkeit hierinn begreiffen / indem du nicht ansiehest / die Unschuld dieser kleinen Kinder / sondern deinem Grimm Raum giebest/ sich so weit außzubreiten/ daß unser schwacher Verstand es nicht fassen können? Aber/ O mein HErr! gedencke doch / wer du bist/ und nicht/ wer ich bin. Als er solches gesagt/ fiel
er auf

Carls / 3. Theil.

er auf sein Angesicht bey der Königin / darauf die gantze Versammlung abermahl ein Zetter-Geschrey außerge. Der Chambainha nahm unterdessen Wasser in den Mund / und sprützete seine Gemahlin darmit an / wordurch sie wieder zu ihr selber kam. Da nahm er sie in seine Arme / tröstete sie mit solchen Worten / die ehe auß eines Christen / als auß eines Heyden Munde her zu rühren schienen. Hierauff setzete er sich wieder auf den Elephanten / und ritte weiter fort. Wie er nun auß dem Stadt-Thor kam / und unter den Portugiesen (diese waren alle zierlich bekleidet / und trugen Musqueten auf ihren Schultern /) deß Johann Cayeyro gewahr ward / legte er sich auf deß Elephanten Halß / und ließ ihn stille stehen / wendete sich darauf zu denen / so um ihn waren / und sprach: Lieben Brüder und Freunde! Ich bezeuge / daß mich nicht so sehr betrübet / mich selber aufzuopffern / wie die Göttliche Gerechtigkeit jetzo über mich verhänget hat / als daß ich diese böse undanckbare Menschen vor meinen Augen sehen muß / und dafern man sie nicht auf die Seite schaffet / oder mich tödtet / so wil ich keinen Fuß weiter setzen. Als er dieses geredet / wandte er sich 3. mahl um / damit er die Portugiesen nicht ansehen möchte / jedoch warff er die Augen plötzlich auf den Cayeyro, sahe ihn überzwerch an / und sprach: Packe dich eylends von hinnen / dann / so ein böser Mensch / als du bist / ist nicht werth daß er die Erde betrette. Schneide deinen Bahrt ab / damit du die Welt nicht mehr betriegen könnest. Die Bramaer von der Leib-Guardie wurden gleichfalls über die Portugiesen so sehr erbittert / daß sie dieselben mit Schimpff und Spott hinweg stiessen. Der Chambainha aber setzete seinen Weg fort / biß an deß Königs Gezelt / der seiner daselbst im Königl. Pracht erwartewartete/ dann es leistete ihm eine sehr grosse Anzahl Herren Gesellschafft/unter denen waren 25. Bainhas, die als Hertzogen in Europa sind/ und noch 6. oder 7. andere/ von hohem Stand. Wie er vor den König kam/warff er sich zu seinen Füssen/und bliebe also eine gute Weil ligen / dann es war ihm unmöglich / ein Wort zu sprechen.

Der Rolim von Mounay, so bey ihm war / ersetzete diesen Mangel / und weilen er eine Geistliche Person/so redete er den König mit folgenden Worten an: Herr! dieses ist ein tüchtig Spectacul, euer Hertz zum Mitleyden zu bewegen/ ob gleich die Missethat oder das Verbrechen noch so groß wäre / als es ist. Bedencket das Jenige / was GOTT am alleranges nehmsten/und damit die Wercke seiner Barmhertzigkeit am besten überein kommen/ mittelst dieser willigen Submission und Ergebung die allhier eure Augen sehen/euch jetzo vorgestellet werde. Folget/nach der Güte GOttes/warum alle die Jenigen/derer Hertzen durch dieses Unglück bewogen / euch demüthigst bitten. Dafern ihr nun diese ihre ernstliche Bitte werdet Statt finden lassen / so haltet euch versichert / daß euch GOtt dancken/und in der Stunde eures Todes seine mächtige Hand über euch halten wird / damit ihr aller Missethaten befreyet bleibet. Er fügte bey obangeregte Worte noch andere mehr/die den König bewogen / dem Chambainha alsobald zu verzeyhen/ oder aufs Wenigste solches zu versprechen. Darum befahl er/weil die Nacht herein brach/daß der meiste Theil seiner um sich habenden Leuten solten weggehen / und übergab den Chambainha einem gewissen Hauptmann in Verwahrung. Den Xemin Cammidou aber/ und die Königin/ samt ihren Kindern und Hof-Damen/ vertrauete er dem Xemin Ansede, auß
den Ur-

Carls / 3. Theil.   155

Urſachen / weil nicht allein deſſen Gemahlin ſelbſt zugegen / ſondern auch / weil er ein ehrlicher alter Mann / und bey dem König in groſſem Anſehen war.

Das XV. Capitul /
Die Stadt Martaban wird geplündert / verbrandt / und die Königl. Familie jämmerlich hingerichtet.

Ehe nun dieſer Befehl ins Werck gerichtet ward / ließ der König von Brama, weil er beſorgete, die Soldaten möchten in die Stadt Martaban kommen / und den Schatz rauben / alle Thore daſelbſt / deren 24. an der Zahl / durch Bramaiſche Hauptleute beſetzen / und befahl bey Lebens-Straffe / Niemand einzulaſſen / biß er andere Ordre geſtellet. Sein fürnehmſtes Abſehen war / den Schatz deß Chambainha zu ſalviren / womit er 2. gantzer Tage umgieng / und unterdeſſen der Gefangenen nicht gedachte. Dieſer Reichthum war ſo groß / daß 1000. Mann zu ſchaffen hatten / denſelben fort zu bringen. Nach Verlauff 2. Tagen gieng der König deß Morgens auf den Berg / Beidao genannt / und ließ ſeine Hauptleute / die an den Thoren die Wacht hatten / abziehen.

Alſobald übergab er hierauf die Stadt den wütenden Soldaten / das Zeichen wurde durch einen Canon-Schuß gegeben / darauf drungen die Soldaten mit ſolcher Macht hinein / daß unter den Thoren mehr als 3000. zutretten wurden. Wie ſie nun hinein kamen / vertilgeten ſie alles in groſſer Unordnung / daß auch der König zu 6. oder 7. mahlen ſich dahin bemühen muſte / Ordre zu ſtellen. Dieſe Plünderung währete 3½. Tag / biß nichts mehr übrig bliebe / da ließ der König die Höfe und Gebäude deß Chambainha, welche fürtrefflich waren / ſamt 43. Häuſern der fürnehmſten

Deß Teutschen

nehmsten Hauptleuten/ ingleichem auch die Pagoden oder Kirchen der Stadt niederreissen/ welcher Schaden auf mehr als 10. Millionen Goldes geschätzet ward. Hiermit war er noch nicht vergnüget/ sondern er ließ das übrige/ so annoch stunde/ in den Brand stecken. Dieses Feuer triebe der Wind fort/daß also in einer Nacht alles in der Aschen lag / und die Mauren/ Thürne und Bollwercke / biß auf den Grund über einen Hauffen fielen.

Die Zahl der Todten erstreckte sich auf 60000. und der Gefangenen nicht viel weniger. Das Feuer verzehrete 140000. Häuser / und 1700. Kirchen/ in denen 60000. Götzen-Bilder vorhanden waren. Die Einwohner hatten in währender Belagerung 3000. Elephanten gessen/und in der Stadt fande man noch 6000. Stücke Geschütz von Kupffer und Eysen / eine unzählige Menge Pfeffer / und andere Speccereyen/ ingleichem Lack/ Aloe-Holtz/ Kampffer/ Seyde/ und viel andere köstliche Kauffmannschafften mehr. Was das Silber / Gold und Edelgesteine betrifft / so man daselbst gefunden/sind unschätzbar. Aber dieses ist gewiß/ daß der Schatz/ den der König von dem Chambainha bekommen/ mehr als 100. Millionen Goldes außtruge.

Gleich am andern Tag sahe man auf demselben Berg/darauf sich der König befand/21. Galgen aufgerichtet/von welchen 20. in gleicher Höhe/einer aber etwas niedriger/auf steinernen Säulen/mit Gitterwerck abgesondert/stunde/darüber war ein höltzerner Himmel/ mit verguldeten Wetter-Hahnen/ und eine Krieges-Rotte von 100. Bramaern zur Bewahrung darbey gestellet. Man erblickete auch Rings umher viel breite Lauff-Gräben / darinn man eine Anzahl mit Blut-gezeichneter Fähnlein gepflantzet.

Pinto,

Carls/ 3. Theil. 157

Pinto, und seine 6. Cammerathen/ welche über diesen Anblick erschracken/ lieffen hinzu/ um zu erfahren/ was solches bedeutete. Höreten aber inzwischen nach der Seiten deß Feld-Lagers ein grosses Getümmel/ wofür sie sehr erschracken. Bald sehen sie von deß Königs Quartier eine sehr grosse Menge Reuter daher kommen/ die mit in Händen geführten Lantzen eine weite und geraume Strasse machten/ und überlaut schryen/ daß Niemand/ bey Verlust deß Lebens/ in den Waffen erscheinen/ noch das Jenige/ was sein Hertz gedachte/ mit dem Mund außsprechen solte. Weit hinter diesen Reutern zohen daher/ der Xenimbrun, mit 100. gerüsteten Elephanten/ und vielem Fuß-Volck/ nach demselben folgeten 1500. Bramaer zu Pferde/ welche der Unter-König von Tangu commandirte. Nach diesen marchirten 3000. Siamer/ so alle mit Musqueten und Spiesen bewöhret waren.

Mitten unter solchem letzten Hauffen sahe man 140. Weiber/ 4. an 4. gebunden/ und von Heydnischen Priestern/ Talagrepos, begleitet/ dann diese Leute führen ein strenges Leben/ und gelten in Indien so viel/ als bey den Römisch-Catholischen die Capuciner-Münche. Hinter ihrem Rücken kamen 12. Thor-Wärter/ mit silbernen Keulen/ welche vor Nhay-Canato, einer Tochter deß Königs von Pegu, als vor gemeldet/ und deß unglücklichen Königs Gemahlin/ hergiengen.

Diese unglückliche Princessin hatte neben sich ihre 4. Kinder/ die von eben so viel Männern zu Pferde geführet wurden. Alle diese Frauens-Leute waren entweder Gemahlinnen oder Töchter der fürnehmsten Obristen und grossen Herren deß Chambainha, denen der Blut-durstige Hund von Brama, als ein

Hasser

Haſſer und Feind deß holdſeeligen Frauenzimmers/ die Wercke ſeiner Grauſamkeit wolte zu fühlen geben. Es waren die ſo übel bediente Schönheiten/ dieſe Troſt-loſe Frauen und Jungfrauen/ von 17. biß 25. Jahre alt/ alle weiß/ und von lieblicher Geſtalt/ aber ſo zart vom Leib/ daß ſie bey jedem Zetter-Geſchrey/ ſo ſie gaben/ zur Erden fielen. Andere Weiber/ welche ſie begleiteten/ und unterſtützeten/ bothen ihnen eine Labung an/ von allerhand Confect, aber ſie wolten nichts ſchmecken/ als die ſo ſchwach und Krafft-loß/ daß ſie kaum ihren Pfaffen kunten zuhören/ ſondern ihre Hände ſtäts gen Himmel erhuben. Unter ſolchem traurigen Aufzug und Gefolge der betrübten Jüſtinnen/ marchirten in zwiefacher Reige 60. Grepos, oder gemeine Pfaffen/ die betteten in ihren Büchern/ hatten das Angeſicht zur Erden gekehret/ und ihre Augen badeten in Thränen. Dieſe rieffen bißweilen: Du/ der du von keinem andern dein Weſen haſt/ ohne von dir ſelbſten/ rechtfertige unſere Wercke/ auf daß ſie deiner Gerechtigkeit mögen angenehm ſeyn. Nach dieſen Grepos kam eine Proceſſion von mehr als 3. oder 400. kleiner Kinder/ die alle nackend waren von dem Nabel biß auf die Füſſe / dieſe trugen weiſſe Wachs-Kertzen in ihren Händlein/ und Stricke an ihren Hälſen. Man hörete ſie ſo wol/ als die andern/ mit erbärmlicher Stimme ſagen: HErꝛ/ wir bitten dich demüthigſt/ neige deine Ohren zu unſerm Geſchrey und Seufftzen/ und laß dieſen deinen Gefangenen Barmhertzigkeit wiederfahren/ damit ſie mit reichlicher Genieſſung mögen Theil haben an den Gnaden und Wolthaten deiner reichen Schätze. Und noch andere dergleichen Sprüche/ ſo denen Sterbenden zum Troſt gereichen ſolten/ brachten ſie vor.

Neben

Carls / 3. Theil. 159

Neben solcher Kinder-Procession marchirten zu ihrer Hut etliche Bramarische Fuß-Knechte mit Lantzen und Musqueten. Der Nachzug bestunde in 100. Elephanten / und erstreckete sich die Zahl dieses Kriegs-Volcks / welcher dieser Außführung beywohnete / auf 10000. Mann zu Fuß / 2000. Reuter und 200. Elephanten / ohne die unzehlbare Menge anderer Leute / so diesem erbärmlichen Spectacul zu zusehen dahin kommen waren.

In solcher Ordnung gieng dieses hohe Frauenzimmer über Feld / und gelangeten endlich mit grosser Mühe an den Ort / da der Tod ihrer am Galgen wartete. Allda machten sich die Thor-Wächter / so zu Pferde sassen / herfür / und rieffen öffentlich auß: Jedermann sey kund dieses Blut-Urtheil / welches der lebendige GOtt / der HErr aller Warheit / und Oberste König unserer Häupter lässet ergehen; Der nach seinem vollmächtigten Gewalt wil / daß diese 140. Frauen sterben / und in die Lufft geworffen werden sollen / weil / auf ihren Rath und Angeben / ihre Eltern in dieser Stadt widerspänstig worden / und 12000. Brainaer auß dem Königreich Tangu erwürget haben.

So bald solches außgeruffen / fiengen auf einen vorher schallenden Glocken-Klang / der Justitz Diener / nebst den Wachten / ein barbarisches und greßliches Geschrey an / und darauf machten sich die grausame Büttel- und Henckers-Buben gefasset / das verurtheilete Frauenzimmer anzugreiffen; Wie die Weibes-Bilder solches sahen / fielen sie einander um den Halß / und stürtzeten einen grossen Thränen-Bach von sich. Hernach sahen sie mit betrübten Augen die Nhay-Canato an / die schon vor Wehmuth halb todt schiene / und sich auf eine alte Frau steurete. Eine unter dieter diesem kläglichen Hauffen wolte/ im Namen aller andern/ ihr die letzte Ehren-Pflicht noch vor ihrem Ende bezeugen/ indem sie diese Worte zu ihr redete: Vortreffliche Frau! Die ihr eine Krone von Rosen auf unsern Häuptern seyd/ weil wir jetzo im Stand demüthiger Sclavinnen hingehen/ in diese traurige Häuser zu tretten/darinn der Tod hauset/lieber! So tröstet uns doch durch euer angenehmes Gesichte/ auf daß wir mit desto geringerer Trübsahl diesen geängstigten Leib verlassen/ und den gerechten Richter von allmächtiger Hand sehen mögen/ vor welchem wir mit weinenden Augen anjetzo bezeugen/ daß wir in Ewigkeit seine Gerechtigkeit wollen anruffen/ und eine Ewige Rache der Unbilligkeit/ so man uns an thut. Die hochbekümmerte Nhay-Canato verliehe ihnen ein Angesicht/ das mehr einen tödtlichen als lebendigen Blick gab/ und folgends mit so leiser Stimme/ daß man sie kaum hören kunte/ diese Antwort: Scheidet nicht so geschwinde von mir/ meine Schwester/ sondern heisset mir diese kleine Kinder tragen. Hierauf steurete sie sich abermahl auf den Schoß der alten Frauen/ und redete weiter kein Wort. Darnach wurden die armen Weibes-Bilder von dem Arm der Rache (so nennen sie die Büttel/) angegriffen/ und an 20.Galgen/ nemlich an Jeden ihrer 7.und zwar bey den Füssen aufgehenckt/ so/ daß der Kopff unter sich auf der Erden zappelte. Welcher schwerer Tod ihnen viel harte Seufftzer außpressete/ jedoch in einer Stunde allen mit einander den Garauß machete.

Nachdem man das Frauenzimmer also schmählich angeknüpffet / machten die Reuter abermahl Platz unter dem Volck/ welches so dick und häuffig dastunde/ daß man darfür nicht durchkommen kunte.

Hierauf

Hierauf ward die Königin von 4. Frauen / darauf sie sich steurete / gerade nach dem Galgen geführet / woran diese schöne / aber unglückseelige Mutter / erwürtzen / und mit ihren 4. Kindern ersticken solte. Aber ein wenig zuvor sprach ihr der Rolim Mounay etliche Worte zu / um sie zum Tode behertzt und getrost zu machen. Hernach forderte sie ein wenig Wasser / nahm den Mund davon voll / und sprützete ihre damahls in den Armen habende Kinder / welchen sie einen Kuß über den andern gab / und endlich in diese Worte herauß brach: Ach meine liebe Kinder! Ach meine liebe Kinder! Die ich von neuem in dem Eingeweyde meiner Seelen gebohren habe! O wie glücklig wolte ich mich schätzen / wann ich durch einen tausendfachen Tod meiner Person könte euer Leben erkauffen! Dann seyd versichert / ich würde vor die Furcht / darinn ich euch und mich / auch alle Leute jetzt um eurent Willen sehe / den Tod so willig und gerne von der Hand dieses grausamen Menschen annehmen / als wie sehnlich mich verlanget / bey der Gegenwart deß obersten HErrn aller Dinge / mich zu sehen in der Ruhe seiner Himmlischen Wohnung.

Hiermit warff sie die Augen nach dem Hencker / welcher bereits 2. ihrer Söhnlein angepacket / und gebunden hatte / und sagte zu ihm: Mein Freund / seyd doch nicht so unbarmhertzig / daß ihr meine Kinder vor meinen Augen tödtet! Schencket mir erst selbst den Tod / und schlaget mir diese Gunst nicht ab / daß bitte ich euch um GOttes Willen. Wie sie solches gesagt / fassete sie ihre Kinder wiederum noch einmahl in die Arme / und drückete ihnen zum Valet noch etliche nasse Scheidens-Küsse auf den Mund / sanck damit nieder / und starb auf dem Schoß der Frauen / auf deren Armen sie bißhero geruhet hatte / regete sich auch

auch weiter im Geringsten nicht mehr. Der Scharffrichter solches sehend / lieff eylends hinzu / und machte sie / gleichwie die vorigen / am Galgen bey den Füßen feste. Ihre 4. kleine Kinder führete er darauf an den selbigen Reigen / und hieng ihr zu jeder Seiten zwey / also / daß die arme Mutter in der Mitte schwebete. Uber dieses grausame und erschröckliche Spectacul hub sich unter denen Zuschauenden ein solches Geschrey und Getümmel / daß einem darvon die Erde unter den Füssen zu erbeben schiene. Ja es ward ferner im gantzen Lager eine Aufruhr / und der Tyrannische König dardurch genöthiget / sich in seinem Quartier mit 6000. Reutern zu verstärcken / wiewol er dannoch darmit noch nicht versichert gewesen / da fern nicht die Nacht endlich solche Empörung gestillet hätte. Dann von 700000. Mann / die er in seinem Lager hatte / waren 600000. auß dem Königreich Pegu gebürtig / darüber dieser gehenckten Königin Vatter / als Käyser / geherrschet hatte. Aber dieser König von Brama macht ihnen den Zügel so kurtz / und entblössete sie dermassen von allen Machten / daß sie nicht einmahl ihre Augen gegen ihn aufheben dürffen.

Also jämmerlich starb Nhay-Canato, Gemahlin deß Chambainha, Königes von Martaban, und Tochter deß gewesenen Königs in Pegu, Käyser über 9. Königreichen. Eine Printzessin von grosser Vollkommenheit / deren Einkommen sich jährlich auf 3. Millionen Goldes belieff. Eben in derselben Nacht hat man auch dem Chambainha einen Stein an den Halß gebunden / und in das Meer geworffen / mit 50. oder 60. seiner Vasallen / unter denen etliche jährlich 30. etliche 40000. Ducaten Einkommen hatten / und die deß gehenckten Frauenzimmers Männer / Vätter

oder

der Brüder waren. Es befanden sich unter solchem
ändlich getödteten Frauenzimmer 3. Hof-Damen
Nhay-Canato, um welche der König von Brama
sich heurathlich beworben/ als er noch in seinem vorigen Gräflichen Stande gelebet; Aber er hatte von
ihren Eltern eine abschlägige Antwort bekommen.
Nach dieser Execution brach der Wüterich auf/ und
zoge nach der Stadt Pegu, da er dann bey Musterung seiner Armee befande/ daß ihn die Beldgerung
der Stadt Martaban 86000. Mann gekostet hatte/
die davor in das Graß gebissen.

Als der alte Obriste hiermit seine Erzehlung
endigte/ war schier Niemand in der gantzen Gesell-
schafft/ dem nicht die Mitleydens-Thränen in die
Augen gestiegen wären. Inzwischen forschete einer
von den Generalen/ ob dann seit derselben Zeit das
Königreich Siam stäts unangefochten geblieben sey?
Welches der vorige Obriste folgender Gestalt beant-
wortete: Ich muß bekennen/ daß ich alle und jede
Kriege von Siam nicht eben nach der Reige zu erzehlen weiß/ sondern ich habe im Land selber nur die vornehmste Revolutiones angemercket/ darvon ich noch
eine eintzige mitzutheilen weiß/ dann es schreibet Cæsar Fridericus, daß Anno 1567. der König von Pegu
den von Siam in seiner Königl.Residentz-Stadt Siam
mit einer Armee von 1400000. Mann 29. Monat
lang belagert/ und in währender Zeit noch 500000.
Mann zum Entsatz bekommen habe/ hätte ihm aber
nichts abgewinnen können/ wann nicht die Thore der
Stadt durch Verrätherey deß Statthalters ihm
wären geöffnet worden. Als der König von Siam solches gesehen/ habe er sich selbst durch Gifft umge-
bracht/ und seine Kinder samt dem Königreich dem
von Pegu zum Raub überlassen/ von der Zeit sind die

Könige

Deß Teutschen

König von Siam dem König von Pegu zinßbar worden/ biß deſſen Sohn/ der den von Siam überwunden hatte/ ſich ſeiner Macht und Gewalt übernahm/ und den zinßbaren König vor ſein Gericht forderte/ wie nun derſelbe nicht erſcheinen wolte/ hat er ihn mit ſeiner Armee von 900000. Mann bekrieget/ aber der von Siam gebrauchte eine Liſt/ und ſtellete ſich/ als wolte er ſich ergeben. Unterdeſſen ſuchte er nur Zeit zu gewinnen/ biß die Waſſer außgelauffen/ und als die 60. Meil-Weges das Land bedecket hatten/ wodurch das gantze Heer deß Königs von Pegu Theils ertruncken/ Theils von den Siammern iſt erſchlagen worden. Nach dieſem Sieg hat der Siammer den Peguaner verfolget/ und ihn gleicher Geſtalt in ſeiner Königl. Stadt Pegu belagert/ als er ſich aber vor der Portugieſen Ankunfft gefürchtet/ hat er das Lager aufgebrochen/ und iſt unverrichteter Sachen bald wieder nach ſeinem eigenen Reich zurücke gekehret.

Es gedencket auch Gothardus Artus von Dantzig/ der mit unter den Niederländiſchen Schifffahrten nach Oſt-Indien geweſen/ dieſes Kriegs/ in ſeiner Beſchreibung/ und meldet/ derſelbe ſey anfänglich darauß entſtanden: Der König von Siam hatte zwey weiſſe Elephanten/ wie ſolches der von Pegu erfahren/ der ſolche Thiere vor heilig hielt/ hat er eine anſehnliche Ambaſſade an den Siammiſchen König abgefertiget/ und ihn um ſolche zween heilige Elephanten begrüſſen laſſen/ mit dem Erbieten/ daß er ihm darfür geben wolte/ was er nur verlangete. Der zu Siam aber hielte es ihm vor einen Schimpff/ mit Elephanten zu handeln/ kunte alſo auf keine Weiß oder Wege zum Abſtand dieſer ſeltzamen Thieren gebracht werden/ ſolches verdroß den Peguaniſchen König dergeſtalt/ daß er reſolvirte/ den Siammer mit einer gnug-

ſamen

samen Kriegs-Macht zu überziehen/ und nicht allein besagte Elephanten/ sondern auch zugleich viel Gefangene/mit sich/samt vielem Raub und Schatz/hinweg zu führen/ auch/ nach Verjagung und Erwürgung vieler von Adel/ das gantze feindliche Königreich in Contribution zu setzen/ welches ihm auch besagter Massen gelungen ist.

Das XVI. Capitul/

Allerhand Exempel unglückseeliger Königen und hoher Potentaten/ welche wol anzuwercken sind. Der König von Brama erobert das Königreich Prom.

Hermit beschlosse der alte Oberste abermahl seine Erzehlung/und einer von den hohen Gästen sprach: Es muß einem König doch schmertzlich wehe thun/ wann er seines gantzen Königreich/ wie der von Martaban, beraubet wird. Hierauf antwortete Ulucastri, der annoch wenig bey der Mahlzeit discurriret hat/ dieses: Die Alten haben uns die Schönheit mit einer Rosen bedeutet/ und solches darum/ weil ihr Glantz gleichsam nur einen Tag währet. Oder mit dem Mond/wegen seines Ab-und Zunehmens. Oder mit einem Glaß/ wegen dessen Zerbrechlichkeit. Hierdurch gaben sie zu erkennen/ daß die jenigen Dinge/ die meist unsere Augen treffen/unsern Geist nicht müssen berühren. Wir sehen/ wie verschiedentlich das Glück mit den Königen handelt/daß man über einer Königs-Krone wol außruffen mag: O! Aller-Durchläuchtigste Krone/wie unglückseelig bist du/wann man wuste/welches Unglück du den Jenigen vorwirffest/ dessen Haupt du zierest. Wer hat jemahlen geglaubet/daß Evagoras und Theseus, der Eine König in Cypern/ der Andere in Egypten/zu solchem Unglück gelangen müsten/daß sie ih-

ren Ertz-Feind annoch bey ihren Leb-Zeiten auf ihren Thronen müsten sitzen sehen? Artaxerxes, König in Persien/wuste wol/daß sie den Lacedæmoniern wider ihn beygestanden hatten/derowegen hat er sie bekrieget/mit grossem Glück an seiner Seiten/und mit solchem Nachdruck/ daß er den Einen zwang/ zu leben/ als der Geringste seiner Diener/ und den Andern nach Arabien zu fliehen/allwo sein Elend und Armuth so lang gedauret hat/ als sein Leben. Und obgleich Ariba ein naher Bluts-Verwanther war der Königin Olympias, so hat ihr Gemahl/Philippus, ihm doch alles genommen/was er hatte/biß auf die Hoffnung/ welche das letzte Guth ist/ so die Unglückseeligen zu verlieren haben/und er hat ihm gnugsam zu verstehen gegeben/ daß das Gemüth mitten im Glück sich allzeit müsse bewaffnen gegen das Unglück. Perseus, nachdem er die Macedonische Kron empfangen/durch einen Todschlag/ hat alle Vestungen der Römer unter seiner Macht gehabt/ aber weil er bereits 2. von ihren Burgermeistern überwunden/ bildete er ihm ein/er könne auch wol noch den Dritten überwinden/ und daß er alsdann zugleich fest halten müste/ welches er durch eine Missethat überkommen hatte. Aber seine Sachen fielen gantz anders/und er ward genöthiget/ nach Pydnus, und so weiter nach Pella, von dannen gar in die Insel Samothracien zu fliehen/ allwo ihn Cnejus Octavius, deß Pauli Æmilii Lieutenant, dergestalt einsperrete/daß er gezwungen ward/sich zu ergeben/ und zu erweisen/ daß das Unglück eine so grosse Straffe nicht sey/ als die Condition der Menschen. Paulus Æmilius kunte ihn nicht anders/als mit Thränen betrachten/ als er aber sahe/daß sich König Perseus gantz demüthig vor seine Füsse niederwarff/ da erschrack er vor ihm/und verwandelte seine Liebe in
einen

einen Haß / und seine Barmhertzigkeit in lauter Rache. Ihr wisset wol zu bezeugen durch diese Demuth/ sprach er/ daß euer Ungnade mehr kommt von eurer Schwachheit / als von eurem bösen Glück. Großmüthige Feinde haben bey den Römern allezeit Respect gefunden / aber man wird eure knechtische Demuth verachten. Gehet demnach hin/ihr/die ihr nicht würdig/den Königl.Titul zu führen/noch zu haben die Freundschafft eines Burgermeisters. Der kein Hertz hat / kan auch keine Hoffnung haben / und wer sich selber zum Sclaven machet/muß auch ein Sclav seyn. Diese Einbildung bliebe so fest bey Æmilio,daß er ihn hinter seinem Triumph-Wagen zu Rom ließ hergehen. Die jenige Hände/so vormahl einen Scepter geführet/musten hernach schwere Ketten tragen. Und also ward Perseus nach Albanien verbannet / als wann die Römer in ihrer Stadt nicht hätten dulden wollen einen Printzen / den sie ohne Ehre überwunden / indem sie ihn ohne sonderbahre Gefahr besieget hatten. Die 2. Söhne dieses unglückseeligen Königs musten ihres Vatters Verbrechen auch büssen/ indem einer zu Rom ein Goldschmidt/und der andere in Sicilien ein Huffschmidt worden/damit sie hätten/ worvon sie leben möchten.

Schier eben also ist es ergangen dem Illyrischen König Gentius, als welcher gleicher Gestalt / weil er kein Hertz hatte/sich vor dem Römischen Prætor Anitio auf die Knie darnieder warff / indem er meynete/ durch seine Demuth mehr zu erlangen/ als durch seine Hoffahrt; Aber der Prætor kunte ein Weibisch Gemüth in einer solchen hohen Person nicht ertragen/ derowegen ließ er ihn gefangen setzen/und überließ ihm von allem dem Seinigen nichts/als das Gedächtnüß/daß er ehemahlen ein gewaltiger König gewesen.

weſen. Demetrius, welcher/ durch Hülffe ſeines Vatters alter Soldaten/ das Königreich Macedoniæ überkommen hatte/ hat alle Mittel angewandt/ ſich wider die Macht deß Lyſimachi zu beſchirmen/ weil er aber Alexandrum, Caſſandri Sohn/ tödten laſſen/ und alſo unſchuldig Blut vergoſſen hatte/ iſt es ihm auch übel bekommen/ dann er ward von Lyſimacho überwunden/ welchen er durch ſeine niedrige Demuth zum Mitleyden zu bewegen trachtete; Aber Lyſimachus ward nicht beweget/ ſondern er ließ ihn an groſſe eyſerne Ketten binden/ und verordnete ihm ſeinen Pallaſt zum ewigen Gefängnuß. Peneſtes und Amyntas, welche von der Guarde Alexandri Magni deſſen Nachfolger in den Ländern Babylon und Bactriana ſind worden/ haben die Güther ihres Herrn nicht lang behalten/ ja/ ſie haben kaum Zeit gehabt/ ihr Glück zu ſchmecken/ dann Seleucus bekriegete ſie alſobald/ und hörete nicht auf/ biß er ſie Beyde ihres Länder und Herrſchafft beraubet hatte.

Nachdem die Lacedæmonier von dem Tyrannen Alchimenes viel erlitten/ haben ſie alle Mühe angewandt/ dieſes Monſtrum zu zähmen/ ſie haben ſich ſo für ihm gefürchtet/ als wann er ihr König wäre geweſen/ und haben bezeuget/ daß Nichts mit ſeiner Grauſamkeit zu vergleichen/ als ihre Gedult. Sie wolten keinen Gifft gegen ihm brauchen/ ſondern behalffen ſich mit den alten Privilegien wider ſeine Maximen; Als ſie aber bekannt haben/ daß nichts beſchloſſen würde durch Gottesfurcht/ noch durch Obſervantz der Geſetzen/ da wurden ſie gezwungen/ ihn weg zu jagen/ und Ageſipolia zu erkieſen/ für einen Schieds-Mann und Richter über ihr Guth und Leben. Alchimenes, ob er gleich ſein Guth verlohren/ hat er dannoch ſeinen Muth behalten/ und durch ſeinen Annen Anhang machte er so gute Anordnung in Lacedæmon, daß er endlich wiederkehrete / und den Bürgern zeigete/ daß seine Abwesenheit eben so gefährlich sey/ als seine Gegenwart; Auf solche Weise ist er wieder auf den Thron gestiegen/und hat den unglückseeligen Agesipolia dermassen gedemüthiget / daß er offt nicht satt zu essen gehabt / der vorhin allerhand Leckerbißlein in grosser Menge zu haben pflegete.

Als die Römer in Asia kriegeten haben sich Origiagotes, König der Cabolenier und Gaudates, König der Colosiobangier / in Bitynien tapffer wider Manlium gestellet / derowegen zogen sie einmüthig wider ihn zu Feld/ zu erweisen/ daß sie resolvirt wären/ ihre Freyheit lieber zu verkauffen/als zu verschencken. Sie erwogen / daß die Unterthänigkeit das Grausamste sey von allen Unglücken / und daß die Freyheit von allen Güthern das Edelste sey/ sie überredeten einander / daß zwischen den Unterthanen und Sclaven gantz und gar kein Unterschied sey. Endlich brachte ihnen der Tod weniger Furcht / als der Gehorsam/ wiewol sie ihre Großmüthigkeit gnug hatten blicken lassen in dieser Schlacht/so ist dannoch der Sieg auf der Römer Seite gefallen. Diese 2. Könige wurden gefangen / und sind jämmerlich in Ketten gestorben.

Nach dem Tod Antiochi disputirten die Hertzogen von Achaja und Messenia lange Zeit über das höchste Gebieth / endlich übergaben sie ihr Glück den Waffen und dem Krieg; Der Hertzog von Achaja erschiene zwar als der Frömmeste/ aber nicht/ als der Glückseeligste / er ward vom Pferd geschlagen / und hatte nicht Zeit/sich wieder hinauf zu schwingen/und seine Soldaten anzufrischen. Die Messenier sprungen häuffig hinzu/ ihn zu erschlagen/ aber sein Heroisches Angesicht hat ihre Arme zuruck gehalten/daß sie ihre

ihre Rache nicht kunten über ihn ergehen laſſen. Die
Jenige/deren Rachſucht mit Todtſchlagen noch nicht
erſättiget worden/haben gleichwol nicht unterlaſſen/
ihn anzutaſten / und ihn ohne allen Reſpect zu han-
deln/ ſie haben ihn unter 1000. Schmähungen in die
Stadt geführet/ und lange Zeit bewahret/ an einem
offentlichen Ort/damit Jederman den Jenigen nunmehr mit Beſchimpffung anſehen möchte/den er vor
hin für Furcht nicht anſchauen durffte ; Hernach hat
man ihn geführet in ein tunckel Gefängnüß/und weil
er / ob er gleich hart gefangen lag / dannoch mächtig
gnug war / ihnen eine Furcht einzujagen/ haben ſie
ihm Gifft zugeſandt/um ſeinen Tod zu befördern/und
ſie haben noch nach ſeinem Tod befunden / daß ſeine
Wackerheit im Antliß gelebet. Die Gothen unter
Alarico ſind die Erſten geweſen/ welche gantz Italien
verwüſtet haben/zu Zeiten deß Käyſers Zenonis Iſau-
rici. Auß dem reichen Severino machten ſie einen Gefangenen / der in ſeinem Elend nimmermehr einigen
Troſt/noch ſeines Unglücks jemahlen einen Urſprung
hat finden können. Didier meynete unter den Chriſt-
lichen Königen das Jenige zu ſeyn / was die Sonne
unter den Sternen iſt/ er hatte durch ſeine Hoheit ſo
viel Freunde gemacht/als er Bundes-Genoſſen hat-
te/ dahero glaubete er nicht/ daß das Glück einige
Veränderung in ſeinen Staat bringen könte. Aber/
als Carolus Magnus nach Italien zog / die Römiſche
Kirche zu erledigen/ überwande er dieſen hochmüthi-
gen König/ und zwang ihn/ nach Pavia zu fliehen/ mit
ſeiner Gemahlin und Kindern / um daſelbſt zu ſehen/
was der Himmel weiter über ihr Leben beſchlieſſen
möchte. Carolus M. hat ihn daſelbſt belagert/ohne ihm
Zeit zu gönnen/ſich zu bedencken/ er zwang ihn durch
Hunger/daß er ſich ergab / und warff ihn in ein Ge-
fängnüß/

Carls / 3. Theil.   171

fängnuß / in welchem er biß an sein Ende verbleiben müste. Salomon/ König in Ungarn/ hatte mehr ein Weibisch als Männlich Gemüth/ und führete nichts als den Titul und Namen / er hatte nicht das Hertz/ eine Schlacht zu lieffern/ die ihm sein Nefe Ladislaus appræsentirte/ sondern flog nach Istria, und starb kümmerlich/ dann er hatte die feste Impression, daß er das Jenige nothwendig verlieren muste / was er wagen solte / und daß es allemahl besser sey zu warten nach der Uberwindung/ als solche zu suchen. Gui von Lusignan, der letzte König von Jerusalem / ward verjagt durch den Sultan Saladin von seinem schönen Königreich. Er kam in den miserabelsten Stand/ indem er genöthiget ward zu weichen in die Insel Cypern/ und zu suchen die Gunst deß Englischen Königs Richard, und daselbst sein Unglück biß an sein Ende zu beweinen/ dann er glaubete nicht / daß er seinen grossen Verlust lange überleben würde. Ludwig/ König von Jerusalem/ hat verjaget Ludovicum, König in Sicilien/ er verfolgete ihn darzu noch dergestalt/ daß dieser gezwungen ward / sich nach einem Winckel auf der Insel zu reteriren/ und daselbst Gesetze zu empfangen/ von dem/ welchem er solche vorhin gegeben hatte/ auch zu seyn ein Lehn-Mann dessen / über welchen er vorhero geherrschet hatte. David/ König von Schottland/ lebete 11. Jahr im Gefängnuß/ und dafern Philippus von Valois nicht die Waffen ergriffen / und wider den Englischen König geführet hätte / vor die Freyheit Davids / so würde derselbe im Gefängnuß wol haben verfaulen müssen.

Hiermit endigte Ulucastri seinen Discurs, auß welchem die gantze hohe Gesellschafft erkannte / daß er nicht weniger gelehrt / und verständig / als tapffer sey. Dannenhero nahm die Liebe und Respect gegen

ihn

Deß Teutschen

ihn auch bey Jedermann stündlich zu. Es forschete aber jetzo einer von den Anwesenden bey dem vorigen alten Obristen / ob dann der beschriebene König von Pegu und Ava hernach ruhig und im Frieden sitzen blieben? Welchem dieser also antwortete:

Dieser Tyrann hat es bey vorerzehlten Grausamkeiten lang nicht bewenden lassen / sondern ist viel weiter darinn fortgeschritten / dann wir müssen wissen / daß der König von Brama anfänglich ein Vasall deß Königs von Pegu, wegen eines gewissen Landes in Brama, gewesen / und daß er sich gegen demselben empöret / und ihm alle seine Länder abspänstig gemacht. Weil er aber ein greulicher Tyrann war / so rebellirte ihm abermahl ein Königreich und ein Vasall nach dem andern. Insonderheit bekam er gleich nach der Peguanischen Musterung Nachricht / daß der ihm zinßbare König von Prom gestorben / und seinen 13.Jährigen Sohn zum Nachfolger im Reich hinterlassen / darzu demselben seiner Gemahlin Schwester / deß Königs von Ava Tochter / zur Ehe gegeben hatte. Weil nun die Regentin von Prom, nemlich die Mutter deß Königs / und der König selber / es mit dem König von Ava und dem von Siam hielten / so marchirte der von Brama gerades Weges auf Prom zu / welches die Regentin bewog / nach ihrem Vatter zu Ava um Hülff zu senden / derselbe bemühete sich auch in aller Eyl / unter seinem Sohn eine Armee von 60000. tapffern Soldaten nach Prom zu senden / um die Guarnison gegen einem solchen mächtigen Feind zu verstärcken / aber der von Brama eylete mit seiner erschrecklichen Armee / welche in neun hundert tausend Mann bestunde / in zwölff tausend Schiffen nach der Stadt Prom, und belagerte sie / ehe der Succurs auß Ava daselbst anlangen kunte. Nachdem er 5. Tage darvor gelegen hatte / sandte die Regentin ihrem Feind ein köstliches Geschenck durch einen mehr als 100.Jährigen Talagrepo, dem sie auch vollkommene Macht ertheilete / einen Frieden mit ihm zu tractiren. Sie schriebe auch einen demüthigen Inhalt an ihn / wie folget:

Grosser / und mächtiger Herr / welcher in dem Hauß deß Glücks mehr begünstiget wird / als alle Könige deß gantzen Erdbodens / Krafft von äuserster Stärcke / Wachsthum deß gesaltzenen Meers / dahinein alle andere kleine Bäche fliessen / Schild / voll

von

von schönen Bild-Sprüchen/ Besitzer deß allergrösten Staats/ in dessen Thron seine Füsse ruhen/ mit einer höchst-verwunderlichen Majestät. Ich armes Weib Nhay Hivolau, Gubernantin uñ Vormütherin meines unmündigen Sohns/ werffe mich vor euch nieder/ mit thränenden Augen/ und mit solcher Ehrerbietung/ die man euch zu geben schuldig ist/ demüthigst bittend/ ihr wollet doch wider meine Schwachheit den Degen nicht in die Hand nehmen/ zumahl ihr wisset/daß ich nur ein Weib/das keine andere Waffen hat/ ohne die Zähren/ um das Leyd/ so mir geschehen/ GOtt darmit zu klagen/ dessen Göttlicher Natur es gemäß/ daß er durch seine Barmhertzigkeit dem Menschen zu Hülffe kommet/ auch so gar die/welche in dem tieffen Hauß deß Rauchs wohnen/ sich fürchten/ und für einem so mächtigen HErrn erzittern müssen. Ich bitte und beschwöre euch/daß ihr mir das Meinige nicht nehmet/ in Betrachtung/ daß ihr durch dessen Besitz/ nicht grösser/ noch durch die Entbährung/geringer werden könnet. Gleichwie im Gegentheil/ dafern ihr euch gegen mir barmhertzig erzeiget/ eine solche gnädige Handlung und Clementz euch eine so grosse Reputation kan bringen/ daß allerdings die kleine Säuglinge aufhören werden/ die weisse Brüsten ihrer Mutter zu saugen/ um euch mit den reinen Lippen ihrer Unschuld zu loben. Zu dem werden so wol alle Einwohner meines Landes/als die Fremden/ an die Almosen/ so ihr an mir erweiset/ gedencken/ ich selbst wil es lassen stechen und graben auf alle Begräbnuß der Todten/ auf daß nicht allein die Lebendigen/ sondern auch die Todten/ euch dancken mögen/ wegen einer Sache/ die ich gantz inständig/ und in tieffester Demuth von euch bitte.

Der heilige Avemlachim, der euch dieses Schreiben über-

Deß Teutschen

ben überliefert/ so ich selber geschrieben/ hat vollkommene Gewalt / im Namen meines unmündigen Sohns mit euch zu handeln / und zu schliessen alles/ was billich wird erkannt werden / betreffend nemlich den Tribut und die Huldigung/ welchem ihr ihm aufzulegen belieben werdet / und das mit solcher Bedingung/ daß euch hingegen möge gefallen / uns in dem Besitz unsers Hauses zu lassen/ damit wir in versicherter Warheit unsere Kinder auferziehen / und die Frucht einsammlen mögen von unserer Arbeit/ zur Nahrung und Unterhalt der armen Einwohner dieses elenden Fleckens/ welche euch werden dienen/ und ich / samt ihnen / mit demüthigstem Respect, in allen denen Sachen/ worzu es euch belieben wird / uns zu gebrauchen.

Der König nahm/ nach Verlesung dieses Brieffes / die Præsenten an/bewilligte auch einen Stillstand/biß alles geschlossen. Inzwischen aber ruinirte er um die Stadt her alle Plätze und Einwohner / daher der Talagrepas, seine Falschheit erkennend/ um Erlaubnuß anhielte/ wieder in die Stadt zu kehren/ welches ihm/nachdem er sich 5.Tage im Lager aufgehalten/vergönnet ward/ mit der Anforderung an die Königin/ daß sie ihm ihre Schätze/ Unterthanen und Königreich abstehen solte/ so wolte er solchen Verlust wieder durch ein ander Mittel ersetzer. Die Königin aber hatte hierzu gar keine Lust/ und weil sie deß Succurses auß Ava versichert war/ so resolvirte sie sich/ der Gewalt mit Gewalt zu widerstehen.

Wie der König von Brama sahe/ daß er vergeblich auf eine Antwort wartete/ stärckete er sein Lager/ließ eine grosse Anzahl Sturm-Leitern verfertigen/und seinen Soldaten andeuten/ daß sie sich innerhalb 3.Tagen zum Sturm fertig halten solten. Wie nun alles in Bereitschafft/ wurden die Mauren mit solchem abscheulichen Geschrey bestürmet/ daß es schiene/ als wann Himmel und Erden unter einander gemenget wären/und der Streit war so grausam/ daß in kurtzer Zeit die Lufft voll heller Flammen gesehen/ der Erdboden aber von dem Blut der Erschlagenen gantz erweichet worden/ worzu noch kam der Blitz der Spiessen und Schwerdter/ so ohne Unterlaß in die Augen strahlete/ welches

so erso erschrecklich zu sehen war/daß die Portugiesen darvon in eine Ohnmacht suncken. Dieser Kampff währete 5. Stunden lang. Wie nun der Tyrann vernahm/daß die in der Stadt sich Männlich wöhreten/ die Seinigen hergegen ermatteten/ da führete er noch 10. oder 12000. seiner besten Soldaten/ die andern zu entsetzen/herbey/welches das Gefecht erneuerte. Dieser anderer Anfall währete biß in die Nacht/ehe er ein Zeichen zum Abzug geben wolte/ ob ihm schon die Seinigen solches riethen/ vielmehr schwur er das Gegentheil/ von diesem Vornehmen nicht abzulassen/dann er wolte entweder diese Nacht innerhalb der Mauren in der Stadt schlaffen/ oder/ dafern er zum Abzug ruffen würde/ so solten alle seine Hauptleute/ welche nicht verwundet wären/die Köpffe hergeben/derohalben ward der Streit continuiret/ biß der Mond untergieng/ nemlich 2. Stunden nach Mitternacht. Damahls ward das Krieges-Volck nachgesehen/ und befunden/ daß 24000. Mann umkommen/ und mehr als 30000. verwundet waren/ von welchen viele sturben/ weil sie nicht recht verbunden wurden/dieses verursachte eine grosse Pest im Lager/ dann es sturben mehr/ als 80000. Mann/ an dieser Seuche/ die alle den Vögeln zur Speiß hingeworffen wurden.

Wie nun der König von Brama betrachtete/ daß ihn dieser Sturm so theuer ankommen/wolte er seine Leute solcher Gestalt nicht mehr wagen/sondern ließ eine hohe Batterie auffwerffen/die 2. Klafftern höher/als die Mauren der Stadt waren. Auf diese ließ er 80. Canonen führen/ mit welchen er innerhalb 9. Tagen den mehrern Theil der Stadt zu Grund schoß/und 14000. Mañ ums Leben brachte. Dieses benahm der Königin gäntzlich den Muth/insonderheit wie sie befand/daß ihr nicht mehr/als 6000. streitbare Mann überblieben. Darum versammlete sie ihren Rath/ in welchem beschlossen ward/ man solte sich mit Oel auß der Lampen deß Gottes der Feld-Schlachten/ Quiay Nivandel genannt/salben/sich demselben ergeben/und die Batterie angreiffen/mit einem vesten Vorsatz/entweder zu siegen/oder zu sterben. Zum Obersten über die Soldaten erwähleten sie der Königin Oheim/ Namens Manica Votau, der nahm diese 6000. übergebliebene Soldaten zu sich/und fiel durch 2. Pforten auf ermelte Batterie in der finstern Nacht an/sie stritten gesamter Hand/wie desperate Leute/ so tapffer/ daß sie die Feinde auf die Flucht brachten/ die Batterie und das Geschütz eroberten/ den König verwundeten/ die Wälle schleifften/ und den Xenimbrun, oder Obersten Feld-Herrn/neben 15000. Mann/erlegten. Sie bekamen

176 **Deß Teutschen**

men auch 40. Elephanten/ ohne die/ so geblieben/ und 800. Bramaer/ merckten auch/ als sie wieder hinein kamen/ daß sie nicht mehr/als 700. Mann/verlohren hatten. Der König ergrimmete sehr über diesen Verlust/ und wolte den Hauptleuten denselben beymessen/ ließ derowegen über 1000. Peguaner tödten/ so damahls die Wacht gehabt hatten/ und darauf hielten sich die Belägerer 10. Tage gantz still.

Einer unter den 4. Hauptleuten der Stadt fürchtete sich/ in die Hände eines solchen grausamen Feindes zu fallen, handelte demnach heimlich mit ihm/ mit diesem Bedinge/ er solte ihn in seinem Amt Friedlich lassen/Niemand von den Seinigen beschädigen/ und ihn zum Xemin von Anseda im Königreich Pegu machen/ so wolte er ihm dargegen die Stadt in seine Hände liefern. Diese schändliche Verrätherey ward 3. Stunden nach Mitternacht werckstellig gemacht/ worauf der König von Brama ebenmässige Grausamkeit erwiese/als er in dergleichen Fällen gewohnet war. Die Pforten wurden geöffnet/die Stadt geschleiffet/die Einwohner außgerottet/ und Niemand verschonet. Der König und die Königin wurden gefangen/ ihre Schätze geraubet/ die Kirchen und herrliche Häuser verfilget/ auch viel andere grausame Thaten mehr verübet und solches alles geschahe mit so grosser Furie,daß es ihm kein Mensch einbilden kan/ er habe es dann mit seinen Augen gesehen/ dann der Tyrann wolte für Zorn bersten, weil man kurtz vorher sein Volck so zugerichtet hatte/ darum verübete er alle Greuel/ die zu erdencken waren.

Nach dem blutigen Untergang dieser Stadt gieng er durch einen Triumph hinein / durch die auf seinen Befehl eröffnete Mauer. Wie er nun in deß jungen Königs Hof kam/ließ er sich zum König von Prom krönen/ und den jungen Printzen/welchen er seines Reichs beraubet/so lang die Krönung währete/auf den Knien ligen. Dieser entblössete König hube seine Hände empor/ als wolte er einen Gott anbetten/ schlug auch offtmahlen sein Haupt zur Erden/ und küssete dem Tyrannen die Füsse/ der einen Abscheu daran zu haben schien. Hernach stieg er auf eine Schau-Bühne/ von dannen man auf einen grossen Marckt sehen kunte/ und befahl/ daß man die kleinen Kinder/ so auf den Gassen hin und wieder erschlagen lagen/ zusammen tragen auf Stücke zerhacken/ und ihr Fleisch/ mit Reiß und Graß vermenget/seinen Elephanten zur Speise vorwerffen solte.

Man brachte darnach/ auf den Schall der Trommeln und Trompeten/ mehr als 100. Pferde/die alle mit gevierdreten

Männern

Carls/ 3.Theil. 177

Männern und Weibern beladen waren/ diese ließ er ebenmäſſig klein hacken/und in ein darzu gemachtes Feuer werffen. Nach diesem ward die Königin herbey gebracht/ die im 36. Jahr ihres Alters war/ eine sehr weise Frau/ und Baase ihres eigenen Gemahls/ und Tochter deß Königs von Ava war. Diese hatte der Tyrann vormahlen von ihrem Vatter zur Ehe begehret/ war ihm aber abgeschlagen/ darum ließ er sie jetzo gantz nakend außziehen/ blau und blutig geisseln/ also durch die Stadt führen/ und unterdessen noch härter peinigen/ biß sie ihren Geist aufgab. Darauf befahl er/man solte sie also todt an den jungen König/ der noch im Leben war/ und ihnen Beyden einen Stein an den Halß binden/ also ins Wasser werffen/ und den Fluß hinab treiben lassen. Folgenden Tages ließ er allen überbliebenen Adel/ deren 300. an der Zahl/ an Pfähle binden/ und in das Strohm werffen. Dem Verräther hielt der König war seine Parol, und machte ihn über seine vorige Charge zum Xemin, aber etliche Tage hernach ließ er ihm in der Vestung Meleytay den Kopff wegschlagen.

Das XVII. Capitul/

Seltzame Veränderungen in dem Königreich Pegu, mit verschiedenen Königen/die bald unten gelegen/ bald wieder geobsieget haben. Der grosse Xemindo wird hingerichtet.

Als der König von Brama, vorgedachter Massen/ das Königreich Prom in seine Klauen bekommen/ nahm er ihm vor/ die Stadt Ava selber zu belagern/ und dem König daselbsten eine unangenehme Mascquerade zu spielen. Weil er aber diesen Ort überauß wol besetzet/ und sehr veste befande/ über das vernahm/ daß derselbige König mit dem gewaltigen Käyser von Siam angespannet/ um das Königreich Prom wieder zu gewinnen/da sandte er eine grosse Gesandtschafft nach einem fürnehmen und sehr mächtigen Indianischen Monarchen/ den man den grossen Calaminhan nennet/welcher Gesandtschafft auch Pinto, und etliche seiner Cammerathen/ beygewohnet.

III.Theil. M Mit

gen Königreich Siam, weßwegen der von Brama sich
alsobald mit einer gewaltigen Armee dahin begab/
im trüben Wasser zu fischen. Er belagerte die Haupt-
Stadt Odia, stürmete wol 8.mahl/ ward aber immer
abgeschlagen/ und gar verwundet/ er hätte aber noch
nicht abgelassen/ wann ihm nicht ein Courrier die unangenehme Zeitung ins Lager gebracht/ daß ein gar
verständiger und scheinheiliger Geistlicher/ Namens
Xemindo, seines Alters im 45. Jahr/ in der Stadt
Pegu durch seine Predigten ihm einen Anhang ge-
macht/ und weil er von Adel/ wäre er endlich zum König erkohren/ und hätte sich der Stadt/ und deß grösten Theils deß Königreichs Pegu, schon bemächtiget.
Darauf verließ der König von Brama die Belage-
rung/ gieng wieder in sein Land/ liefferte dem Xemindo eine Feldschlacht / ohnerachtet er kaum halb so
starck war / als sein Feind / aber er behielte doch den
Sieg/ und bekam dadurch die Stadt Pegu wieder in
seine Gewalt / wornach mancher seinen Abfall mit
dem Kopff bezahlen muste.

Kaum hatte der Tyrann diese Unsicherheit gestillet / da kam schon eine andere unangenehme Zei-
tung/ welcher Gestalt die neulich so übel mißhandelte
Stadt Martaban sich wider ihn empöret hätte / dannenhero machte er sich parat, dieselbe wieder zum Gehorsam zu bringen. Etwan 6. Tage hernach/ ehe er
noch aufgebrochen/ lieff Nachricht ein/ der Xemin von
Satan, einer von seinen hohen Regenten / hielte es
heimlich mit dem Xemindo, welcher neulich auß der
unglücklichen Schlacht entrunnen / thäte demselben
auch

Carls / 3. Theil.

ruch mit Geld-Mitteln würcklichen Beyſtand / und hätte ſeine Stadt Satan ſchon zu Lehen von ihm em- pfangen/ dannenhero ließ der König dieſen Xemin al- ſobald zu ſich fordern; Aber derſelbe war nicht ſo när- riſch/ daß er kam/ ſondern ſtellete ſich kranck. Immit- telſt beredete er ſich mit etlichen ſeiner Getreueſten/ welche ſich ihm zu Gefallen verbunden / den König ums Leben zu bringen. Dieſe nahmen 600. außerle- ſene Soldaten / und wie ſie Kundſchafft erlangten/ daß ſich der König auf dem Land bey einer Pagode, etwan 5. Meilen von Satan, mit wenigen Leuten er- luſtigte/ biß die Armee zuſammen kommen/ da drun- gen ſie tapffer auf den Tyrannen loß/ und ermorde- ten ihn in der Kirchen. Seine Leib-Wacht kam zwar bald darzu / aber er war ſchon todt.

Der Xemin von Satan bekam hierauf einen groſ- ſen Anhang / er ſchlug die Bramiſchen Soldaten / ſo viel er derer überwältigen kunte. Chaumygrem, deß erſchlagenen Königs halb-Bruder/ hielte das geſche- hene Unglück eine Zeitlang heimlich/ dann er war bey der Armee / welche in mehr Peguanern / als Bra- maern beſtunde. Weil nun die Peguaner denen von Brama, als von welchen ſie neulich unters Joch ge- bracht/ Spinnen-feind/ ſo beſorgete er / man möchte ſchlecht mit ihm und den Seinigen verfahren/ nahme demnach die 30000. Bramaer zu ſich/ gieng nach Pe- gu, nahm den Königl. Schatz/ und alle Bramaer zu ſich/ und marchirte wieder nach Tangu, welches ſeine Gebuhrts-Stadt/ von dannen er ſich vor 14. Jahren mit ſeinem neulich-erſchlagenen Bruder erhoben hatte/ das Königreich Pegu einzunehmen. Als das Gerüchte wegen deß Königs Tod außbrach/ da war er ſchon weit hinweg/ und der Xemin von Satan ließ ſich bald hierauf in Pegu zum König krönen. Aber er

M 2 theilet

theilete den Schatz deß Reichs so unrichtig / er war
so Tyrannisch und geitzig / daß er in 7. Monaten / (so
lang hat er ungehindert regieret/) über 6000. reiche
Kauffleute umbringen lassen / ohne die alten Herren
deß Landes / welche nach dem Recht der ersten Ge-
Gebuhrt die Kron-Güther besassen. Derohalben fielen viel fürnehme Leute von ihm ab/ und giengen zu
dem Xemindo, welcher sich selbst auß der Schlacht
salvirte / in dem Königreich Anseda grossen Anhang
bekommen / und in währender Zeit schon etliche fürnehme Städte eingenommen hatte.

Dieser rückte / auf Anhalten vieler fürnehmen
Herren deß Landes / mit einer Armee von 200000.
Mann / und 500. Elephanten / vor die Stadt Pegu,
und besetzete den Tyrannen darinn / weil sich derselbe
aber tapffer wöhrete/so machte er auf 20. Tage Still-
stand/mit der Condition, wofern er ihm in solcher Zeit
1000. Bissen/ oder 500000. Ducaten / an Gold lieffern würde / so wolte er sich alles Anspruchs auf das
Königreich begeben. Wie nun der Stillstand an-
gangen/und an beyden Seiten alles richtig war/da
machten deß Xemindo Leute grosse Freundschafft mit
denen Belägerten / spieleten alle Morgen 2. Stunden vor Tage auf allerhand lieblichen Instrumenten/
welches denen in der Stadt so angenehm war/daß sie
alsdann auf die Mauren lieffen/diese Music zu hören.
Wie nun das Spiel eine Zeitlang gewähret/ kam ein
Priester herfür/ der sie mit ernsthafften Worten zur
Ubergabe anmahnete / und ihnen so beweglich zuzu-
sprechen wuste/ daß in 7. Nächten mehr als 60000.
zu dem Xemindo fielen.

Der Tyrann solches sehend / brach den Stillstand innerhalb 12. Tagen / fiel mit 80000. Mann
auß 5. Thoren auf den Feind/ und fochte sehr hart-
näckicht/

näckicht / aber unglücklich / dann er ward von einer Musqueten-Kugel getroffen/ daß er vom Elephanten todt zur Erden stürtzete. Worauf sich alles dem Xemindo ergab / welcher noch an demselben Tag zum König in Pegu gekrönet ward.

Wie nun Xemindo gar Löblich regierte/ und absonderlich die Gerechtigkeit gewaltig handhabete/ daß er von allen Frembdlingen für ein rechtes Muster eines Tugendhafften Regenten geachtet ward als er/ sage ich/ 3½. Jahr in einem glückseeligen Stand geherrschet/ da sammlete Chaumigrem zu Tangu eine Armee von 300000. Mann / und gieng auf Pegu loß. Xemindo hingegen brachte eine Macht von 900000. Mann zusammen / weil diese aber nur zarte und schwache Peguaner/ so richtete er wenig darmit auß/ sondern er ward geschlagen/ daß er darvon flohe/ hart verwundet am Leib und am Gemüth.

Also zohe Chaumigrem hin nach Pegu, und schlug eine Meile darvon sein Lager auf/ und wolte nicht hinein ziehen/ welches die Frembdlinge/ so er unter seiner Armee in Diensten hatte/ dergestalt verdrosse/ daß sie anfiengen zu meuteniren / dann er hatte ihnen versprochen / die Stadt Pegu zu überlassen / worinn der Chaumigrem von Brama jetzo nicht gern willigen wolte/ dannenhero retirirte er sich in eine Pagode, um sich und seine Bramaer zu salviren.

Endlich ward der Streit durch beyderseits Abgeordneten dahin vermittelt/ daß die Fremden für die Plünderung der Stadt vom König alsobald bekommen solten 1000. Bissen Goldes/ allen ruckständigen Sold/ und Proviant auf 20. Tage. Worauf sie sich wieder nach Hauß verfügeten. Unterdessen ließ Chaumigrem außruffen / daß er nun deß nächst-folgenden Tages friedlich in die Stadt einziehen wolte.

Wie nun die bestimmte Zeit heran kam/ machte sich Chaumigrem auß der Pagode, darein er war gewichen/ und kam um 10.Uhr vor die Stadt/ zoge hinein/ und war bey dem Thor Cabanbainhe von 6000. Priestern der 12.Secten/ so in diesem Königreich zu finden/ empfangen. Einer unter ihnen/ Namens Capizundo, thäte das Wort/ und redete den König also an: Gelobet und gesegnet sey der HErr/ der warlich von Jedermann darfür müsse erkannt werden/ und dessen heilige Wercke/ die durch seine Göttliche Hände geschehen/ muß durch die Klarheit der Nacht bezeuget werden. Gelobet sey er/ daß ihm durch die Wercke seiner unendlichen Macht/ die ihm angenehm sind, beliebet hat/ euch über alle Könige/ die auf Erden herrschen/ zu erheben. Und dieweil wir darfür halten/ ihr seyd sein Mit-Genoß/ so bitten wir/ daß ihr der Sünden/ die wir wider euch begangen/ nicht mehr gedencket/ damit eure betrübte Unterthanen/ auf die Zusage/ so sie von Eurer Majestät erwarten/ sich können zufrieden geben.

Darauf knieten 5000.Grepos zur Erden/ bathen ihn gleichfalls mit erhobenen Händen um Verzeyhung/ und redeten mit verwirreten Stimmen ihn folgender Gestalt an: Herz und König/ verleyhet Frieden und Verzeyhung wegen deß begangenen Ubels/ uns und allem Volck in diesem Königreich Pegu, damit sie auß Furcht ihrer Missethaten/ die sie öffentlich vor euch bekennen/ nicht verunruhiget werden.

Der König ward durch solche Demuth vergnüget/ und versprach ihnen die Verzeyhung Eydlich/ bey dem Haupt deß heiligen Quiay Nivandels, der ein Gott der Schlachten deß Feldes Vitou. Auf diese Zusage fiel alles Volck aufs Angesicht zur Erden/ und
sprach

Freuden-Zeichen auf allerhand Instrumenten gespielet/ und der Grepos Capizundo setzete dem König eine kostbare Krone von Gold und Edelgesteinen aufs Haupt/ in Form einer Bischoffs-Mütze/ mit derselben tratt der König gantz Majestätisch und eylends hinein. Hernach ließ er allen Raub der Elephanten und Wägen/ samt dem Bildnüß deß überwundenen Xemindo, welches an eine dicke eyserne Kette gebunden war/ neben 40. Fahnen/ die auf der Erden vor ihm her geschleppet wurden/ führen. Er selber saß auf einem grossen Elephanten/ der mit Gold gewaffnet war/ und hatte Rings um sich her 40. Trabanten/ welche grosse Keulen trugen. Alle seine Hof-Leute und Bedienten giengen zu Fuß/ und trugen vergüldete Säbeln auf ihren Achseln. Man sahe hierauf eine Leib-Wache/ von 6000. Pferden/ und 3000. streitbare Elephanten/ mit fremden Thürnen/ ingleichem viel andere Leute mehr zu Roß und Fuß/ die ihm in unzählicher Menge nachfolgeten.

Dieser König bliebe 27. Tage in der Stadt Pegu, und eroberte unterdessen die Vestungen/ die es noch mit dem Xemindo hielten/ dann sie wusten noch nicht/ daß er überwunden war. Ingleichem schriebe er viel höfliche Brieffe an die Einwohner solcher Vestungen/ nennete sie/ liebste Kinder seiner Seelen/ und verzeyhete ihnen alles/ was sie wider ihn begangen hatten. Diese deß neuen Königs Großmüthigkeit/ ward bald an allen Orten kund/ worauf sich auch alle Städte/ Stände und Fürstenthümer in dem gantzen Königreich nach einander ihm ergaben.

184 Deß Teutschen

Nachdem solcher Gestalt dem Chaumigrem alle Sachen zu seinem Vortheil gelungen/ commandirte er überall viel Leute zu Pferde auß / den entflohenen Xemindo außzusuchen. Selbige Außspührer funden den unglücklichen König an einem Ort/ Faucleu genannt/ und brachten ihn mit grossen Freuden vor den König von Brama, welcher den/ der ihn gefunden/ zu einem Herrn von 30000. Ducaten Jährlichen Einkommens machte.

Hier wird man zu sehen bekommen ein überauß nachdrückliches Exempel / deß wanckelmüthigen Glückes:

MAn führete diesen ergriffenen König vor den Uberwinder/so/ wie er war gebunden / mit eysernen Halß-Ketten und gefässelten Händen / und muste der arme Printz vor dem Sieghafften Blut-Hund zum Willkommungs-Gruß dieses höhnische Compliment hören: Seyd mir willkommen/ König von Pegu, ihr möget diese Erde wol küssen / die ihr hier sehet / dann ich versichere euch / daß ich allbereit meine Füsse darauf gesetzet habe/ darauß ihr spühren könnet / wie hold und günstig ich euch sey/ weil ich euch eine Ehre erweise / deren ihr wol nimmer seyd vermuthen gewesen / daß ihr nemlich die Erde küssen möget/ welche von mir betretten worden.

Wie er aber sahe/daß Xemindo gantz keine Antwort darauf gab/ sondern gantz erschrocken die Augen zur Erden schlug/ da fuhr er fort / diesen armseeligen Gefangenen folgender Gestalt zu bespotten? Was ist das? erschrickest du darüber/daß du dich in solchen Ehren siehest/ oder wie soll ich es verstehen/ daß du mir so gar nicht antwortest/ auf das/ was ich dich frage? Diese schimpffliche Reden giengen dem hochbekümmerten Xemindo sehr zu Hertzen/dannenhero redete er/ wiewol halb bestürtzt/wie folget: Wann/ sagte er/ die Wolcken deß Himmels/ die Sonne/ der Mond/ und andere Geschöpffe/ welche nicht mit Worten können verkündigen / daß GOtt sie dem Menschen zu Dienst/ und zum zierlichen Mahlwerck deß Firmaments erschaffen / sondern uns die reiche Schätze seiner Allmacht verbergen/ durch ihr schröckliches Getöß und grausamen Donner / könten Natürlicher Weise erklären/ denen/ die mich hier sehen/ in welchem Zustand

Carls/ 3.Theil.

stand ich mich selbst jetzo befinde / nachdem man mich vor dich geführet/ Ja/ wann sie/ sage ich / die grosse Betrübnüß und den bittern Schmertzen könten andeuten / so anjetzo meine Seele fühlet / so würden sie vor mich antworten / und die Ursach anmelden /warum bey gegenwärtiger Beschaffenheit/ darein meine Sünden mich gesetzet/ so stumm gefunden werde. Und gleich wie du von dem / was ich rede / nicht urtheilen kanst / als mein Gegenparth/ der mich beschuldiget / und deines Vorsatzes selbst eigene Vorzieher / also schätze ich mich vor entschuldiget/ daß ich dir nicht also antworte / wie ich sonst thäte vor diesem hochgepriesenen HErrn deß Himmels/ der gegen mein Verbrechen ohne Zweiffel Gnade und Barmhertzigkeit würde einwenden / und zum wenigsten sich durch meine vor ihm außgeschüttete Thränen darzu bewegen lassen.

Nach diesen Worten sanck er nieder / fiel zur Erden auf sein Angesicht / und balbe 2.mahl nach einander um ein wenig Wassers. Damit ihm aber der König von Brama sein Hertzenleyd desto grösser machen möchte/ befahl er/ daß ihm seine eigene Tochter/die den Vatter hertzlich liebete/und vor dieser Niederlag an den Printzen von Nautir, Sohn deß Königs von Ava, verlobet hatte / der König von Brama aber jetzo vor seine Leibeigene Sclavin hielte / solches Wasser bringen solte. Als dieses Fräulein kam / warff sie sich nieder / umarmete ihren lieben Vatter auß Kindlicher Inbrünstigkeit / gar veste / küssete 3.mahl sein Angesicht / und sprach mit thränenden Augen und benetzten Wangen: O mein Vatter ! mein Hertz und mein König ! Ich bitte um der getreuesten Liebe willen / die ich allezeit zu euch getragen / und ihr gleichfalls gegen mir immerdar bezeuget habt/ lasset euch gefallen/mich also mit euch zu nehmen/ wie ich hier in euren Armen lige / damit ihr bey diesem traurigen Gang Jemanden habet/ welcher euch tröste mit einem Trüncklein Wassers/weil wegen meiner Sünden/die Welt euch den Respect und Ehrerbietigkeit/ so sie euch schuldig ist / weigert.

Xemindo wolte seiner Tochter auf ihre Rede antworten/ er kunte aber nicht / dann die grosse Liebe zu der Tochter verhinderte ihn / und machte / daß von hertzlichem Betrübnuß übernommen/ er abermahl in eine Ohnmacht fiel/ und eine ziemliche Weile also blieb. Worüber etliche grosse Herren/ die zugegen waren/ dermassen bewogen wurden/ daß ihnen auß Mitleyden die Zähren in die Augen stiegen / aber die guten Leute wusten nicht / daß ihnen das Unglück am nächsten / und sie mit ihren

M 5   Thränen

Thränen ihnen selbst den Halß abweinen würden. Dann der Tyrann nahm solches in Acht/ und weil es Herren auß Pegu waren/ deutete er ihre Thränen anders auß/ und ließ ihnen also-fort/ ohne alle Gnade und Zeit/ auß Furcht/ sie möchten ihn dermahleins verrathen/ die Köpffe herunter schlagen/ nachdem er mit zornigen und grausamen Gebärden zu ihnen gesaget: Weil ihr mit eurem König Xemindo so grosses Mitleyden habt/ so spatieret ein wenig vorauß/ bereitet und bestellet ihm das Logiment, da wird er euch vergelten diese Affection, so ihr jetzo gegen ihm bezeuget.

Wie der Wüterich solches geredet/ verdoppelte sich sein Grimm/ daß er zur Stunde auch das getreue Kind/ die Tochter deß Xemindo, auf dem Rücken ihres Vatters/ den sie eben umbhalsete/ erwürgen ließ. Welches warlich mehr als eine Bestialische Wuth/ und abscheuliche Grausamkeit war/ daß dieser Unmenschliche Tyrann und greuliche Unhold/ die Menschliche/ von der Natur selber eingepflantzete Treu und Liebes-Neigungen/ so Unmenschlicher Weise verhindern wolte. Den Xemindo kunte er auch nicht länger vor seinen Augen sehen/ befahl demnach/ man solte ihn weg- und in ein hartes Gefängnüß führen/ in welchem er die folgende Nacht starck bewachet worden ist.

Folgenden Morgen ward in allen Strassen außgeruffen/ das Volck solte sich herbey finden/ anzusehen/ die tödtliche Außführung deß unglückseeligen Xemindo, vormahligen Königs zu Pegu. Solches ließ der Bramaer deßwegen thun/ damit ihnen die Einwohner-/ wann sie jetzo den Xemindo sterben sehen/ hinführo keine Hoffnung machten/ ihn zum König zu haben/ sintemahl ihm wolbewust/ daß sie allesamt ein solches von Hertzen wünscheten/ angesehen er ihr Landsmann/ der Andere aber ein Ausländer/ über dem war dieser ein Bruder eines solchen Tyrannen/ der sehr grausam gehandelt hatte/ indem selten ein Tag hingangen/ daran er nicht 1500. Menschen hätte erwürgen lassen/ manchmahl stiege diese Zahl auf 4. oder 5000. welche um der allerliederlichsten Ursach willen den Kopff lassen musten.

Ungefähr um 10. Uhr ward der unglückseelige Xemindo auß dem Kercker herfür geholet/ in folgender Ordnung fortgeführet: Vor ihm her marschirten durch die Gassen/ da man ihn durchbringen solte/ 40. Reuter/ die in ihren Händen Lantzen führeten/ um Platz auf den Strassen zu machen. Hinter diesen kamen eben so viel mit blossen Schwerdtern in der Hand/ welche überlaut außrieffen: Das Volck/ welches nicht zu zehlen war/
solte

Carls / 3. Theil.

solte Platz machen. Nach denen kam ein Troupp gewaffneter Leute / deren ungefähr bey 1500. waren / allesamt Büchsen-Schützen / die brennende Lunten führeten. Nach diesen letzten / welche man Tixe Lakoo, oder Vorläuffer deß Königl. Zorns zu nennen pfleget / sahe man 160. Elephanten / mit ihren Thürnen auf den Rücken / so mit seydenen Tepichen bekleidet. Ihrer fünff giengen in einer Reyhe / und machten 32. Glieder. Darauf folgeten abermahl / (5. und 5. neben einander/) 50. Mann zu Pferde / welche schwartze aber beblutete Fahnen trugen / und mit starcker Stimme die Worte deß Edicts außrieffen: Daß diese Elende / die deß Hungers Sclaven / und durch Mißgunst deß Glücks stäts verfolget würden / hören solten / den Ruff und Geschrey deß mächtigen Arms vom Zorn / so wider die Jenige exequiret würde / die ihren König erzürnet / damit der Schrecken der Straffen / so ihnen deßwegen auferleget / ihrem Gedächtnuß tieff und lang eingewurtzelt bleibe.

Nach solchen Herolden folgeten 1500. andere / mit rothen Kleidern / welche Farbe ihnen ein erschreckliches Ansehen gab / diese sprachen auf dem Klang von 5. Glöcklein / womit man gar schnell klingete / nachfolgende Worte / mit einer so traurigen Stimme / daß die / so ihnen zuhöreten / zum Weinen darüber beweget wurden: Dieses strenge Gericht wird gehäget durch den lebendigen GOtt / den HErren aller Warheit / und deß H. Leibes / daran die Haare unserer Häupter viel Füsse sind / derselbe will / daß man tödten soll den Xeri Xemindo, welcher sich unrechtmässiger Weise deß grossen Königs von Brama und Herrn über Tangu, seines Staats und Rechts angemasset hat. Auf solche Außruffung antwortete ein gewisser Hauffe Volcks / so im Gedränge vor der gantzen Menge herlieff / daß einem das Hertz davor zitterte: Faxio turque panau acontaudoo, das ist: Ohne alle Barmhertzigkeit muß der Jenige sterben / der eine solche Sünde begangen hat.

Folgends marschirte eine Squadron von 500. Bramaischen Reutern / und nach derselben eine andere zu Fuß / unter welchen etliche in ihren Händen blosse Degen und Schilde führeten / die andern aber mit Pantzern und Brust-Harnischen verwahret waren. Mitten unter diesen erblickete man den betrübten Xemindo, sitzend auf einer magern / nichts-werthen / verschmachteten Schind-Mähren / und der Scharffrichter hinter ihm / auf dessen Achseln seine Hände sich steuren musten. Dieser armseelige Printz hatte ein so zerrissenes und zerlumptes Bettel-Kleid an / daß an / daß ihm allenthalben die Haut dardurch schien / über das trug er zu seinem verächtlichen Hohn und Spott eine Ströherne Kron/ die gleich war einem Futter/oder Körblein/ von Binsen/ darinn man die Harn-Gläser verwahret. Diese Kron war außwendig mit Muschelschalen / so auf einen blauen Faden gezogen/besetzet/und sein eyserner Halß-Band mit einem Hauffen Zwicken/ an Statt der Perlen. Aber / ob man ihn gleich in so schmählicher Gestalt darstellete / und sein Gesicht schier keinem lebendigen Menschen ähnlich schiene / so leuchtete doch auß seinen Augen / wann er dieselbe empor hube/ ein Königlicher Blick herfür / der von seiner Condition zeuget / wie sehr ihn auch das Unglück und die Tyranney seines Feindes vermummet und verstellet hatte / und in seinen Blicken ließ sich eine besondere / mit Majestät vermengte Sanfftmuth spühren / welche alle die Jenige/ so ihn ansahen/ weinen machete. Rings um diese Leib-Wacht / damit er umgeben war / ritten 1000. Mann zu Pferd/ mit vielen Elephanten vermenget.

Dergestalt passirte der gesamte Auffzug die 12. fürnehmsten Gassen der Stadt/ woselbst eine unzählbare Menge Volcks sehr dick gehäuffte und gleichsam auf einander gepropfft stund/ und gelangte endlich an eine Gasse / Cabam Bainha, so eben die Jenige war/ durch welche er vor 22.Tagen wider den Bramaer in den Streit gezogen / mit einem so köstlichen Pracht und Herrlichkeit / daß Pinto, welcher dieselbe mit angesehen / sich nicht getrauet/ selbige zu beschreiben/ so wol deßwegen/ weil dergleichen fast niemahlen in der Welt gesehen / auch seine Historische Feder zu gering/ dieselbe recht abzubilden/ als auch darum/ weil ihm der Leser darinn schwerlich würde Glauben zustellen. An welchen beyden Durchzügen/ nemlich dem Ersten so Wunder-prächtigen/ und diesem letzten so Jämmerlichen/ welche in so kurtzer Zeit auf einander folgeten / die schnelle Veränderung deß zeitlichen Glücks / und die Flüchtigkeit aller Güther / so uns die beständige Fortun schencket / Exemplarisch zu erlernen stehen.

Man führete ihn weiter fort/ biß an den Executions-Platz/ da man nun so wenig Lebens mehr an ihm fand / daß er fast auf nichts mehr Achtung gab. Zuletzt stiege er eine grosse Gerichts-Bühne hinauf/ die vor ihn insonderheit gebauet war / und der Chirca, oder Præsident von der Justitz / lase ihm überlaut von einem hohen Sessel / der auf derselben stund / sein Urtheil vor/ dieses kurtzen Inhalts: Der lebendige GOtt unserer Häupter/

der

der grosse Herr über die Kronen / der König von Ava besiehlet/ daß der Meineydige Xemindo soll gerichtet werden/ als ein Zerrütter und Aufwickler der Völcker auf Erden/und ein Tod-Feind deß Volcks von Brama.

Nach solchem Außspruch gab er mit der Hand ein Zeichen/ darauf schlug der Hencker zur Stunde den Kopff in einem Streich hinweg/zeigete denselben dem Volck/ und zerlegte seinen Leib in 8. Stücke / das Eingeweyde und die übrige inwendige Theile deß Leibes legte man gantz besonders und allein / und bedeckete sie mit einem gelben Tuch/ welches die Trauer-Farbe der Peguaner. Also ließ man den zerscheiterten Leib ligen/ biß zum Untergang der Sonnen. Ermelte 8. Stücke/ so man auß dem Körper deß Enthaupteten geschnitten / sind zuforderst Jedermänniglich vor Augen und zum Spectacul dargeleget worden/ biß um 3. Uhr Nachmittag/darbey dann eine unsägliche Menge Volcks sich finden ließ/so wol deßwegen/ damit sie nicht allein die Straffe/ die denen Außenbleibenden gedrohet worden / vermeyden / sondern auch zugleich den vollkommenen Ablaß erlangen möchten / den sie Axiperan nennen / welchen ihre Priester ihnen ertheilen über die Sünden/auch ihnen Freyheit versprechen/daß sie in Krafft sothaner Indulgentz / nichts wieder geben dörffen/ von allem / was sie ihr Lebtage geraubet oder gestohlen.

Nachmahls/als das Volck sich satt gesehen/ und das Getümmel ein wenig gestillet / auch zu dem Ende etliche gewisse Leute zu Pferd um dem Volck still zu seyn / bey hoher Straffe gebotten / da ward mit einem Glöcklein 5. mahl nach einander geläutet / und auf solch gegebenes Zeichen tratten 12. Männer in schwartzen mit Blut besudelten Röcken / mit verhülleten Angesichtern und silbernen Kolben auf ihren Schultern/auß einem hierzu absonderlich zugerichteten höltzernen Hauß/ so ungefähr 5. oder 6. Schritte von dem Blut-Gerüst stund/ herfür / denen folgeten 12. Heydnische Ober-Priester/ oder Talagrepos, nächst diesen erschien deß Tyrannen von Brama sein Vatter/der Xemin Pocasser, ein/ dem Ansehen nach/ 100. Jähriger Greiß/ eben wie alle die Andern in gelbem Trauer-Habit. Rings um ihn her giengen 12. kleine Kinder / die gar köstliche Kleider und zierliche Beile auf ihren Achseln trugen. Wie dieser Alte an den Ort/ wo der zerstückte Körper lag / kommen / kniete er 3. mahl nach einander nieder zur Erden/ und redete wegen seines Vetter/ deß Königs von Brama, den gemetzelten Körper / als nunmehr die allerheiligste Reliquien/ mit gar Ehrerbietigen Worten an.

Deß Teutschen

O du heiligstes Fleisch / sprach er / lob-würdiger / als alle Königreiche von Ava! Ich bitte dich, vernimm die Rede meines Mundes mit geneigten Ohren/auf daß die in dieser Welt an dir verübte Missethat möge außgesöhnet werden. Dein Bruder Oretenou Chaumigrem, Printz von Savadi und Tangu, lässet durch mich/ deinen Sclaven/ dich bitten/ im Fall er dich beleydiget/ wollest du ihm solches/ ehe dann er von dieser Welt abscheidet/ verzeyhen/ hingegen alle seine Königreiche in Besitz nehmen/ Massen er dir solchen Titul darüber abtritt / und darvon nicht das Geringste zu behalten gewillet ist. Durch mich/seinen Sclaven / bezeuget er diese seine Ubergab geschehe freywillig / damit GOtt nicht mögen zu Ohren gelangen / die Klagen / welche du etwan droben im Himmel wider ihn anstrengen möchtest. Hiernächst verheisset er / die dir zugefügte Unbilligkeit solcher Gestalt zu büssen / daß er auf der Pilgerfahrt dieses zeitlichen Lebens / über dieses dein Reich Pegu nur Wächter und Hauptmann seyn/und selbiges von dir zur Lehen empfangen wolle/ wie er dann dir hiermit den Eyd der Treue leistet / was du ihm auß dem Himmel wirst gebieten/ jederzeit auf Erden getreulich zu gehorsamen/ und zwar mit Bedingung / du mögest ihm zu seinem Unterhalt von dem / was da fället von den Zöllen deß Vertauffs/die Allmosen reichen/ alldieweil ihm sehr wol bewust/daß ihm anderer Gestalt die Besitzung deß Reichs nicht erlaubet ist/ die Menigrepos auch sonsten weder drein willigen/ noch ihm in seiner letzten Stunde die Sünden vergeben würden.

Einer auß den fürnehmsten Priestern vertratt hierauf die Stelle deß Entleibten mit dieser Antwort: Nachdemmahl du deine Mißhandlung bereuest/und in gegenwärtiger offenbahren Versammlung von mir bittest/wolan / so sey dir solche von mir hiermit gern und willig ertheilet/ und als dem künfftigen Hirten meiner Heerde dieses mein Königreich überlassen / mit angehängter Bedingung / daß du dein beschwornes Versprechen nicht brechest/angesehen solches eben so schwer würde gesündiget seyn / als legtest du jetzt / ohne Erlaubnuß deß Himmels von neuem Hand an mich.

Wie der Pfaff außgeredet / hub alles Volck mit frolockender Stimme an zu wünschen: GOtt wolle solches verleyhen! Inzwischen verfügte sich der Priester nach einem Stuhl / rieff dem Volck ferner also zu: Schencket mir zur Nahrung meiner Seelen einen Theil der Zähren eurer Augen / um der angenehmen Zeitung willen / die ich euch anfündige / daß nemlich hinfühto

Carls / 3. Theil.

führo dieses Land nach GOttes Willen solle unserm König Chaumigrem verbleiben / und er selbiges nimmer wieder erstatten dörffe / dannenhero ihr / als fromme und getreue Knechte / wolbefugt / hierüber gar frölich zu seyn. Hierauf schrye der gesamte Hauffen mit lauter Stimme: Gelobet seyst du HErr. Nach allen geendigten Heucheleyen und Spott-Reden / trugen die Priester alle Stücke deß zertheilten Leibs mit grosser Reverentz von dem Trauer-Gerüst hinab / zu einem von köstlichen Holtz gemachten Feuer / wurffen alles Fleisch mit dem Eingeweyde hinein / und liessen es brennen / würgeten darneben viel Hämmel und andere Thiere zum Opffer / dem hingerichteten König zu Ehren. Das war nun der traurige Lebens-Schluß deß grossen und mächtigen Xemindo, Königs von Pegu, dem seine Unterthanen so grosse Ehre und Respect erwiesen / so lang seine Herrschafft gewähret / in welcher er so herzlich geblühet / daß ihm kein Monarch in der gantzen Welt zu vergleichen gewesen.

Das XVIII. Capitul /
Ulucastri kämpffet mit Martinga. Koribuc erzehlet deß Ulucastri Ebentheuer / und welcher Gestalt er nach dem Wienerischen Entsatz / von den Türcken gefangen worden.

Als der alte Obriste dieses gesagt hatte / ergriffe er einen grossen Pocal, und nachdem er denselben voll Weins außgezogen hatte / setzete er sich an seinen Ort nieder / und gab zu erkennen / daß er von vielem Erzehlen gantz müde sey worden. Sonsten ward noch lange Zeit von allerhand Sachen geredet / biß endlich / zumahl man über den General-Sturm deliberiren wolte / gegen den Abend die hohe Gesellschafft wieder auß einander gieng. Ulucastri spatzierete damahls mit etlichen guten Freunden nach den Approchen / und sahe zugleich einen Trompeter auß der Stadt kommen / der nach ihm zu eylete. Als dieser nahe gnug kommen / stieß er in die Trompete / hielte still / und erwartete Jemandes / der sein Gewerbe anhö-

anhören möchte. Es tratt ihm alsobald ein Corporal
entgegen/ dem er einen offenen Zettel überreichete/
und denselben zu befördern bathe/ dieweil er an seinem
Ort still halten/ und auf eine Antwort warten wolte.
Wie der Corporal wieder zurück kam/ sahe man in
dem Zettel folgenden Innhalt:

ES hat das seltzame Geschick/ auß gewissen Ursachen/ einen
Edlen Tartar in diese Stadt geführet/ welcher mit grosser Vergnügung angesehen hat/ die unvergleichliche Tapfferkeit eines Teutschen Ritters/ wider etliche Französische Cavalliers, wann er dann es für eine sonderbahre Freundschafft
erkennet/ einen Speer und seinen Sabel wider solchen Teutschen Helden zu versuchen/ als bittet er/ daß der Edle Teutsche Carl ihm eine Zeit und Ort/ auch die Art und Bedingung
deß Streits zusende/ der Edle Tartar wil alles für genehm
halten/ und sich bey allen Gelegenheiten erzeigen/ daß er sey/
der ohnverfälschete

CORNIEL.

Als Ulucastri diesen Zettel gelesen hatte/ besann
er sich nicht lange/ sondern nahm den Kampff an/
und schrieb ihm folgenden Zettel mit dem Trompeter wieder zurück:

DEr Teutsche Carl bewillkommet den Edlen Tartar in dieser Christlichen Gegend/ und achtet sichs für ein Glück/
mit demselben/ im Gesicht beyderseits Feinden/ zu kämpffen.
Die Art und Bedingung deß Streits kommen billich dem
fremden Ritter zu/ aber seine Höflichkeit zwinget mich/ daß
ich solche außdrucke: Wir kämpffen an dem gewöhnlichen
Kampff-Ort vor der Contrescarpe, erst mit 3. Speeren nach
einander/ alsdann mit dem Sabel in vollem Harnisch. Der
Uberwinder bleibet ein Außleger der Straffe und Vergeltung deß Wol- und Ubel-Verhaltens. Morgen frühe um
3. Uhr ist bereit

CARL.

Mit diesem Zettel sandte er den Trompeter
wieder nach der Stadt/ er aber gieng nach seinem
Zelt/ und legte sich zu Ruhe/ und wie am folgenden

Morgen

Carls / 3. Theil. 193

Morgen die Sonne hinter dem Francken-Gebürge hervor stiege / da machte er sich wieder auf / legete ein leicht Kleid an / und gieng zu etlichen hohen Officirern / die er nöthigte / daß sie doch den Kampff mit ansehen möchten / weil er hoffete / von diesem Edlen Tartar / einen hertzlichen Sieg darvon zu tragen. Jene forscheten / ob man unter dem garstigen Tartar-Geschmeiß auch Edle finden könte? Worauf dieser: Ich glaube nicht / das Corniel einer von den rauberischen Tartarn auß Crim sey / unter den Asiatischen Tartarn aber / wie ich selber gesehen / findet man ehrliche / tapffere / hoch Edle und wackere / auffrichtige Cavalliers / die manchen Europæischen Cavallier beschämen möchten. Sie sagten ihm darauf zu / den Kampff mit anzusehen / kleideten sich auch alsobald an / und ritten mit einander nach dem benannten Platz. Carl ließ allhier sein Helm-Gesichte fallen / und als er den Tartarn in einem köstlichen Harnisch samt einem Diener ankommen sahe / stellete er sich an die eine Seite / also / daß er keinen Vortheil vor Jenem hatte. Der Tartar nahm die andere Stelle ein / und wie er sahe / daß deß Standes halber sich keiner vor dem andern einigen Vortheils zu rühmen hatte / da neigete er gegen unsern Helden seine Lantze sehr tieff / und empfieng dergleichen Höflichkeit von diesem Ort wieder / Carl selber stunde schon im Zweiffel / ob nicht ein Edler Frantzösischer Cavallier unter einem Tartarischen Namen mit ihm kämpffen wolte / dann er wuste wol / daß die Frantzosen sehr begierig waren / einigen Vortheil über einen solchen tapffern Teutschen zu erhalten / und solte ein solcher nochmahlen unter einem Frantzösischen Namen überwunden werden / so würden die Frantzosen um so viel mehr Schimpff darvon haben. Er nahm ihm deßwegen vor / sein Bestes zu thun /

thun / damit er auch zu diesem mahl die Oberhand behalten möchte / und nachdem sie also beyde eingelegt giengen sie behutsam auf einander loß / Carl brach sein Speer wol an / fand auch einen Mannvesten Gegenpart / auf dessen Brust sein Speer versprang / und Stückweiß in die Lufft stürmete / ohne / daß der Tartar im Geringsten wanckete. Der Edle Teutsche ward gleicher Gestalt also getroffen / daß er deß Stosses empfand / doch nicht einen Finger breit auß seiner Postur rückete. Also nahmen sie frische Speere / und giengen zum andern mahl auf einander loß. In diesem Ritt muste sich der Tartar wegen deß gewaltigen ihm angebrachten Stosses an seines Pferdes Mähne halten / welchen Schimpff er im dritten Ritt zu ersetzen hoffete. Derowegen griffen sie abermahl zu den Speeren / und nachdem sich die Pferde ein wenig verschnaubet / setzten sie nochmahls an / und damahls glitschete deß Tartarn Pferd / ehe sie zusammen traffen / zur Seiten auß / daß er selber zur Erden fiel / weil er aber im Fall das Speer zerbrach / wolte er den Kampff nunmehro mit dem Sabel zu Fuß außführen / weßfalls er sich an seinem Ort præsentirete.

Ob nun gleich der Teutsche noch gern einen Ritt gehalten hätte / bequemete er sich dannoch / stieg gleichfalls von seinem Roß / welches Alarmi zu sich nahm / und darauf ergriffen sie den Kampff zu Fuß / der Tartar mit einem Sabel / und Carl mit einem Ritter-Schwerdt. Im ersten Gang führeten sie beyderseits gewaltige Streiche / aber die Harnische und Schilde fiengen solche mit einander auf / biß sie beyderseits frischen Athem holen musten. Indem sie aber also stunden / wolte sich deß Alarmi Ritterliches Hand-Pferdt loß reissen / dannenhero sahe sich Carl nach ihm um / und rieff ihm mit heller Stimme zu:

Schlag

Carls / 3. Theil. 195

Schlag ihn mit der Peitschen zwischen die Ohren. Sobald der Tartar seine Stimme hörete / rieff er dargegen: Wie! höre ich nicht die Stimme deß tapffersten Helden Carls? Dieser verwunderte sich über dieser Rede dergestalt/ daß er nicht wuste/ wie ihm geschahe/ und gleich darauf sprach er: Kämpffe ich dann mit dem Ehrlichen Marlenge? Indem sie dieses gesagt/ lösete ein Jeder sein Helm-Gesichte auf/ und empfiengen einander/ als die 2. besten Freunde/ mit einem Brüderlichen Kuß. Marlenga reichete Jenem den Säbel / mit diesen Worten: Es ist mir leyd/ mein Carl / daß ich das Gewöhr wider euch gezucket habe/ nehmet es hin/ ihr habt gesieget/ und machet auß mir/ was ihr wollet. Dieser dargegen sagte: Nicht also/ mein wahrer Freund/ keiner von uns hat gesieget/ nur daß ihr mich jetzo mit eurer Höflichkeit überwindet/ kommet aber mit mir ins Lager / damit ich wissen möge/ was für eine Ebentheuer euch hat hieher geführet/ oder / so ihr in der Stadt über eure Sachen noch etwas zu bestellen habt/ so reitet zufoderst hin/ und reisset euch nur bald von unsern Feinden loß/ dann ich habe noch viel mit euch zu reden. Ich habe diese weite Räyse / replicirte der Tartar / bloß / um euch aufzusuchen/ über mich genommen/ dannenhero wil ich nur auf eine halbe Stunde nach meinem Quartier reiten/ und etwas herholen/ welches euch zugedacht ist. Hiermit schwenckete er sich auf sein Pferd/ und ritte alsobald nach der Vestung / Carl aber gienge zu den Zuschauern/ und ward höflich von ihnen empfangen. Diese wolten wissen/ woher er diesen Tartar kennete? Aber er gab ihnen zur Antwort / daß sie es gnugsam solten zu wissen bekommen / so bald nur der Edle Marlenga im Lager bey ihm würde angekommen seyn. Damit ritten sie nach dem Lager/ und Ulucastri ließ

N 2 ein

ein hertzlich Mahl anrichten/um diesen fremden hohen Gast zu bewirthen/ worzu er die Fürnehmsten im Läger nöthigte/ welche auch willig erschienen/ weil sie etwas sonderliches bey ihrer Zusammenkunfft zu hören hoffeten. Gegen dem Mittag funden sie sich nach einander in seinem Zelt ein/ und weil die Mahlzeit auch schon parat war/ so warteten sie deß Marlenga mit Verlangen. Endlich/ etwan eine Stunde nach Mittag/ kam dieser Tartar in einem Fürstlichen Kleide/ und sein Diener hinter ihm her/ als sie vor dem Zelt abgestiegen/ und Alarmi die Pferde eingezogen hatte/ tratt zufoderst der Tartarische Knecht herfür/ und nachdem er vor Ulucastri zur Erden gefallen/ umfienge er seine Knie/ und küssete sie unter einer reichen Thränen-Quelle/ die ihm für Freuden auß den Augen brache/ daß die Worte im Mund dardurch ersäuffet wurden. Ulucastri kunte sich so bald in dieses Compliment nicht finden/ als er aber den Knecht ein wenig genauer angesehen/ da erkannte er seinen alten getreuen Diener Koribut, welchem er die Hand reichete/ und ihn aufrichtete. Als nun diese einander bewillkommet/ umfienge der Teutsche den Tartar abermahl mit einem Kuß/ und Marlenga machte darauf allen Anwesenden Cavalliers ein Compliment auf seine Orientalische Weise/ daß sie sich mit einander über seine sonderbahre Höflichkeit verwunderten. Hernach zog Marlenga ein überauß köstliches Brust-Bild herfür/ und überreichete es zufoderst dem Ulucastri; mit diesen Worten: Sehet da/ mein Hertz/ das Bildnüß der Durchläuchtigen und Großmüthigen Prinzessin Candula, welches sie mir außdrücklich überliefert hat/ daß ich es euch in eure Hände liefern möge. Ulucastri küssete das Conterfait, und sagte: Mein werthester Freund/ dieses Bild ist mir überauß angenehm

Carls / 3. Theil.

nehm/ weil aber das Original darvon dem Tod schon zu Theil worden/ kan ich mich dessen nicht sondern erfreuen. Die Candula lebet annoch/ antwortete Jeder/ welche Worte den Ulucastri in grosse Bestürtzung brachten / dannenhero sagte er: Lebet die Candula annoch? Wie kan das zugehen / da ich doch so viel Vergewisserung ihres Todes habe? Sie lebet noch/ sprach Marlenga, und liebet euch beständig / wovon wir hernach weiter reden können.

Ob nun gleich Ulucastri über dieser Rede gantz auß sich selber kam/ zwang er sich dannoch gewaltig/ und erholete sich dergestalt / daß er seine gebettene Gäste zur Tafel nöthigte/ und muste Marlenga, als ein fürnehmer Fremdling/ die Ober-Stelle nehmen/ ob er sich gleich sehr darwider sperrete. Alarmi, Koribut, und mehr andere Diener/ warteten bey der Mahlzeit auf/ da sich dann Marlenga insonderheit über das Ansehen so vieler wackerer Teutscher Cavallier zum höchsten verwunderte. Man redete von allerhand Sachen/ aber eine gewisse hohe Person/ Fürstlichen Geschlechts/ klopffete dem Ulucastri, als die Mahlzeit schier zum Ende/ auf die Schultern/ und sagte: Mein wahrer Freund / eure Ebentheuren müssen seltzam seyn/ thut uns den Gefallen/ und theilet uns jetzo etwas darvon mit; Ulucastri antwortete dieses Wenige: Sie werden mir/ meine Herren/ günstig verzeyhen/ wann ich euch in diesem Stück nicht zu Willen leben kan/ dann/ für das Erste/ habe ich allhier ein Bildnuß bekommen/ welches ich verwahren muß/ und dann so kommen verschiedene Sachen in der angemutheten Erzehlung vor/ welche ich nicht herfür bringen mag. Ich offerire euch aber allhier meinen alten getreuen Diener Koribut, der wird euch deßfalls schon zu vergnügen wissen. Als die Anwesenden mercketen/

cketen / daß seine Bescheidenheit nicht wolte in seiner Gegenwart gelobet werden / da waren sie zufrieden und Ulucastri nahm bald hernach mit Marlenga einen Abtritt / er legete zufoderst das überlieferte Bildnüß an einen heimlichen Ort / und gieng hernach mit Jenem zum Zelt hinauß in das Lager / allwo er ihm die grosse Batterie, und andere fürtreffliche Wercke der hohen Alliirten zeigete / worbey dann der Edle Tartar gnugsam zu erkennen gabe / daß er dergleichen Kunst und Arbeit sein Lebtage nicht gesehen hätte / und daß die Europæer / ja unter diesen die Teutschen ausser allem Zweiffel die allerbesten Soldaten wären. Alarmi, und die andern Diener / bekamen inzwischen Befehl / den anwesenden Gästen fleissig aufzuwarten / und wol zuzusehen / daß an keinem Ding irgend einiger Mangel erscheinen möchte / welchem sie auch getreulich nachlebeten.

So bald sich aber Ulucastri mit dem Tartarischen Ritters-Mann abgezogen hatte / ward Koribut genöthiget / sich unten an die Tafel zu setzen / und der Gesellschafft seines Herrn Ebentheuer zu erzehlen; Er antwortete: Gnädige und Hoch-Geneigte Herren / ich würde diesem Befehl Augenblicklich nachkommen / wofern ich heute meinen Magen gebührlich versorget hätte / weil dieser aber noch nicht das geringste Bißlein empfangen / als bitte / mir nur einen Augenblick Zeit zu gönnen / daß ich denselben zufoderst in etwas befriedigen möge. Er wolte hiermit weggehen / aber er muste bey der hohen Gesellschafft Tafel bleiben / und sich sättigen / welches er auch bald verrichtete / und darauf nahm er einen feinen Becher mit gutem Rheinischen Wein zu sich / setzte an / truncke auß / wischete den Mund / und brach in nachfolgende Erzehlung herauß: Ich habe euch von Ulucastri zu erzehlen

Carls / 3. Theil.

zehlen Befehl bekommen / von deſſen Gebuhrt und erſter Jugend ich euch billich etwas ſagen ſolte/ehe ich zu ſeiner Aſiatiſchen Räyſe ſchreite/weil mir aber darvon wenig bekandt/als kan ich dieſes allein berichten/ daß er erzeuget iſt von gar fürnehmen Eltern / welche an ſeiner Erziehung nicht das Geringſte haben ermangeln laſſen/und nachdem ſein Vatter verſtorben/ iſt es bey ſeinen Lebzeiten ſchon alſo unter den Söhnen verabſchiedet geweſen / daß der älteſte allein das Land beherrſchen ſolte / damit / wann es in 4. Theile vertheilet würde / es nicht gar zu kleine und disreputirliche Bißlein geben müſſe. Der älteſte Bruder hieß Ludwig / Ulucaſtri aber hieß Carl / der Dritte ward Chriſtian / und der Vierdte / ſo eine Geiſtliche Herrſchafft führete/trug den Namen Georg. Wie nun Ludwig/mit Bewilligung der Brüder/die Herrſchafft allein führete/da dachten die 2. Nächſt-folgende / ihr Heil in der Fremde zu verſuchen / und ſolcher Geſtalt ließ ihm Carl ein Creutzlein auf den rechten Arm ſchneiden/welches er mit Pulver füllete/daß alſo ein unvergängliches Creutzlein darauß worden / um dermahleins daran erkennet zu werden. Er nahm von ſeinen Brüdern und der Schweſter Abſchied / ſetzte ſich mit 4. Knechten/ die allerſeits wol bewaffnet waren / zu Pferde / und eylete fort / um die damahls beängſtigte Stadt Wien entſetzen zu helffen. Chriſtian verſprach ihm bald zu folgen / und gleichfalls das Creutz zu ſeinem Zeichen anzunehmen/ wann er nur erführe / wie es mit dem Entſatz Wien abgelauffen wäre. Carl gieng mit ſeinen Knechten fort/und kam zu rechter Zeit/ nebſt dem groſſen Entſatz/ vor Wien an/bey welchem er ſich tapffer gnug bezeuget. Als er aber den Türcken hinter Barcan hinab allzuhitzig nachgeſetzet / ſind ſeine Knechte mit einander erſchlagen/

gen/ er selber aber von den Türcken gefangen worden.
Man legete ihm bald die Fesseln an / und also ward
er / nebst andern / nach Belgrad geführet / da er sich
Ulucastri jeder Zeit genennet hat. Etliche Tage hernach kam der unglückseelige Groß-Vezier Mustapha
auch zu Belgrad an / woselbst er die fürnehmsten und
schönsten Gefangenen außlase / und solche vor die
Sultaninnen bestimmete. Es gieng 2. Tage hernach
eine Gesandtschafft von vielen Türcken nach dem
Sultan / welche ihm die Gefangenen / nebst vielen
Geschencken / præsentirten / um sein Verbrechen wegen Wien wieder außzusöhnen. Als aber bald die
Antwort kam / daß der Sultan eine ungemeine Ungnade auf ihn geworffen hätte / daß er schwerlich mit
dem Leben darvon kommen würde; Da gieng er in
sich / und sandte zufoderst nach Ofen / allwo der Ibra-
him Bassa annoch gefangen lag / welchem der Groß-
Vezier grosse Schuld wegen deß Verlustes bey
Wien auffbürden wolte / denselben ließ Kara Mustapha stranguliren / und sein Haupt nach Belgrado
bringen / dasselbe legete er zierlich eingewickelt in ein
köstliches Kistlein, und nahm unsern Ulucastri, als
den Schönsten unter allen gefangenen Christen-
Kindern / solche Stücke / als ein ungewöhnliches
Præsent, dem Sultan zu senden / nicht zweiffelend / er
würde dardurch noch Gnade erlangen / zumahl / wann
die Beredtsamkeit seines Secretarii darzu käme / welcher mitgehen / und diese Geschencke einliessern solte.

Das XIX. Capitul /
Carl erhält den Sultan beym Leben / weß-
wegen er von demselben hoch gehalten wird; Zu
Caffa gehet es ihm übel / aber bald wieder wol.

Wie

Je sie nun mit einander auf dem Weg/ kunte sich Ulucastri über keine Strengigkeit beklagen/ dann er gieng sehr wol gekleidet/und ward mit Essen und Trincken so wol gehalten/als der Secretarius deß Groß-Veziers selber/ welcher Mamut hieß/damit er ja nicht abnehmen möchte. Wann sie deß Nachts in eine Herberg kamen/ so muste Ulucastri bey dem Kopff deß Jbrahims allein schlaffen/ sonsten war bey dem Secretario auch noch der Hofmeister deß Kara Mustapha, Namens Zelebi, Beyde/ nemlich er und Mamut, Jtaliänische Renegaden/ und bey dem Türcken über alle in gar grossem Ansehen. Diese wurden begleitet von nicht mehr als 12. Janitscharen zu Pferde/ so lauter Hartdveste Männer und Baumstarcke Leute waren/ die ihre Tapfferkeit in diesem Feldzug wider die Christen zur Gnüge bewiesen hatten. Es begab sich aber einsmahls/da sie/ ob sie gleich noch so geschwinde eyleten/ dannoch weder eine Caravanserai, noch einig Dorff/ oder Hauß/ erreichen kunten/ dannenhero wurden sie gezwungen/ auf dem freyen Felde/ unter etlichen Bäumen ihr Nacht-Lager zu nehmen/ die Janitscharen giengen/ nachdem sie ihre Pferde an die Wände gespannet/ auß/ und holeten Holtz/ etliche aber schlugen 2. Zelte auf/ welche sie auf allen Nothfall mit sich genommen hatten/ und nachdem man gespeiset/ muste sich Ulucastri neben deß Jbrahims Kopff in das kleinere Zeltlein schlaffen legen/ die Türcken blieben in dem andern Zeit bey einander/ und nachdem sie gespeiset/ discurrirten sie mit einander/ und wärmeten sich bey dem Feuer/ dann die Nächte waren schon ziemlich kalt. Ulucastri hörete/daß sie ziemlich hart wider einander redeten/ schliche demnach heimlich von seiner Schlaff-Stelle/ und horchete hinter dem andern

Deß Teutschen

Zelt / da er bald merckete / was diese Leute vor einen gefährlichen Anschlag wieder den Groß-Sultan in Schild führeten. So bald er dieses alles umständlich vernommen / schliche er heimlich wieder an seine Stelle / und war kaum wieder zugedecket / als schon einer von den Janitscharen kam / und lauschete / ob er auch schlieff / da er sich dann wol zu stellen wuste/ als wann er gar veste schlieff. Am folgenden Tag giengen sie wieder fort/und Ulucastri behielt alle diese angehörte Heimlichkeiten in seinem Hertzen / und überlegte bey sich/ welcher Gestalt er den Sultan vor einem grossen Unglück bewahren möchte. Sie kamen endlich wol behalten zu Andrinopel oder Adrianopel an/ woselbst der Sultan damahl Hof hielte/ der Secretarius Mamut, samt seinem Cammerathen Zelebi, begehrten am folgenden Tag nach ihrer Ankunfft Audientz/ und weil der Groß-Vezier annoch viel hohe Officirer bey Hof an seiner Hand hatte/ so kunte er durch ihre Vorsprach bald die Käyserl. Audientz erlangen. Mamut trug deß Ibrahims Kopff selber/und Zelebi führete den Ulucastri an einem seidenen Stricklein ins Serrail, und als sie in das Käyserl. Zimmer getretten waren/ da fielen sie allerseits zur Erden/ und Mamut hielte eine fürtreffliche Rede / darinn er die Treu und Unschuld deß Mustapha Bassa gewaltig herauß zu streichen wuste/ welches alles Ulucastri, als dem die Türckische Sprach schon bekandt / welche er von einem Türcken an seines Vatters Hof erlernet/ sehr wol verstunde/ und darauß merckete/ daß Mamut in seiner Jugend unter seinen Lands-Leuten in Italien müsse studiret haben. Nachdem er außgeredet/ empfieng der Pagen einer deß Ibrahims Kopff / und præsentirte ihn dem Sultan/ derselbe aber striche ihm über die Lippen/ und beklagete seine Unschuld. Zelebi

übergabe

Übergabe den Ulucastri einem andern Pagen/ und nachdem ihn der Sultan wol betrachtet/ auch einen grossen Gefallen an seiner Person gefunden/ gabe er Ordre, daß er am folgenden Tag verschnitten/ und/ wann er wieder geheilet/ seiner Mutter/ als ein sonderbahres Præsent, verehret würde. Diese Zeitung war dem Ulucastri gar nicht angenehm/ dannoch machte er ihm Hoffnung/ sich noch auß diesem bevorstehenden Unglück zu retten. Inzwischen ward er in ein grosses Hauß zu andern Sclaven geführet/und denselben Tag allda gelassen. Sie erhielten gegen Abend allhier Zeitung/ daß am folgenden Morgen der Sultan eine grosse Jagd in dem Gehöltz/ etwan eine Meil-Weges von Adrianopel/ halten wolte/ welches Ulucastri zu Hertzen zog/ und auf Mittel dachte/ wie er dem Sultan vorher/ ehe er außritte/ eine Heimlichkeit offenbahren möchte. Als demnach der Gardian gegen Abend zu ihm in dieses Hauß kam/ winckete er ihm/ und sprach: Mein Freund/ich habe dem Sultan etwas zu sagen/ befordert es/ daß ich ihn bald sehen möge. Der Guardian über deß Sultans Sclaven war ein grausamer Mann/ ein Georgian von Gebuhrt/ und ein abgefallener Christ/ welcher dem Ulucastri auf diese Rede nichts anders antwortete/als dieses/ daß er/ wann er nun verschnitten/und wieder geheilet worden/ die Sultane Valide schon solte zu sprechen bekommen.

Es lagen aber in diesem Zimmer noch verschiedene gefangene Christen/ die schon verschnitten waren/ und sich curiren liessen/ deren etliche aber dem Tod zu Theil worden/ und als gleich hernach ein Balbierer kam/ solte Ulucastri noch denselben Abend auf die Banck gebunden und verschnitten werden/ Dieser dargegen begehrte den Sultan zu sprechen/

welches

welches den Gardian hefftig verdroß / daß er im Zorn zu ihm sagte: Du nichts-werther Bube/ wie magst du dich erkühnen/ die heilige Person deß Sultans zu sprechen / da du doch nicht würdig bist/ dessen Schatten zu sehen. Hiermit befahl er etlichen darzu verordneten Mohren / daß sie ihn angreiffen und binden solten/ damit er alsobald verschnitten würde. Aber Ulucastri stellete sich zur Wöhr / und darauf wolte der Gardian mit einem Prügel über ihn her/ dieser protestirte/ daß er ein Sclav deß Sultans/ und sich also nicht gebühre/ daß er ihm mit einem Prügel drohe. Hierüber ergrimmete der Gardian dergestalt/ daß er zuschlagen wolte/ aber Ulucastri sprung ihm behende unter/ risse ihm den Säbel von der Seiten/ und spaltete ihm den Kopff / daß er todt vor ihm zu Boden fiel. Er drohete auch den bestelleten Mohren / und warnete sie/ daß sich keiner zu ihm nahen möchte. Inzwischen erschallete alsobald ein Gerücht im Serrail, daß ein Sclav den Gardian erschlagen hätte / dannenhero sandte der Sultan Jemand hin/ um zu vernehmen / was es vor eine Beschaffenheit damit habe. Zu diesem Abgeordneten sprach Ulucastri: Gehet hin / und saget dem Sultan / daß ich ihn noch diesen Abend sprechen müsse / dann es sey ihm selber viel daran gelegen/ machet aber nicht viel Worte von diesem Anbringen. Der Abgeordnete gieng hin / und darauf ward Ulucastri durch etliche bewöhrte Verschnittene abgeholet / denen er deß Gardians Säbel willig überreichete.

Wie man ihn vor den Sultan geführet/ verwunderte sich derselbe über sein munters Angesicht/ und sagte: Was hat dich bewogen/ meinen Gardian zu tödten? Er hat/ sprach dieser Großmüthig/ mich ausser dem Stand setzen wollen/ Ew. Maj. das Leben
zu ret-

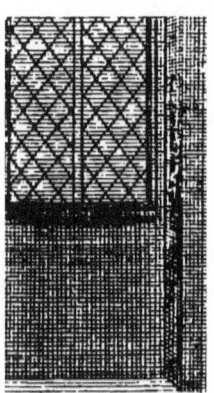

Carls / 3. Theil.   205

zu retten. Der Sultan hörete hoch auf / und sagte: Wie kanst du mir das Leben erhalten? Großmächtigster Käyser / replicirte dieser / lasset die Leute von euch abtretten / und behaltet nur die Jenige / deren Treue ihr versichert seyd / bindet mir alsdann Hände und Füsse / und vernehmet ein grosses Geheimnüß von mir. Der Sultan befahl alsobald / daß die Jenige / die er bezeichnete / abtretten solten / und wie solches geschehen / befahl er dem Ullucastri zu reden: Grosser Herr / sprach dieser jetzo / Ihr wisset / daß Ihr seyd ein Erb-Feind meines Vatterlandes / und daß ich Euer Gefangener bin / dem es wol lieb seyn würde / wann es Euch übel möchte ergehen / aber ich bin ein ehrlicher Rittersmann / der auch seinem Feinde mißgönnet ein Unglück / das ihm von seinen eigenen Leuten hinterlistig soll zugefüget werden. Siehe / ich habe auf dem Weg hieher gehöret / daß Kara-Muftapha den Mamut, Zelebi und die 12. unerschrockene Janitscharen mit einem starcken Eyd verbunden hat / wann Ihr auf der Jagd / und von Euren Leuten entblösset seyn würdet / Euch / und wofern es möglich / auch Eurem Sohn Bajazet das Leben zu nehmen. Nun vernehme ich / daß Ihr Morgen auf die Jagd gedencket / derowegen habe ich Ew. Maj. noch diesen Abend sprechen und dieses Geheimnüß offenbahren wollen / worüber der Gardian, weil er mir solches nicht allein abgeschlagen / sondern einen ehrlichen Ritters-Mann noch darüber mit dem Prügel / wie einen Hund / anfallen wollen / sein Leben lassen müssen. Sehet Euch nun vor / auf das Beste / wie Ihr könnet / dann soltet Ihr um das Leben kommen / so hat der Groß-Vezier schon resolviret / Euren Bruder Solimann vor einen Käyser außzuruffen / und durch dieses Mittel sein Leben / und wegen seines grossen Versehens Vergebung zu erlangen.   Als

Als Ulucastri dieses geredet hatte / befahl der Sultan / ohne ihm eine einzige Antwort zu ertheilen/ daß man ihn in ein besonder Gemach bringen / und wol tractiren / darbey aber auch genau bewahren solte / und als solches geschehen / machte der Sultan Anstalt / deß Groß-Veziers Leute auf der That zu betrappen / sandte demnach noch diesen Abend zu ihnen/ mit dem ernsten Befehl / daß sie / so bald der folgende Tag angebrochen / sich auf den Weg zu dem Groß-Vezier erheben solten / mit dem ernstlichen Befehl/ daß er fordersamst sich zu der Pforten verfügen / und daselbst über wichtige Affaires deliberiren möchte. Als endlich der folgende Tag angebrochen / hatte der Sultan schon die Nacht über bey 1000. von seiner berittenen Leib-Wacht in dem Wald / darinnen er Jagen wolte / vertheilet / und er selber ritte 3. Stund nach Aufgang der Sonnen samt seinen ältesten Printzen Bajazet und 50. den äusserlichen Ansehen nach unbewöhrten Pagen und Jäger-Purschen hernach / aber alle diese Leute führeten unter ihren Röcken heimliche Musquetons und Säbel. So bald er aber nur 20. Schritte in Wald geritten / sprengeten 14. vermummte Reuter herfür / und fielen die Gesellschafft mit blossen Säbeln an / aber deß Sultans Leute löseten ihre Musquetons mit grosser Avantage, und in demselben Augenblick kamen über 800. von den versteckten Reutern herzu / welche alle diese Ansprenger gefangen nahmen / ohne den Zelebi und 2. Janitscharen / die schon erschossen waren. Diese wurden mit einander gebunden / und nach der Stadt zuruck geführet / der Sultan aber war so begierig auf die Jagd / daß er dieselbe dieser Rencontre wegen keines Weges unterließ / und als der Tag sich neigen wolte / kehrete er wieder um / und gieng nach seiner Burg.

Am folgenden Tag wurden die Gefangenen nach einander unter grosser Pein examiniret, da ihnen dann, weil sie alles bekenneten, ein schmählicher Tod angethan ward. Mamut ward lebendig am Feuer gebraten, und die Janitscharen wurden mit Rauch erstickt. Hernach brachte man den Ulucastri einen gantz güldenen Caffran oder Türckischen Rock, welchen er anlegen muste, und als man ihn zum Sultan geführet, sprach er: Friede und Heyl sey über dir, du ehrlicher Teutscher Rittersmann, Ich dancke dir, daß Ich noch bey Leben bin, und es müsse dir deßwegen wol gehen, so lange du lebest auf Erden, zeuch hin, wohin du wilt, dein Fürnehmen sey gesegnet, du solt einen solchen Paß haben, durch unser gantzes Land, und zu Constantinopel solt du einen offenen Wechsel haben, darauß du Jährlich 20000. Zekin magst erheben, biß du wieder zu den Deinigen kommest, wirst du nicht wider Uns kriegen, so solt du auch, so lange du lebest, eine Pension von Uns zu empfangen haben, dann Wir wollen an dir erweisen, daß die Musulmannen danckbare Leute sind. Wir wollen dir eine Säule zu Ehren auf dem Maydan, oder Schloß-Platz aufrichten, daran dein Name geschrieben seyn soll, und man wird dich darbey rühmen ewiglich). Hierauf reichete ihm der Sultan die Hand zu küssen, und zog seinen Ring mit einem köstlichen Juwel vom Finger, den er ihm selber anstecketz, und ihm Erlaubnuß gab, selber zu fordern, was er auf seine Räyse nöthig hätte.

Ulucastri warff sich auf die Erde, und bedanckete sich sehr demüthig, darauf ward er wieder hinauß begleitet, und möchte er nun gehen und stehen, wo er wolte. In der Zeit aber, da er sich zu Adrianopel aufhielte, worüber wol 5. Wochen verlieffen, wurde ihm eine

eine Ehren-Säule auf dem Maydan aufgerichtet/ mit dieser Uberschrifft: Zu Ehren deß Allerredlichsten unter den Teutschen/ dem Ritter CARL, Erhaltern deß Groß-Sultans Achmet. Die Einwohner der Stadt machten Lob-Gesänge auf ihn/ und wo er hingienge/ da wurden ihm Kräntze nachgeworffen. Bald hernach kam deß Groß-Vezier Kopff/ welchen ihm der Sultan nehmen lassen/ und einen andern Groß-Vezier an seine Stelle verordnet hatte. Weil aber Ulucastri Lust hatte/ fremde Länder zu besehen/ als bathe er bey Hof/ woselbst er täglich auß- und eingieng/ daß man ihm erlauben möchte/ einen Christlichen Sclaven vor seinen Diener anzunehmen/ sich mit Gewöhr zu versehen/ und seine Räyse durch das Türckische Gebiet gegen Orient fortzusetzen. Solches ward ihm verstattet/ derowegen gieng er auß/ wo Sclaven waren/ und ich hatte das Glück/ daß er mich in seinen Dienst nahm/ der ich schon 2. Jahr vorher durch die Tartarn entführet/ und über das schwartze Meer erstlich nach Constantinopel/ hernach nach Adrianopel verkaufft worden/ woselbst ich damahl bey einem Roßkam Dienete/ dem ich gar schwere Arbeit nebst meinen Cameraden verrichten muste/ ob gleich unser 14. auß verschiedenen Nationen waren. Ich war froh/ daß ich einen solchen wackern Christlichen Herrn bekam/ schwur ihm demnach/ Zeit meines Lebens treu und hold zu seyn/ und sein Bestes allwege zu suchen/ auch/ da es nöthig/ mein Blut und Leben willig vor ihn zu lassen. Also empfieng der Ritterliche Carl ein grosses Patent, Statt eines freyen Passes durch gantz Türckey unter deß Divans grossem Insiegel/ auch zwey wolgeputzte Pferde vor sich und seinen

Diener/

Carls / 3. Theil.

Diener/ samt einem ansehnlichen Räyß-Pfenning/ womit wir uns auf Constantinopel erhuben. Hieselbst besahe Carl die gröste Raritäten / kauffte ihm gutes Gewöhr/ und einen gantzen Harnisch/ welchen er zierlich aufputzen ließ / vor mich aber erhandelte er einen starcken Pantzer/ und kiesete einen Kauffmann von den Griechen hieselbst / dem er deß Sultans Ordre zeigete / Jhm Jährlich biß auf 20000. Zekin Wechsel überzumachen / wo er sich auch aufhalten möchte/welche Gelder ihm auß deß Sultans Schatz solten erstattet werden.

Nachdem er endlich alles wol angeordnet/setzten wir uns auf ein Schiff/das nach Georgia fahren wolte/ und nur auf guten Wind wartete/ bey den Castelen deß Bosphori auf dem schwartzen Meer / dannenhero verfügten wir uns zu Wasser durch diesen lustigen Canal / biß nach dem Mund desselben / und als wir mit dem Schiffer/der ein Georgianischer Christ/ Richtigkeit getroffen / lieff der Wind nach ihrem Wunsch/ und wir giengen zu Seegel. Sie schiffeten biß in den 3. Tag mit gutem Vorwind/aber damahls darauf entstund ein hefftiger Sturm / der uns nach dem Norden schlug/ also/ daß wir zu Caffa einlauffen musten. Im Hafen ward der Schiffer seines Schiffs und Leute halben befraget / und als er den Carl vor einen Teutschen Edelmann außgab / da speyete der Bassa allhier auß / und sprach: Dieser ist ein Mann deß Todes / unser Ertz-Feind und ein Kundschaffter. Er schickete alsobald 12. bewöhrte Soldaten nach der Herberge / darinn wir uns in etwas erfrischen wolten / bey einem Italiäner/ und ließ uns Beyde nach seiner Wohnung führen. Wir bekamen ihn aber nicht zu sehen noch zu sprechen / sondern es umgaben uns noch 20. bewöhrte Männer/ welche uns entwaffneten/

III. Theil.   O

neten / und nach einem hohen Thurn auf dem alten
Schloß an der See führeten/was wir auch dargegen
sagten/indem wir uns auf unsern Paß berieffen. Als
wir aber biß an den andern Tag allhier gesessen / forschete Carl bey unserm Kerckermeister / der uns am
Mittag etwas zu essen brachte / ob dann in diesem
Land gantz kein Sultanischer Paß gelte? Dieser
gab zur Antwort: Wer wolte solchen nicht respecti-
ren? Habt ihr einen solchen aufzuweisen/ so kan euch
cure Freyheit nicht vorenthalten werden / jedoch ist
der Bassa etliche Wochen her gantz närrisch und halb
toll gewesen / seit dem er von der grossen Niederlage
der Türcken in Ungarn und vor Wien vernommen/
sintemahl seine 2. leibliche Söhne auch darbey von
den Christen sind erschlagen worden. Carl versprach
dem Kerckermeister ein gut Trinck-Geld / wann er
ihm einen Anschlag geben könte/ wie er mittelst seines
gnugsamen Passes wieder loßkommen möchte / dann
der Bassa hatte befohlen / daß kein Mensch zu uns
kommen solte / wer der auch immer seyn möchte.
Dieser/ der ein dürfftiger/ aber ehrlicher Mann war/
gab ihm diese Antwort: Ich sehe euch / mein Herz/
vor einen ehrlichen Fremden an / derowegen saget
mir / wo euer Paß sey / ich wil schon Rath schaffen.
Carl gab ihm Nachricht/ und also gieng der Kercker-
meister zu dem Georgianischen Schiffer/ der ihm den
Paß auß deß Ritters Laden langete/ und überreichte.
Inzwischen höreten wir auf dem Thurn Jemand
neben uns in einem kleinen abgesonderten Zimmer-
lein/ welchen wir / wie er auch war/ vor einen Gefangenen hielten. Carl hatte Lust/ diesen Menschen zu
sehen/ zog demnach sein Messer herauß / und schnitte
ein Loch durch ein Brett / wodurch er eines feinen
jungen Menschen in Morgenländischer Kleidung

gewahr

gewahr ward/ er rieff ihm zu/ und sprach: Mein
Freund/ wie ich sehe/ so hat uns das Geschick in einen
gleichen Stand versetzet/ doch tröste ich mich/ daß ich
einen solchen feinen Menschen neben mir sehe. Jener
sahe ihn wieder an/ und sprach: Gebt euch zufrieden/
wann euer Verbrechen nicht den Tod verdienet/ so
hoffe ich mich samt euch schierkünfftig/ wann der
Plage-Geist diesem tollen Bassa dermahleins den
Halß gebrochen hat/ wieder in unserer vorigen Freyheit zu sehen. Sie redeten einander noch weiter tröst-
lich zu/ aber der Goly, so nennete sich der Andere/ wolte sich nicht zu erkennen geben/ viel weniger die Ursach
seiner Gefangenschafft melden/ doch bekamen wir so
viel zu verstehen/ daß er auß keiner geringen Extra-
ction, und die Ursach seiner Verhafftnng eben nicht
gar zu gering seyn müsse. Also unterredeten sich diese
2. Gefangene offt mit einander/ biß gegen Abend ein
grosses Geschrey/ auch ein Hauffen Trompeten und
Krumhörner gehöret wurden. Der eine Gefangene
sprach jetzo: Was gilts/ der Bassa hat wieder einen
Anstoß von der Tobsucht bekommen? alsdann pfleget er die gantze Stadt mit Frölichkeiten unruhig zu
machen. Aber das Gejäuchtz kam allgemach näher/
und bald hörete man viel Leute die Treppen herauf
nach dem Thurn steigen. Damahl war uns allerseits
nicht wol zu Muth bey der Sachen/ zumahl/ da der
Mitgefangene erzehlete/ wie sich der Bassa verschwo-
ren hätte/ die ersten 10. Gefangenen/ so in seine Macht
fielen/ lebendig zu verbrennen/ und solche seinen erschlagenen Brüdern aufzuopffern. In unserm Gefängnüß hatten wir ein Loch/ so aber mit eysernen
Stangen bezogen/ und ziemlich hoch daran zu steigen
war/ dannenhero muste ich meinem Herrn helffen/ daß
er den Kopff hinein legen kunte/ da kunte er zwar
O 2   nicht

nicht gerade niederwärts sehen / was nahe bey dem Thurn geschahe / aber auf unterschiedlichen Plätzen der Stadt sahe er Feuer brennen / dannenhero glaubeten wir mit einander / man würde uns diesen Tag einen schmählichen Tod anthun / dann wer hätte unserer Meynung nach dem tollen Bassa steuren können? Mittler Zeit ward die Gefangen-Thüre aufgestürmet / und ein ansehnlicher alter Türck in prächtiger Kleidung tratt vor an / und fiel vor Carl auf die Erde / nahm Staub und streuete solchen auf sein Haupt: Verflucht sey der / sprach er darauf / welcher an dieser geheiligten Person sich so ärgerlich vergriffen hat! Hierauf küssete er deß Carls Kleider / und sprach: Gelobet sey der Grosse / der euch gesandt hat / zu erhalten den Mächtigsten unter den Menschen. Vergönnet eurem Sclaven / O Allerredlichster Teutscher Ritter / daß er euch die Fesseln abnehme / und euch eure vorige Freyheit ankündige.

Carl wuste nicht / wie ihm geschahe / er ließ sich aber handthieren / und so bald der alte Türck ihm die eyserne Schellen abgenommen hatte / tratt der Bassa auß dem Volck hinter ihm selber hervor / nahm sie ihm ab / und warff sie durch ein jetzo eröffnetes Fenster in das schwartze Meer hinein / mit diesen Worten: Verflucht seynd die Eysen / welche geschlossen haben den Erlöser und Erhalter unsers Groß-Sultans / sie müssen auf dem Grund deß Meers verbannet bleiben ewiglich / die dem redlichsten Teutschen Ritter seine Freyheit vorenthalten haben. Hierauf kehrete der Bassa wieder zu meinem Herrn / und küssete auch seine Kleider / er und der andere Alte / so der Nehaja war / nahmen ihn zwischen sich / und ich muste folgen / nachdem man mir die Fuß-Eysen gleicher Gestalt abgenommen hatte. Als wir hinunter kamen / funden

wir

wir 2. Pferde/ darvon eines überauß prächtig aufgeputzet war/ darauf setzete man den Carl/ und ich muste auf das andere sitzen/ und nachdem sich der Bassa/ Kehaja, und etliche fürnehme Türcken mehr/ eingesattelt/ wurden die Trompeten geblasen/ die Canonen gelöset/ und ein zierlich-gekleideter Knabe ritte auf einem weissen Roß vor Carlen her/ auf welchen er mit Fingern zeigete/ und überlaut in gewisser Melodie sange: Dieser ist der Allerredlichste Teutsche Ritter Carl/ der dem grösten Käyser auf Erden das Leben erhalten hat/ dem muß Jedermann Ehre erweisen. Wann wir auf einen offentlichen Platz bey die grosse brennende Feuer kamen/ (welche wir für Scheiter-Hauffen geachtet/ darauf man uns verbrennen wolte/) so ward köstliches Oel hinein gegossen/ daß sich die Flamme hoch in der Lufft empor hub/ und einen angenehmen Ruch fliegen ließ. Endlich kamen wir vor ein prächtiges Gebäu/ daselbst hub man den Carl mit grosser Ehrerbietigkeit vom Pferd/ ich stieg auch/ samt allen andern ab/ und nachdem wir in ein prächtiges Gemach geführet worden/ da tratt der Bassa mit unserm Türckischen Patent, oder Paß/ herfür/ solchen legte er auf sein Haupt/ küssete ihn hernach etliche mahl/ der Kehaja thäte es auch/ und also stelleten sie solchen dem Carl wieder zu/ mit dem Beyfügen/ daß sie nichts von diesem Paß gewust/ sonsten würden sie sich wol vorgesehen haben/ an diesem Teutschen Helden eine solche grosse Missethat zu begehen. Carl ward zu Tisch gesetzet/ und nachdem die fürnehmsten Türcken ihn um Verzeyhung gebetten/ wegen seiner Gefangenschafft/ da setzeten sie sich zu ihm/ und hielten eine frölicheMahlzeit/ worbey sich die Türckische

Musican-

214 Deß Teutschen

Musicanten unaufhörlich hören liessen. Man erzehlete uns über der Tafel / daß unser Kercker-Meister den Paß auß dem Schiff geholet/ und solchen dem Kehaja, als einem alten verständigen Türcken/gezeiget/der alsobald darmit zum Bassa gegangen / und ihm den Unglimpff vorgehalten / den man dem Edlen Teutschen Ritter wiederfahren ließ/ der sich um den Groß-Sultan so wol verdient gemacht. Gleich hernach hätte man alles zur prächtigen Abholung desselben angeordnet; wie solches auch erfolget. Inzwischen hatte der Bassa allhier gewaltig wider die gefangenen Teutschen/ und andere Christliche Nationen/ gewütet/ und denselben auß Rache/ daß durch ihre Landes-Leute die Türcken vor Wien/ und darunter seine beyde Söhne erschlagen worden/die allergrausamste Marter angethan. Was mich anlanget/fuhr Koributh fort/so asse ich an einer besondern Tafel/ nach außgestandener Lebens-Gefahr / mit grossem Appetit, gleich wie ich es jetzo mache. Hiermit langete er abermahl in die Schüsseln / nahm etwas Speise vor sich / und bathe die hohe Gesellschafft um Verzeyhung/ daß er noch ein wenig speisen muste/ weil er noch nicht recht satt worden.

Das XX. Capitul/
Beschreibung deß Russischen sehr Tyrannischen Groß-Fürsten Basilowitz / und deß Türckischen Sultans Bajazet.

Die hohe Gesellschafft inzwischen / die ihm solches gern gestattete / steckten die Köpffe zusammen / und verwunderten sich über die seltzame Begebenheiten deß Carls/ tadelten aber immittelst deß Caffaischen Bassa Tyranney/ die er von den armen gefangenen Christen außgeübet hatte. Insonderheit hielte ein hoher General nachfolgenden Denckwürdigen Discurs darüber:

Ein

Carls / 3. Theil.

Ein Potentat / (sprach er / um dem Koribut Zeit zum Essen und Athem zu gönnen) kan seinen Sieg nicht heßlicher besudeln / als mit dem Blut der Gefangenen / die sich seiner Gnade ergeben / wordurch er seinem Namen einen unvergänglichen Branck / und das Gerücht seiner Blutdurstigkeit / unsterblich macht / da er sonst durch Begnadung den Sieg hätte verdoppeln / und bey den Überwundenen ihm eine unaufhörliche Verbindlichkeit hätte stifften können. Aber Tyrannen sind wie die reissende Bestien / geben gar nichts auf ein Ehrliches Gerücht / sondern stellen darinn ihr höchstes Vergnügen / daß sie mögen würgen / und Blut stürtzen / sintemahl Menschen-Blut ihres verfluchten Grimmes einiges Lösch-Wasser ihrer Teuflischer Begierden lieblicher Most ist.

Ein tapfferer Fürst hätte der Russische Basilowitz heissen mögen / wann ihn solche Tyranney nicht zum verfluchten Wüterich gemacht. Als man schriebe 1578. begab sich in der Moscau folgendes Spectacul, mit 378. Gefangenen auß Lieffland und Litthauen: Dieser Groß-Fürst in aller Büberey / wolte sich lustig machen / befahl also / daß alle diese Gefangene vor ihm / in Gegenwart einer grossen Versammlung deß Volcks / gebracht würden / unter dem Schein / zu erfahren / wie viel ihrer wären / was Geschlechts / und was es sonst mit einem Jeden für Beschaffenheit hätte. Als nun / unter andern / auch etliche Weiber mit ihren kleinen Kindern herum stunden / und um Gnade und Barmhertzigkeit mit weinenden Augen in tieffster Demuth anhielten / stellete sich der Tyrann / als wolte er ihnen Gnade erzeigen / und sie loß geben / und ließ einen jeden Gefangenen absonderlich fragen / ob er ein sehnliches Verlangen nach ihrem Vatterland trüge? Dieses erregete zwar bey den betrübten Leuten heimliche Freude / jedoch gaben sie zur Antwort / sie begehrten nicht ehe heim zu ziehen / biß sie vorhin bey dem Groß-Fürsten Gnade und Verzeyhung erlanget hätten / gedachten also mit dieser Antwort ihre Sache gar gut zu machen / und verliessen sich auf deß Groß-Fürsten Anerbieten.

Aber es kostete sie das Leben. Dann der Groß-Fürst nahme es für einen Schimpff auf / als hätten sie ihn / und sein Land / verachtet / deßwegen wurden die arme Leute alsobald zum Tod verdammt. Da hörete man ein erbärmliches Wehklagen von Alten Jungen / Frauen und Jungfrauen / sie wurden vor die Stadt hinauß geführet / und wider alle Billigkeit Jämmerlich erwürget.

Als sie aber an die Richtstatt kamen/ trösteten sie sich selbst auß GOttes Wort/sungen auch etliche Psalmen/mit Thränen und kläglicher Stimme. Rieffen ohne Unterlaß GOtt um Verzeyhung der Sünden an/und um ein seeliges Ende. Der Groß-Fürst und seine Hof-Schrantzen/ der Mörder/ samt seinen Mord-Stifftern/ spotteten ihrer/ schändeten die Jungfrauen/ welche sich durch Bitten und Weinen nicht erwöhren kunten. Der Ertz-Bluthund wändete seine Augen daran den gantzen Tag/ neben seinen beyden Söhnen/ Iwan und Fedor/ wie man die Gefangene zermarterte/ jedoch kunte der jüngste Printz/ neben etlichen fürnehmen Herren/ diesem grausamen Spectacul länger nicht zusehen / vielleicht / weil sie das Wehklagen dieser Elenden erbarmete/ und giengen wieder in die Stadt. Es waren im Wasser Neglina Pfähle gestossen / und eine Brücke darüber geleget / darauf stunden seine abscheuliche Henckers-Knechte/ und zerschlugen einem nach dem andern mit eysernen Stangen das Genick / daß sie im Wasser desto eher ersöffen.

Als nun etliche schöne Adeliche Jungfrauen solten hingerichtet werden/ wiewol unterschiedliche grosse Herren sich erbotten / eine ansehnliche Summa Geldes für sie zu erlegen / könten sie/ ob der Tyrann sonsten zwar sehr Geld-geitzig/ dannoch nicht erlediget werden. Worüber die Jungfrauen in Ungedult herauß brachen/ und den Groß-Fürsten schrecklich verfluchten/ daß er mit ihnen/ als Gefangenen/ unmenschlich und Tyrannisch handle/wider alles Krieges-Recht und Gebrauch. Sie rieffen zu GOtt gen Himmel/ er wolte/ nach seiner Gerechtigkeit/ diese an ihnen verübete Ungerechtigkeit und schändliche Unthat straffen. Hierüber vermeynete der Tyrann unsinnig zu werden/ und befahl/ den übrigen noch eine grausamere Marter anzulegen. Theils wurden ins Wasser geworffen/ theils mit erschrecklichen Instrumenten zerrissen. Aber der H. Geist hat seine Krafft in der Schwachheit dieser Jungfrauen dermassen kräfftig erwiesen/ daß sie alles mit Gedult überwunden/ und einander ermahnet/ solche Marter und Pein um deß HErrn JEsu willen gedultig außzustehen. Die Scharffrichter ergriffen die Jungfrauen/ klemmeten ihnen zwischen zweyen mit einem Band zusammen gehefteten Brettern und Schlössern Hände und Füsse zusammen / schlugen sie mit Prügeln/ schnitten ihnen auch die Hüfften auf / daß die Marter desto länger währen solte. Die Gequählete rieffen immerfort unter solcher Pein den Namen JEsu an/ linderten dardurch ihre schwere Marter/ und danckten ihm/

Carls / 3. Theil.

ten ihm / daß sie diese Pein mit Gedult erleyden könten/ bathen GOtt auch darnebenst demüthig/ um Verzeyhung ihrer Sünden. Warffen aber dem Tyrannen unabläßig für / seine verstockte Boßheit / grimmiges Gesicht / grausames Gemüth/ erschreckliche Stimme/ und Bestialische Tyranney. Er entsetzete sich zwar Anfangs über diese Beständigkeit deß Frauenzimmers/ besonne sich aber bald / wie er sie noch befftiger peinigen liesse/ dann es verdrosse ihn sehr / daß sie in ihrer höchsten Pein alle so gedultig und beständig sich erzeigeten / derohalben / je standthaffter sie waren / je mehr er sie quählen ließ.

Als er hörete/ daß sie den HErrn JEsum in ihrer Marter zu loben/ ihn aber/ den Groß-Fürsten/ hergegen zu schänden nicht aufhöreten / ließ er ihnen die Zungen außschneiden. Aber die Jungfrauen bedieneten sich an Statt der beraubten Zungen ihres Hertzens/ rieffen mit diesem innerlichen Geschrey dannoch zu GOTT/ und da sie nicht mehr kunten/ gaben sie doch mit ihrem Gesicht und Anblick zu verstehen / daß ihnen Gewalt und Unrecht geschehe / und der Tyrann seinen Lohn darfür bekommen würde. Der Groß-Fürst/ der sich an ihrer Marter nicht ersättigen kunte / ließ die schon todte Cörper mit glühenden Brat-Spiessen durchstechen / auf grosse Holtz-Hauffen zusammen werffen / dieselben anzünden / sie darauf verbrennen / und die Asche ins Wasser werffen / die übrige Gefangene aber über die Brücken ins Wasser stürtzen.

Einem gefangenen Poblnischen Ritters-Mann / Peter Bichowitzky/ hat er gleichfalls schlechte Gnade erwiesen/ ihm: den Kopff wegschlagen lassen/ solchen über der Mahlzeit in die Hand genommen/ und darmit seine Possen getrieben/ als wann es ein besonders Helden-Stück/ und nicht vielmehr Hencker-Stück/ ja gar ein Schelm-Stück wäre gewesen. Wie Tyrannisch und grausam er mit einem Schlesier/ Alberto Besso, gehandelt/ das kan Niemand/ wann er noch Menschliche Bewegungen hat/ ohne Entsetzung anhören. Seine grimmige Blutdurstigkeit hat sich an ihm nicht ersättigen können/ nachdem er auß dem allerschrecklichsten Gefängnüß gebracht/ ehe ihm die Augen außgerissen / alle Glieder zerbrochen / und hernach der Kopff weggeschmissen war. Diesem zur Gesellschafft wurden etliche hundert Gefangene hingerichtet/ welche man Paar und Paar mit starcken Seilen zusammen bande/ doch so weitläufftig/ daß sie Paar-Weise oder Mann vor Mann/ mit einander fechten könten/ womit er so lang angehalten/ biß sie sich alle mit einander aufgerieben.

den. Für diesem Scheusaal und Schau-Greuel ist den Scharff-Richtern selbsten ein Grauen angestoßen/derowegen sich auf die Flucht begeben/sind aber bald zuruck geholet/und auf besondere Art geschlachtet worden. Also ist er den Henckern selbsten zum Hencker worden. Von unzehlich diesen andern seinen Tyrannischen Greuel-Thaten und Buben-Stücken seynd die Lieff- und Rußländische Chroniken voll.

Ein Tyrannisches Schau-Spiel hat auch der Türckische Sultan Bajazet der Erste/nach dem scharffen Treffen bey Nicopolis/mit den gefangenen Christen angestellet. Dann/als Käyser Sigismundus, ein unglücklicher Krieges-Mann/mit einem großen Heer auß unterschiedlichen Völckern/darbey auch 15000 Frantzosen waren/bey dieser Stadt mit ihm zu treffen kam/verursachte die hitzige Furie der Frantzosen/welche den Vorzug im Ansatz/und die Ehre des Sieges allein zu sich reissen wolte/eine grausame Niederlage/maßen sie selbst mehrentheils auch darauf giengen. In dieser Schlacht sind 300.Frantzösische Herren und Ritter gefangen/die andern aber alsbald gesäbelt/und in kleine Stücke zerhauen worden/welche 300. nach Gewonheit der Frantzosen/mit schöner Rüstung gezieret/und trefflich mundiret gewesen/derowegen auch/auß Hoffnung einer guten Beute und Ranzion, die Türcken ihrer verschonet/und sie bey dem Leben gelassen. Aber es ist nur eine kurtze Frist gewesen/dann der Türckische Käyser ließ den Grafen von Nivers vor sich fordern/welcher unter den Gefangenen/und gar biß aufs Haupt außgezogen gewesen/(dann es hatten die Türcken ihn seiner Kleider und zienlichen Rüstung gantz beraubet/hingegen alte zerrissene Kleider und Lumpen umgeworffen/) von diesem erkundigte er aller Gefangenen Stand und Gelegenheit/wer sie wären. Als nun der Groß-Türck verstanden/daß diß der Graf von Nivers, hat er ihn gar höhnisch gefraget/wie er so verächtlich bekleidet wäre? Darnach hat er folgender Gestalt mit ihm geredet: Wiewol es wider unsere Manier und Brauch ist/einige Gnade und Barmhertzigkeit irgend einem Christen zu erweisen/so wil ich doch diß mahl deiner Jugend/auch hohen Standes und Geblüts/verschonen/und um dieser Ursach willen nicht allein dir/sondern noch etlichen andern/das Leben schencken. Erwähle die Fünffe auß dem Hauffen/welche ich deinet-wegen ebenmässig mit dem Leben wil begnaden/und diese Fünffe solt du jetzo alsobald/Gegenwarts meiner/mit Namen nennen.

Auf diese Gnade hat sich der Graf demüthigst bedancket/und

und alsbald den Monsr. de Curi, den Grafen von Dinois, Guido, den Herrn von Tremouille, Philipp/Grafen von Artois, und an Statt deß Fünfften/ deß von Vienna, welcher bey der Königl. Haupt-Fahnen/die er geführet/todt blieben war/hat er einen seiner Diener erwählet/ und nambhafft gemacht. Diese 6. Rittere-Personen sind perdonnirt/alsobald von den andern abgesondert worden. Nach diesem befahl Bajazet mit Tyrannischem Gesicht/ und erschrecklichen Gebärden/ daß die übrigen sämtlich Augenblicks vor seinen Augen solten mit dem Säbel zu Trümmern zersetzet werden/ welches auch geschehen. Hierauf ist ein blutiges Spectacul mit den Gefangenen vorgangen. Als nun solch Metzeln und Wüten eine Zeitlang gewähret/hat der Graf ungefähr unter dem Säbeln eine sehr schöne und lange Person/ den Herrn Bucialdum, Obristen Marschall von Franckreich / erblicket/ welchen man gleichfalls auf den Metzel-Platz herzu führete/ fiel derohalben alsobald dem Türckischen Blut-Hund mit gefaltenen Händen zu Fuß/ und bath ihn/mit thränenden Augen/ daß er diesem Ritter das Leben auch schencken wolte/ dann er wäre sein Bluts-Verwanther/ welchen er ihm auch geschencket/ und neben den andern Fünffen zugleich ledig gegeben. Die übrigen 293. sind sämtlich vor dem Gesicht dieser sieben erbärmlich zerstücket worden. Dieses ist eben der Bucial, welcher nachmahls Obrister Gubernator zu Genua gewesen/ und Gabriel Vicecontren/ einen Herrn von Pisa, hat enthaupten lassen/ auch mit Galeazo Gonzaga, Fürsten von Mantua, zu Fuß gefochten. Wiewol er nun/wie gedacht/eine grosse starcke Person/ Gonzuga aber gar klein gewesen/so hat doch dieser den Sieg behalten/ und Jenen dahin gezwungen/ daß er müssen versprechen/ dieweil er lebe/ keinen Harnisch mehr anzulegen.

    Nach diesem erschrecklichen Morden/ist der Graf/ neben seinen 6. Gefährten/ nach der Stadt Bursia geführet/ und allda gefänglich / aber jedoch mit Speiß und Tranck wol gehalten worden/ biß so lang sie sich mit zweymahl hundert tausend Ducaten ranzioniret haben. Aber dieses Mord-Kind Bajazet ist noch in dieser Welt der Straff nicht entrunnen/ sondern von Tamerlan in einen eysernen Kesicht gesperret / darinn er sein eigener Mörder worden/ wiewol über der Art deß Selbst-Mordes die Historici nicht einig sind.

Das XXI. Capitul/

Carl macht einen Gefangenen loß. Untergang deß Tartarischen Käysers Uncham. Carl erhält einen ansehnlichen Jüngling auf einer Insul.

Als der General hiermit zu reden aufgehöret hatte/ wolte Koribut die Gesellschafft in seiner Erzehlung nicht länger aufhalten/ sondern fuhr darinn also fort: Nach gehaltener Mahlzeit wurden wir wieder in unsere Herberge begleitet/ und nachdem die Türcken Abschied von uns genommen/ kam der Kercker-Meister zu uns/ und foderte seine Belohnung. Carl schenckete ihm 10. Ducaten/ wormit er gar freudig darvon gieng. Am folgenden Morgen aber kam er in aller Frühe wieder/ und sagte/ der Gefangene Goly habe ihn an seinen Mit-Gefangenen gesandt/ und liesse denselben höchst-freundlich bitten/ sich seiner Erledigung nach aller Möglichkeit anzunehmen. Carl versprach ihm solches/ und kaum war dieser wieder abgetretten/ da kam der Bassa und Kehaja, mit andern fürnehmen Türcken/ und nachdem sie unsern Edlen Carl demüthig gegrüsset/ sagten sie ihm schuldigen Danck/ für die unschätzbare Wolthat/ die er an ihrem Sultan begangen/ und offerirten ihm so wol in Betrachtung dessen/ als zu Vergessung deß an ihm in der Gefangenschafft begangenen Verbrechens/ 2. grosse Beutel von rothem Scharlacken/ darvon der Eine mit 4000. Ducaten/ und der Andere mit 1000. Löwen-Thalern angefüllet war. Der Großmüthige Carl lächelte hierbey/ und sagte: Ihr guten Freunde/ ich begehre keines Geschenckes/ wollet ihr mir aber eine Gunst erweisen/ so schencket dem Gefangenen/ der neben mir gesessen/ seine vorige Freyheit wieder. Dieser ward alsobald vom Thurn herab geholet/

holet/ in schöne Kleider gestecket/ und unserm Carl geschencket / samt einem schrifftlich-ertheiltem Frey-Brieff/ und obgleich die Türcken bathen/ man möchte doch zum wenigsten einen Beutel mit dem Geld annehmen/ so wolte doch Carl nicht darzu resolviren/ dannenhero fiengen sie an/ für Traurigkeit zu weinen/ und als Carl solches sahe/ sprach er: Ihr Herren/ um euch zu befriedigen/ nehme ich die 1000. Löwen-Thaler/ doch mit dem Beding/ daß ich darmit thun möge/ was mir beliebet. Solches erweckete wieder eine Freude bey ihnen/ und also nahm Carl den einen Beutel/ übergabe ihn einem von den aufwartenden Türcken/ und sprach: Gehet hin/ und gebet darvon die Helffte den Türckischen/ und die andere Helffte den Christlichen Armen dieses Orts. Uber diese Großmüthigkeit verwunderten sich die Türcken zum allerhöchsten/ nahmen ihren Abschied/ und giengen wolvergnüget ihres Weges. Goly aber ward von Carl in seine völlige Freyheit gestellet/ dem er höflichen Danck darfür sagte/ und sich mit Guth und Blut zu seinen Diensten anerbotte/ bathe doch/ anjetzo nicht weiter auf seinen Stand zu dringen/ sondern darmit zufrieden zu seyn/ wann er ihm meldete/ daß er ein unglückseeliger Tartarischer Printz sey.

Also bestättigten diese zween Herren ihre Freundschafften mit verwechselten Ringen/ und Carl reichete ihm 300. Thaler von seinem Geld zum Zehr-Pfennig/ er muste auch zur Mittags-Mahlzeit bey uns in der Herberg bleiben/ und damahls hatten wir einen jungen Capaunen/ der eben so appetitlich außsahe/ wie dieser/ dannenhero assen sie beyderseits mit grosser Lust darvon. Als Koribut dieses sagte/ zog er einen schönen unangeschnittenen Capaun zu sich/ und asse noch etwas darvon/ dann er hatte sich noch nicht recht

recht gesättiget. Wie solches die hohen Gäste mercketen/ da ließ sich immittelst der vormahlige alte Obriste in diesen Discurs herauß: Unter den Tartarischen Printzen gibt es offt so viel seltzame und wunderliche Fälle/ als unter den Christlichen. Den jenigen Feind/ welchem die bewöhrte Faust nichts anhaben kan/ trachtet ein vernünfftiger Regent mit höflicher Freundlichkeit zu zähmen / däß er in Ruhe stehe/ und seine Waffen wider ihn nicht aufhebe. Schmach und Verachtnng gibt dem Widersacher nur ein zwiefache Rüstung / und seinem Degen den allerschärffesten Wetz-Stein. Dann hochmüthige Leute fühlen keine Wunde so schmertzlich / weder ein Schimpff-Wort/ und finden in ihrem Hertzen keine Ruhe / ohne biß daß sie ein Feld voller Todten zum Pflaster bekommen. Nach benannte zween Könige sollen solches erweisen: In dem Reich Cathai, welches einen grossen weitläufftigen Strich diß- und jenseits der Sinesischen Mauren einnimmet/ herrscheten vor Alters die Könige / so man in Europa Preto Johann genennet/ wiewol man hernach diesen Namen irriger Weise dem Abyssiner-König zugeleget hat / der auch noch heutiges Tages/ weil man es so gewohnet/ darunter verstanden wird. Der Letzte von selbigen Königen hieß Uncham, unter welchem dieselbe Monarchie zum höchsten gestiegen/ aber auch mit ihm gefallen. Die Asiatische Nord-Tartarn lebeten Anfangs auf dem Feld hin und wieder zerstreuet/ hatten weder Städte noch Dörffer/ (gestaltsam noch heutiges Tages ihrer viele/ vorauß von den West-Tartarn/ in den Wildnüssen also herum schweiffen/) ihr Hauß war ein behend aufgespannetes Gezelt/ welches stäts mit ihnen wandern muste/ wo sie nur hinzogen. Wo ihnen eine Wäyde begegnete/ da war heut ihre Herberge/ Morgen an-

gen anders wo/daß also diese wilde Völcker mit allem
Fuge den Spruch / wir haben hier keine bleibende
Stätte/ täglich im Mund / und vor Augen hätten
führen können.

Sie hatten unter ihrer Nation keinen rechten
König/ sondern gaben erstbemeltem grossem und
weit-herrschendem König Uncham Tribut, weil sie sich
aber wie das Unkraut von Jahren zu Jahren sehr
mehreten/ auch darnebenst an Kriegerischer Streit-
barkeit zunahmen/ fieng König Uncham an/ sie zu
förchten/ besorgend/ sie möchten ihm dermahleins re-
belliren. Gedachte derhalben solchem vorzukommen/
und ihre Macht zu schwächen/ durch die Zertheilung/
welche gemeinlich eine Uberwinderin der Völcker
zu seyn pfleget. Solchemnach gebott er/ daß sie von
einander ziehen/ und ihrer ein Theil sich anderswo
aufenthaltlich niederlassen solten/ in der Gegend/ die
er ihnen würde anweisen. Solches war ihnen un-
gelegen/ begehrten sich nicht zu trennen/ sondern zogen alle sämtlich in die Wüsteney gegen Norden/ und
nahmen daselbst eine geraume Gegend ein / darinnen
sie sicher beharren/ und ohne Furcht für ihrem König
leben könten/ versagten auch demselbigen die gewöhnliche Steuer.

Uber wenig Jahre hernach/ haben sie auß ihrem
Mittel einen tugendhafften / tapffern und verständigen Mann / mit Namen Chinchis, mit einmüthiger
Zusammenstimmung zum König erkohren/ und demselben im Jahr nach unsers Heils-Geburth 1187.
eine Krone aufgesetzt. Diesem König seynd darauf
von allen Orten her die andern Völcker selbiger Nation häuffig zugelauffen/ und haben ihm ihre unter-
thänige Ergebenheit angetragen.

Er war ein kluger Kopff/ regierete seine Unterthanen

Deß Teutschen

thanen weißlich/ und vermehrete in kurtzer Zeit sein Reich mit 8. eroberten Provintzen. Brauchete auch darbey diese tugendhaffte Manier/daß/wann er einer Stadt oder Schloß sich bemächtiget/seine Leute keinen niederhauen/noch plündern dürfften/der sich ihm unterthänig und im Krieg oder Frieden bedienet zu seyn erbot. Solcher Glimpff und Güte verstrickten Jedermanns Hertz und Gemüth zu seiner Liebe.

Völcker/ die sich von ihrem Herrn mit Gewalt reissen/ suchen gern Ursach/ denselben zu bekriegen/ das Recht der selbst-genommenen Freyheit durchs Schwerdt zu begläntzen/ und Jenem allen künfftigen Anspruch abzuschneiden/ ja wol gar ihn selbsten/ und seinen Staat/ zu ruiniren/ und wo möglich/ sich für Herren der Nation aufzuwerffen/ welcher sie zuvor haben müssen dienen. Dann eines meutenirenden Knechts Hochmuth begnüget sich selten mit der blossen Freyheit/ er wil auch herrschen/ und an Statt der Füsse das Haupt einmahl werden. Solche Eigenschafft eräugnete sich gleichfalls an diesen Tartern/und ihrem erwähltem König/der sich in Reputation, Hoheit und Glorie,sehend/ das Hertz hatte/ bey dem Groß-König Uncham, seinem vormahligen Herrn/ durch Gesandten eine Anwerbung um dessen Tochter zu thun.

Da fande sich/ daß König Uncham zwar viel Länder/aber seinen Zorn nicht beherrschete. Er schlug diese fügliche Gelegenheit auß/ die ihn durch Freundschafft hätte versichern können für ein Volck/ das er durch Gewalt zu dämpffen ihm doch nicht trauete. Und da ihm je die angebrachte Werbung nicht anständig gewesen/ hätte er leicht noch eine glimpffliche Entschuldigung fürwenden möge. Aber es dauchte ihn gar schimpfflich/ daß Jener sich einer solchen An-
muthung

Carls / 3. Theil.

muthung erkühnet / gabe den Abgesandten diese trutzige und verächtliche Antwort: Jch wil lieber meine Tochter dem Feuer / weder meinem Knecht / anvermählen. Sagte hierauf ferner zu den Abgeordneten: Gehet und zeiget eurem Herrn an / weil er übermüthig und thumkühn geworden / daß er seines Herrn Tochter Ehelich zu begehren sich, nicht entblödet / so müsse mein Kind jetzo lieber eines bittern und grausamen Todes / als ihre Jungfrauschafft in seinen Armen / sterben. Nachdem er ihnen diesen rauhen Korb angehänget / ließ er sie spöttlich von seinem Angesicht Darmit hinweg treiben.

Daß die Beschimpffung der Legaten nicht solte ein Unglück haben nach sich gezogen / wird selten geschehen seyn. Chinchis empfande / wie zu erachten / den Spott sehr hoch / und entschloß / durch seinen Säbel denselben redlich abzuwischen / sammlete wider den König Uncham ein grosses Kriegs-Heer / lagerte sich darmit auf der weiten Ebene Tenduc, ließ gleichwol Uncham durch einen Herold zuvor befehden / und ansagen / er solte sich gegen dem Tartarischen König defendiren. Jener verzog nicht lang / begegnete ihm mit einer starcken Kriegs-Rüstung / und schlug sein gewaltiges Heer-Lager bey dem Feindlichen nieder.

Diese Völcker führen gemeiniglich viel Zauberer / Wahrsager / Zeichen - und Stern-Deuter mit sich / dergleichen Waare hatte Chinchis unter seinem Heer auch / und begehrte von ihnen vorher zu wissen / was die Schlacht für einen Außgang gewinnen würde? Darauf nahmen seine Wahrsager ein Riet / spalteten selbiges der Länge nach in 2. Theile / und stiessen beyde neben einander in die Erde / nannten die eine Helffte Chinchis, die andere Uncham, und sprachen zum König: Indem wir anjetzo die Götter anruffen /

III. Theil.　　　　P

ruffen/ werden sie schaffen/ daß diese beyde Riet-Scheide gegen einander streiten; Welches Theil nun das Andere übersteigen wird/ dessen Nam-verwanther König soll in vorstehendem Treffen siegen.

Es lieff viel Volcks hinbey/ solchem Gauckel- und Zauber-Spiel zuzuschauen. Die schwartze Weissager fiengen an/ ihre Gebette daher zu brummeln/ und die gewöhnliche Beschwörungen zu murmeln. Darauf bewegeten sich alsobald die Riete / und kämpfften so lange zusammen/ biß Chinchis Rohr-Stab über Unchams seinen zu stehen kam. Durch welches Spectacul die Tartarn deß Sieges versichert/ und sehr muthig wurden. Hatten also diese Teufels-Beschwerer ihre Kunst fix studiret/ und einen redlichern Teufel/ (wo sonsten unter solchen höllischen Bößwichtern der Name Redlichkeit Statt findet/) zum Abgott/ weder der jenige Lauer war/ welcher den reichen Crœsum mit der bekandten zweiffelhafften Antwort betrog: So fern Crœsus den Fluß Halys passirt/ wird er eine grosse Macht (magnam pervertet opum vim,) zu Grund richten.

Nach dreyen Tagen hielten beyde Armeen eine sehr starcke Lässe / darüber viel Tausend zu beyden Seiten nicht allein in Unkrafften/ sondern gar in den Tod fielen/ und das Feld mit Menschen-Blut überschwemmeten. Endlich wandte sich die Überwindung zu den Tartarn/ Uncham verlohr Feld/ Leben und Herrschafft / alle Drey mit einander auf einen Streich. Dann/ ob zwar Venetus nicht eben ausdrücklich meldet/ wie er umgekommen sey/ gibt es doch die gewisse Vermuthung/ weil er hinzu thut: Die Tartarn haben nach der Schlacht Unchams Reich gantz überzogen/ und unters Joch geworffen; Und sey Chinchis nach Unchams Tod 6. Jahre im
Regi-

Regiment gesessen/ auch in solchen 6.Jahren noch
vieler anderer Provintzen mächtig worden.

Hiermit beschlosse der alte Obriste/und nöthigte
den Koribut, daß er nun auch einen guten Trunck
Weins zu sich nehmen möchte/ damit ihm die Zunge
zu fernerer Continuation seiner Erzehlung desto
läuffiger würde. Koribut lachete/und sagte: Darauf
habe ich lange gewartet/ dann mein Becher ist schon
längst außgeleeret gewesen/ und wann ich nicht bald
einen frischen bekomme/ so wird mir der Capaun im
Magen verschimmeln. Hierauf muste man ihm einen guten Becher mit Wein reichen/ welchen er un-
abgesetzt einschluckete/ auf die Gesundheit aller anwesenden hohen Personen/ darnach setzte er sich wieder zurecht/ steckete sein Messer ein/ und fuhr in seiner
Erzehlung folgender Massen fort: Nachdem Carl
mit Goly abgespeiset hatte/kam der Georgische Schiffer zu uns in die Herberge/und bezeugte seine Freude
über meines Herrn Befreyung/ erinnerte auch dar-
neben/ weil der Wind jetzo gut/ so möchten wir uns
doch bald wieder zu Schiff begeben/ dann er hoffe in
wenig Tagen nach Hauß zu kommen. Carl war dessen zufrieden/ und weil Goly annoch etwas unpäßlich
war/nahmen diese 2.Hertzens-Freunde Abschied von
einander/ und wir setzten uns zu Schiff/ lieffen auch
mit gutem Wind auß dem Hafen/worbey der Bassa
die Canonen auf dem Casteel dem Carl zu Ehren lösen liesse. Wie sie etliche Tage geseegelt hatten/ kamen wir an eine kleine Insel/ und weil dem Schiffer
die Gelegenheit dieser See bester Massen bekandt/
wolte er hieselbst anlegen/ um etwas Holtz einzuneh-
men/ dessen im Kochen und sonsten sich zu bedienen.
Er seegelte also darnach zu/ und muste wegen deß un-
tieffen Ufers etwan 200.Schritte darvon den Ancker

P 2 fallen

fallen laſſen/ darauf ſetzete er den Booth auß/ und es muſten etliche Matroſen an die Inſel fahren/ zu welchen wir 2. Fremdlinge uns auch geſelleten/ dann Carl hatte Luſt/ auf dem Land ſich zu erfriſchen. Indem nun die andern mit Holtzhauen geſchäfftig ſind/ gehen wir mit unſerm Schieß-Gewöhr in einem dicken Wäldlein umher/ und bemächtigten uns etlicher Vögel zur Luſt. Aber/ als wir an der andern Seiten der Inſel ans Ufer kamen/ funden wir eine junge anſehnliche Perſon da ligen/ die ſich nicht mehr regete. Wir rühreten ſie an/ aber ſie lag ſtill/ jedoch waren ihre Glieder noch nicht ſteiff/ noch erkaltet/ und wir ſpühreten auß den Lippen einen/ wiewol gantz ſchwachen/ Athem annoch an ihr/ das Anſehen dieſes armſeeligen Jünglings war gut/ und ſeine Stirne ſtellete uns ein redliches Gemüth dar/ dannenhero/ und wie er endlich ſeine Augen erſchlieſſend/ mit außgeſtreckter Zungen zu erkennen gab/ daß er gern wolle erquicket ſeyn/ ſo lieff ich eylends nach einem kleinen Bächlein/ und holete friſches Waſſer in meinem Hut/ darmit beſprützeten wir den Jüngling/ und gaben ihm ein wenig in den Mund zu trincken. Es ſchiene/ als wann er ſich hiernach etwas erholete/ und wie er ſich darauf weiter erkläreter/ daß ihn ſehr hungere/ da nahmen wir Beyde ihn/ und trugen ihn/ dann er war ſehr leicht/ und gantz außgezehret/ nach dem Strand/ wo unſer Schiff lag. Wir lieſſen ihm eine kräfftige warme Suppe machen/ wornach er ſich gewaltig erholete/ und weil wir noch etliche Tage allhier ligen blieben/ kam Moraja, ſo nennete ſich dieſer Jüngling/ ziemlich wieder zurecht/ da er dann unſerm Edlen Ritter zufoderſt hertzlichen Danck ſagte/ daß er ihn vom Tod errettet/ welchem er/ im Fall ihm Niemand mit Eſſen und Trincken zu Hülff getretten wäre/ durch Hunger

bald

hem Ansehen alleinmahl gelebet / diese letzte Zeit in der allergrösten Armuth auf dieser Insel/indem er darzu von aller Menschlichen Gesellschafft verlassen gewesen/ kümmerlich zubringen müssen: könne er demnach wol der Welt zu einem Exempel dienen / daß auß einem reichen Menschen bald ein Armer werden könne/ daß der Jenige / so grosse Gold-Klumpen zu Hauß besitzet / an einem andern Ort wol verschmachten müsse/indem er nicht ein Bißlein Brodts haben könne/ und daß man sich also nicht zu sehr erheben solle in seinem Glück / Reichthum und Wolstand/ weil ein sonderlicher Unglücks-Fall alles über einen Hauffen zu werffen vermöchte.

Das XXII. Capitul/
Hier werden verschiedene Exempel unglücklicher Printzen angeführet / wie auch der unglückliche Außgang deß von Fiesco angesponnenen Revolte zu Genua.

Als Carl diesem sittsamen und feinen Jüngling zugehöret hatte/ antwortet er dem Moraja gar sanfftmüthig/ wie folget: Die Jenigen/ so im Elend gebohren sind/ scheinen darzu gezwungen zu seyn/ darinnen zu leben/ und deßwegen gewöhnen sie sich allgemach daran. Und obgleich es das Ansehen hat/ daß sothane Leute erscheinen mit einem Gesicht/ welches allwege gleich gestaltet ist/ so ist doch gewiß/ daß ihre Standvestigkeit nichts anders ist/ als eine Tugend von äusserlichem Schein/und daß sie bey ihnen selber verfluchen das Unglück / welches sie auf dem Schau-Platz zu preysen scheinen. Wann man
aber

aber fürnehme Standes-Personen und hohe Printzen in solche Noth verfallen siehet/ daß sie vor unsern
Thüren sitzen/ die gewohnet waren/ sich auf ihrem
Thron aufwarten zu lassen/ das ist ausser Zweiffel so
fremd/ als unglaublich/ und folgends gar schwer zu
begreiffen/ und dannoch findet man dergleichen jämmerliche Exempel mehr/ als eines. Ist nicht der Syra-
cusische König Dionysius dermassen erniedriget wor-
den/daß er gezwungen ist/ ein niedriger Schulmeister
zu werden? Und daß er/ um ein Stücklein Brodts
zu verdienen/ genöthiget ist/ die Jenigen zum Lachen
zu bewegen/ die er in seiner Tyranney zum Weinen
offt gebracht. Mit was für Scham hat sich nicht
Ludwig/ Hertzog von Anjou, ein angenommener
Sohn der Ungarischen Königin Johanna, von Nea-
polis verjaget sehen müssen? Aber mit welcher Gedult hat er sich wissen zu fügen nach seinem Unglück/
welches so groß gewesen/ daß er verkaufft hat alles
das Jenige/ was er gehabt/ bloß um sein Leben zu
kauffen? Als dieser Printz in Puglia starbe/ verließ er
nichts mehr/ als einen Schlaff-Rock/ und das Gedächtnüß seiner Armuth. Käyser Carolus Magnus
ist so unglückseelig gewesen/daß er offt seinen Hunger
nicht hat stillen können/ und ob er gleich den Käyser
Arnulph um ein Jährliches Einkommen gebetten/ so
ist er dannoch allweg so elendig blieben/ daß er end-
lich/da er verstorben/ wie der ärmste Burger von
Constantz ist begraben worden. Cinelius, Hertzog
von Equois, kam in solchen Stand/ daß er ein Diener
seyn muste deß Römischen Burgermeisters/ der ihn
gefangen hatte. Einer von den Printzen und Söhnen deß Macedonischen Perseus ward genöthiget/ ein
Goldschmidts- und der andere ein Huffschmidts-
Jung zu werden/ um lieber ihr Brodt zu verdienen/
als

als solches vor den Thüren zu erbetteln. Als Ferdinand/ ein natürlicher Sohn deß Portugallischen Königs Johannis, unter den Mohren/nachdem sein Vatter die Schlacht verlohren/gefangen lag/da muste er/ mittelst seiner Aermen/eine Hand-Mühl treiben/um dardurch seines Lebens Unterhalt zu suchen/und deßwegen haben die Portugiesen so viel von ihm gehalten/ daß sie ihn für heilig geachtet/ und auß seiner Ubung ein Marter-Werck gemacht haben. Maffeus erzehlet eine seltzame Geschicht/ von Manuel de Sousc, zugenannt Sepulveda, Gouverneur deß Portugallischen Castels Diu in Ost-Indien. Nachdem dieser Herz lange Zeit an seinem Ort glücklich gewesen/kam er nach Cochin, nicht weit von Calicut, allwo er Anno 1553. im Januario auf ein grosses Schiff gieng/ das 600.Personen/nebst grossem Reichthum/führete. Aber sein Vornehmen erreichete bey weitem nicht das Glück/das er ihm vorgenommen hatte. Seine Gemahlin/Kinder/Diener und Sclaven/liessen mit ihm in die gröste Gefahr/ das grosse Schiff strandete nicht weit von Mohrenland/ und die See hat Niemand verschonet/ als deren/ die halb nackend ins Wasser sprungen/ und die stoltz gnug waren/ zu versuchen/ was für ein böses Glück sie könte geleiten. Eleonora, Manuels Gemahlin/ eine Tochter deß Portugallischen Vice-Roy in Indien/hat den wilden Mohren nach aller Möglichkeit widerstanden/welche sie plündern wolten/ welches die Barbarn an ihrem Mann und Kindern schon gethan hatten vor ihren Augen. Aber ihre Gegenwöhr ist doch endlich zu schwach gewesen/ und ihr Hertz hat nicht zugelassen/ das Gesicht abzuwenden von dem Reichthum/den sie zur Welt getragen hatte. Sie bedeckete sich vor den Mohren mit Sand/ und machte auß ihren Haaren

ein

ein Seil/damit sie sich auf eine kleine Zeit vor Schan‍de bewahren möchte. Sie beschwur ihre Diener zur selbigen Zeit/ daß sie ihre Person nach aller Möglich‍keit bewahren möchten/ und darnach thäte sie nichts/ als daß sie ihre Kinder beweinete/ welche sie vor ihren Augen hatte / und die selber für grossem Hunger die Kräfften nicht hatten/ihr eigen Unglück zu beweinen. Manuel war lange Zeit gantz auß ihm selber/und kam auch nicht wieder zu sich selber/als wann er vom Blitz getroffen wäre. Als er endlich seinen Verstand wie‍der bekommen/ darneben seine Gemahlin und Kin‍der in jämmerlichem Zustand gesehen/ da ist er in ei‍nen nahe gelegenen Wald gesprungen/und hielte sich darinn auf/ wiewol die Kräfften mit seinem Sinn und Muth nicht überein kamen. So bald er wieder auß dem finstern Wald zuruck gekehret / fande er sein jüngstes Kind todt / und seine Gemahlin in der aller‍äussersten Schwachheit/ als welche in 3.gantzen Ta‍gen nichts gessen hatte. Er begrube seinen Sohn sel‍ber/aber mit welchem lebendigem Empfinden/kan ein Jeder leicht erachten. Am folgenden Tag gieng er abermahl in den vorigen Wald / und als er von dan‍nen wieder kam/ seine liebe Gemahlin zu sehen/ und sein ander Kind/ fande er dieselbe todt ligen/ vor den Füssen etlicher Mägden / die ihnen selber das Haar außrissen / und mit ihrem hefftigen Geschrey bemü‍het zu seyn schienen die Todten vom Sterben wieder aufzuruffen. Er thäte die letzte Pflicht an einem und dem andern / er scharrete seine Gemahlin und Kind unter den Sand/ und gieng wieder nach dem Wald/ um seinen rasenden Hunger zu stillen / aber er muste den Hunger der wilden reissenden Thieren sättigen/ und hat kein ander Grab erhalten/ als den Bauch derselben Bestien.

Unter

Carls / 3. Theil. 233

Unter dieser Erzehlung weineten alle/die Carln zuhöreten/ insonderheit aber der holdseelige Moraja, welcher gar offt unter dieser Erzehlung seufftzete/Carl aber fuhr noch weiter fort/ und sagte: Nonomus, ein König der Parther/ nachdem er auß seinem Königreich verstossen worden/ durch seine Unterthanen/ hat mit sich genommen das Reicheste und Schönste/ um darvon unter den Feinden zu leben/ gleich wie David ehemahls geflohen ist nach Achis / Alcibiades und Themistocles nach Persien/ und Coriolanus nach den Volscis, aber der Käyser Tiberius hat ihm hernach seinen Schatz genommen/daß er genöthiget worden/ zu Antiochia vor den Thüren zu betteln/ und die Almosen zu empfangen mit der Hand/welche gewohnet war/den Scepter zu führen. Belisarius, deß Käysers Justiniani Feld-Obrister / verlohr die Gnade seines Herrn/ zusamt aller Hoffnung/ dieselbe dermahleins wieder zu erlangen/und also fande er in diesem Jammer-Stand keine bessere Freunde/ als die ihm ein Stücklein Brodts zuwarffen/um sein Leben zu erhalten. Dieser grosse General saß an der Strassen/recketez seine Hand auß/ und schrye zu den Vorübergehenden: Date Obolum Belisario! Gebt doch dem weyland berühmten Belisario auß Barmhertzigkeit einen Heller. Er hatte 2.mahl triumphiret über die Perser und Vandalen/nach Art der alten Römer/und dannoch war er zufrieden/das Almosen zu empfangen von solchen Leuten/die vormahl ihre Zuflucht bey ihm gesucht/und gefunden hatten. Von König Christierno in Dännemarck erzehlet man/daß er sey gestorben im Gefolge Käysers Caroli V. unter der Bedienung eines schlechten Edelmanns/ da er doch dieses Käysers Schwester im Ehe-Bett hatte. Andere sagen/er sey mit seiner Gemahlin nach Seeland geflohen/auß

P 5 Furcht/

Furcht/Straffe zu leyden/wegen seiner verübten ungemeinen Grausamkeit/ allda sey er so schändlich gestorben/ daß er keinen andern Krieg geführet/ als wider den Hunger/ von welchem er biß an sein letztes Ende verfolget worden/ wiewol der Dähnische Scribent Swaning anders von seinem Lebens-Lauff und Ende redet. Ein Bischoff von Upsal in Schweden ist im Krancken-Hauß gestorben/ unter der Päpstl. Regierung Pauli III. und Menenius ist begraben worden von den Almosen. Philippus Cominæus behauptet/ gesehen zu haben einen Hertzog von Lancaster, welcher die Schwester Königs Eduardi von Engelland geheurathet/ dieser hat barfuß hinter dem Hertzogen von Burgund hergelauffen/ nachdem zwischen seinem und dem Jorkischen Hauß wol 7. oder 8. Feld-Schlachten gehalten worden/ in welchen über 70. Printzen umkommen sind. Viel grosse Männer/ als Aristides, Manlius, Curius und Cajus Fabricius, sind nicht glücklicher gewesen/ noch reicher/ und solches nicht so sehr wegen ihrer Trägheit/ als wegen ihrer Tugend/ und ihre Armuth ist nicht gezwungen/ sondern freywillig gewesen. Doch findet man auch viel Exempel derer/ die auß eigener Schuld in das äusserste Unglück sind gestürtzet worden/ darvon ich zum Beschluß nur ein Einziges beytragen wil.

Der Leib/ so Eyter in seinen Gebeinen/ und der Staat/ welcher innerlichen Haß und Neyd in seinen Gliedern hat/ die können beyderseits übel ruhen; Bricht aber der Groll auß in offentliche Thätlichkeit/ so gehet es ohne grosse Veränderung nicht ab/ worbey sich selten der Theil/ so seinen Gegentheil der Ehren und Glückseligkeit zu berauben gedencket/ sich selber darüber in grosses Unglück stürtzet. Wir wollen
nach

nach der Italiänischen berühmten Stadt Genua sehen/ welche ehemahlen ihre Colonien biß an dieses Meeres Küsten außgesandt/ und die Stadt Caffa selber grossen Theils in grossen Glantz gebracht hat. Die wird uns einen klaren Spiegel vorstellen/ und zeugen können/ was die Land- und Stadt-verderbliche Unholdinnen/ Abgunst und Zwietracht/ für einen gefährlichen Brandt anzuschüren wissen. Octaviano Fulgose, das Bild eines rechtschaffenen Liebhabers deß Vatterlandes/ hatte die Vestung/ so Ludwig der XII. König in Franckreich/ dem Genuesischen Staat aufgebürdet/ auß sonderbahrem Trieb und Verlangen/ sein Vatterland zu befreyen/ zu rasiren sich unterstanden/ da er doch dieselbe leichtlich/ zu Veststellung seiner eigenen Hoheit/ ohne Jemandes Verkürtzung/ hätte können in seiner Hand behalten/ und darneben seinen Mit-Burgern alle ihm angethane Unbilligkeit und Überlast verzeyhen. Aber/ was ist dieser so fürtrefflichen Tugend für eine Vergeltung worden? Käyser Carolus V. der seiner Gelegenheit stäts wahrzunehmen pflegete/ bemeisterte sich zuletzt wieder der Stadt/ da muste ein solcher Lob-würdiger Burger ins Elend ziehen/ und seinen grösten Feinden/ denen von Adorni, den Platz lassen. Indem man aber geschäfftig war/ durch Friede und Eintracht die Sachen in einen guten Stand zu bringen/ und hierinnen sich nach eines mächtigen Fürsten/ nemlich nach Papstes Clementis VII. Beystand umsahe/ setzten immittelst die Frantzosen die Stadt wieder in ihren Gehorsam. Nach dieser Veränderung ward mit Zulassung Theodori Trivultii, welchem der Frantzoß die höchste Authorität gönnete/ eine gantz neue Weise der Regierung eingeführet. Nachmahls aber/ da Andreas Doria deß Königs Dienste/ wiewol zu unbequemer Zeit/

mer Zeit/ quittiret hatte/ und Trivultius wieder auß Genua vertrieben/darzu die Stadt Savona den Frantzosen genommen war/ zu mercklichem Vortheil und Versicherung der Genuesischen Freyheit/ ward das Regiment wieder auf einen andern Fuß gesetzet/ und eine solche Regierungs-Art angestellet/ welche den Adel so sehr erhube/ als die Gemeine druckete/ wordurch der alte Haß deß Volcks gegen dem Adel/ der nur allererst neulich erloschen/ wieder anfienge zu glimmen/ und die Gemüther dermassen erhitzete/ daß der Burgerschafft zu einem empörlichen Auffstand weiter nichts/ dann nur ein Anführer und Haupt/ zu mangeln schiene. Hierzu fande sich/da andere schwiegen/Johann Ludovico Fiesco,oder Flesco,von Lavinia gantz willig und bereit. Weil dieser von Durchleuchtigem Blut und grossem Muth war/ stach ihm vorlängst schon die wachsende Blume deß Dorischen Geschlechts in die Augen/ und zwar so viel desto mehr/ weil er das Seinige keines Weges geringer/ als das Ihrige/ schätzete/ und dannoch Jenes an Authorität und Hoheit weit muste über sich erhaben sehen/ja fast höher/ als einem freyen Staat nutz- oder zuträglich seyn dürffte. Und ob er gleich den frischen vielfältigen Verdiensten deß Andreæ solches wol gegönnet/wolte er es doch dessen Vettern/ dem Jancrino, nicht gestatten/ welcher zum Weber-Stuhl aufgezogen war/und dannoch/ in Ermanglung anderer Männlichen Erben/vom Andrea zum Nachfolger und Erben geschickt ward/ massen ihm zu dem Ende allbereit 20.Galleen untergeben wurden/und hierauß eben so bitterer Haß bey dem Flesco,als grosses Ansehen bey dem Adel/ erwuchse. Solchem nach suchte dieser Flesco, seine Intention und Ziel durch einen gantz andern Weg/nemlich allein durch die Gunst der Gemeine zu erhalten/

zu wel-

zu welcher er sich auf allerhand Weise eingedrungen/ beydes durch Leut-seeliges Verhalten gegen Jedermann / und freundliche Conversation mit den fürnehmsten Bürgern.

Aber / seinem Zweck etwas näher zu rücken / beschlosse er/ wol wissend/ daß in den See-Städten die Macht zu Wasser viel mehr außrichten könte / als die Waffen zu Land / sich deßfalls in allwege zu verstärcken/ führete auch seine Entschliessung ins Werck/ und kauffte denen von Pisa ihre Galleen ab / um sich derselben bey Zeit und Gelegenheit zu gebrauchen. Solcher Handel deß Fiesco kunte so verdeckt nicht gespielet werden / daß nicht dann und wann einer und anderer dem Andreas deßwegen einen Winck und Warnung gegeben hätte; Aber der fromme Herr/ welcher gantz nicht argwöhnisch / sondern sehr gutherzig war / und von diesem jungen Menschen nichts Widriges vermuthete / schlug solches alles in den Wind/ worzu nicht wenig halff/ die höfliche Gunst-Bezeugung / oder vielmehr Genuesische Falschheit/ wordurch Fiesco ihn und die Seinigen aufs Allerkünstlichste zu blenden wuste. Unterdessen wird Fiesco, wegen deß Cardinals Trivultii, durch Nicolao Foderato, der ein Ritter / und deß Fiesco Schwager war/ ersucht/ ob er sich nicht möchte gebrauchen lassen/ den Frantzosen zu Dienst / nemlich diesen die Stadt Genua in ihre Hände zu lieffern / gegen Vorstellung hoch-beförderlicher Belohnung? Welches er eingehet / aber nachmahls / da ihn Johann Baptista Franco Verrina anders unterrichtet/ und gerathen/ lieber sich selbsten / als die Frantzosen / zu Herren von Genua zu machen/ wieder bereuet/ und dem Foderato zurück entbieten lässet/die außgelieferte Brieffe ihm wieder zustellen/ sintemahl er anders Sinnes wäre worden.

Wie

Wie er nun solcher Gestalt zu einer guten Hoffnung aufgemuntert/ nimmt er den Verrina, nebst Raphaël Sacco, einen Rechts-Gelehrten/ und Vincentio Calcaneo, mit sich an einen geheimen Ort/ allwo über diesem Handel unter ihnen Rathschlag gehalten wird. Calcaneo verwarff den Anschlag/ als gantz gefährlich. Verrina aber/ bey welchem Tapfferkeit/ und ein Edles Gemüth sich ereigneten/ drange durch/ vorgebend/ es wäre nichts Löblichers/ als die bösen Bürger/ so die Gewogenheit deß Volcks/ und den Schein der Freyheit/ zu ihrer eigenen Macht und Hoheit mißbrauchten/ von ihrem Thron zu stossen/ und solche Gewalt mit besserm Recht/ als Uberwinder/ an sich zu ziehen/ sintemahl die Sachen nunmehro also wären beschaffen/ daß sie entweder hinführo schändlich dienen/ oder herrlich regieren müsten. Hierzu stieß die Gefahr/ darinn Fiesco damahls/ wiewol unwissend/ stunde/ wegen der an sich erhandelten See-Macht/ welche den Janetino anders nicht/ als zu tieffem Argwohn/ und Rachgieriger Erbitterung anreitzen kunte; Worauß ungezweiffelt Nachstellung und böse Stricke zu gewarten/ denen man zu contraminiren zuvor kommen müste/ und nicht allein gegen den Janetino, sondern auch wider den Andreas selbsten/ und andere ihres Geschlechts/ sich in gute Verfassung stellen; In Betrachtung/ daß diese sonst bequem und streng gnug wären/ deß Janetino Rächer zu seyn. Noch mehr ward dieser Rath bestciffet/ durch die gute Gelegenheit/ so sich selbst darzu anerbietig machte/ weil die Doriæ noch zur Zeit ohne Argwohn/ und in ihren Häusern/ ohne einige Leib-Hut/ gantz sicher lebten/ auch ihre Galleen selbst mit anders keinem Volck/ ohne allein mit Ruder-Knechten/ besetzet waren/ und gleichsam da lagen/ als ob sie warteten/ biß

einer

Carls / 3. Theil. 239

einer käme / und sich ihrer bemächtigte / darum fiel Fiesco dem Verrina desto williger bey / weil er vorhin zu dieser Meynung sehr geneigt war. So versprach ihm auch Verrina seine möglichste Hülffe zu Außführung deß Anschlags / allermaffen er in thätlichem Unterfangen kühn / darneben mit einer schweren Schuldenlast gedrücket war / und also nur Gelegenheit suchte / durch die Wunden deß gemeinen Wesens seinen eigenen Schaden zu heilen.

Also fehlete nun nichts weiter / ohne die Weise mit einander abzureden / wie man den Handel angreiffen müste / und ward endlich vorgeschlagen / daß man in der Kirchen St. Andreas einen hohen Gottesdienst anstellen / und die Dorien darzu einladen solte / um alsdann dieselbe zu ermorden / und durch ihren Mord dem vorhabenden Anschlag seinen Anfang zu machen. Weil man aber hierbey bedencken muste / daß Andreas Doria, von wegen seines hohen Alters / vielleicht nicht selbst darbey erscheinen / sondern durch einen Diener seine Gabe und Verehrung schicken / und dieser dem Gottesdienst in seinem Namen beywohnen dürffte / ward solcher Vorschlag / als unnütz / verworffen / ohnangesehen Verrina auf sich nahm / im Fall Andreas Persönlich nicht kommen solte / gleich in selbiger Stunde nach ihm hinzu gehen / als ob er ihn wolte besuchen / und in seinem eigenem Hauß zu ermorden.

Die hitzige Begierde gemeiner Freyheit siehet weder Treu / noch Wolstand / noch einige mitleydige Betrachtung an / wann sie in voller Glut stehet. Das mag man auß dieser Begebenheit gnugsam abnehmen: Dann / erwehntes Mittel war kaum von ihnen / auß angefügter Ursach / verschmähet / als sie bald ein anders / welches eben so verrätherisch und abscheulich /

wähleten /

wähleten/ nemlich/ daß Fiesco den Andreas, samt dem
Janetino, und andern deß fürnehmsten Adels / solte
zu einer Gastung bey sich einladen/ und sie unter der
Mahlzeit erwürgen lassen. Nach Verrichtung solches saubern Stückleins/ durch die Gassen der Stadt
lauffen/ die Gemeine zu ihrer Freyheit beruffen/ und
alsobald das Rath-Hauß einnehmen. Wann solches
geschehen/ so wolte Verrina eine Kron auß seinem Bu-
sem hervor ziehen/ und dem Flesco aufs Haupt setzen/
ihn darmit zu einem Hertzog von Genua coroniren/
auch zur Stunde das Volck zwingen/ daß es ihm die
Hertzogliche Würde bestättigte/ und huldigte.

 Jedoch gienge dieser Rath eben so wenig von
statten / weil Andreas Doria plötzlich / mit einem
schmertzhafften Zipperlein angegriffen wurde / wel-
ches/ neben seiner Hand/ auch zugleich die Hoffnung
seines bey der Gasterey Persönlichen Erscheinens
lähmete. Den Janetino verhinderte gleichfalls eine
Sache/ daß er gegen den bestimmten Tag / als den
4. Jenner/ nicht kommen kunte. Solche Vorfälle
fälleten auch den gefasseten Anschlag / oder versetzten
ihn nur vielmehr von einer Manier auf die andere/
also/ daß beydes der Tag/ und das Mittel/ verändert
wurden.

 Zum Mittel erwählete man dieses: Flesco solte
eine seiner Galleen außsenden / gleichsam auf den
Raub/ wider die Türcken/ als für welche der Papst
ihme keine Bezahlung schickte/ und ihn dardurch be-
müssigte/ sich selbsten solcher Gestalt darnach umzu-
thun. Dieses Vorhaben vertrauete er (auß unge-
treuem Hertzen aber/) dem Janetino, damit derselbe
desto weniger darauß argwohnen möchte/ aber keines
Weges dem Andreas, weil (wie er sägte/) zu besorgen stünde/ derselbe dörffte/ wegen deß Friedens/ zwischen

schen Solimann und dem Käyser/darwider seyn. Zu diesem Ende ersuchte er Petrum Aloysium, damahls Hertzogen von Parma, um einige Völcker/ welcher ihm gantz gern hierinn willfahrete/ und darzu die allerkühneste/ behertzteste Leute seiner Besatzungen außklaubete. Selbige Auxiliar-Völcker conjungirte Flesco mit denen/ so entweder unter seinem Gebiet stunden/ oder ihm um den Sold dieneten. Ob nun zwar auch dieses der Oberste deß Kriegs-Volcks/ Johann Torso, erwiederte/ und dem Andreas andeutete/ließ dieser dannoch solches mit Stillschweigen vorbey gehen/ weil Janetino ihn unterrichtete/ was Flesco darmit wolte tentiren.

Endlich/ als die Nacht/ so zu diesem Werck bestimmet/ (war die zweyte Nacht deß Jenners/) herbey gekommen/ ließ Flesco das versammlete Kriegs-Volck in seinem Hauß/ welches/ als wie auf einer Insul/ von den andern abgesondert war/ verbergen/ und bestellete die Tapffersten zu Thür-Hütern/ also/ daß Jedweder hinein/ keiner aber wieder hinauß kunte/ ohne/ die ihm sehr wol bekandt/ und seines Anhangs.

Vorher hatte Verrina einige fürnehme Bürger zum Essen erbetten/ als nun dieselbe über der Mahlzeit sitzende/ das ungewöhnliche Getöß der Waffen vernahmen/ und darüber aller erschrocken waren/ hat Flesco ihnen deßfalls zugeredet/ und gesagt/ sie dörfften sich im Geringsten nicht fürchten/ sintemahl sie nicht so sehr zur Gasterey/ als vielmehr zu guter Brüder- und Gemeinschafft eines fürtrefflichen Stückleins/ beruffen wären/ um/ gesamter Hand/ den Wolstand der Gemeine/ durch Vertilgung der Dorianischen Tyranney/ welche durch den Käyser gestifftet/ mehr und mehr sich ergrösserte/ zu restabiliren/ allermassen

maſſen er geſinnet wäre/ ein für allemahl/ ihrem böſen Vornehmen ſich zu widerſetzen/ mit Unterdrückung der Anführer/ und deren Anhangs/ in Hoffnung/ den Staat durch Hülffe der Frantzoſen zu verſichern/ welche ſie jederzeit dienſamer/als die Käyſerliche/ befunden hätten/ jetzo wäre alles darzu fertig und bereit/ dafern ſie/ als fürnehme Leute dieſes Staats/ ihren behülfflichen Beyſtand verleyhen wolten/ wie er dann ſo wol/ als das gemeine Seufftzen deß Vatterlandes/ keines andern ſich zu ihnen weder könte noch wolte verſehen.

Dieſen Reden noch weitern Nachdruck zu geben/ warff er alſofort etliche Drau-Worte hinzu/ Innhalts/ wofern ſie ihm hierinn ihren Beyſtand würden verſagen/ dürffte/ wegen einer ſolchen/ dem gemeinen Weſen und deſſen Beförderer zugefügten Unbilligkeit/ über ſie ſelbſten eine ſtrenge Rache ergehen.

Das Stillſchweigen dienete dieſen Erſchrockenen für eine Sprache der Bewilligung/ jedoch fiengen etliche an/ auß lauter Unbedachtſamkeit/ das Werck zu rühmen/und erbotten ſich/zu folgen/wohin man ſie würde führen. Allein zween wurden unter ihnen gefunden/welche/weil ſie für dem Handel einen Abſcheu hatten/ lieber ihre Zaghafftigkeit bekennen/ weder ihre Hände mit einem ſo ſchändlichen Mord beſudeln wolten/ und deßwegen in eine Kammer allein verſperret wurden/ dieſe waren Baptiſta Juſtiniano und Bava.

Inzwiſchen verfüget ſich Fleſco ins Frauenzimmer/woſelbſt er einen trefflichen und gelehrten Mañ/ Paulo Panſa, bey der Gräfin fande/ dieſer und ſeine Gemahlin fragten/ was doch die Urſach deß rumorenden Getümmels wäre/ welches ſie ſchon lange

Zeit

Carls / 3. Theil.

Zeit hätten gehöret? Und da er ihnen alles entdeckte/ suchten sie/ihm durch allerhand vernünfftige Ursachen ein so gefährliches Werck auß dem Sinn zu bringen. Ja/ seine Ehe-Liebste fiel vor ihm auf die Knie/ gabe ihm die besten holdseeligsten Worte/ und bemühete sich/ mit ihren heissen Thränen sein Felsen-Hertz zu erweichen / daß es diesen verderblichen Vorsatz doch möchte fahren lassen. Aber umsonst! Er gabe ihr zum Bescheid / diese Nacht solte entweder seine Letzte seyn / oder künfftigen Morgen solte man ihn einen Hertzog/und sie Hertzogin von Genua sehen. Darbey er/helff GOtt! zu sagen/ ohne Zweiffel vergessen hat/ allermassen auch nicht GOttes / sondern deß Teufels Hülffe / solchen Mördlichen Rathschlägen die Hand bietet.

Hierauf machte er sich/ mit seinem Anhang/ zum Hauß hinauß/sandte die Frischesten und Resolutesten von seinen Trouppen vorauß/folgete selber mit seinen Freunden / samt dem Hauffen derer Bürger / so ihm zugethan waren/hinten nach. Seinem Bruder Cornelio gab er Befehl / die Bogen-Pforte zu überwältigen. Nachdem solches geschehen/begab er sich nach der Brücken/dahin die Gallee/welche ihm zum Deck-Mantel seiner Unterfahung dienen muste / und nunmehr gerüstet war/gebracht werden solte/aber auf eine Sand-Banck war zu sitzen kommen / und ihn also länger/ dann eine halbe Stunde/ aufhielt.

Folgends empfienge sein Bruder Ottobano Ordre von ihm / nebenst Calcaneo sich deß Ports St. Thomas zu bemächtigen/gleich wie Thomas Assareto Vezzes auf den Port von Darsena gecommandirt ward/ durch welchen man nach dem Hafen der Galleen gieng. Solches verrichtete Ottobano, welcher die Schild-Wacht allbereit zuvor mit Geld hatte bestechen/

stochen / ohne sonderbare Mühe / und die übrigen Wächter wurden von ihnen entweder getödtet / oder weggejaget. Den Vezzes, der deß Janetino Bedienter war / ließ man gleichfalls / ohne einigen Widerstand / ein / weil er aber die Losung / oder das Zeichen / ein wenig zu frühe gab / schloß man ihm die Pforte wiederum vor der Nase zu / weßwegen Flesco, da er solches erfuhr / dem Scipione Borgognino befahl / dieselbe gewaltsamlich zu übermeistern / wie dieser auch gethan.

Nachdem bedeutete Schiff-Porten solcher Gestalt geöffnet waren / machte sich Flesco zur Stunde nach den Galeen / weil er hörete / daß die Sclaven beginneten ihre Ketten abzuschlagen / und durchzugehen. Als er aber über die Brücke / darüber man nach den Galeen gieng / zu lauffen meynete / traff ihn das Unglück / daß er / nebst denen Soldaten / so ihm nachfolgeten / mit samt der Brücken / von oben herunter ins Wasser fiel / und weil er sich / der Rüstung halben / nicht retten / noch ihm Jemand helffen kunte / jämmerlich ertranck.

Unterdessen kam das Gerücht dieser Aufruhr biß an die Vorhäuser deß Andreas, worüber Janetino durch seine Haußfrau aufgeweckt in den Wahn gerieth / das Schiff-Volck hätte sich mit einander verunwilliget / und derhalben allein in Schiffs-Kleidung samt einem Fackel-Träger dahin gieng / um ihre Streit-Händel zu schlichten. Da er an die S. Thomas Pforte gelanget / fand er daselbst den Ottobano, mit seiner Rotte / und ward von denselben / so bald er nur auf ihre Frage seinen Namen von sich gegeben / grausamlich ermordet. Die Ruder-Sclaven / so inmittelst sich loßgewürcket hatten / streueten es durch die gantze Stadt umher / brachten alles in die Ruhr / also / daß

daß ein Jeder das Beste thät / sich in Sicherheit zu begeben. So lieffen auch die Zusammengeschworne gleichfalls hier und da.

Andreas Doria aber / da er hörete daß die Fasciolanische Pforte albereit von seinen Feinden wäre bezwungen / und solchemnach in Furchten stunde / sie dörfften ihm auch geschwinde auf den Halß komen / fiel er schnell zu Pferde / und rannte auf die Stadt Mozo zu/welche 15. Meilen von dannen liget. Mittler Zeit begaben sich die Regenten der Stadt / auf Anregung deß Käyserl. Gesandten/ Gomes Suarez de Figueroa, nebst dem Cardinal Doria, Christophoro Pallavicino und Antonio Calvo, vergesellschafftet mit einer guten Anzahl Kriegs-Volck/ nach der Fasciolanischen oder S. Thomas-Pforten/ von welcher sie aber durch Hieronymo Flesco mit Gewalt zurück getrieben wurden. Weil sie dann sahen/daß allda mit Waffen nichts außzurichten stünde / sandten sie den Hector Flesco, Agostino Lomellino und Ansaldo Justiniano zum Hieronymo, und liessen ihn fragen: Was der Graf von Lavinia begehrete? Bathen darnebenst/er wolte/gemeiner Ruhe halben/ auß der Stadt ziehen. Welche Abgeordneten gnug zu schaffen hatten / daß sie den grausamen Händen deß Verzes entkamen. Aber Hieronymus, welcher nunmehr den Tod seines Brudern vernommen / und deß höchsten Gebiets zu Genua sich selbst angemasset hatte/befahl den Regenten anzudeuten / es wäre anders kein Graf von Lavinia, als er/ der keines Weges auß der Stadt ziehen/ sondern das Rathhauß in seinen Gewalt überliefert wissen wolte.

Auß dieser Antwort fiel den Andern unschwer zu muthmassen/Ludwig müste umkommen seyn/dannenhero ihnen der Muth wuchs/ und dem verrätherischen

schen Anhang/in Ansehung/ wie ein schlechtes Haupt sie am Hieronymo hätten / hingegen niedersanck. Worauf folgete / daß dieser / nachdem er vergeblich sich deß Rathhauses zu bemächtigen getrachtet / zuletzt einen weit andern Raths-Schluß fassen/und auß der Stadt weichen muste / wie auch Verrina mit Sacco, und etlichen andern / die sich auf eine Gallee / so nach Marsilien gedachte/retirirten/ Ottobano wurde gleichfalls durch deß Andreas Freunde zu der Pforten/ so er albereit gewonnen hatte/ wieder hinauß getrieben / und gezwungen / sich nach seiner Verbesserung umzusehen.

Nachdem also die gemeine Feinde vertrieben/ wird Andreas durch eine offentliche Gesandtschafft eingeladen/ wieder zu kommen / damit er folgenden Tages hülffe einen neuen Hertzog wählen / wie auch geschahe / sintemahl Benedetto Gentili, ein sehr ernsthaffter und verständiger Mann/ darzu erkohren wurde. Inzwischen hatte sich Hieronymus, wie gleichfalls hernach Verrina und Sacco auf das Schloß Montorio begeben/ dahin zu Stunde / auf Einrathung deß Rodrigo Mendoza, die Macht der Genueser geschickt ward / indem man fast durch das gantze Gebiet der Flascanen ihre Städte und Vestungen einnahm/ und unter Käyserl. Gewalt brachte / worzu dann Pietro Aloisio, Hartzog von Parma, welcher kurtz zuvor dem Flesco zu seinem schädlichen Vornehmen Hülffe geschickt hatte / nunmehr gute Beförderung leistete/ um dadurch seinen vorigen Fehler abzuwaschen/ und bey dem Käyser Danck zu verdienen/wie gemeiniglich solche Gemüther sich nach dem Glück/ wie das Fähnlein nach dem Wind richten. Als nun Hieronymo angezeigtes Schloß / welches die Genueser auffoderten/nicht wolte verlassen/ ohnerachtet man ihm einen

ehrli-

ord anboth / ward selbiges alsofort auß
angefallen / und er durch solchen Ge-
ezwungen / sich mit allen seinen Came-
ad und Ungnad zu ergeben.
muste er samt seiner Rott-Zunfft ohne
sterben / und zwar unter den Händen
nd Scharffrichter. Dann wiewol viele
Hieronymi, mit seiner Jugend suchten
en / richteten sie doch nichts auß.
trunckenen Grafen Ludwigs Körper
funden / und nachdem man ihm die Rü-
zen / wieder in die See geworffen / als
 dem Vatterland / dessen Ruhe er zu
b hatte unterwunden / einiger Ruhe zu
Sein trefflicher Pallast zu Genua muste
 Gedächtnuß einer so schnöden That /
zu Außrottung seiner Ehren-Gedächt-
ler seiner Herzlichkeit herunter und zu
ssen werden.
 nun derJenige / welcher gestern Abends
ildung / schon gewiß ein Hertzog / und
rgens unter den Todten / Ja / (wie letz-
en /) in der Höllen war!

Das XXIII. Capitul /

l kommt in Georgia an Land / als
 den Circassiern überfallen wird. Er erle-
grossen Bären / und wird von einem Edel-
flich gehalten / mit welchem er wider die
 außstehet / und dieselbe tapffer klopffet.
beschloß der Ritter Carl damahl seine
und Moraja sahe ihn sehr erbärmlich an /
nn er gestünde / daß er entweder durch
 angeführten Exempeln getroffen / oder

auch

Deß Teutschen

auch durch seine Erzehlung wieder aufgemuntert sey. Sie seegelten inzwischen fort / und Moraja erholete sich allmählich / daß er nach 6. Tagen völlig wieder zurecht kommen war. Um diese Zeit sahen sie das hohe Gebürge von Circassien / welches sie an der lincken Hand ligen liessen / und besser nach Süden liessen. Endlich erreicheten sie an einem Abend die Mingrelische See-Küst / und lieffen mit ihrem Schiff in eine tieffe Bay / allwo doch keine Wohnung zu sehen war. Hieselbst warffen sie Ancker / und stiegen mit einander auß / weil auch Carl der Seefahrt schon gantz überdrüssig worden / ließ er mich den Harnisch und alles Gewöhr / und was ihm zugehörete / an Land bringen. Wir stiegen auch samt den meisten Schiff-Leuten an Land / und nachdem wir eine schöne Brunn-Quelle gefunden / löscheten wir uns darauß / weil wir im Schiff ziemlichen Mangel an gutem Trinck-Wasser gehabt hatten. Hernach machten wir ein grosses Feuer / worzu wir auß dem umligenden Gehöltz gnug herzu schleppeten. Der Edle Carl schosse eine wilde Ganß / die so fett / daß es nicht zu beschreiben / wir machten sie zurecht / und brieten sie an einem höltzernen Spieß in ihrem eigenen Fett / und ein Jeder muste bekennen / daß er lange Zeit nichts Delicaters genossen hätte. Als sie aber sich schlaffen geleget / und Zwey auf die Schildwacht gestellet hatten / unter welchen ich war / da höreten wir um die Mitternacht etwas durch das Gehöltze daher rauschen / und ehe wir uns dessen versahen / wurden wir von mehr als 30. glänzenden Säbeln besprungen / daß unsere Leute kaum Zeit hatten / sich zur Gegenwöhr zu stellen. Ich hatte meines Herrn Harnisch an einen Baum gehangen / samt seinem Gewöhr / und weil die Zeit nicht zulassen wolte / den Harnisch anzulegen / holete

ich

Carls / 3. Theil.

ich nur sein bestes Schwerdt/und reichete ihm solches/ und darauf gieng es an ein tapfferes Zuschlagen/ weil aber die Feinde zu starck/ suchte sich ein Jeder zu bergen/ so gut er kunte/ zumahl/ da uns der Schiffer/ ehe wir es uns versahen/ auß den Augen entkommen/ und samt seinen Leuten auf dem Boot sich nach dem Schiff retiriret hatte. Als wir nun gantz von einander zerstreuet/ und einer diesen/ ein anderer jenen Weg gesucht hatte/ da dachte ein Jeder das Seinige.

Damit ich aber in meiner Ordnung fortfahre/ wil ich unsern Ritter Carln begleiten/ biß er wieder zu seinem Diener kommet. Carl hatte sich wacker herum geschlagen/ und manchen Feind zerstümpelt/ biß er sich endlich durch Hülffe der Nacht in ein dunckel Gebüsch verbarg/ und bald hörete/ daß ihn die Feinde nicht finden kunten. Er schlieff die Nacht über daselbst/ wiewol es ziemlich kalt war/ und als der folgende Morgen anbrach/ guckete er auß dem Busch umher/ und weil er keines Menschen ansichtig ward/ gieng er seines Weges fort/ und hätte gern sich nach dem Ufer wieder verfüget/ allwo das Schiff lag/ aber der Wald war so dick/ daß er nicht herauß zu finden wuste/ und er hätte sich gern nach der Sonnen gerichtet/ wo er gewesen/ aber dieselbe kam diesen Tag gantz und gar nicht zum Vorschein. Solchemnach tappete er gleichsam im Finstern/ indem er im dicken Wald immer fortwanderte/ wo er am füglichsten durchzukommen vermochte. Bald nach Mittag ward er unversehens von einem grausamen Bären besprungen/ welchem er sich aber Ritterlich widersetzte/ er stellete sich gerade vor eine dicke Eyche/ und begegnete der reissenden Bestie mit seinem blancken Schwerdt/ der Bär scheuete keine Streiche/ deren auch wenig auf dem Schild seines Vorhaupts

Q 5   etwas

etwas verfiengen/ so war sein Fell auch so starck und dick/ daß kein Streich durchdringen kunte. Endlich/ als er ihm mit dem Schwerdt nichts anhaben kunte/ da ergriffe er sein Taschen-Messer/und wolte ihn darmit in die Seite stechen; Aber der Bär schlug ihn mit der einen Tatze so starck auf die Faust/daß er das Messer fallen ließ. Gleich wie aber allhier keine Zeit zu sämmen/ oder zu schlaffen/ also ermunterte er sich bald wieder/und gienge mit doppelten Streichen auf die Bestie loß/da es ihm dann gerieth/daß er derselben in einem Streich die rechte Voder-Tatze, herunter schlug/wordurch der Bär gewaltig erhitzet ward/daß er immer eindrunge / biß er auch an einem Hinter-Bein gelähmet ward/ da sancke er zur Erden/ und kunte nicht mehr aufrecht stehen. Carl hatte nun Zeit/ ihm vollends den Rest zu geben/ und weil es ein ungewöhnlich-grosser Bär/ nahm er zum Andencken die Voder-Tatze darvon zu sich/ der Bär aber/ als er die Seele außbließ/brüllete noch einmahl so erschröcklich/ daß Carl selber darvon erschrack/und der gantze Wald einen starcken Widerschall von sich gabe. Inzwischen verfügete sich Carl nach einem Bächlein/ allwo er das Blut deß Bären wieder von sich wischete/ und nachdem er auch den Durst darauß gelöschet/da kam er an eine Höhe/von welcher er weit um sich her sehen kunte. Das schwartze Meer kunte er nicht in die Augen bekommen/aber an einer andern Seiten ersahe er ein schönes Hauß/ welches von weitem ein gutes Ansehen hatte/ dannenhero hoffete er auch/ feine Leute darinn anzutreffen. Er stiege also den Berg wieder herab/ und kam gegen Abend auß dem Wald/da er aber von dem vorhin gesehenen Hauß nichts mehr sehe/ weil er dann den Tag über nichts gessen/ und von vielem Gehen sehr müde worden/ setzete er sich in einem

Carls / 3. Theil.

nem Thal nieder/ und ruhete/ warff auch die Bären-Tatze von sich / weil sie ihm zu tragen sehr beschwerlich fiele. Endlich/ als der Abend starck herein zu brechen begunte/ stunde er auf/ und gienge wieder fort.

Damahl kam zur Seiten her ein ansehnlicher Mann mit etlichen Dienern zu Pferde/ allerseits wol bewöhret/ dieser redete ihn an/ und sagte: Mein Freund/ an eurer Kleidung sehe ich/ daß ihr ein Frembling seyd/ saget mir/ darff ich es wissen/ wohin euer Weg gerichtet ist? Herr/ war seine Antwort/ ich bin ein Teutscher Ritter/ außgezogen/ frembde Länder zu besehen/ gleich wie wir in diesem Land/ da wir auß dem Schiff an Land gestiegen waren/ alsobald von etlichen feindseeligen Leuten/ welche ich für Straßen-Rauber angesehen/ plötzlich in der Nacht überfallen worden/ also habe ich meine Gesellschafft in solchem Tumult verlohren/ und gehe nun in der Irre umher/ um wieder zu Leuten zu kommen/ bey denen ich mich Raths erholen möge. Als ihn der Mann also reden hörete/ befahl er einem seiner Diener abzusteigen/ nöthigte unsern Ritter/ auf solches Pferd zu sitzen/ und ihm die Ehre zu gönnen/ daß er einen Teutschen Ritter beherbergen möchte. Carl war müde/ nahm also diese Höflichkeit mit grossem Danck an/ und weil sie nicht weit mehr zu reiten hatten/ kamen sie bald in dieses Edelmanns Schloß/ welches eben das Jenige war/ das Jener vorhin im Wald von weitem gesehen hatte. Der Edelmann tractirte ihn auf die beste Weise/ und nachdem er demselben erzehlet/ wie es mit dem Entsatz der Stadt Wien hergegangen/ auch was er an dem Groß-Sultan für eine Treue erwiesen/ ob er gleich das Patent desselben nicht hatte/ weil solches ich allemahl bey mir führete/ so wartete er ihm auf/ wie ein Diener/ welches aber Carl nicht leyden wolte/

wolte / und also fande er einen sehr discreten Edel．
mann/der ihn wol tractirte. Dieser erzehlete ihm/daß
die Circaßier in deß Tartarischen Sultans von Ter．
ky Land gefallen/ ihn selber entführet / das Land ver．
wüstet/und greulich darinn gehauset hätten.   Ja/et．
liche dieser Leute wären auf dem Ruckweg auch hie．
her/ in sein Gebieth / welches er/ als ein Gräntz．
Obrister / gegen die Circaßier von seinem Fürsten
Immerette zur Lehen trüge / eingefallen / und diese
müsten es / außer allem Zweiffel / gewesen seyn / die
ihn / da er auß dem Schiff gestiegen / in der Nacht
überfallen hätten.

 Ich bin heute außgewesen/sprach er weiter/und
habe meine Leute aufgebotten/ daß sich ihrer fünfftzig
Morgen frühe vor meinem Schloß stellen / damit ich
mit ihnen außgehe/ und die streiffende Circaßier auß
meinem District jage.   Wollet ihr euer Teutsches
Ritter-Schwerdt wider dieselbe führen/und uns bey．
stehen / so werdet ihr mir insonderheit einen grossen
Gefallen erzeigen/ und der Immerette ist allemahl ein
Hertz gewesen/ der die Tapfferkeit an Jedermann
preyset/ und zu belohnen pfleget. Carl versprach ihm
seine Dienste/ bathe aber zufoderst/ sie möchten ihn
nach dem Ufer führen/ ob er irgend seinen Diener/
oder zum wenigsten seinen Harnisch/ und ander Ge．
wöhr/ wieder finden möchte/ welches ihm der Edel．
mann zusagte/und über der Mahlzeit/worbey sich deß
Edelmanns Gemahlin / eine überauß schöne Dame,
befande/ führeten sie allerhand Reden / biß es Zeit
war/ schlaffen zu gehen/ da begleitete ihn diese in ein
schön Schlaff-Gemach / und schiede mit einem Kuß
von ihm/ nachdem sie ihm eine geruhige Nacht ange．
wünschet.

 Als der folgende Tag angebrochen/ stunde Carl
bey

bey Zeiten auf/ und nachdem er sich angeleget/ kam der Edelmann/ samt seiner Frauen/ und führeten ihn in ein ander Gemach/ allwo man schon ein gutes Frühstück zubereitet hatte. Die bestelleten Leute funden sich auch nach einander/ allesamt zu Pferd/ ein/ und da sie jetzo mit denselben aufbrechen wolten/ kamen 3. starcke Bauren angezogen/ und redeten den Edelmann also an: Herr/wir haben den ungeheuren Bären/ der diese gantze Gegend eine Zeithero so heßlich betrübet/und manches Viehe und Menschen zerrissen/ gestern Abend in jenem Wald gefunden/ mit ihm gekämpffet/ und erschlagen/ zu dessen Beweiß/ bringen wir eine Tatze darvon mit. Der Edelmann war von Hertzen froh/ als er hörete/ daß diese grausame Bestie erleget worden/welche ihm drey der besten Pferde/ und über 20. Stücke Rind-Viehes/ zerrissen/ ohne/ was er den Bauren hin und wieder für Schaden gethan/ auch über 15.Menschen getödtet hatte/dannenhero hatte er außruffen lassen/ wer diese Bestie erlegen würde/ der solle 100.Thaler zum Recompens haben. Carl sprach jetzo: Mein Herz/ich habe gestern zu Mittag mit einem Bären einen schweren Kampff gehalten/ biß ich ihm zuletzt/ durch Hülffe meines Schwerdtes/ obgesieget habe/ zweifele also/ob diese Leute die Warheit reden. Doch können sie uns nur von Stund an zu der Bestie führen/ so wollen wir sehen/ ob sie mit Spiessen/ (womit diese Leute nur allein bewaffnet sind/) oder mit einem Schwerdt/ erleget ist. Die Bauren dargegen schwuren hoch und theuer/ daß sie das grimmige Thier erleget/ dann sie wolten gern die 100.Reichs-Thaler unter sich theilen/aber Carl wolte sich mit ihnen nicht lang herum zancken/ sondern sagte: Wann ihr uns die rechte Vorder-Tatze deß Thiers zeigen könnet/ so

möget

möget ihr die Warheit geredet haben. Hierüber entfiele ihnen der Muth / doch war einer so frech / daß er sagte/ er müsse bekennen/ daß ihm diese Tatze gemangelt / und habe er sie vielleicht kurtz vorher in einem Kampff mit einem andern Bären verlohren. Carl lachete hierüber/und bedeutete dem Edelmann/ daß er/ zum Beweiß deß Kampffs/ dem Thier diese Tatze abgehauen/und mit sich genommen/weil sie ihm aber zu beschwerlich gefallen/habe er sie/ohngefähr an dem Ort/ allwo er ihn gestern zum ersten mahl zu sprechen bekommen / von sich geworffen / sonsten könne man noch die Blut-Zeichen an seinem Kleid zur Gnüge sehen. Der Edelmann merckete wol/ daß Carl wahr geredet/ dannenhero geriethe er über seiner ungemeinen Tapfferkeit in grosse Verwunderung/und wie er ihm deßwegen 100. Rthlr. geben wolte / da entschuldigte sich dieser/ daß er keine Belohnung begehre für eine That/darinn er selber um Erhaltung seines eigenen Lebens gestritten/könne sich auch nicht resolviren/ solches Geld anzunehmen/ von einem Herrn/ dem er/ wegen erzeigeter Ehre und Freundschafft/weit mehr/ als auf 100. Reichs-Thaler / verpflichtet wäre.

Als der Edelmann ihn also reden hörete / stunde er erstarret und sahe ihn von unten biß oben an/seine Gemahlin aber brach in diese Worte herauß: Man hat uns von den Teutschen erzehlet, daß sie lauter ungeschickte grobe Leute wären / und nun finden wir an euch/mein Herz/ein rechtes Muster der Leutseeligkeit/ der Höflichkeit/und der Tapfferkeit. Carl wolte hierauf nicht antworten/ sondern stellete sich/als wann er es nicht hörete / wie ihm dann auch allemahl nichts Verdrießlichers gewesen/als wann man in seiner Gegenwart ihm das Lob gesprochen. Der Edelmann aber sprach jetzo: Du hast recht geredet/mein Schatz/

darum

Carls / 3. Theil.   255

darum betrachte ich diesen Ritter gar eigentlich / zu sehen / ob ich mehr Tapfferkeit / als Höflichkeit / an ihm finden möge. Es wurden aber die 3. Bauren genöthiget / mit ihm zu gehen / und wie sie an den Ort kamen / wo Carl die Tatze hingeworffen hatte / da suchete man dieselbe / und sie ward bald gefunden. Die Bauren stunden zwar erstarret hierüber / aber sie musten doch den Edelmann / mit seinen Leuten / in den Wald zu der Bestie führen / welche sie gegen Mittag funden / und gnugsam sahen / daß sie durch ein Schwerdt erleget worden. Weil auch Carl zum völligen Beweiß sagte / er habe ein kleines Taschen-Messer darbey verlohren / welches man hier finden würde / wie dann auch solches bald gefunden ward / da sahen die Bauren gnugsam / daß sie überzeuget worden / dannen hero gestunden sie / daß sie gestern den Bären gewaltig brüllen gehöret / welchem Geschrey sie nachgegangen / und ihn schon todt gefunden hätten. Also zahlete der Edelmann einem Jeden von ihnen 3. Reichs-Thaler / weil sie nicht allein die erste Bottschafft gebracht / daß dieses schädliche Thier todt / sondern auch / weil sie gleichwol darauf aufgangen wären / ihr Leben gegen solches zu wagen. Im übrigen muste ein jeder Gegenwärtiger bekennen / daß er dergleichen grossen Bären sein Lebtage nicht gesehen / und also ward Carl für ein halbes Wunder der Tapfferkeit angesehen / und alle Leute erzeigeten sich Ehrerbietig gegen ihn. Nachdem also die 3. Bauren zu Fuß mit ihren Spiessen wieder nach Hauß gesandt worden / ritten die andern ihres Weges / und kamen gegen Abend an das Ufer deß schwartzen Meers / da funden sie zwar die Stelle / wo Carl vormahls anLand gestiegen war / aber das Schiff war schon abgeseegelt / und der Harnisch / samt dem übrigen Gewöhr / war auch nicht mehr

zu fin-

zu finden/ dannenhero war Carl gantz bekümmert/ sie ritten aber nach einem Dorff/ darinn es sehr erbärmlich außsahe/dann die Leute hatten sich alle verkrochen/ und man sahe verschiedene erschlagene Leute / es brandten auch annoch etliche Wohnungen/ welche man alsobald löschete / unterdessen kamen etliche Bauren daselbst wieder zum Vorschein/ und klageten ihre Noth/ wie sie von einem Hauffen Circassier überfallen/ und schändlich mißhandelt worden/ diese hätten ihnen alle das Ihrige genommen / auch über 20. Personen groß und klein auß diesem Dorff gefänglich mit sich weggeführet/ und wären sie nach einem andern grossen Dorff vor 3. Stunden gangen/ daselbst gleiche Grausamkeit außzuüben. Weil es nun ziemlich spät/ bliebe unsere Gesellschafft an diesem Ort über Nacht / und so bald der Tag angebrochen/ setzten sie sich zu Pferde/ aber die Bauren riethen/ sie möchten auf ihrer Hut seyn/ inmassen der Circassier über 200. welche von einem gantz güldenen Stahl-vesten Mann geführet würden. Carl merckete alsobald/ daß dieser seinen verguldeten Harnisch führen müste/ dannenhero eylete er um so viel mehr/ sich mit demselben um den Harnisch zu schlagen. Es giengen aber / auf Anrathen deß Georgischen Edelmanns/20. Mann auß diesem Dorff/ die sich seithero auß dem Wald wieder herzu gemacht hatten/ mit Spiessen bewaffnet/ mit ihm zu Fuß/ und also zogen sie nach dem bedeuteten Dorff/ welches hinter einem Berg lag. Als sie nahe hinzu kommen/ da begegneten ihm etliche Männer darauß/ welche anzeigeten/ wie grausamlich die Feinde jetzo mit seinen Nachbarn umgiengen/denen er mit gar genauer Noth entsprungen wäre. Auf diesen Bericht schlichen die Unserigen um den Berg / daß ihrer die Feinde nicht gewahr wurden/

Carls / 3. Theil. 257

wurden/biß sie schon mitten im Flecken stunden/und weil Jene sich zum Plündern außgetheilet hatten/ geschahe ein blutiges Schlachten unter ihnen / ehe sie zu Beinen kamen/ doch waren ihrer wol 80. zu Pferde/ an welchen man eine grosse Resistentz fande/ und diese wurden von dem geführet / der Carls Harnisch trug / dannenhero machte er sich bald an denselben/ und schlug ihn mit seinem Schwerdt auf den Helm/ daß er gantz betäubet zur Erden stürtzete. Hernach muste der Edelmann den Streit fortsetzen/ da inzwischen Carl seinen Harnisch/mit Hülffe etlicher Bauren/ anlegete/ und so bald er solcher Gestalt zu Pferd kam/ da setzte er mitten unter die Feinde/ wo sie am dickesten stunden/ aber/ wohin er kam/ da kunte nichts vor ihm bestehen/er schlug so grausam um sich/daß er viel Circassier mitten von einander spaltete. Weßwegen dieselbe endlich die Flucht ergriffen/ aber in einem engen Weg kamen ihnen auß einem andern Dorff wol 50. bewöhrte Bauren entgegen/ welche ihnen den Paß hemmeten / und also wurden sie alle mit einander erschlagen / weil man keinem Einzigen das Leben schencken wolte. Hernach kehreten sie wieder in das vorige Dorff/und suchten die übrigen Räuber auf/die sich hier und da verkrochen hatten/sie wurden mit einander gefunden/und niedergesäbelt. Endlich kamen sie in ein Hauß / darinnen alle die auß dem vorigen und auch auß diesem Dorff gefangene und gebundene Personen lagen/ welche man fordersamst wieder loß machte/ und da nun dieser völlige Sieg erhalten worden/suchte Carl seine Pistolen und einen köstlichen Säbel/den er zu Constantinopel erhandelt hatte/der ihm/samt dem Küriß/war genommen worden. Alle diese Stücke fanden sich wieder/und darauf kamen die erretteten Leute / und verehreten unserm

III.Theil. R Helden

Helden mit einem Fußfall/ offerirten ihm auch grosse Geschencke/ aber er wolte sich nicht also ehren lassen/ noch ein einziges Geschenck annehmen/ sondern schriebe den gantzen Sieg dem Edelmann zu/ der sich über diese Höflichkeit zum höchsten verwunderte. Man fande noch alle genommene Güther der Bauren bey den Circassiern/ und darüber noch einen grossen Raub. Nachdem also die Leute auß diesem Dorff das Ihrige mit einem Eyd behauptet/ nahmen sie Abschied/ und kehreten wieder nach dem vorigen Dorff/ woselbst man den armen Leuten auch das Ihrige wieder zustellete. Hieselbst ward eine Mahlzeit angerichtet/ und die kleine Kinder/ samt den Frauens-Leuten/ machten Kräntze/ welche sie dem Edelmann/ und unserm Teutschen Carl/ zu Dancksagung überreicheten. Nachdem endlich die Mahlzeit gehalten/ giengen sie nach 2. andern außgeplünderten Dörffern/recht an der Gräntzen/welche sie erst am folgenden Mittag erreicheten/ und befriedigten die Leute auch daselbst mit dem Ihrigen wieder/ worüber sich im gantzen Land eine grosse Freude erhube. Endlich/ weil man von den leichtfertigen Circassiern nichts mehr hörete/wurden die Leute wieder erlassen/ und der Edelmann/ samt Carln/ und etlichen Dienern/ ritten wieder nach dem vorigen Schloß/ allwo sie von der Adelichen Damen aufs Höflichste bewirthet wurden. Diese kunte nicht glauben/daß ein blosser Mensch so grosse Thaten verrichten kunte/wie ihr der Edelman von unserm Ritter erzehlete/ dannenhero wuste sie nicht/ was sie von ihm sagen solte/ und der Edelmann bekannte offentlich/wann Teutschland mit mehr solchen Helden versehen/so hätte der Groß-Sultan eine grosse Thorheit begangen/indem er sich mit einer solchen streitbaren Nation in einen Krieg einge-

eingelaſſen hätte / welche Lobſprüche aber Carl allemahl unbeantwortet ließ.

Das XXIV. Capitul/
Allhier werden die ſeltzame Sitten und Gebräuche der Circaſſier/ Comouchs und Kalmucker-Tartarn gar eigentlich beſchrieben.

Als Koribut dieſes erzehlet hatte/ſprach einer von den hohen Generalen zu ihm: Mein Koribut, ſaget uns doch/was ſind die Circaſſier vor Leute / ich habe mein Lebtage wenig von ihnen gehöret? Es ſind / ſprach dieſer / warlich ſeltzame Kautzen / die man wol beſchreiben möchte / und weil ich mich eine Zeitlang unter ihnen aufhalten müſſen / kan ich darvon/ wie auch von ihren ſeltzamen Nachbarn / dieſes Denck-würdige mittheilen:

Wann ich von Circaſſien rede/ſo muß ich auch von Comanien etwas berichten. Comanien erſtrecket ſich gegen Aufgang biß an das Caſpiſche Meer / gegen Niedergang wird es durch das Gebürge unterſchieden/ von Circaſſien gegen Norden ſtoſſet es an Moſcau/und an Georgien gegen Mittag. Von den Bergen an / ſo es begräntzen/ gegen Abend biß an Terky / hat es eine ſchöne Ebene/ ſehr bequem zum Acker-Bau / und da es an ſchönen Wieſen nicht ermangelt/ doch iſt die Ebene nicht gar Volckreich/und daher geſchiehet es/daß man einen Acker nimmermehr 2. Jahr nach einander beſäet. Es regnet von Zeit zu Zeit / und dannoch durchgraben die Bauren die Flüſſe / um das Waſſer durch Canäle auf ihre Aecker zu leiten. Die Flüſſe fallen von den Bergen gegen Mittag / unter andern findet ſich der groſſe Fluß Coyaſſou, welches Dick-Waſſer bedeutet / weil er ſtäts trüb iſt / und ſo langſam flieſſet / daß man kaum ſeinen Lauff mercken kan / und alſo gehet er ins Caſpiſche Meer. Nicht weit von dieſem Fluß wird in dem Meer im October und November eine groſſe Menge Fiſche geſehen / ſo herfür lauffen/ und bey 2. Elen lang ſind/ vornen haben ſie 2. Füſſe/ ſo den Händen gleich ſehen/ und hinten an Statt der Füſſe 4. Klauen. Dieſe Fiſche haben kein Fleiſch / ſondern lauter Fett / mit einem Grad in der Mitt / und weil ſie auf der Erden nicht ſchnell lauffen können/

ſchlagen

schlagen sie die Bauren mit Prügeln todt / und machen Oel darauß / so unter die besten Intraden deß Landes gezehlet wird. Die Einwohner / Komouchs genannt / wohnen meist unten an den Bergen / wegen der schönen Quellen / welche in so grosser Menge auß denselben entspringen/daß etliche Dörffer deren bey 30. oder 40. haben. Sie leiten deren 3. oder 4. zusammen/ und machen einen Canal darauß / ihre Mühlen zu treiben. Die Bequemlichkeit dieser Wassern aber ist nicht allein die Ursach/ daß sie sich also an den Bergen aufhalten/ sondern weil sie meist vom Diebstahl / so sie Theils unter ihren Feinden/ Theils an ihnen selber begehen/leben/ stehen sie in stäter Furcht/man möchte sie überfallen / so bald sie aber das Geringste darvon mercken/ fliehen sie samt dem Vieh ins Gebürge / wie dann alle benachbarte Völcker / von welchen sie umgeben sind/ als die von Georgia, Mengrelia, Circassia, Tartaria und Moscou von dem Diebstahl sich erhalten / und ihre Länder unter einander durchmuffen und berauben.

Es hat noch andere Völcker/welche man Kalmouchs nennet/die an der Seiten deß Caspischen Meers zwischen den Moscowitern und Groß-Tartarn wohnen/ das sind starcke Leute/ aber darbey die Häßlichsten und Ungestalsten unter der Sonnen. Ihr Angesicht ist so platt und breit/daß ein Aug 5. oder 6. Finger von dem andern entferner ist. Die Augen sind ungewöhnlich klein/das Wenige/so sie von der Nase haben/ist so platt/daß man darvon nichts/ als zwey kleine Oeffnungen siehet / an Statt der Nasenlöcher. Ihre Knie sind außwärts gebogen/die Füsse aber einwärts gegen einander. Mit einem Wort/man kan sich nichts so ungestalt einbilden. Sonsten seynd sie gute Soldaten/ und zwar die Besten in selbiger Gegend. Wann sie zum Krieg geben/ nehmen sie ihre Weiber und Töchter / so über 12. Jahr alt/ mit sich / und solche fechten so tapffer / wie die Männer. Ihre Waffen sind Bogen/Pfeil/ Säbel und dicke hölzerne Kolben an dem Sattel-Knopff / sie haben die besten Pferde in gantz Asia. Ihr Haupt/ oder Führer/ ist von altem Geschlecht/und erwählen gemeiniglich den /. welchen sie für den Stärckesten halten. Der Groß-Fürst von Moscau schicket ihnen Jährlich-Geschencke/ um die Freundschafft zu unterhalten / welche vornemlich in Tüchern bestehen. Er gestattet ihnen den Durchzug/ wann sie etwan in Mengrelien/ Georgien oder Circassien einfallen wollen/ und in diesem Stück sind sie noch viel besser erfahren/ als selbst die kleinen Tartarn. Sie gehen auch wol gar biß in Persien/

sten/ und in die Proving der Usbecken / welche ein Theil von Groß-Tartarey ist / und dringen durch biß an Caboul und Caudahap. Endlich zerstreuen sie sich auf allen Seiten / und streiffen biß gar in Pohlen hinein. Was ihre Religion betrifft/ so haben sie gar eine eigene / und hassen die Mahometaner über alle Massen.

Ich wende mich aber wieder zu den Comouchs / den Völckern in Comanien / welche der Religion nach Mahometaner seyn/ und sehr Abergläubisch. Sie sind unter dem Schutz deß Königs in Persien/ welcher sie liebet und hoch hält / weilen sie ihm die Pässe an dieser Seite sicher halten gegen die Kalmouchs und andern Feinden dieses Königreichs. Die Männer und Weiber unter ihnen sind gekleidet / wie die kleine Tartarn / und bekommen auß Persien die Leinwad und Seiden / so sie vonnöthen haben / dann was die Tücher betrifft / so behelffen sie sich mit denen/ so in ihrem Land gemacht werden / welche aber gar grob sind.

Circaffien ist ein schön und gut Land/und gar unterschieden. Es hat viel ebenes Landes / Wälder / Hügel und Berge / auß welchen viel Quellen entspringen / und man findet deren die so groß sind/ daß sie 7. oder 8. Dörffer/ in der Gegend / vergnügen können. Sonsten gibt es in allen denen Bächen / so von diesen Quellen wachsen/keine Fische. Man findet in diesem Land allerhand Arten Blumen / und absonderlich schöne Tulipan. Es wächset allda eine Art Erdbeeren / welche gar kurtze Stiele haben / und man findet deren gemeiniglich 4. oder 5. an einem Busch/ die Geringsten darvon sind so groß/ wie die kleine Nüsse/ und ihre Farbe ist gelblicht-bleich. Die Erde bringet daselbsten fast ohne einige Mühe die schönsten Früchte in grossem Uberfluß herfür / zu dem hat man keine andere Gärten / als die Aecker/ welche mit Kirsch-Bäumen / Aepffel- Birn- Nuß- und andern dergleichen schönen Bäumen besetzet sind. Jhr grösster Reichthum bestehet in Vieh / und fürnemlich in schönen Pferden/ welche den Spanischen sehr gleich sind. Es gibt auch viel Geissen und Schafe/ welcher Wolle so gut gehalten wird / als die Spanische / wie dann die Moscowiter dieselbe abholen / um grosse Filtze darauß zu machen. Was die Ochsen und Kühe betrifft/ so sind selbige nicht Sonderliches / und werden nicht unter das Vieh gerechnet / welches Carcaffien bereichert. Diese Völcker säen weder Korn noch Haber / sondern nur allein die Gersten vor ihre Pferde/und Hirß/worauß sie Brodt machen. Sie besäen

säen nicht zweymahl nach einander einen Acker / sondern verändern die Aecker Jährlich / nicht darum / als wann der Acker nicht gut wäre / um gut Korn zu tragen / sondern sie bekümmern sich nicht darum / und lieben mehr das Hirsen-Brodt. Es gibt da gut Fleisch und junge Hüner / wie auch Wildpräth / mehr / als sie verthun können. Sie gebrauchen weder Hunde noch Vögel auf der Jagd / und wann sie außgehen / so rotten sich 7. oder 8. von den vornehmsten Dörffern zusammen. Sie haben so gute Pferde / daß sie das Gewild mit Rennen ermüden / und also bezwingen. Ein Jeder hält allezeit einen Strick fertig / welcher an den Sattel-Bogen angebunden / und sind so geschickt / dem ermüdeten Thier den Strick um den Hals zu werffen / daß deren wenig sind / die entwischen können. So bald sie einen Hirschen getödtet / schneiden sie ihm die Füsse ab / und zerschlagen die Knochen / um das Marck darauß zu essen / in der Einbildung / daß nichts so kräfftig sey / den Leib zu stärcken. Wann sie vorhaben / einiges Vieh zu stehlen / nehmen sie mit sich gantze Ochsen-Hörner / voll gekochter und in kleine Stücke zerschnittener Saldaunen / um vorzukommen / daß die Hunde / so das Vieh bewahren / sie nicht anbellen / und die Hüter nicht aufwecken / dann eine jede Heerde nicht weniger als 8. oder 10. Hunde / zu ihrer Beschirmung / um sich hat / neben 2. oder 3. Hirten. Sie kundschafften die Zeit auß / wann die Wächter eingeschlaffen / und so bald die Hunde anfangen zu bellen / werffen sie einem Jeden eines von diesen Hörnern vor / welches der Hund ergreiffet / und sich von der Heerde machet / daßelbige zu fressen. Die Arbeit / so der Hund hat / die Därme auß den Horn zu ziehen / welche mit Macht hinein gepräget seyn / und an der andern Seiten die Forcht / so er hat / daß nicht ein anderer Hund komme / ihm seinen Raub zu nehmen / verursachen / daß der seines Bellens vergisset / währender Zeit / und weilen die Hirten / die den Tag durch gearbeitet / eingeschlaffen / machen die Räuber die Sache richtig / und entführen das / was ihnen in der Heerde am Besten anstehet.

Das Getränck der Eherken ist Wasser und Bosa / welcher Tranck von Hirsen gemacht ist / und macht truncken / wie der Wein / dessen es keinen gibt in dieser Landschafft. In der Kleidung der Männer und Weiber ist gar kein Unterschied / sondern die Weiber kleiden sich wie die Männer / die Töchter wie die Knaben / und tragen einen gefärbten Rock von Cataun gemacht / und Schlaff-Hosen dergestalt weit / daß / wann sie das Werck der Natur verrichten wollen / sie dieselbe nur aufzuheben haben /

Carls/ 3. Theil.

haben / ohne dieselbe weiter abzubinden / zu dem tragen sie ein klein Wollen-Hembd gestrickt / welches ihnen nicht gar biß auf die Knie abhänget / und darüber ziehen sie eine Art Röcke von grobem Tuch / biß auf die Knie / welche in der Mitte mit einem Seil gegürtet wird. Die Ermel dieser Röcke sind oben und unten aufgeschnitten/ und offtermahls hefften sie sie an/hinten auf den Rücken. Sie ziehen eben keinen Barth / biß sie die 60. Jahre nähern / und was die Haare/ so der Männer als Weiber/ so der Knaben als der Töchter betrifft/so gehen selbige nicht weiter ab/ als eben über die Ohren. Beyde junge und alte Leute lassen sich scheeren mitten über dem Kopff / auf 2. Finger breit / von der Stirn an biß in den Nacken / und beyde Mann und Weib sind bedeckt mit einer kleinen Kappe / so von eben demselbigen Tuch gemacht ist / wovon sie die Röcke tragen. Zwar / nachdem sie verehelichet seyn / verändern sie einiger Massen ihre Hauben/ dann hinten am Kopff hefften sie einen dicken Ball von Filtz an/ welchen sie bedecken/ mit einer weissen Decke/so gar sauber/ und mit kleinen Fältergen gemacht ist. Die Strümpffe binden sie über die Knie/ und gehen gar auf dem Knöbel am Fuß. Ihre Schuhe/ welche oben und unten von Carduan seyn/ haben oben auf dem Fuß nur eine Naht/sind gar leicht/ und geschnitten auf Art und Weise/wie die Schuhe mit einfachen Solen pflegen geschnitten zu werden. Was ihre Bette betrifft / so nehmen sie etliche Schafs-Felle/welche sie zusamen nähen/ und mit Hirsen-Laub außfüllen / und machen also eine Art Madratzen darauß. Wann sie die Hirsen dreschen / wird dieses Laub so klein/ wie Haber-Spreuer / und wann man auffstehet von diesen Madratzen / so schwellen sie auch von sich selbsten auf. Die Küssen/ deren sie sich gebrauchen/sind auf eben dieselbige Weise gemacht/ jedannoch füllen sie auch etliche mit Wolle auß. Ich komme auf ihre Religion und Ceremonien.

A Diese Völcker sind weder rechte Christen / noch Mahometaner/ und ihre gantze Religion bestehet nur in etlichen Ceremonien/welche sie von Zeit zu Zeit mit möglichster Pracht verrichten / dann es müssen alle Einwohner deß Dorffs / Junge und Alte/ auch die Stein-alte nicht außgenommen / sich darbey einfinden. Ich rede hier allein von Dörffern / weilen in allen den Ländern/welche ich alleweil beschrieben/ weder Städte noch Vestungen zu finden seyn. Diese Dörffer/ sonderlich in Circassien/ sind bey nahe alle auf einerley Weise gebauet/ gantz in die Runde/und ein grosser Platz in der Mitten. Das Vornehmste unter

R 4 den

Deß Teutschen

den Festen oder Ceremonien der Comouchs und der Cheraquen oder Circaſſianen feyret man am Ende deß Herbstes / worbey es auf folgende Weiſe zugehet: Die 3. Aelteſten im Dorff verrichten die Ceremonien und bedienen das Amt / ſo ihnen in Gegenwart deß gantzen Volcks anbefohlen iſt. Sie nehmen einen Hammel / oder eine Geiß / und nachdem ſie etliche Gebete geſprochen/ ſtechen ſie dem Thier die Gurgel ab/ und wann es gnug gereiniget iſt / kochen ſie es gantz / außgenommen das Gelünge/ welches gebraten wird. Nachdem alles gnug gekocht/ leget man es auf einen Tiſch/ und trägt es in eine überauß groſſe Scheuer/ in welcher das gantze Volck ſich verſammlet. Die 3. Alten ſtellen ſich aufrecht vor den Tiſch / und das gantze Volck / Männer/ Weiber und Kinder / ſtehen auch aufrecht hinter ſie. Nachdem nun der Tiſch / auf welchen der gekochte Hammel / hinein gebracht/ zerſchneiden / die 3. Alten die 4. Füſſe/ und das gebratene Gelünge/ hernach heben ſie alles über ſich in die Höhe/ mit einem groſſen Becher voll Boſa / auf daß es von allem Volck hinter ihnen geſehen werde. So bald ſie dieſe Speiſe und Tranck ſehen in die Höhe heben/ werffen ſie ſich alle auf die Erde / und bleiben alſo/ biß es wieder auf den Tiſch geſetzet iſt / und biß die 3. Alten einige ſichere Wörter außgeſprochen haben / hernach hebt ſich das Volck wieder empor/ und bleibet aufrecht ſtehen / unterdeſſen geben die 2. Alten / ſo das Fleiſch haben/ Jeder ein Stück dem/ ſo in der Mitten iſt/ und den Becher hält/ und hernach nehmen ſie Beyde Jeder auch ein Stück vor ſich / und nachdem ſie alle Drey von dieſem Fleiſch geſſen/ ſo trincket der Alte / ſo den Becher hält / zuerſt / und hernach wendet er ſich zu dem Alten der zu ſeiner Rechten ſtehet / und gibt ihm zu trincken / ohne daß er den Becher fahren laſſe / und endlich gibt er es ebenfalls dem Jenigen zu ſeiner Lincken.

Nachdem dieſe erſte Ceremonie verrichtet/ wenden ſich die 3. Alten zu dem Volck / und reichen ihnen darvon zu eſſen und zu trincken/ erſtlich ihrem Haupt/ oder Ober-Herrn/ und hernach allem Volck, welche ohne Unterſchied darvon eſſen/ ſo wol Groſſe als Kleine. Was etwan von den 4. Füſſen möchte übrig bleiben/ ſolches wird von den 3. Alten auf den Tiſch geleget / und vollends gegeſſen. Nachdem dieſes geſchehen/ ſetzen ſie ſich zum Tiſch/ auf welchem der Hammel liget / und nimmt dann der Aelteſte unter den Dreyen den Kopff/ und iſſet ein wenig darvon / und gibt ihn darauf dem Andern/ welcher ihn/ nachdem er darvon geſſen / dem Dritten darreichet. Nachdem der letztere darvon

geſſen/

gessen/leget er ihn dem Ersten wieder vor/ welcher ihm befiehlet/ den Kopff dem Herrn deß Dorffs zu bringen / welcher solchen mit tieffem Respect annimmt/ und wann er darvon gessen hat/ überreichet er ihn seinen nächsten Verwandten / oder besten Freund/ und also gibt einer dem andern den Kopff/ biß er gäntzlich verzehret ist. Nach diesem fangen die 3. Alten an / von dem Leib deß Hammels/ Jeder ein oder zwey Bissen zu essen/ worauf sie den Herrn deß Dorffs zu sich ruffen/ welcher mit tieffem Respect die Hauben unter dem Arm hält/ und gantz zitterend hinzu nahet. Er nimmt ein Messer auß der Hand deß Alten / der es ihm darbietet / und nachdem er ein Stücklein von dem Hammel geschnitten / und selbiges stehend gegessen / wie auch das Bosa auß dem Becher / so ihm der andere Alte hernach dargereichet/ getruncken / ziehet er sich mit grosser Ehrerbietung zurück / deßgleichen thut das gantze Volck/ die Aeltere geben zuerst/ und was die übergebliebene Beine betrifft/ so schlagen sich die Kinder darum/ welcher sie behalten möge.

    Sie halten auch noch ein ander Fest/ welches sie feyren ehe man anfänget die Wiesen zu schneiden / und im selbigen gehen folgende Ceremonien vor: Ein Jeder im Dorff/ der die Mittel hat/ nimmt eine Geiß/ (dann in ihren Ceremonien halten sie die Geiß höher als die Hämel/) die Ärmere aber/ 8. oder 10. machen auch eine unter sich auß. Wann nun diese Ziegen/ Hammel und Lämmer bey einander seyn / so ergreifft ein Jeder die Seinige / sticht ihr die Gurgel ab/ und ziehet die Haut darvon/ an welcher sie den Kopff und die 4. Füsse lassen / hernach strecken sie die Haut auß / mit 2. Stecken / welche von einem Fuß zu dem andern gehen / und hangen sie an einer in der Erden gesetzten Persche / an dessen oberste Spitze der Kopff deß Thiers gestecket ist. So viel Thiere als geschlachtet sind/ so viel Perschen stecken auch in der Erden/ mitten im Dorff/ und auf Jeder eine Haut/ und ein Jeder so vorbey gehet / machet eine tieffe Ehrbezeugung darvor.

    Nachdem nun ein Jeder seinen Bock gekochet/ wird kauf den Platz/ welcher mitten im Dorff ist/ gebracht/ und nebst andern geschlachteten Thieren auf eine grosse Tafel geleget. Der Herr deß Orts stellet sich auch daselbst ein / nebst allen seinen Leuten/ und bißweilen kommen etliche solcher Herren von unterschiedlichen Dörffern zusammen. Wann nun alle diese Speisen auf der Tafel stehen/ so setzen sich die 2. Aeltesten deß Dorffs darzu/ und essen etliche Stücke. Nachmals beruffen sie den Herrn deß Orts/und wann sich auch etliche andere solcher Herren darbey befinden/ so kommen sie nebst den Aeltesten deß Dorffs zusammen. Wann dieses geschehen/ so essen sie ein Stück/welches die 3. Aeltesten für sie auf die Seite gesetzet, das Ubrige aber wird unter das Volck/ so auf der Erden sitzet/ außgetheilet/ und von ihnen verzehret. In etlichen dieser Dörffer werden biß auf 50. Thiere/ so wol Böcke/ als Hämmel/ Lämmer und Ziegen geschlachtet. Was die Bosa/ oder das Getrancke/anbelanget/so werden öffters über 200. Maaß herbeygebracht/ nachdem es eines Jeglichen Vermögen ertragen kan. Den gantzen Tag bringen sie mit Essen und Trincken/ mit Springen und ihren Flötten-Täntzen zu/ weil sie keine andere Music haben. Man kan nicht gnug dencken/ wie übel lautend dieses Getöön ist/ und sie haben gemeiniglich dieser Pfeiffer Dutzent-Weise beysammen. Der Erste unter ihnen hat eine Pfeiffe eines Arms lang/ der Ubrigen ihre sind etwas kleiner/ und die letzte ist die Allerkleineste. Wann die Alte/die bey der Tafel sitzen/ihren Theil haben/ so machen sie sich darvon/ und lassen die jungen Männer und Weiber/ Knaben und Mägdlein bey ihren Tantzen. Sie bleiben so lang da/weil das Getränck währet/und deß Morgens ist ihre erste Arbeit/ daß sie die Wiesen abmähen.

Auffer diesen offentlichen Gebräuchen sind noch andere/ die sie nur in Geheim/ ein Jeder in seinem Hauß practiciret. Man machet alle Jahr in jeglichem Hauß ein Creutz/ einem Hammer gleich/ 5. Schuh hoch/ die 2. Höltzer/ davon es bestehet/ sind so dick/ als ein Arm. Wann das Creutz nun gemachet/ so stellet der Hauß-Vatter solches in die Kammer-Thür/und gibt einem Jeglichen von seinen Leuten eine angezündete Wachs-Kertzen. Er berühret mit der Seinigen das Creutz zum Ersten/ nachmahls thut solches sein Weib/und endlich auch die Kinder/ und die übrigen Hauß-Genossen. Wann die Kinder noch all zu klein/ und nicht die Krafften haben/ das Creutz zu berühren/ so thut der Vatter solches an Statt ihrer. Wann nun die Wachs-Kertze außlöschet/ ehe sie gantz verbrandt/ so ist es ein Zeichen/ daß der Jenige/ der das Creutz damit berühret/ dieses Jahr sterben werde. Wann die Kertze umfället/ so wird angezeiget/daß der Jenige/dem sie zuständig/wird gestohlen werden/ und wann es ein Sclav ist/ so hat es gleiche Bedeutung/ oder/ daß er entfliehen werde. Dann ich habe befunden/daß alle diese Leute grosse Diebe sind/sintemahl ein Dorff dem andern raubet/ was es kan/so wol Menschen/alsViehe/und es bleibet Niemand/

als

als grosse Herren-Kinder/ und die/ welche sie für Edelleute halten/ hiervon befreyet.

Wann es Donnert / so gehet ein Jeder ausserhalb deß Dorffs/ und die jungen Leute von beyderley Geschlechte fangen an zu Tantzen und zu Springen in Gegenwart der Alten/ welche sich niedersetzen. Dafern einer vom Donner erschlagen wird/ begraben sie ihn prächtig / und halten ihn für einen Heiligen/ als welchem eine grosse Gnad von GOtt widerfahren. Trifft es aber eines ihrer Häuser/ und weder Mann noch Weib/ weder Kinder noch Thiere verletzet/ so darff das gantze Hauß ein Jahr lang nichts thun/ als Tantzen und Springen. Man schickt alsbald in alle Länder / und lässet einen weissen Bock suchen / den Stärckesten/ den man finden kan/ und dieser Bock wird von dem Dorff/ in welches das Wetter geschlagen / ernehret / und hoch verehret / biß ein anderer Ort vom Donner getroffen wird. Alle die Jenige/ auß diesem Hauß/ gehen von einem Dorff zum andern/ nebst ihren Freunden und Verwandten/ sie gehen aber nicht hinein/ sondern bleiben heraussen/ Tantzen und Springen/ und alsdann bringet ihnen ein Jeder etwas / darvon sie sich erhalten können. Zur Frühlings-Zeit ist ein gewisser Tag bestimmet/ daß in dem Dorff/ wo der Bock/ alle die Jenigen/ welche vom Donner heimgesuchet worden/ sich beysammen befinden. Alsdann nehmen sie den Bock/ welcher alleszeit einen Käß am Halß hangen hat/ in Form und Grösse eines Parmasanes / und führen ihn in das Dorff des fürnehmsten Herrn in dem Land. Sie gehen aber nicht zu ihm hinein / sondern der Herr kommt mit allen den Seinigen herauß / die sich für den Bock niederwerffen. Wann sie nun etwas gebettet/ nehmen sie ihm den Käß ab/ und thun alsbald einen andern an seine Stelle. Diesen Käß schneiden sie in kleine Stücke / und theilen selbige auß. Nachmahls gibt man ihnen wol zu essen/ und reiche Allmosen. Auf diese Weise gehen sie auß einem Dorff ins andere/ durch das gantze Land/ und können also ein Ziemliches zusammen bringen.

Nachfolgends ist bey ihrer Heurath gebräuchlich / wann der Jenige / so sich verehelichen wil / ein Mägdlein gesehen / das ihm gefället/ so schickt er einen seiner nächsten Verwandten/ mit dem Vatter und der Mutter der Tochter zu schliessen/ was er ihnen geben solle / und dafern sie keine Eltern mehr hat / wird solches von einem Bluts-Freund / An Statt der Eltern oder Vormünder verrichtet. Was sie einander geben/ bestehet gemeiniglich in Pferden/ Kühen/ oder anderm Vieh. Wann beyde
Theils

Theile auß einem Dorff sind/ und der Handel geschlossen/ so geben die Verwandten deß Bräutigams / nebst dem Herzn deß Orts / in der Tochter Behausung/ und bringen denselben mit/ der ihr Mann soll seyn. Alsdann stehet die Hochzeit her itzt/ und wann sie gut Leben gemacht und Heroisch gezankt / nimmt der Bräutigam seine Braut/ und gehet ohne fernere Weitläufftigkeit mit ihr schlaffen. Sind sie aber auß unterschiedlichen Dörffern / so gehet der Herz deß Orts/ worinnen der Verlobte wohnet / nebst seinen Freunden in das Dorff der Tochter / die sie suchen/ und in deß Bräutigams Wohnung/ das Ubrige gehet her auf die Weise/ wie ich zuvor angezeiget.

 Wann etliche Jahre weggehen/und sie keine Kinder überkommen/ist es dem Mann erlaubet/viel Weiber zu nehmen/eine nach der andern/ biß er Kinder überkommet. Wann eine Frau einen Neben-Buhlen hat / und der Mann trifft sie bey ihm an/ gehet er ohne einziges Wort davon / und redet ferner niemahls mit ihr. Die Weiber machen es auch auf diese Weise/ wann sie ihre Männer bey andern Maitressen ertappen. Je mehr Buhler eine hat / je höher wird sie gehalten / und wann sie mit einander uneinig/ so wirfft eine der andern für / daß sie Häßlich sey/ und Mangel habe / und machen darüber mehr Gezäncke / als der Rede werth ist.

 Wann ein Mann oder Frau mit einander uneinig sind/ und sich nicht vertragen können / so gehet der Mann zum Herzn deß Orts/und beklaget sich über sein Weib/ der Herz lässet solche bald holen/ verkaufft sie/ und gibt dem Mann eine andere. Es geschiehet auch ein Gleiches dem Mann / wann das Weib sich zuvor beklaget. Wann es auch geschiehet/ daß ein Mann oder Weib mit den Nachbarn öffters uneins ist / und die Nachbarn beklagen sich bey dem Herzn/so wird sie gegriffen/ und den fremden Kauffleuten/welche mit Sclaven handeln/verkaufft/ damit sie von ihrem Vatterland entfernet sey / weil diese Völcker alle Kräfften anwenden / damit sie unter einander in Ruhe leben möchten.

 Dieselbigen / welche sie unter ihnen für Edelleute halten/ die thun den gantzen Tag nichts/bleiben zu Hauß/und reden gar wenig. Wann es Abend wird / so reiten sie bißweilen auß/ und haben einen Sammel-Platz / auf welchem sie bey 30. oder 40. zusammen kommen/ wann sie einfallen wollen. Diese Einfälle geschehen so wol in ihr eigen Land / als in die benachbarten Oerter/ (dann es raubet einer dem andern/was er kan/) und bringen
bißwei-

bißweilen viel Sclaven mit sich. Was die Edlen Frauen und Jungfrauen anbelanget / vertreiben sie die Zeit mit Stücken und anderer Nadel-Arbeit / und wissen selbige sehr zierlich zu machen. Man trincket in diesem Land keinen Wein / man gebrauchet sich auch weder deß Tabacks noch der Caffe. Alle Bauren sind desselben/der über denselben Ort Herr ist / Sclaven/ und bauen oder hauen Holtz / dessen sie eine grosse Menge verbrauchen, dann weil sie nicht wol gekleidet sind/so halten sie die gantze Nacht Feuer an dem Ort/wo sie schlaffen. Und dieses ist alles/ was ich von diesem Land aufgezeichnet.

Das XXV. Capitul/
Der Edle Carl gehet der Dagestanischen Prinzessin zu Hülffe / schläget die Circassier etliche mahl aufs Haupt / und wird von der Prinzessin deß Landes hoch geehret.

Wer ich mag mich bey diesen garstigen Leuten nicht länger aufhalten/ darum kehre ich wieder zu meinem Edlen Teutschen Carl: Der Georgianische Edelmann / Namens Earelan, lag unserm Carl sehr an / daß er doch die betrübte Tartarische Prinzessin zu Terky in ihrer äussersten Noth durch seinen Beystand wieder aufrichten möchte/. dann er zweiffele nicht / wann er zu ihr zöge / so würden die Circassier das Land bald raumen müssen. Carl sagte : Warum nicht die Prinzen auß Georgia sich dieser Prinzessin annehmen möchten? Welches Gárelan darmit entschuldigte/daß sie seit 10. oder 12. Jahren mit den Circassiern in Frieden gelebet/welchen sie am ersten nicht brechen wolten. Was aber mich anlanget / fuhr er fort / so haben sie mich gnug heimgesucht / in dem letzten Einfall / derowegen kan es mir auch Niemand verdencken / wann ich sie weiter aufs äusserste verfolge / und eben deßwegen bin ich gesinnet / mit zu der Prinzessin nach Terky zu gehen / und ihr allen Beystand zu leisten. Endlich resolvirte Carl/

Carl/mit Garelan zu gehen/weil doch seine Räyse ohne dem nach Orient angesehen war/und Garelan bestellete 30. der besten Kerl zu Pferde/ welche ihnen das Geleite geben/und bey ihnen bleiben solten. Die Adeliche Frau hätte zwar gern den Teutschen Ritter länger bey sich behalten/ aber die Zeit wolte es nicht leyden/ sintemahl das Gerüchte auß der Tartarischen Landschafft Terky täglich erbärmlicher lautete.

Wie sie demnach gäntzlich resolviret hatten/dorthin zu gehen/ da kam ein Edelmann vom Imerette, oder Printzen deß Landes/und nöthigte unsern Carl/ an Hof zu kommen/ weil dem Imerette dessen Tapfferkeit zu Ohren kommen/ so wolte er ihn gern selber sehen/ und ihm eine Gunst erweisen. Garelan gabe dem Ritter alsobald einen Winck/daß er diesen Weg abschlagen solte/ welches er auch thäte/ und sich mit seiner Eylfertigkeit entschuldigte; Und als der Abgeordnete wieder hinweg/ gab ihm der Edelmann zu erkennen/daß der Imerette ihn nicht so leicht auß seinen Diensten gelassen/sondern mit einer Dame seines Hofes würde vermählet haben/ welches er ihm wol gegönnet/wann er anders eine Avantage für ihn darbey hätte sehen mögen. Carl danckete dem Garelan, daß er ihm auß dieser Gefahr geholffen/ sintemahl er sich bald solte haben verleiten lassen/ zum Printzen zu ziehen/und darauf setzten sie sich zu Pferde/und giengen durch deß Imerette Gebieth immer an den Gräntzen deß Landes/biß sie am 6. Tage die Tartarische Gräntzen erreicheten/darinn die Circassier annoch in 16000. Mann starck lagen/und gewaltig tyrannisirten. Terky selber/ samt dem Fürstl. Schloß/und die meisten Oerter/ hatten sie in ihrer Gewalt/ biß auf etliche wenige/ nemlich 4. oder 5. kleine Berg-Schlösser/ denen sie/ wegen Mangel deß Geschützes/ nicht beykommen

Carls / 3. Theil.   271

kommen kunten / im übrigen sahe es sehr übel auß im
gantzen Land / inmassen der Kern deß Volcks entweder erschlagen / oder entführet/ oder verlauffen war/
die meisten Dörffer waren verbrandt/ und die Felder
verwüstet/ daß es einen Stein hätte erbarmen mögen. Sie zogen also in dieses verwüstete Land hinein/
wurden aber von den Circassiern Partheyen-Weise
bald angefochten/ mit denen sie sich tapffer herum
schlugen/ obgleich die Feinde ihnen an Mannschafft
weit überlegen waren/und wo sie in ein Dorff kamen/
da gaben sie sich überall kund/ daß sie kämen/ die Circassier zu vertreiben / dannenhero sammleten sich die
verlauffene Einwohner der Tartarn/denen es bißhero
an einem Haupt ermangelt hatte / daß ihre Zahl sich
biß auf 600. vermehrete/ alle zu Pferd/und wol be-
waffnet/ auch resolvirt/ die Feinde biß auf den letzten
Bluts-Tropffen verfolgen zu helffen.

Mit diesem Hauffen / die unserm Carln allerseits treu und hold zu seyn / auch das Leben bey ihm zu
lassen / sich Eydlich verpflichteten/ kamen sie vor ein
ansehnlich Berg-Schloß/ welches sie für Feinde an-
sahe / aber Garelan ritte selber zum Thor / und hielte
eine Unterredung mit dem darinn commandirenden
Tartarischen Hauptmann / dem er seine Meynung
offenbahrete/ welcher sich/ samt seinen Leuten/ die in
200. Mann zu Fuß bestunden/ dergestalt darüber er-
freueten / daß sie allerseits ein hefftiges Jubel-Geschrey anfiengen: Man richtete ein herzliches Mahl
zu/worbey Garelan und der Teutsche Ritter tractiret
wurden.   Die andern Völcker blieben vor dem
Schloß/ und zehreten von dem/ das sie in den Dör-
ffern/ zum Theil auch unter Weges / den Circassiern
abgenommen hatten/und hier pflantzeten sie 20. Cir-
:assier-Köpffe/ so sie jüngst erbeutet hatten/ auf Piquen.

guen auf den Schloß-Mauren/ zum Anfang ihrer Victorie. Nachdem sie sich mit diesen Leuten verbunden/ giengen sie fort/ und etliche Tage hernach kamen zur Seiten 200. berittene Leute zu ihnen/ welche alsobald einen ihres Mittels an Carln absandten/ und ihn fragen liessen/ ob er die Circassier beschützen wolte? Diese sind meine Feinde/ sprach der Ritter/ und was Circassisch heisset/ soll mein Schwerdt empfinden. Darauf kamen die 200. Mann hinzu/ und ihr Führer/ ein ansehnlicher junger Tartar/ sprach zu Carln: Mein tapfferer Ritter/ die grosse Thaten/ so ihr jüngst in Verfolgung unserer angebohrnen Feinden verüchtet/ sind uns zu Ohren kommen/ und so bald wir vernommen/ daß euch das Glück zu unserm Beystand hieher gesandt hat/ offeriren wir euch unsere Dienste/ zu Befreyung unsers Vatterlandes/ wider die unmenschliche Tyranney der Barbarischen Circassier. Der Ritter nahm ihn willig an/ und also stiessen die Völcker zusammen/ und giengen weiter fort/ da sie am folgenden Tag von 1000. Circassiern angesprenget wurden/ Carl ordinirte seine Leute sehr wol/ er selber fiele mit den Tapffersten an/ und brach alsobald ihre Ordnung/ dann in seinem Harnisch kunte ihm Niemand widerstehen. Garclan war ihm allwege zur Seiten/ und weil sich dieser mit einem guten Pantzer verwahret hatte/ so schlug er auch wacker um sich/ die Tartarn folgeten ihrem Führer muthig nach/ und als die Feinde sahen/ daß der güldene Mann/ wie sie ihn nenneten/ so ungemein fochte/ da wageten sich 12. der Allertapffersten auß ihnen/ so allesamt desperate Leute waren/ gegen ihn mit Lantzen und Säbeln/ und weil ihnen Jedermann auß dem Weg zu weichen begunte/ so wagete sich Carl mitten unter sie/ und zerstümpelte sie meist alle in einer Viertel-Stunden

Carls / 3. Theil.

den dergestalt/daß hernach sie nicht capabel waren/einen Säbel-Streich zu führen/einer darvon/der allein unverschret blieben / spiegelte sich an dem Exempel seiner Cameraden / und ergriffe am ersten die Flucht/ welchem der helle Hauff schleunig folgete / aber auf der Flucht wurden noch die meisten erschlagen / und fochten die Tartarn unter ihrem Teutschen Anführer so tapffer / daß kaum 300. Circaffier darvon kamen / die übrigen wurden allesamt in die Pfanne gehauen/ dann von Quartier ward nichts geredet.

Endlich/als die Obsieger vom Todtschlagen und Verfolgen abgemattet/kehreten sie um/und die Tartarn plünderten die erschlagene und tödtlich verwundete Feinde/ bey welchen sie grosse Beuten funden/ so sie im Land vorhin gestohlen hatten. Sie erbeuteten auch über 400. gute Pferde/ und viel Gewöhr/ und darauf danckten die Tartarn unserm Ritter/für solche gute Anführung/ und præsentirten ihm die Helffte von aller Beute/ die sich an Baarschafften allein auf 4000. Ducaten belieff / aber der Edle Großmüthige Ritter schenckete alles den Tartarn/und bedeutete/ daß er kein Geld noch Reichthum verlange/ an welchem es ihm nicht mangele/ sondern er sey mit der Ehre / die sie ihm bekämpffen helffen / schon allzuviel vergnüget. Uber diese Großmüthigkeit verwunderte sich ein Jeder/daß auch alle Tartarn sich verschwuren/ ihr Leben mit Lust bey einem solchen tapffern und Großmüthigen Ritter zu lassen. Sie schlugen allen erschlagenen / und noch in ihrem Blut ligenden Circaffiern die Köpffe ab/steckten solche auf Spiesse/und zogen fort/ funden auch zu ihrer grossen Vergnügung/ daß von den Jhrigen nicht mehr als 40. Mann umkommen waren / sie giengen fort / und kamen immer näher zu dem Felsen-Schloß/darinn sich die Tartarische

sche Prinzessin Daregam aufhielte/welches am Caspischen Meer liget. Aber unter Weges kam Bericht ein/ daß sich alle Circassier/ nachdem sie von den verschiedenen Niederlagen/ so ihnen der güldene Mann angebracht/vernommen/ sich versammleten/ dann sie hätten geschworen/ nicht ehe zu ruhen/ biß sie diesen Zauberer in Koch-Stücklein zerhauen hätten.

Carl achtete dieser Zeitung nicht sonders/ob ihm gleich Garelan, und alle hohe Tartarische Officirer/ riethen/ daß man sich vorsehen möchte/ er verfolgete vielmehr mit seinem Anhang seinen Weg nach dem Castel Colam am Caspischen Meer/und wie sie dasselbe schon im Gesicht hatten/ kam ihnen ein ansehnlicher Deputirter von der Prinzessin entgegen/ welcher vor den güldenen Ritter gelassen seyn wolte. Als er zu ihm geführet ward/ sprach er: Die Durchleuchtigste Prinzessin Daregam übergibt euch/ mein Herz/das Schloß/ und den Rest deß gantzen Landes/ wann ihr nur vergönnet werden mag/ auf etlichen Schiffen mit den Ihrigen sich in andere Länder zu begeben/ worzu sie 5.Tage Zeit bittet. Carl sahe hierauß/ daß man seinetwegen in einem groben Irrthum steckete/ dannenhero ertheilete er dem Abgeordneten folgenden Bericht: Ohne Zweiffel/ mein Freund/ siehet uns die Durchl. Prinzessin für Circassier/ und also für ihre Erb-Feinde an/ aber solche sind wir keines Weges/ sondern kommen/unser Blut für Ihre Durchl. Person wider die Circassier zu lassen/sehet da! hiermit zeigete er ihm die abgeschlagene Köpffe der Circassier/ und weil sich auch viel getreue Tartarn ihm zu erkennen gaben/ ritte er mit etlichen derselben gantz wolgemuth wieder zuruck. Die Prinzessin wuste hierauf nicht/ was sie sagen solte/ und zweiffelte/ ob es nicht eine List der Feinden wäre/ sie

also

also zu hintergehen; Dannenhero sandte sie abermahl einen Menschen auß/ und ließ fragen/ was für ein Landsmann der güldene Führer sey? Carl merckete/ daß man seinethalben in Mißtrauen wäre/ dannenhero sagte er: Ich bin ein Teutscher Ritter/ Vermög meines Ordens gehalten/ das unschuldige Frauenzimmer mit meinem Blut zu beschirmen/ damit aber Ihre Durchl. meinetwegen nicht in Sorgen stehe/ wil ich/ und so fern sie es begehret/ auch alle diese Leute/ vor dem Schloß stehen bleiben/ biß wir Gelegenheit finden/ unsere Treue an den Circaßiern vor ihren Augen zu erweisen.

Mit diesem Bescheid zog der Tartar abermahl nach der Burg/ aber es folgete ihm ein fürnehmer Hauptmann auß der Gesellschafft/ welcher der Prinzeßin/ als die ihn wol kennete/ die wahre Beschaffenheit der Sachen umständlich bedeutete/ und ihr unglaubliche Thaten von unserm Teutschen Helden erzehlete/ daß sie dardurch bewogen ward/ einen von ihren fürnehmsten Hauß-Genossen an ihn zu senden/ und ihn/ nebst 10. der Fürnehmsten seines Gefolges/ zu sich aufs Schloß zu bitten. Also erwählete Carl den Garelan, und etliche andere von den Tartarischen Hauptleuten/ mit denen er auf das Schloß Colam ritte/ und von der Prinzeßin sehr freundlich empfangen ward/ er legete seinen Helm und Harnisch ab/ und præsentirte der Fürstin einen vollkommenen/ ehrlichen/ wackern/ Teutschen Ritter/ über deßen Ansehen und Großmüthigkeit sie sich dergestalt verwunderte/ daß sie nicht wuste/ ob er ein natürlicher Mensch sey. Und als man ihr erzehlet/ welcher Gestalt er die Circaßier schon in verschiedenen Begebenheiten aufs Haupt geschlagen/ da setzete sie sich mit ihm und dem Garelan zur Tafel/ und speiseten mit einander. Die

Tractamenten waren ziemlich gut/ wie auch das Ge-
träncke/ und als Carl tapffer hinein asse/ rieihe ihm
die Prinzeſſin/ die gar viel auf ihn hielte/ er möchte
nicht zu viel eſſen/ das beſte Gerücht würde nach kommen. Carl kehrete ſich zwar hieran nicht ſonders/ jedoch verlangete ihn/ nach dieſem geprieſenen beſten
Gerücht/ und endlich ſahe er/ daß man einer Füllen-
Kopff/ von einem jungen Roß/ brachte/ welches das
allerniedlichſte Tractament heiſſen ſolte/ wie dann
auch alle Anweſenden mit groſſer Begierde darvon
aſſen/ aber Garelan und Carl enthielten ſich dieſer
Speiſe/ weil ſie deſſen nicht gewohnet waren. Man
ſandte den Völckern vor dem Schloß auch zu eſſen
und zu trincken/ und die Prinzeſſin bezeugete ſich überauß vergnüget/ über dieſe unverſehene Hülffe/ ſintemahl ſie ſchon darauf bedacht geweſen/ wie ſie mit ihren getreueſten Leuten und beſten Schätzen das Land
gäntzlich verlaſſen/ und ſich anderweit um einen
Schutz bewerben möchte/ zumahlen ſie keine Appa-
rentz mehr ſahe/ den Circaſſiern weitern Widerſtand
zu thun/ als die ſich/ biß auf wenige Oerter/ ſchon deß
gantzen Landes bemächtiget hatten.

Nach gehaltener Mahlzeit zeigete die Prinzeſſin unſerm Ritter ihre im Schloß annoch befindliche
Mannſchafft/ die in 300. reſolvirten Tartarn beſtun-
de/ aber es mangelte nicht allein dieſen/ ſondern auch
vielen ihrer Landes-Leuten/ an Muſqueten/ Kraut und
Loth/ worinn die Circaſſier bißhero die Avantage vor
ihnen gehabt hatten/ man ließ auch 100. Sclaven
auß allerhand Nationen zum Vorſchein kommen/ unter dieſen waren 18. Teutſche/ welche unſerm Carl/
von welchem ſie ſchon verſtanden/ daß er ein Teut-
ſcher Ritter/ und allhier in groſſem Anſehen wäre/ um
ihre Freyheit anfleheten/ mit dem Erbieten/ daß ſie ihr

Blut

Blut und Leben wider die Feinde/unter seiner Anfüh-
rung/ mit Freuden aufopffern wolten.   Diese Leute
waren durch unterschiedliche Zufälle in die Tartarische Dienstbarkeit gefallen/ meist aber durch die No-
gayer Tartarn hieher verkaufft worden.   Es waren
aber auch drey geborne Teutsche Edelleute darunter/
und als diese ihr Geschlecht dem Ritter nenneten/
war ihm solches sehr wol bekandt/ dannenhero bathe
er bey der Prinzessin für sie mit einander / und sagte
gut für ihre Treue. Also wurden sie mit einander loß
gegeben/ und empfienge ein Jeder einen Säbel/ daß
man also im Schloß 400. bewöhrte Männer hatte.
Man berathschlagte sich diesen Tag/ wie es mit dem
Feind weiter anzugreiffen / und darauf ward die
Abend-Mahlzeit gehalten / nach welcher sich Jedermann zur Ruhe begabe.

Als der folgende Morgen angebrochen/und ein
Jeder schon wieder in den Kleidern war / da ward
Lärmen im Schloß gemacht / und es kam Zeitung
von der Schild-Wacht/ daß 3000. Circassier ange-
zogen kämen. Nach einer kurzen Unterredung / ritte
Garelan mit den fürnehmsten Tartarn hinauß zu seinen Leuten / und legete sie in einen tieffen Graben/
darinn sie einen guten Vortheil hatten.   Die Circassier waren alle zu Pferde/und fielen gantz grimmig
an/um/wegen ihrer Brüder/fordersamst eine blutige
Revenge zu nehmen.   Und als der Tantz schon recht
angangen war/ gieng Carl mit 300. Mann/ worunter die 100. Freygelassenen waren / alle zu Pferde/
durch eine Pforte nach dem Caspischen Meer hinauß/
nahmen einen kleinen Umschweiff/ und fielen uhr-
plötzlich von hinten unter die Circassier/ welche dardurch bald in Confusion gebracht wurden. Es ist nicht
zu sagen / wie gewaltige Streiche damahlen Carl
führe-

führete/ wo er hin kam/ da wichen ihm die Feinde mit hellem Hauffen / dann alles ihr Gewöhr fiel vergeblich auf seinen Harnisch / die 3. Teutschen Edelleute hielten sich auch, als recht schaffene Männer/ und weil sie stäts zu seiner Seiten waren / sahe er ihre tapffere Streiche mit Verwunderung / und grosser Vergnügung. Garelan an seinem Ort/ und die Tartarn hinter dem Graben / hielten sich auch sehr wol / daß die Circassier/ nachdem das Gefecht 2. Stunden sehr hefftig gewähret / die Flucht zu ergreiffen gezwungen wurden. Aber die Tartarn setzten ihnen resolut nach/ und schlugen so tapffer darunter/ daß die Feinde über 600. Mann verlohren. Man bekame also gute Pferde / und grosse Beuten / samt mehr / als 260. Musqueten/ und weil die Flüchtigen endlich nicht einzuholen waren / plünderte man die Erschlagenen/ denen alle Köpffe heruntergeschlagen/ und auf hölzerne Spitzen/ um das Schloß Colam her/ aufgestecket wurden.

Nach diesem völlig-erlangten Sieg/ welchen die Prinzessin auf dem Schloß von der Zinnen zugesehen hatte/ kehrete Carl und Garelan mit denen/ so auß dem Schloß kommen waren/ wieder hinauf/ und wurden von der Prinzessin überauß freudig bewillkommet. Sie hatte mit Verwunderung gesehen/ was für eine unglaubliche Tapfferkeit der Teutsche Ritter wider die Feinde erzeiget hatte/ dannenhero nennete sie ihn offentlich ihren Erlöser/ und trug ihm das Commando über alle ihre Leute auf / sie untergabe ihm auch die freye Dispofition, über Proviant und Ammunition, welches Carl annehmen muste/ wolte er anders die Prinzessin so wenig/ als alle Tartarn/ erzürnen/ und weil er die 3. Edelleute in vorigem Anfall gnugsam geprüfet/ machte er einen Jeden zum

Führer

Carls / 3. Theil.   279

Führer über 100. Mann / die Beuten wurden gebührlich eingetheilet / aber Carl wolte keinen Antheil daran haben / vorwendend / daß er nur um Ehre / und nicht um Reichthum / zu streiten gewohnet wäre. Uber welche Großmüthigkeit sich die Daregam noch am allermeisten verwunderte / und je länger je mehr von ihm zu halten begunte.   Es hatten aber die Tartarn in diesem Streit nur 36. Mann verlohren / auß welchem glücklichen Anfang sie urtheileten / daß sie unter diesem neuen Anführer ihren Verlust bald glücklich redressiren / und die Feinde fordersamst wieder auß dem gantzen Land schlagen wolten.

Inzwischen kamen nach gehaltener Mittags-Mahlzeit noch über 300. bewaffnete Tartarn auß ihren Schlupff-Winckeln hervor gekrochen / welche / weil sie von den glücklichen Progressen der Ihrigen wider die Feinde vernommen / sich willig anerbotten / für das Vatterland zu sterben. Alle diese Leute waren meist beritten / und wer kein Pferd gehabt / bekam eines von den jüngst-erschlagenen Circassiern / denen man über 240. Pferde abgenommen hatte.   Die Prinzessin war von Hertzen froh / als sie sahe / daß nunmehro das Blat sich zu ihrem Vortheil wendete / dannenhero preysete sie unsern Ritter für ihren Erlöser / und sprach ihm grosses Lob zu / welches ihm doch einen lautern Verdruß erweckete / dahero er sie von dergleichen Discurs abzuleiten / forschete / was doch die Circassier bewogen hätte / so Barbarisch in diesem Land zu haussren? Daregam nahm ihn bey der Hand / und nachdem sie mit ihm / und etlichen ihren getreuesten Dienern / in ein schönes Zimmer getretten war / setzten sie sich / nach Morgenländischer Weise / auf köstlichen Polstern zur Erden. Sie ließ Wein für die Fremdlinge / und Cahue für die Ihrigen bringen /

S 4

gen / und darauf erzehlete sie folgendes mit weitzen-
den Augen:

Das XXVI. Capitul /
Ursach der Verwüstung / so die Circassier in Dagestan gestifftet/worbey seltzame Begebenheiten von verschiedenen Sorten vorfallen.

Er Jammer / darinnen ich und mein Vatterland stecken / ist so groß / daß er nicht grösser seyn kan/ viel tausend Menschen/ und darunter die fürnehmsten Leute / haben die Erde mit ihrem eigenen Blut eine Zeithero benetzet/ worzu sich dieser Anlaß gegeben: Was die Circassier für streitbare Leute sind / mein Edler Ritter / das wird euch schon bekandt seyn/und ihr habt es selber zur Gnüge erfahren; Man hat vormahlen so viel auf sie gehalten/ daß sie bey den Arabischen Caliphen in Egypten in sonderbare Consideration gekommen / als welche sich sonderlich um Circassische Sclaven beworben/ denen sie / wann sie von ihrem verkätzerten Christenthum abgefallen / die Freyheit ertheilet / und sie zu ihrer getreuesten Leibwacht angenommen haben / hierdurch kamen die Circass'sche Mammelucken hernach in so grosse Consideration, daß sich alle Benachbarten vor ihnen fürchteten / zumahl / da sie den Caliphen selber das Weltliche Regiment endlich auß den Händen rissen / und an sich zogen / daher dann verschiedene Mammelucken-Sultane hernach in Egypten geherrschet haben/ auß dem Circassischen Stam / von denen der grosse Tomum Bey der Letzte gewesen/ mit dessen Tod ihre Herrschafft in Egypten ein Ende genommen / und unter die Ottomannische Groß-Sultanen verfallen ist. In ihrem Land selber haben sich diese Circassier / gleich wie mehr andere an-
gräñ-

gräntzende Völcker / allemahl mit Rauben ernähret/ und ihr Regiment wird wie eine Republiq geführet/ also/ daß bißweilen 4. 5. mehr oder weniger Obristen unter ihnen herrschen / denen die andern zu Gebott stehen.

Vor etwa 4. Jahren fiel eine starcke Parthey Circassier in unser Dagestanisches Gebieth/ über welches mein Vatter/ Sultan Osman/ damahl herrschete/ so zu Terky, gleich wie allemahl seine Vorfahren/ residirte. Osman nahm selber die Mühe über sich/ und zog diesen Raubern entgegen/ welche von 3. Obristen geführet wurden. Sie schlugen sich gantzer 5. Tage mit einander / und ob gleich der Circassier 12000. und der Tartarn dagegen nur etwas mehr als 9000. Mann waren / so erhielten diese dannoch endlich den Sieg / daß Jene auß dem Land geschlagen wurden/ nachdem sie ihre 3. Obristen verlohren hatten / welche im Streit blieben waren. Hierauf saffen wir ein gantzes Jahr in Ruhe / aber/ als solches verflossen/ kam ein alter berühmter Circassischer Obrister mit 16000. Mann in unser Land / und übete an unsern Unterthanen eine grausame Rache. Mein Vatter saß nicht lange still / sondern entbotte sein Volck in die 12000. Mann / und nachdem er einen bequemen Platz erkohren / hielt er auch mit diesen Leuten eine Haupt-Schlacht / darinn er mit dem Circassischen alten Obristen/ Saram genannt/ selber zu streiten kam/ und weil keiner dem andern weichen wolte/ so bliessen sie alle Beyde auf dem Platz / jedoch behielten die Circassier den Sieg / und giengen unter Sarams Söhne dem tapffern Trogell ziemlich weit in unser Land. Mein ältester Bruder/ Printz Atalib, sammlete die flüchtige Tartarn bald/ und zog dem sieghafften Trogell entgegen / den er nicht allein auß dem Feld

Deß Teutschen

schlug/ sondern ihn selber gefangen bekam/ und zum Siegs-Zeichen mit sich nach Terky zurück führete. Als meine Mutter diesen Gefangenen sahe/ lieff sie mit einem blossen Säbel auf ihn/ und wolte ihm das Leben nehmen/ aber Atalib hielte ihr den Arm/ und sagte: Nicht also/ liebste Frau Mutter/ wider unbewaffnete Leute muß man keine Rache üben/ durch diesen tapffern Obristen wollen wir vielmehr Ruhe an beyden Seiten stifften/ daß die Circassier und Dagestaner hinführo in erwünschter Ruhe leben mögen. Solche Worte verdrossen meine Mutter dergestalt/ daß sie Augenblicklich nach den Schloß-Mauren gieng/ und von dannen über einen hohen Felsen sich hernieder stürtzete/ worvon sie den Halß und Lebens-Faden in einem Augenblick zerbrach. Ob nun dieses bey uns allerseits gleich ein jämmerliches Spectacul gab/ so musten wir uns doch/ weil das Geschehene nicht zu ändern war/ mit der Zeit darein schicken/ und darauf nahm Atalib, mein älterer Bruder/ die Regierung/ welchem der jüngere Bruder Dodekin willig gehorchete. Trogell ward hierauf wol gehalten/ und obgleich die Circassier ein ansehnliches Löse-Geld vor ihn zu erlegen botten/ ward es dannoch nicht angenommen/ dann wegen seiner guten Beschaffenheit liebeten ihn meine beyde Brüder/ und weil sie merckten/ daß er in Liebe gegen mir entbrandt/ sahen sie solches von Hertzen gern/ und beförderten dieses wichtige Werck nach allem Vermögen/ daß wir uns endlich mit einander verlobeten. Also lebte Trogell hernach nicht als ein Gefangener an unserm Hof/ sondern ward geachtet und gehalten als ein Bräutigam/ Schwager und Bruder.

Sarams Wittib/ Trogells Mutter/ sandte nach einem halben Jahr einen getreuen Sclaven ihres Hauses

Hauses nach Terky, und ließ vernehmen / wie es mit ihrem Sohn stünde / und ob man Hoffnung haben könte / denselben zu erlösen / oder nicht? Wir hielten ihn als eine freye Person / beschenckten ihn redlich/ und gaben ihm seinen Abschied/ mit einem Conterfait von meiner und einem andern von meines Bruders Atalibs Person. Hiermit wanderte er fort/ und wie er / als wir hernach vernommen / zu Hauß angemeldet / daß ich mit Trogell verlobet sey / und daß mein Bruder Atalib sich bemühete / deffen Schwester Foralca Liebe zu erlangen / da ward er mit einhelligem Schluß der Mutter deß Trogells und anderer vornehmen Obristen der Circaffier auf einen Holtz-Hauffen gesetzet / und zum Opffer vor die gantze Circaffische Nation lebendig verbrandt / wiewol hernach die Pohlnische Sclaven/ als derer Landsmann er gewesen / seine Gebeine behutsam gesammlet / und als ein sonderbares Heiligthum begraben haben. Bald hernach starb deß Trogells Mutter, und die Circaffier hatten ein Haupt unter ihnen erwählet / welcher war Saladin, ein Sohn eines der in dem vorigen Einfall erschlagenen Obristen/ welcher unter den Crymischen Tartarn/ und hernach auch unter den Türcken sich wider die Europæische Christen hatte gebrauchen laffen / wodurch er einen solchen Namen erworben/ daß die gantze Circaffische Nation, jedoch ihren Privilegien unverfänglich/einmüthig dahin stimmeten/ daß dieser Saladin ihr allgemeiner Führer seyn solte. Saladin hatte sich in verschiedenen Feld-Zügen wacker versucht / und war auß einem halb- dadurch ein gantz vernünfftiger Mensch und fürtrefflicher Held geworden / dannenhero sahe er dieser Sache gleichsam von weitem zu; Er machte aber inzwischen groffes Werck darvon / daß er die Foralca, als die reichefte und fürnehmste Dame unter den Circassiern heurathen möchte/ aber diese war nicht unbeständig/ sondern ergötzete sich ohn Unterlaß an dem Bildnuß ihres Atalibs/ welches sie von dem Sclaven erhalten hatte / dannenhero / und weil alle Circassier dahin stimmeten/ daß sie deß Saladins Frau / und er der einzige Erbe aller der ihrigen Güther seyn solte / so warb ein Tag zur Hochzeit angesetzet / Saladin thäte inzwischen annoch einen Streiff in der Comoucher und Dagestaner-Land / und ein Jahr hernach wolte er Beylager halten/ weil eine schwere Kranckheit der Foralca ihm das Concept so weit verleget hatte. Die ehrliche Dame ließ sich offentlich herauß/daß sie ihn nicht zum Mann leyden wolte / und es würde ihr auch unmöglich fallen/ 2.Tage mit ihn in einer friedsamen Ehe zu leben / aber daran wolte sich Niemand sonderlich kehren/wol wissend/daß auß denen die sich im Stand der Verlöbnuß nicht wol begangen/ hernach im Ehe-Bette die allerbeste Freunde geworden sind.

Als der Tag/der zum Beylager bestimmt war/ angeschritten / kamen die fürnehmsten Circassischen Weiber/und schmücketen die Foralca als eine vornehme holdseelige Braut auf das Allerzierlichste / aber die traurig-Verlobte risse bald allen Schmuck wieder vom Kopff und Leib / sagte auch frey herauß / daß dieser Tag vielmehr ein Tag ihres Todes/ als ihres Beylagers seyn solte. Solches alles ward verlachet/ dann man glaubete sicherlich/ daß noch alles zwischen ihr und dem tapffern Saladin gut werden würde. Wie sie nun endlich keine Rettung sahe/sandte sie heimlich einen Sclaven nach Terky, und ließ dem Atalib und ihrem Bruder sagen/ daß man sehr auf sie drünge/ einen unangenehmen Bräutigam zu heurathen / wann man demnach hierzu Gewalt brauchen würde, wie

Carls / 3. Theil.

de / wie es das Ansehen hätte / so wolte sie ihr mit einem behenden Tod zuvor kommen / und solches ließ sie den Atalib zum Valet versichern / dem sie nicht allein sein eigen Conterfait, damit es nicht in der Feinde Hände gelange / wieder zurück / sondern auch ihr eigenes darbey sandte. welches ein Pohlnischer künstlicher Sclav verfertiget hatte. Wir waren an unserm Ort allerseits hefftig bestürtzt über diese Zeitung / und war uns leyd / daß es nicht in unserer Macht stund / diese Sache zu ändern / dann die Dagestaner waren von dem letzten Streich noch nicht allerdings curiret / welche ohne dem die Circaßier gerne zufrieden lassen / wann sie nur von denselben nicht möchten angefochten werden. Der abgeordnete Sclav hatte von der Foralca einen Frey-Brieff bekommen / wann er sein Gewerb zu Terky würde bestellet haben / dannenhero ward er daselbst nicht lang aufgehalten / und weil er sich nicht resolviren kunte / wieder zu der Foralca zu kehren / so ließ man ihn seines Wegs mit einem Räyß-Geld wandern / und er nahm seinen Weg nach Moscau.

Saladin ward unterdessen durch die Circaßische Pfaffen mit dem bekümmerten Fräulein copulirt / und darauf hielte man eine herzliche Mahlzeit / bey welcher die Foralca 2. mahl in eine Ohnmacht sanck / worauß Saladin wol hätte abnehmen können / daß nichts Gutes hierauß würde erfolgen. Endlich / als man zu Bette gehen solte / da sahe die Braut gantz Gram-sichtig auß / und ein Jeder merckete / daß sie mehr ausser / als bey ihr selber wäre. Saladin nahm sie bey der Hand / und führete sie in das Zimmer / sie ward entkleidet / und er auch / darauf schieden die Diener und Dienerinnen auß dem Gemach / und der verliebte Bräutigam hoffete nun die längst gewünschte

wünschte Früchte seiner inbrünstigen Liebe dermahleins mit Freuden zugeniessen. Aber ach/ deß Jamers!
Saladin hat mir zwar durch die Bekümmerung der
Foralca grossen Prast verursachet / und dannoch em-
pfinde ich Mitleyden mit seinem Unglück. Er war ein
Held von grosser Tapfferkeit/und hat sich jedes mahls
gegen seine Feinde viel Redlicher bezeuget / als seine
Lands Leute / darum ist mir sein Unfall hertzlich leyd.
Wie er ins Braut-Bett getretten / steiget er gleichsam auf den lieblichen Baum / die süsse Liebes-Kir-
schen abzubrechen/ aber er fiel bald herunter/ und zerbrach den Halß. Das ist / wie er seine Braut zu dem
Jenigen zwingen wolte / welches eine andere ihrem
angenehmen Bräutigam mit der besten Vergnügung williglich dargereichet hätte/ da runge sie lange
Zeit mit ihm/und weil er ihr zu starck/ rupffete/ zucke-
te/ kneipete/ kratzete/ schlug und tratt sie mit Händen
und Füssen/sie schrye um Hülff/ und als solches nicht
helffen wolte / bisse sie sich in die Lippen/ und sprützete
ihm das Blut in das Gesicht. Der verliebte Mensch
stund dieses alles mit grosser Gedult auß / und kam
so weit / daß er sich seiner unbarmhertzigen Liebsten
jetzo in den Schoß sencken wolte / siehe! da ziehet sie
ein heimlich verborgenes Stillet unter dem Haupt-
Küssen / wohin sie es vorhin mit Fleiß verborgen hat-
te/hervor/ und sticht ihn damit in das Hertz so richtig/
daß er alsobald in seinem warmen Blute ersticket/
auch nicht ein einziges Wörtlein darzu saget. Foralca
weltzete den Körper auß dem Bette/ und lässet ihn
auf der Erden ligen/biß am folgenden Morgen seine
Freunde kommen/ihm Glück zu wünschen/ da finden
sie das elende Spectacul, und wie sie die Foralca deßfalls zur Rede stellen / antwortet sie voll Grimms:
An seinem Tod ist er selber Ursach/und alle/ die ihn zu

meiner

Carls / 3. Theil.

meiner Heurath genöthiget haben / und also soll es allen denen ergehen / die mich zu ihrer Liebe zwingen wollen / biß der Jenige kommet / dem allein und keinem andern in der Welt ich mein Hertz in keuscher Liebe ergeben habe. Die Freunde deß Saladins sprungen darauf hinzu / und rissen sie in ihrem Unter-Kleid auß der Kammer / stelleten sie / samt dem todten Körper / auf den offentlichen Platz / foderten die Aeltesten der Circassier / und bathen um Rache. Das Urtheil lieff da hinauß / daß man den Saladin prächtig begraben / auf sein Grab aber einen Scheiter-Hauffen machen / und die Foralca lebendig darauf verbrennen solte / damit hierdurch die Schande von ihrem Land abgewischet würde. Sie ward also in ein Gefängnuß gesetzet / biß alles zu der Außführung bereit / und wie der darzu bestimmte Tag erschienen / kamen die Jungfrauen deß Landes in ihren Feyer-Kleidern / mit Kräntzen / und begleiteten sie hinauß unter einem grossen Gejäuchtz über ihre Keuschheit / als die / um ihre Ehre zu erhalten / so freywillig zum Tod gienge. Die Leiche ward vorher geführet / und sie folgete nach / von mehr als 1000. Menschen / beyderley Geschlechts / begleitet. An dem Grab-Ort / in einem tieffen Thal / ward Saladin in die Erde gescharret / und der Scheiter-Hauffen alsobald auf sein Grab gebauet. Als derselbe fertig / ward sie hinauf gewiesen / und sie stieg mit grossen Freuden hinauf / setzte sich nieder / und rieff ihren Liebsten / Atalib, um Rache an / hernach verrichtete sie ihr Gebett / und sprach zu den Knechten / denen solches anbefohlen war / daß sie Feuer anlegen solten. Wie aber diese damit beschäfftiget / kamen 300. wolbewaffnete und berittene Circassier hinter einem Berg her / mit blossen Säbeln / und schlugen die / so das Feuer anlegten / vom Scheiter-Hauffen weg / die

andern

andern Zuschauer / so sich eines solchen Anfalls nicht versehen hatten/ und demnach nicht gnugsam bewöhret waren / kieseten die Flucht/ und darauf stiegen ihrer etliche auf den Scheiter-Hauffen / und führeten sie mit grosser Reverentz herunter. Sie wuste nicht/ wie ihr geschähe / und als sie forschete / wer sie abgeordnet hätte? Sprach einer zu ihr: Schönstes Fräulein/ es ist immer Schade/ daß das verzehrende Feuer eine solche Perle hinweg raffe. Man führete sie nach einem andern Dorff/ und daselbst ward ihr höflich gedienet.

Hier ist zu wissen/ daß viel von den Circassiern in diesen ihren Tod nicht eingewilliget hatten / weil sie aber die Schwächesten / hatten sie die Außführung müssen geschehen lassen. Nun hielte sich damahl ein berühmter tapfferer Cosack in Circassien auf/ welcher auß seinem Vatterland an der Don war verbannet worden/ als ein Rebell / der es mit seinem Bruder dem weyland berühmten Rebellen Stenco Radzin wider Moscau gehalten hatte. Dieser/ Namens Boris Radzin, hatte unter den Circassiern grosses Ansehen/ dannenhero folgeten ihm 300. junge Männer gantz willig/ als er ihm vornahm die Edle Foralca auß dem Feuer zu erledigen. Wie nun solches glücklich vollbracht / strebte er darnach/ wie er sich ihrer Liebe würdig machen/und dadurch unter den Circassiern in grosses Ansehen kommen möchte. Die Jenigen/ so die Foralca zum Tode verurtheilet / begriffen sich auch bald hernach/ und also vertrugen sie sich mit einander/ und beschlossen den Boris zu ihrem fürnehmsten Obristen zu machen/ und ihm dermahleins die Foralca ehelich beyzulegen / dann ein Jeder hoffete/ die Edle Dame würde sich mit der Zeit begütigen lassen. Weil aber unter den jungen Circassiern

etliche

Carls / 3. Theil. 289

etliche waren / denen es zu Hertzen gienge / daß ein Fremdling / darzu ein Rebell, mit dem Edelsten Kleinod ihres Landes darvon gehen solte / so dachten sie auf Mittel / solches zu verhindern / und darmit verlieff eine gute Zeit. Etliche derselben schlugen sich zusammen / und sandten an Trogell, er möchte kommen / und seine Schwester von dem Boris erledigen helffen / welche in einem ansehnlichen Hauß verwahret läge / wiewol sie sich zu dieser Heurath noch weniger / als zu der vorigen verstehen wolte. Trogell überlegete diese Sache mit Atalib, und nachdem sie einen grossen Anhang unter den Circassiern selber durch Schreiben bekommen / nahmen sie 20. bewöhrte Dagestaner-Tartarn zu sich / und giengen nach Circassien / Trogell in Hoffnung / als ein Obrister unter den Seinigen zu leben / Atalib aber / in Meynung / seine Braut / die beständige Foralca, abzuholen. Sie wolten mich zugleich auch mit sich führen / aber ich hatte keine Lust darzu / und sahe gleichsam vorher / was darauf folgen würde. Dannenhero riethe ich dem Atalib auch / zu Hauß zu bleiben / biß er sehe / was mein Trogell außgerichtet hätte. Mein Zureden halff nichts / Trogell nahm einen traurigen Abschied von mir / mit der Vertröstung / daß er bald wiederkommen / und mich mit grossem Pomp heimführen wolte.

Wie sie in Circassien kommen / fielen ihnen viel tausend Mann zu / und erwähleten den Trogell zu ihrem Führer wider den Boris, darauf giengen diese wider einander zu Feld / und weil Boris der andern Partey um ein Gutes an Mannschafft überlegen war / zumahl / da der Haß bey Ankunfft deß Atalibs wider die Dagestaner auf einmahl unter ihnen aufwachete / so wurden diese 2. Helden geschlagen / gefangen / und zum Tod verurtheilet. Wie es ihnen seithero ergangen /

III. Theil.   T

gen/ auch ob sie annoch leben/ oder todt sind/ darvon
kan ich euch leyder keinen Bericht ertheilen. Nur dieses weiß ich zu sagen / daß deß Boris Ansehen so groß
worden/ daß derselbe seithero alles nach seinem Willen hat dirigiret / und von der Zeit an hat er unser
Land und Leute stäts mit Einfällen allarmiret. Mein
anderer Bruder Dodekin hat ihnen zwar möglichsten
Widerstand gethan/ aber ihre Macht war zu groß/
dannenhero hat er sich in unbekandter Kleidung heimlich nach den Donischen Cosaken gewandt / um von
derselben General, oder Hetman, Hülffe zu erlangen/
Aber ich habe auch von dem lieben Dodekin schon in
einem halben Jahr keinen Bericht empfangen. Mit-
lerzeit haben die Circassier sich unsers gantzen Lan-
des/ biß auf sehr wenige Castelen / bemächtiget / und
wie ihr sehet / so habe ich mich biß auf die äusserste
Gräntze hieher retiriren müssen.

Das XXVII. Capitul/

Allhier beschreibet Carl der Tartarischen Prinzessin die Gelegenheit Teutschlandes/ dessen Ständen und fürnehmsten Städten.

Carl hatte der Prinzessin mit allem Fleiß zuge-
höret/ und nunmehro tröstete er sie/ daß sie bald
eine Obsiegerin, über ihre Land-verderbliche
Feinde seyn solte. Weil aber die Daregam sehr begierig war / zu wissen/ was die Teutschen für Leute/
und was für ein Regiment sie führeten / wie groß
Teutschland/ und wie es eingetheilet wäre / so ver-
gnügete sie der Edle Ritter mit nachfolgendem
Discurs, den ich zwar selber nicht angehöret/ weil ihn
aber die Daregam fleissig aufgezeichnet/ und darnach
rein zu Papier bringen lassen/ habe ich ihn hernach
gelesen: Teutschland/ sprach er/ wird von den alten
Teutschen also genannt/ und war weyland bekandt

nter dem Namen Germania. Es hat sehr fruchtbare Landschafften/ und in solchen eine grosse Anzahl schöner Städte. Die Menge deß Getraydes/ allerhand Früchten/ Saltz/ und anderer Waaren/ ertragen ein nicht geringes Einkommen. Anjetzo ist es ein Käyserthum/ wiewol noch eine grosse Anzahl Reichs-Stände darinn begriffen/ die alle ihre eigenthumliche Herrschafften haben. Die Gesetze dieses Reichs erlauben mehr nicht/ als 3. Religionen/ die Römisch-Catholische/ die Evangelische/ oder so genannte Lutherische/ und die Calvinische/ oder Reformirte/ die öffentlich getrieben werden/ wiewol es so hier/ als dar/ an vielen andern Secten auch nicht ermangelt/ die aber kein öffentlich Exercitium haben. Ins gemein folgen die Teutschen in der Religion ihren Fürsten und Obern nach. Die Reuter haben sie weyland Reiters/ und die Fuß-Völcker Lantzknets genennet.

Teutschland hat vor andern Ländern nicht geringen Vortheil/ dann es liget mitten in Europa, dahero auch billig der Sitz deß Römischen Käysers in demselben ist stabilirt worden. Es ist/ wie schon gedacht/ der Käyser deß Reichs Haupt/ und regieret dasselbe/ durch Mittel der allgemeinen Reichs-Versammlungen. Die Grund-Gesetze/ wessen ein Käyser sich zu verhalten/ werden in der so genannten güldenen Bull beschrieben/ und darinn gehandelt/ von der Wahl eines Römis. Königs/ von der Chur-Fürsten Gebühr/ und deß Käysers Hoheit/ von Jhro der Chur-Fürsten besondern Freyheiten/ und endlich/ von denen Mitteln/ wodurch Ruhe und Frieden im Römischen Reich zu erhalten. Es ist diese Bull ein klein Buch/ auf Pergamen geschrieben/ in sich haltend 24. Blätter und 30. Capitul/ mit einem grossen runden Siegel/ auß purem Gold/ dessen eine Seite

zeiget

Deß Teutschen

zeiget Käysers Carl deß IV. der diese Bull gemacht/ Bildnuß/auf der andern aber siehet man ein Schloß/ mit 2. Thürnen/ und diesen Worten: Aurea Roma. Die Wahl deß Käysers soll allezeit in der Statt Franckfurt am Mäyn vorgenommen werden. Neben denen Reichs-Versammlungen sind noch andere/als die Zusammenkunfft der Chur-Fürsten/ über der Wahl eines Römischen Königs. Die angestellten Tag-Satzungen/ da der Reichs-Stände Deputirte mit denen Käyserl. Abgeordneten Rathschlagen/ und endlich die Cräyß-Täge/ da eines jeden Cräyses angehörige Stände/ in Sachen/ diesen Cräyß antreffend/sich zu versammlen pflegen. Worbey zu gedencken/ daß das Römische Reich ins gemein in Zehen verschiedene Landschafften/ oder Cräyse/ pfleget abgetheilet zu werden/ die sind: Fränckisch/ Bäyerisch/ Oesterreichisch und Schwäbisch/ Item/ der Westphälisch/der Ober- und Unter-Rheinisch/deßgleichen der Ober- und Nieder-Sächsisch/ und endlich auch der Burgundische Cräyß. Jeder Cräyß hat einen Geist- und Weltlichen Directorem, die auf denen Cräyß-Tägen præsidiren. Zween oder drey Cräyße können zusammen tretten/und deliberiren/ wann einer auß ihnen entweder von aussem wil angetastet/ oder durch innerliche Unruhe turbiret werden. Das Römische Reich ist zwar bey nahe noch eben dasselbe/ wie es weyland in Zeiten der Römer gewesen/ nur daß es die damahlige Grösse nicht bereichet. Der Stände/ auß denen es bestehet/ sind fünfferley/ erstlich/ deß Reichs Haupt/ der Römische Käyser/ welcher dermahlen auß dem Hauß Oesterreich/die Chur-Fürsten/ die Geistliche Fürsten/ die nicht Chur-Fürsten sind/die Weltliche Fürsten dergleichen/und die Freyen-Reichs-Städte. Die Versammlung der

Reichs-

Carls / 3. Theil.

eichs-Stände auf den allgemeinen Reichs-Tägen/ cilet sich in drey Corpora, deren eines die Chur-
Fürsten/ das andere die Fürsten/ und das dritte die itzt-gedachten Reichs-Städte formiren.

Die Länder und Herrschafften/ über welche das auß Oesterreich zu gebieten/ sind auch unterschieden/ Oesterreich/ Steyermarck/ Kärndten/ Tyrol/ und was darzu gehöret/ ist erblich/ darzu kommt jetzo auch das Königreich Böhmen/ zusamt Mähren und Schlesien. Daß Ungarn vorzeiten ein Wahl-Reich gewesen/ kan auß den Historien sattsam dargeleget/ und behauptet werden. Heutiges Tages dörffen die Stände eher nicht zur Wahl schreiten/ es sey dann von deß Königs Kindern keines mehr vorhanden/ warum erwartete Käyser Ferdinand der I. im vorigen Jahr-Hundert der Stände Wahl nicht/ sondern verordnete seinen ältesten Sohn/ Maximilian den II. zum König/ der auch A. 1563. am 8. Herbst-Monats-Tag gekrönet wurde. Bleibet es also darbey/ daß es so lang ein Erb-Reich ist/ als deß Königs Kinder leben. Die fürnehmste Käyserl. Rechte sind/ die Erection und Investitur der Lehen/ Ertheilung besonderer Freyheiten/ und die Legitimation. Er kan Gesetze machen/ Salvum Conductum ertheilen/ Posten so hier als dar im Reich anstellen/ Reichs-Versammlungen außschreiben/ hohe Schulen aufrichten/ Märckt und Flecken zu Städten machen/ dieselbe in deß Reichs Acht und Aber-Acht erklären/ in Summa/ er kan Könige/ Hertzogen und Marggrafen machen/ und hat die Superiorität über alle Fürsten deß Reichs/ welche ihero auch ihme allen Respect bezeugen. Die Zahl der Chur-Fürsten ist dermahlen biß auf Acht erhöhet/ die sind: Die Ertz-Bischöffe von Mayntz/ Trier und Cölln/ der König in Böhmen/ der Hertzog in Bayern/

T 3 der

der Hertzog von Sachsen/ der Marggraf von Brandenburg/und der Pfaltz-Graf am Rhein. Es prætendiren diese Chur-Fürsten/daß/dieser Dignität und Würde halben/ sie denen andern Königen in Europa zu vergleichen/ und was noch von mehrerer Wichtigkeit ist/ so erwählen und krönen sie auch den Durch sie erwählten Käyser/die Weltlichen Chur-Fürsten mögen bey sothaner Wahl auch sich selbsten nennen/und können die Provintzen ihres Chur-Fürstenthums nicht zergliedert/ oder von einander getheilet werden. In dem Fürstl. Hauß Sachsen bleibet die Chur jederzeit dem Erstgebornen/ der nachmahls das Land mit seinen Brüdern theilet. Chur-Brandenburg ist der Mächtigste an Land und Leuten/ sein Gebiet erstrecket sich über 200. Teutscher Meilen der Länge nach/und obschon die Länder zerstreuet/so ligen jedoch sie gleichwol so nahe beysammen/daß ein Courrier, so durchräyset/ niemahls auf frember Herzschafft Land übernachten darff/ sondern allzeit vor Abends seines Herrn Gebiet erreichen kan.

Die Geistliche Fürsten deß Reichs sind auch nicht einerley Qualität/ die Fürnehmste darunter sind: Der Ertz-Bischoff von Saltzburg/ der Hoch-Meister deß Teutschen Ordens/ gar viel Bischöffe/ und mehr andere grosse Prælaten/zusamt vielen Aebten und Aebtissinnen/ die aber nur ihre Privat-Stimmen haben. Diese Fürsten und Prælaten fast alle haben auch in denen Weltlichen Beneficien absolut zu schaffen/ dahero in der gantzen Christenheit nirgend wo dergleichen mächtige Prælaten zu finden seyn. So bestehet auch die Wahl der mehresten Dignitäten bey denen Capitulen/ ohne/ daß weder der Käyser noch der Papst sich darein zu mischen. Wie nun Teutschland in der Religion getheilet/ also hat es
auch

Carls / 3. Theil.

uch verschiedene Lutherische Bischöffe/die/in so lang
e unverehelicht / den Titul eines Bischoffs führen/
achmahls aber Administratores genennet werden.

Unter denen Weltlichen Fürsten ist förderst der
rtz-Hertzog von Oesterreich / darnach die Fürsten
uß denen Chur-Häusern/ und folgends noch andere
)ertzogen/ Marck- und Land-Grafen/ zugeschweigen
erer Grafen und Freyherren / die nur dem Namen
ach unterschieden/ sonsten aber gleicher Massen im-
nediatè vom Reich dependiren. Für ihre Person ha-
en sie den Sitz/ und in denen Reichs-Versamlungen
. Stimmen/ auf denen Cräyß-Tägen/ oder Privat-
Zusammenkunfften hat Jeder zu votiren / sie haben
ie Freyheit zu müntzen. Uber jetzt-benannte Stän-
e deß Reichs findet sich noch die freye Reichs-Rit-
terschafft in dem Fränckischen/ Schwäbischen/ Ober-
nd Nieder-Rheinischen Cräyß/ die ihrer Güther
)egen/ eben so independent, als die allergrösten Her-
en deß Reichs/ auf ihren Hertschafften sind. Ein ei-
iiger Fürst hat öffters mehrere Fürstenthümer im
Besitz/ wie da hingegen auch nicht selten ein Fürsten-
hum vielen zustehet. Die jüngere Printzen in denen
fürstl. Häusern gebrauchen fast eben derer Titul /
)elche der Regierende Herr zu führen pfleget.

Die freye Reichs-Städte/ oder Respubliquen/
)erden Hauptsächlich in zween Theile unterschie-
en/ nemlich in Käyserl. Reichs- und Ansee-Städte.
)ie Käyserl. Reichs-Städte pflegen deß Reichs Ad-
er eines Theils völlig/ etliche auch zertheilet/ in ihren
Wappen zu führen/ haben anbenebenst ihre Abgeord-
ete auf die angestellete Reichs-Täge zu verschicken/
llwo ihrem Corpori 2. Stimmen gebühren. Diese
Städte werden eingetheilet in die Schwäbische und
Rheinische Banck/ darauf ihre Deputirte dero Sitz
nehmen.

T 4

Deß Teutschen

nehmen. Auf der Rheinischen Banck hat der Stadt Cölln Abgeordneter den Vorsitz/ und auf der Schwäbischen die Stadt Regenspurg. Etliche unter den Reichs-Städten werden durch Adeliche Geschlechter regieret/ der grössere Theil aber hat eine populare Regierung. Auf der Rheinischen Banck wird folgende Ordnung in Acht genommen: Cölln/ Aachen/ Straßburg/ Costnitz/ Lübeck/ Bremen/ Hamburg/ Worms/ Speyer/ Franckfurt/ Friedberg/ Wetzlar/ Gelnhausen/ Hagenau/ Colmar/ Schlettstadt/ Weissenburg/ Landau/ Ober-Ehenheim/ Käysersberg/ Münster im Gregori-Thal/ Roßheim/ Türckheim/ Dortmund/ Goßlar/ Mühlhausen/ Hervorden/ Northausen. Auf der Schwäbischen Banck sitzen sie also: Regenspurg/ Augspurg/ Nürnberg/ Ulm/ Memmingen/ Nördlingen/ Windsheim/ Giengen/ Aalen/ Pöpingen/ Eßlingen/ Reutlingen/ Rothenburg/ Hall in Schwaben/ Rothweil/ Pulendorff/ Uberlingen/ Wangen/ Lindau/ Buchhorn/ Heilbroñ/ Gemünd/ Ravensburg/ Schweinfurth/ Kempten/ Biberach/ Wimpffen/ Weissenburg im Nordgau/ Leutkirch/ Offenburg/ Gengenbach/ Zell im Hamersbach/ Buchau am Feder-See/ Dünckelsbühel/ Ißny/ Weyl/ Kauffbeyern.

Die Ansee-Städte haben sich unter einander verbunden/ auf den Fall Bedürffens/ denen Nothleydenden Beystand zu leisten/ und die Freyheit der Handlung zu erhalten/ damit dieselbe durch frembde Herrschafften nicht möchte unterdrucket werden; Allein/ dieser Bund in dermahlen von schlechtem Nachdruck/ gestalten bereits unterschiedliche dieser Ansee-Städte in Händen der angelegenen Fürsten kommen/ und vorige Freyheiten nicht mehr zu geniessen haben. Anders Theils sind sie unter einander selbst

Braunschweig und Dantzig deroselben/ Lübeck aber ihrer aller Haupt/ die auch mit Zuziehung 5. anderer nächst-gelegener Städte/ die übrigen alle zusammen ruffen kan.

Teutschlands fürnehmste Flüsse sind: Der Rhein/ die Donau/ Elbe/ Oder und Weser. Der Rhein unter allen andern Flüssen/ so in das grosse Welt-Meer lauffen/ der Grösste/ entspringet in der Schweitz/ und endet seinen Lauff in Holland/ unweit vom Meer/ allwo er sich im Sand verlieret/ unterhalb Straßburg ist er schon so breit/ daß man ihn nicht mehr überbrücken kan. Schwerlich wird einiger Fluß in der Welt gefunden werden/ der so viele hohe Herrschafften und Fürstenthümer durchfliesse/ derer allerfürnehmste Städte/ dißseit an diesem Fluß/ weyland von den Römern/ deren Gräntzen biß dahero sich erstrecket/ sind erbauet worden. Vor Alters war er nicht nur die Scheid-Marckung Galliæ von Teutschland/ sondern der Gallier Gebiet hat sich auch jenseits erstrecket. Die Donau hat ihren Ursprung in Schwaben/ lauffet über 700. Meilen/ und fället endlich in den Pontum Euxinum, oder das so genannte schwartze Meer.

Es kan sonsten Teutschland besser nicht abgetheilet werden/ es sey dann/ daß man es in das Hohe und Niedere/ nach dem Lauff deß Rheins/ Elbe und Oder eintheile. Jeder dieser Theil begreiffet wiederum viel Länder in sich. Der höhere Theil hat Westwärts deren vier: Das Elsaß/ die Pfaltz am Rhein/ Francken und Schwaben; Und Ostwärts auch

auch 4. grosse Landschafften/ Tyrol/ Bäyern/ das Hertzogthum/und die Pfaltz/Böhmen/darunter begriffen Schlesien/ Mähren und Oesterreich/ zusamt denen andern Erb-Ländern/ Kärndten/ Crain und Steyermarck. Der Niedere Theil Teutschlandes hat eben so viel Länder/ deren gleicher Gestalt vier Westwärts/ die Chur-Fürsten und Ertz-Bißthümer Mäyntz/ Cölln und Trier/ Gülch/ Cleve und Berg/ Westphalen und Hessen; Also auch vier gegen Auffgang/ die unter dem Namen Sachsen verstanden werden/die sind: Das Chur-Fürstenthum Sachsen/ darunter begriffen/ Thüringen/ Meissen/ Laußnitz/ und Ober-Sachsen über die Elbe; Die andere Sächsische Fürsten/ und unter denenselben Braunschweig/ Nieder-Sachsen über der Elbe/ Mecklenburg/ zusamt Brandenburg und Pommern.

  Es ist Elsaß an und für sich selbsten zwar ein kleines Ländlein/ weichet aber an Fruchtbarkeit in Wein und Korn keiner Landschafft Teutschlandes. Die Stadt Straßburg ist reich/ vest/ und ziemlich Volck-reich wegen dero Gewerbe. Die Obrigkeit wird auß der Gemeine/ und denen Zünfften erwählet. Das Zeug-Hauß/ und der Thurn/ zusamt dem Uhrwerck im Münster/sind werth/von denen Durchräysenden besichtiget zu werden. Dann/ sie passiren nicht nur für ein sehr trefflich Meister-Stück/ sondern für ein recht Wunder-Gebäu. Es sind auch zu sehen der Pfenning-Thurn/der Saal der Maltheser-Ritter/ die Pfaltz/ oder Rathhauß/ der neue Bau/ die Müntze/ die Kunst-Kammer/ die neue Bevestigung. Es ist allhier eine berühmte hohe Schul/ so Anno 1631. fundiret worden. Heydelberg ist die Haupt-Stadt der Pfaltz am Rhein/ und deß Chur-Fürsten gewöhnliche Residentz/ in seinem prächtigen
und

und vesten Schloß. In dem schönen Fürstlichen Keller ist ein grosses Wein-Faß/ welches 204. Fuder Wein hält/ und ist allezeit mit Rheinischem Wein angefüllet/man muß auf einer Stiegen darzu hinauf steigen/ und haben droben 6. Personen Raum gnug zu tantzen. Es hat allhier eine fürtreffliche hohe Schul. Die ehedessen allhier gewesene hertzliche Bibliothec ward im Jahr 1622. als die Stadt/durch deß Käysers Feld-Obristen/den Tilli, ist erobert worden / nach Rom überbracht.

Francken war in denen vorigen Zeiten der alten Gallier Wohnung/ welches/ als sie sich nachmahls in Galliam erhoben / von ihnen Gallia Orientalis genennet ward. Franckfurt am Mäyn ist wegen der Käyser-Wahl und seiner Jahr-Messen berühmt / wird durch den Mäyn in 2. ungleiche Städte getheilet / und mit einer Brücken an einander gehänget. Die grosse Stadt hat eigentlich den Namen Franckfurt/und die Kleine wird genennet Sachsenhausen. Nürnberg hat fast durch die gantze Welt / vermittelst seiner vielerley Manufacturen / sich bekandt gemacht / ist mit trefflichen Privilegien versehen / und werden allda die Reichs-Kleinodien/ als eine Kron/ Scepter/ Creutz Apffel/Mantel Käysers Carl deß Grossen/neben vielen Reliquien/in der renovirten Spital-Kirchen zum H. Geist verwahret und aufbehalten.

Schwaben hat so viel Ober-Hertzschafften/dergleichen sonsten nirgend wo zu finden. Die 2. fürnehmste Städte dieses Landes sind Augspurg und Ulm/deren die Erste/um/daß im Jahr 1530. die Protestirende dero Glaubens-Bekänntnuß auf damahligem Reichs-Tag öffentlich übergeben / und dann/ daß einige dero Bürger vormahls mit dem König in Spanien sich interessiret/ als auch endlich wegen der
vielerley

Deß Teutschen

vielerley künstlichen Goldschmidt-Arbeit / überal beruffen. Das Rathhauß ist eines der schönsten Gebäuen in Teutschland / so haben die Fugger / dieser Stadt Burgere / auch ein Gebäu daselbst vollführet / so man bey nahe einer kleinen Stadt vergleichen möchte. Der Rath allhier bestehet auß Catholischen und Lutherischen / jeder Theil zur Helffte. Ulm ist eine der vestesten Städte deß Reichs / hier beginnet die Donau Schiffreich zu werden / die Stadt hat drey Herrschafften / als Geißlingen / Langenau und Leipheim / worzu viel Dörffer gehören / und über das in dem Algöw eine Herrschafft / welche Wain genennet wird. Es wird sonst eine grosse Handthierung mit der Leinwand allhier getrieben.

Das Hertzogthum Bäyern wird nach erfolgtem Abgang der Landes-Fürsten niemahls getheilet / wie etwan in andern Fürstenthümern zu geschehen pfleget. Der Erst-Geborne bleibet im Regiment / den die jüngere Brüder auch darfür erkennen. München ist dieses Landes Haupt-Stadt / und deß Fürsten gewöhnliche Residentz. Es ist diß eine wol-gelegene schöne Stadt / mit einem prächtigen Schloß / worinn eine fürtreffliche Bibliothec, und wird in derselben ein grosser Schatz von herrlichen Manuscriptis bewahret. Es hat zwar dieser unvergleichliche Pallast vor wenigen Jahren am Brandt grossen Schaden erlitten / ist aber nun viel schöner / als zuvor / verbessert und erneuert worden.

Regenspurg ist berühmt wegen der Reichs-Täge / die nun fast gewöhnlich daselbst gehalten werden. In der Stadt selbsten hat es 5. Fürstliche Ober-Herrschafften deß Reichs / der Bischoff / die Stadt / und 3. Fürstl. Abttheyen oder Stiffter. Allhier siehet man auch eine der schönsten steinernen Brücken über

die Dodie Donau/ dergleichen in gantz Teutschland nicht zu finden.

Böhmen wird erachtet/ daß/ seines Lagers halben/ es unter die Länder/ die in Europa am höchsten liegen/ zu zehlen sey/ dieweil kein einiger Fluß in das Land/ wol aber viel darinn entspringen/ und auß demselben abfliessen. Ob nun schon/ was die Stände im Land/ als auch desselben Gewonheiten und Sprache betrifft/ dieselbe von dero Rings umher gelegenen Nachbaren gäntzlich abgesondert/ so ist doch der König von Böhmen unter der Zahl der Chur-Fürsten deß Reichs. Die Wahl eines Königs ist erst durch den Münsterischen Frieden-Schluß cassiret/ und zu einem Erb-Königreich gemacht worden. Prag/ so deß gantzen Landes Haupt/ bestehet auß dreyen Städten/ ist sehr Volck-reich/ also/ daß in Zeiten Käysers Carl deß IV. auf einmahl 40000. Studenten/ um/ daß man ihnen ihre Freyheiten einziehen wollen/ von dannen sich wegbegeben. Die Merck-würdige Schlacht/ die im Jahr 1620. ausser der Mauren auf dem weissen Berg geschehen/ endigete innerhalb einer Stunden den Streit/ so zwischen Käyser Ferdinand dem II. und Chur-Pfaltz dieses Königreichs halben entstanden war/ und bliebe der Käyser hernach in ruhigem Besitz/ biß auf dato.

Oesterreich/ das einige Ertz-Hertzogthum in der Welt/ ist dem Reich nicht unterworffen/ träget auch desselben Anlagen nichts bey. Und weil in diesem Hauß jederzeit einen besondern Eyfer/ die Catholische Religion zu schützen/ man verspühret/ dessen hertzliche Länder auch gleichsam eine Vor-Mauer gegen die Unglaubige und den Türcken sind/ als ist auch durch die Teutschen das Käyserthum bey diesem Hauß gelassen worden. Wien ist die Käyserl. Residentz in Oester-

Oesterreich / und darbenebenst unter die vesteste Städte Teutschland zu zehlen. Im Jahr 1529. hat sie deß Groß-Türcken Angriff/ als der nicht allein sie mit drey mahl hundert tausend Mann belägert / sondern auch 20. mahl bestürmet/ tapffer erstanden/ und er ungeschaffter Dingen wiederum abziehen müssen/ welches auch A. 1683. geschehen. Die Stadt ist sehr Volck-reich/ hat schöne Häuser und Palläste. Die Haupt-Kirche zu St. Stephan ist 480. Werckschuh hoch/ doch ziemlich finster/ und werden verschiedene wunderliche Sachen gezeiget. Die grösseste Glocke auf dem Thurn wieget über die 244. Centner/ und der Schwengel 3. Centner. Es sind noch andere schöne Kirchen und Klöster zu sehen/als die Kirche zu St. Peter/ St. Michael/ nahe bey der Burg/ St. Dorothea/ St. Martha/ St. Ignatius, der Capuciner/ Augustiner/ der Prediger/ der Dominicaner/ der Herren Brüder/ &c. Klöster/ das Käyser-Spital hinter dem Land-Hauß/ das prächtige Jesuiter-Collegium, der hohen Schul Collegia, welche A. 1384. aufgerichtet worden. Es sind offt über 5000. Studenten allhier gewesen. Item, die Käyserl. Burg und Residentz/ die Schloß-Capell/ die Bibliothec, die herzliche Zeug-Häuser/ die Kunst-Kammer/ der Marstall/ die Reit-Schul/ das Ball-Hauß/ die Müntz/ das Land- und Rathhauß / und ausserhalb der Stadt die schöne Gärten/Lust-Häuser/Thier-Garten. Was aber diese Stadt A. 1683. von den Türcken erlitten/ darvon sind gantze Bücher zu finden.

 Cölln/ eine Reichs-Stadt/ und das Haupt auß einem der 4. Vierthel der Ansee-Städten/ wird ins gemein das Teutsche Rom genannt/ so wol wegen dero Grösse/ als auch der vielen schönen Gebäuen. Einige heissen sie auch die heilige Stadt/ weil sie gar

viel

l Heiliger Leiber und Reliquien verwahrlich auf-
hält / 365. Kirchen hat / und unter allen freyen
Reichs-Städten die Einige ist/ die jederzeit rein/ von
aller Ketzerey und Secten sich bewahret hat / wie die
Römisch-Catholischen sagen.

Westphalen lieffert eine grosse Anzahl Schun-
cken/ die vor andern gelobet / und dem Land nach genannt werden. In der Stadt Münster ward im Jahr
1648. der allgemeine Frieden im Reich beschlossen.
Es ist diese Stadt schon im vorigen Seculo durch die
Wider-Täuffer/ welche daselbst im Jahr 1535. ein
Königreich durch ihren vermeynten König/ Johann
von Leyden / einen Schneider / der aber nachmahls/
bey Eroberung der Stadt / schmählich ist hingerichtet worden/ aufrichten wollen/ beschreyet gewesen.
Im Jahr 1661. hat der Bischoff eine Citadell daselbst erbauen lassen/ um der Stadt desto besser versichert zu seyn.

Hessen ist ein Land / allwo man beschäfftiget ist/
die Inwohner zum Krieg abzurichten.

Der Name Sachsen war in vorigen Zeiten in
sehr hohem Ruff/ dazumahl haben diese Völcker/ neben andern/ auch deß grösseren Theils Engelland sich
bemächtiget. Das Hauß Sachsen ist eines der ältesten in Europa.

Erfurt/ in Thüringen/ ist eine der grösseren
Städte Teutschlandes/ allwo insonderheit der Pe-
ters-Berg/ welcher hoch in der Stadt liget/ und über-
aus vest ist / zu sehen. Auf dieser Vestung stehet
St. Peters Kloster / darinn der Graf von Gleichen/
mit seinen 2. Gemahlinnen/ deren die Eine eine Tür-
kin gewesen/ begraben liget. Item, der Dom/ und
darinn die grosse Glocke/ der Chur-Mayntzische Hof/
das Jesuiter-Collegium, das Rathhauß/ die Cyria-
cus-

Deß Teutschen

cus-Burg/ so ausserhalb der Stadt gegen Gotha
liget. Das Augustiner-Kloster/und viel andere schöne Kirchen und Klöster mehr. Es ist allhier eine sehr alte hohe Schul/ so noch von den Fränckischen Königen solle da seyn aufgerichtet worden/ und als solche etwas in Abgang gekommen/ hat sie Papst Bonifacius der X. auf Bitte der Bürger/ wieder erhöhet/ und mit Freyheiten begabet/ so A. 1391. oder 92. geschehen. Obgedachte Glocke hat in ihrer Circumferentz 14. Ellen/und ein halb Vierthel/ und wieget 270. Centner, dergleichen in gantz Teutschland nicht seyn soll. Sie gehöret der Zeit Chur-Mayntz.

Dreßden ist der Chur-Fürsten zu Sachsen Residentz/obschon die Stadt nicht sonders groß/ so ist sie jedoch vortrefflich bevestiget/ mit einem prächtigen Zeug-Hauß/ so wenig seines Gleichen haben wird/ versehen/ und mit einer schönen steinernen Brücken über die Elbe gezieret. Es kan zwar ein Fremder schwerlich hinein kommen/ und muß offt einen gantzen Tag warten/ biß es ihm erlaubet wird. Aber/ wann einer hinein kommet/ so wird alles ersetzet/ alles lachet darinn/ alles gefället einem/ man siehet da nichts/als fürnehme Leute/ wann man auß der Stadt in den Pallast gehet/ muß man sich noch mehr verwundern. Das erste und zweyte Thor werden von den Schweitzerischen Compagnien verwachet/ von dannen gehet man in den grossen Hof/ allwo man wol 10000. Mann in Schlacht-Ordnung stellen könte. Die Gemächer/ Marstall/ Kammern/ sind über die maß köstlich. Uber dieses alles übertreffen die Schatz- und Kunst-Kammern / darinnen alle Instrumenten der fürnehmsten Künste/ alle Stücke der Uhrmacherey/ allerhand Gefässe von Crystall / und Gemählde von den besten Meistern/ sind.

In

In Nieder-Sachsen sind viel guter Städte/ Braunschweig/ Lübeck/ Hamburg/ Wißmar/ Bremen/ und mehr andere. Braunschweig ist eine sehr grosse und veste Stadt/ an der Ocker gelegen/ ist fast so breit als lang/ wol erbauet/ mit einem starcken hohen Wall/doppelten Mauren und Gräben umgeben/ da der Dom/ und andere Pfarr-Kirchen/ deren acht sind/ die 3. Lateinische Schulen/ die 5. Rathhäuser in den 5. Theilen der Stadt/ die Zeug-Häuser/ die faule Letze/ und dergleichen mehr/ zu sehen sind. Die Braunschweigischen Hertzogen haben lang ein Aug auf diese Stadt gehabt/ haben es auch vor 12. Jahren unversehens belagert/ und innerhalb 3. Wochen mit Accord erobert/ so/ daß solche dem Hertzog von Wolffenbüttel gäntzlich unterworffen ist. Es wird da zweyerley Bier gebrauet/ nemlich ein Weisses/ Breyhahn genannt/ so man im Winter/ und die Mumme/ so braun/ und man im Sommer trincket.

Lübeck ist eine grosse/ schöne und wol-bevestigte Stadt/ an der Ost-See gelegen/ hat prächtige Häuser/ und grosse Privilegia. Der Rath bestehet von 4. Burgermeistern/ und 20. Raths-Herren/ und ihr Bischoff hat seine Residentz zu Eutin. Es sind allhier zu sehen/ der Dom/ das Rath- und Zeug-Hauß/ &c.

Hamburg ist groß/ reich/ Real bevestiget/ und mit einer auf 15000. Mann bestehenden Burgerschafft versehen. Das vortheilhaffte Lager dieser Stadt an dem Elb-Strohm/ bringet dahin so wol auß dem grossen Welt- als Baltischen Meer eine ansehnliche Handlung. Sie hat gemeiniglich 2000. Soldaten in ihrem Sold/ und kan im Fall der Noth 10000. Bürger bewaffnen/ welche in 5. Compagnien abgetheilet sind/ ohne die Macht zur See/ welche nicht geringer ist.

Wißmar ist eine sehr grosse und schöne Stadt/ an der Ost-See gelegen / hat treffliche Mauren/ Pasteyen und Wälle / so / daß sie für eine von den vestesten Städten in Teutschland gehalten wird/ hat auch einen vortheilhafftigen und bequemen Hafen. Es hat allda ein schönes Rathhauß/ grosse und wolerbauete Häuser/ darunter insonderheit das Schloß zu sehen/ daselbst ist das Schwedische Tribunal.

Brandenburg ist/ neben Baaden/ die einige Marggraffschafft im Reich/ und Berlin deß Chur-Fürsten Residentz/ eine sehr schöne Stadt/ von mittelmässiger Grösse/ sehr wol gebauet/ und bevestiget/ ohnerachtet deß sandichten Bodens. Die Spree theilet die Stadt in 2. schöne gleiche Theile / welche mit einer sehr schönen Brücken an einander gehänget sind. Es sind allda viel prächtige Häuser/ auf Holländische Manier gebauet/ welche für Palläste passiren können/ aber das Schloß ist ein rechtes Königliches Gebäu/ die Säle und Gemächer sind mit den schönsten Gemählden in grosser Menge gezieret. Es sind auch allhier zu sehen/ der prächtige Marstall/ die köstliche Kunst-Kammer/ die schöne Lust-Häuser/ die berühmte Bibliothec, die fürtreffliche Rüst-Kammer/ der Dom/ oder die Siffts-Kirche. Es hat auch allhier eine gute Schule. Der Preiß-würdige Chur-Fürst hält eine Königl. Hofhaltung/ hat 5. Fürsten/ viel Grafen/ und andere Herren/ in seinen Diensten.

Stettin wird für die Haupt-Stadt in Vor-Pommern gehalten. Der Chur-Fürst von Brandenburg hat solche/ nach langem und hefftigem Widerstand/ unter seine Gewalt gebracht/ aber bald wieder an Schweden abtretten müssen.

Das

Carls / 3. Theil.

Das XXVIII. Capitul /

Alhier erzehlet der Edle Carl der Prinzeßin Daregam die Regierungs-Form von gantz Teutschland / und deßen hohe Gerichte.

Als Carl hiermit seinem Discurs ein Ende gemacht / sprach die Prinzeßin Daregam: Ihr habt mir / Edler Ritter / die Gelegenheit Teutschlandes wol beschrieben / aber noch sehr wenig von seiner Regierungs-Art gemeldet / wann es mir aber darum insonderheit zu thun ist / als bitte ich / ihr wollet / nach eurem hohen Verstand / mich deßfalls gleicher Gestalt vergnügen. Carl bedanckte sich dieser Erinnerung / und gab ihr folgenden Bescheid:

Weil der Staat von Teutschland weder auf eine wahre und eigentliche Alleinherrschafft / noch auf eine rechte Adels-Regierung oder Aristocratie außlaufft / sondern auß beyden / und zwar auf eine etwas verborgene / und einem Jeden nicht so bald ins Gesicht stossende Art zusammen gesetzet oder vermenget ist / fället es fürwahr sehr schwer / hierinn was Gewisses zu schliessen / und eine beständige / dem innern Zustand deß Reichs gemässe Beschreibung von sich zu stellen. Und daher kommt es / daß einige / und unter denen Reinkingius, das Reich für eine Monarchie und Königl. Regiment außgeben / welche Meynung dann nicht eben gäntzlich zu verwerffen / weil die Reichs-Gesetze selbst und die im Herkommen schwebende Formulen die Titul und Namen der Monarchie nicht gäntzlich aussen lassen / und sonsten seine Motiven zu Bestärckung dessen anzuführen seyn. Andere aber / und mit ihnen Limnæus, dem Reich einen solchen Staat / der auß Monarchie und Aristocratie vermischet sey / beylegen. Noch andere aber weiter gehen / und diese curiose Frage anstellen: Ob dann in sothaner Vermengung die Monarchie der Aristocratie den Vorzug habe? Und dann diesen Entscheid machen: Ob wäre die Form deß H. Reichs ein also vermengter Staat / in welchem die Monarchie der Aristocratie überlegen wäre / und da die Stände nur in gemeinen Fällen zur Mit-Regierung gezogen würden. Wie also Arumæus und Carpz. de Lege Regia c.13. sect.9. n.11.) gemeynet seyn / welche Meynung

nung dann / wie sie unter allen die Gegründeste und Beweißlichste ist / also auch der meisten Lehrer Beyfall verdienet.

Daß aber die Alleinherzschafft in angeregtem H. Reich die Oberhand behalte / erscheinet auß dem nicht unklar / daß nicht nur ein Römis. Käyser / als das höchste Ober-Haupt / vor andern Ständen einen weiten und sonderbaren Vorzug habe/ sondern auch seine Majestätische Gewalt / Ansehen und Macht / über das Reich selbst hinauß erstrecke / und dieses daher / weil Ihm / dem höchsten Ober-Haupt / von gesamtem Reich die Gewalt / Præmienß und Hoheit dermaffen zugeeignet ist / daß Er etliche hohe Regalien und Jura Majestatis zu seiner freyen unbeschrenckten Beliebung und Macht vorauß habe / auch selbige ohne einige Zurathung und Genehmhaltung der Stände zu exerciren befugt sey / die übrigen Jura Majestatis aber Ihm nicht gäntzlich eingezogen und abgeschnitten seyn / sondern bey jedesmahligen Fürfallenheiten so wol zu seinem / als auch deß gesamten Reichs Belieben und ersprießlichem Wolgedeyen und Gebrauch frey stehen / die Stände aber hergegen im gantzen Reich und Regierung der Republic vor sich allein nichts Majestätisches verordnen oder verrichten mögen. Wie weit sich aber sothane Käyserl. Maj. und Authoritât erstrecke/ und welche die Käyserl. Reservaten seyn / ist etwas weitläufftig zu ehrzehlen.

Es darff aber deßhalben Niemand auf die Gedancken gerathen / ob wäre die Form deß Regiments Monarchisch / dann ob schon ein Käyser auffer GOTT und dem Schwerdt keinen Obern erkennet / sich von den Reichs-Ständen den Eyd der Treue schwören läffet / auch von selbigen Allergnädigster Herz genennet / und mit tieffstem Gehorsam beehret wird; Ob Er auch wol so viel fürtrefflicher Reservaten und Vorzüge für sich allein/ ohne Zuthun der Reichs Stände / genieffet / und daher billich das allerhöchst-befehlende Ober-Haupt deß Reichs verbleibet/ und / (wie der hochgelehrte Herr Strauch an einem Ort meldet/) die höchste Gewalt / oder Summitatem Imperii inhabitu, besitzet / so wird doch der Modus habendi, das freye Exercitium, die Execution solcher Macht / durch Darzwischentretung der Stände gemäßiget / und regieret ein Römis. Käyser also nicht absolutè, wenn er gebraucht Er sich über die Stände einer Königl. Gewalt / sondern es ist durch die Wahl-Capitulation die Käyserl. hohe Gewalt und Vollkommenheit in gewisse Schrancken eingeschloffen/ und mit einigen Bedingungen gleichsam umzäunet/ also/ daß ein Römis. Käyser in denen zur allgemeinen

meinen Reichs Wolfahrt gereichenden Fällen / vor sich allein/
ohne beyräthliches Zuthun / Verabhandlung und Schluß der
gesamten Reichs-Stände/ nicht das Geringste verordnen/ setzen
und verbringen möge.

Jedannoch aber entspringet auch daher keine Aristocratie,
Krafft welcher den Reichs-Ständen die höchste Gewalt von den
wichtigsten Reichs-Angelegenheiten nach eigenem Gefallen
Verordnung zu thun/ zukäme/ und also die Meynung gar nicht
zu schöpffen / ob würde durch Darzwischentrettung der Stände
das Exercitium Summæ Potestatis, gleich/ als von einer höhern
Macht/ (welche die Gewalt deß Käysers verringern oder aufheben könte/) eingeschränket / sintemahl ja dieses mit denen
Fundamental-Gesetzen deß Reichs / und dem unzerbrochenen
Herkommen/ Krafft deren/ Chur-Fürsten und Ständen allein
die Gewalt die Reichs-Angelegenheiten mit berathschlagen und
beschliessen zu helffen zukommt / streitet/ sondern es verbleibet
noch der Käyserl. Maj. als dem höchsten und allergeehrtesten
Ober-Haupt/ seine Reichs-kündige Præminenß und Hoheit/
Summitas Imperii,) und ist derselben wider die wolhergebrach-
te Freyheit / Macht und Würde der Stände und Reichs-Glie-
er/noch auch die beschworne Wahl-Capitulation an dero höchsten Gewalt und Summität præjudicir- und verkleinerlich. Daß
also diesem nach ein Käyser seine Käyserl. Hoheit/ Macht und
Vollkommenheit in allen denen Fällen / so auf Reichs-Täge
nicht gehören/und die gemeine Reichs-Erspriesslichkeit nicht an-
gehen / ohne einigen Innhalt und Widersprechen im gantzen
Reich gebrauchen und verüben kan und vermag.

Die jetzt-berührten gemeinen Reichs-Angelegenheiten aber/
worbey die Stände als Partes Principales und Mit-Regenten
ihr Gutbefinden von sich zu geben/und so fort was heilsamliches
beschliessen und verordnen zu helffen pflegen / sind in dem offtmahls angezogenen Frieden-Schluß und der Käyserl. Wahl-
Capitulation enthalten. Und werden solche fürnemlich in dem
Friedens-Instrument, Art. 8. §. Gaudeant, erzehlet und gegrün-
det. Als:

1. Die Aufricht- und Einführung neuer Reichs-Satz- und
Ordnungen / oder der alten Erläuterung.

2. Kriegs- und Friedens-Sachen / und was diesem an-
hängig ist.

3. Die Wahl eines Römis. Königs/ so bey Lebzeiten eines
Käysers beschehen soll.

4. Die

Deß Teutschen

4. Die Verfassung einer gewissen und beständigen Capitulation.

5. Die Erklärung eines Reichs-Stands in die Acht.

6. Crays-Ergäntzung und Rectificirung der Reichs-Matricul.

7. Reichs-Anlagen und Steuer-Ansetzung/ und derselben Moderation.

8. Die Richtigmachung deß Policey- und Justitz-Wesens.

9. Die Bestellung/ Visitation, Taxmässigung/ u. s. w. bey dem Kammer-Gericht zu Speyer.

10. Die Verfassung einer beständigen Reichs-Deputation.

11. Die Verbesserung und Abthuung der bey den Reichs-Conventen eingerissenen Unordnungen.

Und in Summa/ alle Geist- und Weltliche/ zur Kriegs- und Friedens-Zeit ankommende Dinge und Materien/ woran dem gantzen Reich gelegen/ und die da der Käyserl. Maj. nicht außdrücklich freygelassen und vorauß gesetzet worden/ gehören zu der Stände Berathschlagung auf die allgemeine Reichs-Täge/ oder Convente, von denen/ wie auch denen hohen Reichs-Tribunalen hier etwas weniges zu vermelden.

Und zwar von den Reichs-Tägen zuerst: Diese pfleget ein Römis. Käyser/ mit Beywesen und einhelligem Rath der Chur-Fürsten/ an einem gewissen Ort/ (heut zu Tag gemeiniglich nach Regenspurg/) so offt es die Reichs-Nothdurfft erheischet/ außzuschreiben/ und vermittelst bräuchlichen Außschreibens jeden Stand insonderheit/ (wann er ein Votum Virile führet/ Gestalt dann bekandt/ daß die Jenigen/ so Vota Curiata haben/ absonderlich nicht beschrieben werden/ sondern man lässet es an ihre Directoria gelangen/) zu dessen selbst persönlicher Besuchung oder doch Beschickung zu ersuchen.

Wann die Principalen selber erscheinen/ und der Käyser auch gegenwärtig/ pflegen sie sich der Käyserl. Maj. vor allen Dingen anzumelden/ und um Gnädigste Audientz anzusuchen/ und dann ihre Gegenwart bey dem Chur-Mäyntzis. Directorio auch anzeigen zu lassen. So aber die Stände dero Bottschaffter und Gesandte abschicken/ und in der bestimmten Mahl-Zeit einlangen/ melden sie sich ebenmässig/ entweder bey der Römis. Käyserl. Maj. selbst/ oder bey dem Käyserl. Principal-Comissario, (welchen die Käyserl. Maj. auch verordnet/ ob sie wol gegenwärtig auf dem Reichs-Tag sich befindet/ wie bey dem annoch fürwährenden Reichs-Convent beschehen/) und dem Chur-Mäyntzis. Directorio, wie auch dem Reichs-Erb-Marschallen/

Carls / 3. Theil.

)allen / Herrn Grafen von Pappenheim/gebührend an/übersehen das habende Crediv an behörigen Ort/und bitten respective um Gnädigste Audientz.

So nun die Zeit/so den gewöhnlichen Visiten und Revisiten gewidmet/verstrichen/lässet der Käyser/oder dessen Commissarius, zur Proposition ansagen/ welche dann hernach mit gewissen feyerlichen Ceremonien eröffnet/ und vermittelst derselben/ die jenigen Sachen/ worüber bey solchem Reichs-Tag zu Rathschlagen ist/an das gesamte Reich gebracht werden. Die Solenitäten bey der Proposition sind folgende: Es wird der Käyser/ der dessen Commissarius, von denen auf dem Rath-Hauß versammleten Ständen erstlich in die Kirchen/ zu Verrichtung des Gottesdiensts/ dann nach Endigung desselben auf das Rath-Hauß/ und in den grossen Saal/ (wann der Reichs-Tag zu Regenspurg angestellet ist) begleitet/ allwo Er sich dann/ oder dessen Principal-Commissarius, auf einen oben in der Mitten stehenden Thron niederlässet/ die Chur-Fürsten aber ihren Sitz zu beyden Seiten in einer Linie/ auser Chur-Trier /welcher dem Käyserl.Thron gegen über seine Stelle hat, einnehmen. Herabwärts an der rechten Seiten deß Gemachs/lassen sich die Geistlichen/auf der lincken Seiten die Weltlichen Fürsten und Stände auf ihre Sitze nieder.Die Städtischen aber bleiben ausserhalb der Schrancken stehen. So dann geschiehet im Namen der Käyserl. Maj. ein kurtzer Vortrag und Dancksagung an die Stände/für so willige Erscheinung. Wann dann auf solch Anbringen durch das Chur-Mayntzis.Directorium gleichfalls in Antwort etwas geredet worden/ wird der schrifftlich verfassete Vortrag abgelesen/ und von dem Chur-Mayntzis.Cantzlern/ welcher in der Mitten deß Saals an einem Tisch sitzet/ von Puncten zu Puncten nachgeschrieben/ auch über den gantzen Actum das Protocoll gehalten.

Nach diesem tritt jedes Reichs-Collegium besonders zusammen/ um wegen der antwortlichen Herausslassung Unterredung zu pflegen/ worauf nach getroffenem Entschluß Chur-Mayntz/ oder dessen Cantzler/ im Namen der Stände die Antwort thut/ und um Communication der proponirten Puncten bittet. Mit welchem der Actus beschlossen wird/ und die Römis. Käyserl. Maj. sich in Begleitung der Stände wieder in dero Logiament begibt. Dann nehmen die Deliberationes ihren Anfang/ und saget der Reichs-Marschall denen in Person anwesenden Fürsten durch den Reichs-Quartiermeister/ der abwesenden

Deß Teutschen

senden Gesandten aber durch seinen Bedienten jedes mahl deß Tags vorher/ nebst Anzeigung der Materie, zu Rath an. Die Deliberationes beginnen so fort frühe um 8. Uhr / und währet biß gegen den Mittag / Nachmittag aber wird gefeyert. Deßgleichen werden über die ordentlichen Feyer- und Fest-Täge Wochentlich zwey Post-Täge gefeyert / und nichts in Reichs-Sachen verrichtet.

" Es sind aber die Reichs-Stände in 3. Collegia abgetheilet/ als das Chur-Fürstliche/ Fürstliche und Städtische. In dem Chur-Fürstlichen kommt das Directorium und der Vortrag Chur-Mayntz / und in gewissen Fällen Chur-Sachsen zu. Im Votiren wird die Ordnung der güldenen Bull / Art. 4. §. 3. (jedoch mit Außnahm deß Königs von Böheim/ als welcher allhier nicht erscheinet/) in Acht genommen / da dann Chur-Trier auf Befragen Chur-Mayntz zu votiren anfänget / und Chur-Mayntz endlich auf Chur-Sachsens Anfrage / (bißweilen auch ohne dieselbe/) votando beschliesset. Wann die Meynungen discrepant außfallen / wird so lang mit fernerer Umfrage angehalten / biß entweder einmüthige oder doch mehrere Stimmen empor kommen/ welche Majora dann den Außschlag geben/ und das Conclusum machen/ ausser dem / daß in gewissen Fällen/ als dem Religions-Punct / und denen Sachen / worinnen die Stände nicht als ein Corpus betrachtet werden. wegen Disparität der Religion die Uberstimmung oder Majora von keiner Gültigkeit seyn / wie dann solches auch in andern Collegiis also in Obacht gezogen wird.

Der Fürsten-Rath / oder das zweyte Collegium, bestehet auß 3. Bäncken/ deren eine auf der rechten Seiten die Geistliche/ die Andere die Wittliche / und die Dritte/ die Queerbanck/ worauf jetziger Zeit Osnabrück und Lübeck sitzen/ genennet werden. Uber welchen Sessionen aber einige nicht geringe Irrungen und Unrichtigkeiten von Alters her schweben/ deren doch Theils/ Vermög bewilligter und verglichener Alternation niedergeleget worden. Absonderlich aber sind auf dem Reichs-Tag zu Regenspurg Anno 1640. 5. Fürstl. Häuser/ Würtenberg/ Hessen-Darmstadt und Cassel/ Baaden-Baaren/ Durlach und Hochberg/ Mecklenburg/ Schwerin und Güstrow/ Vor- und Hinter-Pommern/ der Abwechslung eines worden / und führen daher den Namen der alternirenden Häuser ; Die Alternations-Ordnung und Weise ist diese:

I. P. M.

1. P. M. W. H. B.
2. M. W. B. P. H.
3. W. H. B. M. P.
4. H. W. M. P. B.
5. B. P. H. M. W.
6. P. M. W. B. H.
7. M. B. W. H. P.
8. W. B. H. P. M.
9. H. P. W. B. M.
10. B. W. M. H. P.

Nach genommenem Niedersitzen schreitet das Directorium welches samt dem Jure Proponendi bey Oesterreich und Saltzburg also beschehet/daß von einer Materie zur andern umgewechselt werde/) zum Vortrag. Dann geschiehet vom Reichs-Erb-Marschallen die Umfrage und Anruffung / mittelst bloffer Benennung deß Fürstl. Stiffts/ oder Hauses/ und zwar Wechsels-Weise von einer Banck zur andern/jedoch also/daß Magdeburg edes mahl die vierdte Stimme führet / und auf gewisse verschiedene Fälle Oesterreich und Saltzburg vorstimmet.

Wann Geistliche oder Weltliche Fürsten in Person anwesend/ votiren sie allen andern Gesandten/ (Oesterreich/ Burgund und Saltzburg außgenommen/) vor/ doch aber der Alteration in der Auffruffung und Wechselung der Bäncke ohnbeschadet. Und weilen auf der Weltlichen Banck mehr Fürstl. Vota als auf der Geistlichen außfallen / wird mit Auffruffung der Prælaten so lang innen gehalten / biß die übrigen Fürsten sämtlich votiret haben/ und so dann werden erstlich der Prælaten und Grafen Vota Curiata Wechsels-Weise auffgefordert. Die Anzahl der im jetzigen Fürsten-Rath außfallenden Stimmen ist neuntzig und sieben/ darunter die Catholischen 56. und die Evangelischen oder Protestirenden 41. abzulegen haben.

Nach geendigter Umfrage setzen sich die Directoria an den Directorial-Tisch / allwo ihre Protocollisten alle Vota, so viel möglich/ auffgezeichnet haben/ zusammen/ durchgeben dieselben/ und machen auß den mehrern Stimmen / (in Fällen/ da die Majora gelten/) ein gantzes/ oder ein Conclusum, lesen solches zu der Stände Notiß und nothdürfftigen Nacherinnerung auß dem Concept ab / oder nehmen in wichtigen Sachen / zumahl wann die Vota discrepant seyn/ einen Auffschub/ geben dann das nunmehr auffgesetzte Conclusum zur Dictatur, worüber nach Wichtigkeit der Sachen wol öffters nochmahlen Rath gehalten

H. 5 wird/

wird / dergleichen auch ebenfalls in andern Collegiis beschiehet.

Das Dritte oder Reichs-Städtische Collegium wird in 2. Bäncke eingetheilet / die Rheinische und Schwäbische Banck. Die Namen der allhier befindlichen Reichs-Städt sind allbereit oben ordentlich erzehlet worden. Das Directorium führet allhier jedes mahl der Magistrat dieser Reichs-Stadt / allwo die Reichs-Versammlung gehalten wird. Die Verrichtung deß Directoris bestehet darinnen / daß er eine Stadt um die andere / von Banck zu Banck / aufruffet / das Protocoll, mit Zuziehung zweyer gemeinen Archivarien von Speyer und Ulm / hält / nach geendigter Umfrage durchgehet / und darauß einen Schluß abfasset / welcher Schluß / oder Städtisches Votum Curiatum, für so entscheidend und gültig geachtet wird / als die Chur- und Fürstlichen. So nun der Chur-Fürsten Rath eines gewissen Schlußes sich verglichen / lässet das Chur-Mäyntzis. Directorium den Fürstl. Directoriis solches andeuten / und selbige zur Re- und Correlation einladen / oder es lässet das Fürstl. Collegium auch wol dem Chur-Fürstlichen durch den Reichs-Quartiermeister hinterbringen / daß sie mit einem Concluso zur Re- und Correlation sich gefasst hielten. Worauf dann beyde höhere Collegia in den grossen Saal zusammen kommen / und so lang mit einander deliberiren / auch re- und corresferiren / biß endlich ein ganßes oder Conclusum Commune darauß gemacht wird. Sind nun beyde höhere Collegia der Sachen eins / wird solches dem im obern Stockwerck sitzenden Reichs-Städtischen Collegio angezeiget / welches dann sich so bald herab begibt / und das gemeine Conclusum anhöret. Da indessen die beyden höhern Räthe an zwo langen Tafeln sitzen / die Städtischen aber eher nicht den Sitz nehmen / als wann der Städtische Director den Städtischen Schluß eröffnet. Nach beschehener solcher Apertur wird dieses Conclusum durchgangen / und darob so lang Beyderseits Deliberation gepflozen / biß man zu einer Harmonie gelanget / und sich eines gleichförmigen Sentenß verglichen. Welches dann unter dem Namen eines Reichs-Gutachtens an die Römis. Käyserl. May oder dero Principal-Commissarium durch Chur-Mäyntz / oder einige zu sothaner Nunciatur-Deputirte überbracht wird / und erfolget darauf die Käyserl. Resolution, welche dann / wann sie dem Reichs-Gutachten gleichförmig ist / so bald Beyderseits seine Richtigkeit erreichet / und nach der Hand in den Reichs-Abschied gebracht wird. Solte aber die Käyserl.

Meynung

Rechnung dem Reichs-Bedencken abfällig seyn / wird dißfalls
mit weiterer Consultation, excipiren/repliciren/dupliciren/und
ferner mit Wort-Wechsel verfahren / und zwischen dem
Käyser und Ständen so lang tractiret / biß man sich eines ein-
müthigen Schlusses verglichen. So man aber sich eines Gewissen nicht vereinigen/und kein Gantzes machen könte/so bleibet
er also unerörtert gelassene Punct unbündig. Andieweil ein
Reichs-Abschied anders nicht / als auf vorhergegangenen bey-
erseitigen (zwischen den Ständen und dem Käyser / und zwischen diesen unter sich selbst/) Vertrag / Geding und Contract,
Handlung und Vergleich / seine Krafft und Verbindlichkeit
erlanget.

So fern nun die in der Käyserl. Proposition enthaltene/
oder andere an das Reich nebenhin eingebrachte Puncten zu
solcher ihrer Richtigkeit kommen / werden dieselben vom Chur-
Mäyntzis. Reichs-Directorio ordentlich und in der Form eines
Recesses verfasset / und solcher Auffsatz denen hierzu deputirten
Käyserl. Commissarien / und etlichen Abgeordneten der dreyen
Reichs-Collegien/zu nochmahliger Uberlegung und beständiger
Einrichtung übergeben. Wann man nun/(öffters nach langem
gehabtem Wort-Wechsel/) also mit Durchles- und Verbesse-
rung deß Reichs-Abschieds fertig/und zur Gleichstimmigkeit in
allen gelanget ist/wird solcher in der Chur-Mäyntzis. Cantzley in
Duplo auf Pergament ingrossiret / von den Commissarien und
Deputirten besiegelt / und zu Ende desselben von dem Chur-
Mäyntzis. Secretario die Namen aller Stände und Gesandten
unterschrieben.

Sodann lässet der Käyser/ oder dessen Commissarius, die
Stände an dem Ort / wo die Proposition geschehen/ zusammen
kommen / mit behörigen Solennitäten den Reichs-Abschied in
seiner und der Stände Gegenwart durch den Chur-Mäyntzis.
Cantzler von Wort zu Wort ablesen/ und nach solcher Publica-
tion, vermittelst der Dictatur, den Ständen Abschrifft darvon
mittheilen / und gewinnet also der Reichs-Tag sein Ende. Ein
mehrers von denen hierbey üblichen Ceremonien hat man in
Herrn Herdens Grundfeste/ und Herrn Sprengers Lucernæ
Jur. Publ. bald im Anfang zu befinden.

Gleich wie nun verschiedene Puncten auf Reichs-Tägen
nicht außgemacht/sondern auf andere Reichs-Versammlungen
verschoben/ und allerorten erörtert werden / also wäre auch allhier von den Particular-Tägen im Reich / als den Chur-Fürstl.

Wahl- und Collegial- dann auch denen Deputation- Cräyß-Müntz- Probation- Fürsten- Grafen- und Stadt- Ritter- und dergleichen Tägen und Versammlungen etwas zu handeln, wann nicht die Kürtze der Zeit solches verhinderte / dannenhero ich dermahlen mit Stillschweigen vorbey gehe / und zu denen hohen Reichs-Gerichten mich verwende.

Daß der Käyser die höchste Gerichtbarkeit im gantzen Reich zu exerciren habe / ist schon oben angeführet worden, wiewol doch dieses also nicht außzustrecken, ob wäre dem Käyser lediglich anheim gegeben / nach eigenem Belieben die Justitz im Reich zu verwalten / sondern / gleich wie bey Bestellung und Information deß Reichs-Kammer-Gerichts zu Speyer / Chur-Fürsten und Ständen concurriren, also darff sonder dero Einwilligung der Käyser in diesem Puncten nichts verfügen / so ihren wolhergebrachten Privilegien und Gerechtigkeiten zu entgegen wäre / wie hiervon die Kammer-Gerichts-Ordnung p.2. tit. Pen. und der Reichs-Abschied de Anno 1654. §. Ebenmässig 166. mit mehrerm besagen. Die Oerter / wo die höchste Justitz im Reich mitgetheilet wird / sind die Stadt Speyer und die Käyserl. Hof-Stadt Wien.

Der Käyserl. Reichs-Hof-Rath ist das erste Collegium, in welchem von den Reichs-Sachen in dem Käyserl. Hof das Recht gesprochen wird. Das höchste Ober-Haupt dieses Raths ist die Käyserl. Maj. selbst / welcher nachfolget und in dero Abwesen die Stelle vertritt ein Præsident, dann der Vice-Præsident, denen folgen die übrigen Herren Beysitzere / welche abgetheilet werden in zwo Bäncke, die Ritter-Banck / und die gelehrte Banck. Die Herren Assessores sollen an der Zahl 18. seyn / sind aber dermahlen mehr nicht / als 16. die Herren Præsidenten mit eingeschlossen. Die Qualitäten / so an denen Gliedern deß Reichs-Hof-Raths erfordert werden / besaget der 40. Articul der jüngsten Käyserl. Wahl-Capitulation.

Dieses hohe Reichs-Gericht hat mit dem Kammer-Gericht zu Speyer Concurrentem Jurisdictionem gleiche gewaltige Vortmäßigkeit / gleichmächtige und zusammen-lauffende Gerichtbarkeit / außgenommen die jenigen Sachen / so Scepter- und Fahnen- oder Schwerdt-Lehen anbetreffen / und anderer mehr / welche / wie ingleichem die Art deß allhier üblichen Processes auß der erneuerten Reichs-Hof-Raths-Ordnung Ferdinandi deß III. deßgleichen auß dem 41. Art. der oberwehnten Wahl-Capitulation erlernet werden können.

Hier-

Carls / 3. Theil.

Hiernächst ist zu Wien noch ein Käyserl. geheimer Rath/ welchem die Staats-Sachen deß Käysers und deß gesamten eidts erörtert/ und gemeiniglich darvon gehandelt wird/ ob ratio Status es zulasse/ daß das im Reichs-Hof-Rath auffgeworffene/ und an den Käyser gebrachte Gutachten und Decret so passiren und vollzogen werden solle.

Wann nun bey dem Modo Exequendi, wie offt beschiehet/ Schwürigkeiten einfallen/ wird die Sache verzögert/ und zur ersten Gelegenheit verspahret. Wider welchen Proceß aber die Reichs-Stände sich öffters beschweret und auffgelehnet haben. Das in der letztern Käyserl. Wahl-Capitulation dißfalls verordnet worden/ ist allda selbst im 42. Articul nachzulesen.

Das zweyte hohe Gericht im Reich ist das Kamer-Gericht zu Speyer/ welches vom Käyser Maximilian I. im Jahr 1495. mit Einwilligung der Reichs-Stände zu Franckfurt angerichtet/ von dorten aber Anno 1530. nach Speyer verleget worden ist. Der Herr Kammer-Richter/ (zu welchem Amt keiner gelassen wird/ er sey dann ein Fürst/ Graf oder Freyherr/) wird vom Käyser bestellet/ und hat zu seinem Salario 4400. Reichsthl. Die Anzahl und Salarirung der Kammer-Gerichts-Præsidenten/ Assessoren und Officialen ist dermahlen diese:

3 Herren Præsidenten/ deren Salarium ist	2742. Reichsthl.
8. Herren Beysitzere/ -	18000.
Officianten bey der Cantzley/ Verwalter und Botten-Deputato, -	152½.
Fiscalen/ - - -	1000.
Advocatio Fisci, -	571½.
Medico, - -	285.
Dem Leser/ -	45.
Dem Pfenningmeister/ -	344.
Dem Bottenmeister/ -	45.
Zween Pedellen/ -	180.
12. Reitenden Kamer-Botten/ Jedem 32½. Rthl.	390.

Welche Salarirung dißmahl 28155. Reichsthl. außträget/ da doch die jetzige Matricul mehr nicht/ als 29000. außwirfft/ und daher rühret die Ursach/ weßhalben die Verordnung deß instrumentirten Friedens-Articul 5. §. 20. zu ihrem Effect der Zeit noch nicht gelangen/ und die darinnen beliebte Zahl der 50. Assessoren nicht in Brauch gebracht werden können.

Die Gerichtbarkeit träget das Kamer-Gericht nicht vom Käyser allein/ sondern von Ihm und dem Reich zugleich/ also/

daß

Deß Teutschen

daß dannenhero ein Käyser den Lauff der obschwebenden Re
fertigung in keinem Weg hemmen noch abfordern kan / son
der Kammer-Justitz ihren starcken Lauff unverhinderlich la
inuß. Diesem Cameralischen Gerichts-Zwang nun sind
und jede Stände/ sie müsten dann durch Privilegien exemt se
ordentlicher Weise unterworffen / und wird solcher Geri
Zwang verschiedentlicher Art / bald per Modum simplicis Q
relæ, im Anfang deß Processes, oder per Viam Appellationis
Beruffungsweise/ in der andern Instantz fundiret uñ festgeste
    Die Sachen / welche allhier anhängig gemacht und da
über gesprochen werden kan / sind alle klagbare Materien / so
nicht außdrücklich außgenommen seyn. Es sind aber auß
nommen alle Geistliche / Ehe / Malefitz und dergleichen Fäll
deßgleichen alle Reichs-Regal-Lehen-antreffende Sachen / f
einem Theil gäntzlich ab- und dem andern zugesprochen wer
den sollen.
    Der Proceß ist so wol auß der Kaiser-Gerichts-Ordnung
als auch auß dem jüngern Reichs-Abschied zu erlernen. Auße
der Mutter-Sprach wird keine Schrifft angenommen / sondern
allweg in der Teutschen Sprach verfahren. Die bey de
Kammer-Gericht außgefallene Urtheile werden von denen
Cräyß-Aemtern zur Vollstreckung und Effect gebracht /
sind biß anher die Executions-Kosten von den Executoren her
geschossen worden / worüber aber die Fränckis. Cräyß-Aemter
im verwichenen Jahr bey der Reichs-Versammlung sich hefftig
beschwäret haben.
    Sonsten ist im Römis. Reich noch ein Tribunal, das Hof-
Gericht zu Rothweil / von Käyser Conraden dem Vierdten um
das Jahr Christi 1147. gestifftet / welches aber kein allgemeines
Reichs-Gericht/ auch mit beeden vorgesetzten Reichs-Tribunalen
in keine Vergleichung zu ziehen ist / massen es dann vom Käyser
allein angerichtet und bestellet wird. Das Præsidenten-Amt
führen allda Erblich die Herren Grafen von Sultz. Die Beysitzere sind 12. Adels-Personen / und im Nothfall Gelehrte/
Bürgerlichen Standes/ und erstrecket sich der Gerichts-Zwang
weiter nicht/ als über den Oesterreischen/ Fränckischen/ Schwäbischen und Rheinischen Cräyß. Von diesem Gericht ergehen die
Appellationes nach Speyer/und auch an den Reichs-Hof-Rath.
Wie eyferig die Evangelis. Reichs-Stände bey dem Friedens-
Convent zu Oßnabrück/ und dem darauf gehaltenen Reichs-Tag
die Abolition und Auffhebung dieses Hof-Gerichts gesuchet/und
wie weit sie es damit gebracht / hat man beym Burgoldensep. 1.
ad Inftr. Pac. difc. 20, n. 29. zu lesen.
                                                        Das

Carls / 3. Theil.

Das XXIX. Capitul /
Die Doregam bekommt Canonen und Ammunition. Carl schläget die Circassier aufs Haupt/ und erlanget grossen Ruhm.

Hermit nun beschlosse Carl seinen Discurs von Teutschland/ und die Prinzessin Daregam sagte ihm deßfalls grossen Danck / sie zeichnete alle iese Worte und Beschreibung gantz genau auf/ und erwahrete es/ als ein sonderbares Kleinod. Inzwischen wurden allenthalben reitende schnelle Botten urch die Wälder und das Gebürge gesandt/ welche ie noch verborgene Tartarn nach der Daregam beuffen mussten/ und am folgenden Tag/ als sie neben inander von der Höhe deß Schlosses herab in das Persische oder Caspische Meer hinein sahen/ wurden ie eines ziemlichen Schiffes gewahr/ welches Schuß iber Schuß thäte / und seine Noth darduch gnug am zu erkennen gabe. Weil man nun keine andere Schiffe mehr sahe / ward geurtheilet / daß es einigen Schaden müsse bekommen haben / und von Wasser ie gröste Noth erlitte. Dannenhero befahl Carl/ aß man eine weisse Fahne außstecken/ und durch etiche Männer in einem kleinen Both die Nothleyenden an Land nöthigen / und ihnen alle Hülffe anieten möchte. Solches geschahe/ und darauf lenketen Jene ihr Schiff an Land/ und warffen nächst inter dem Schloß Ancker. Die Prinzessin nöthigte en Schiffer/ zu ihr zu kommen/ und ließ ihm ihre Hülffe nochmahlen anbieten. Darauf erschiene ein unsehnlicher Persianer/ welcher/ nach gemachter tiefen Reverentz / seine Noth erzehlete / daß er nemlich mit seinem Schiff vor wenigen Stunden auf eine verborgene Klippe gestossen / wodurch dasselbe ein grosses Loch bekommen / daß sie alle Augenblicke zu

sincken

Deß Teutschen

sincken sich hätten besorgen müssen. Als man aber weiter forschete/ was es für eine Beschaffenheit mit ihrer Fahrt hätte/ da erzehlete er Folgendes: Unser Großmächtigster Schach Solimann/ ist wegen deß grossen Mogols in grossen Sorgen/ und besorget/ von demselben ehestens mit einer grossen Heeres-Krafft heimgesucht zu werden/ als welcher sich in gantz Indien sehr formidabel machet/ und einen König nach dem andern übern Hauffen wirfft/ dannenhero/ und weil es unserm Schach insonderheit an Canonen/ Castelen und Musqueten ermangelt/ hat er mich/ als seinen Obristen über die Musquetierer/ an die Czaaren von Moscau abgesandt/ dergleichen verlangte Nothwendigkeiten um Geld von ihnen zu erhandeln. Ich habe auch eine gute Verrichtung gehabt/ nachdem ich nemlich die Jenigen/ so am Czaarischen Hof das Meiste zu sagen hatten/ mit ansehnlichen Geschencken/ worzu ich reichlich versehen war/ zu meiner Gewogenheit gebracht/ hat mir die Czaarische Regierung erlaubet/ 12. schwere Canonen/ die von 10. biß 20. Pfund Eysen schiessen/ und eben so viel Leichte/ von 3. biß 8. Pfund Ladung/ für baares Geld auß denen Vestungen mitzunehmen/ darzu habe ich auch 8. Teutsche Constabeln/ und eine grosse Quantität von Pulver/ Kugeln/ Cartätschen und Lunten überkommen/ und bin darmit auf meiner Ruckrayse begriffen/ bitte also/ daß man mir vergönnen wolle/ mein Schiff allhier wieder außzubessern/ und mich alsdann meines Weges weiter ungehindert fortzureysen zu lassen. Was hier verzehret/ oder verbrauchet wird/ soll alles mit richtiger Zahlung gut gemacht werden.

Als der Persianer/ der sich Orla-Chan nennete/ außgeredet hatte/ gabe ihm die Prinzessin/ welche sich

deßfalls

Carls/ 3.Theil.   321

mit dem Teutschen Ritter beredet
Antwort: Wir sind/ mein Freund/
serm Land in der äussersten Noth/
senden Circassier; Wann ich mich
daß unser Hauß mit dem Persischen
l in guter Verständnüß gelebet/ und
zu rechter Zeit in unsern Hafen ge-
n uns/ wie einem jeden Potentaten
sothaner Waffen/ wie ihr führet/ zu
verdet ihr euch einen kleinen Verzug
lassen/ sondern allhier bleiben/ biß
anonen die Feinde werden auß dem
haben. Orla-Chan schützete die grosse
or/ und daß es ihm den Kopff kosten
r sich hierzu solte resolviren. Darauf
die Teutschen Constabel schon mit
hätten/ und also würcklich in deß
ten stünden? Er antwortete: Sie
h nicht accordiret/ indem wir deß
icht können einig werden/ aber mir
aß es mit ihnen zu Jsphahan bald sei-
aben werde. Also wurden die 8. Con-
Schloß beruffen/ und als sich Carl ih-
gegeben/ daß er ihr Landsmann sey/
sich von Hertzen/ unter ihm zu dienen/
ihre Probe in der Artillerie abzule-
) in Persien zu gehen. Diese Resolu-
rintzessin sehr wol/ sandte demnach al-
pressen an den Schach/ und ließ sich
daß sie ihm seine Canonen auf etliche
zu vorenthalten/ durch die ohnum-
) gezwungen würde/ versprach ihm
tung/ und eine kräfftige Assistentz wi-
nde/ dafern er von denselben in seinem
egriffen/ oder beunruhiget werden.

      X   Als

Als demnach Orla-Chan sahe/ daß es nicht anders seyn kunte/ da gabe er sich zufrieden/ und ließ es geschehen/ daß man die Canonen/ samt aller Ammunition, auß den Schiffen außlude. Und nachdem noch etwan 4. oder 5. Wochen verlauffen waren/ hatten sich die Tartarn in 6000. starck gesammlet/ zu denen alle Sc aven im gantzen Land gestossen wurden/ unter der bedungenen Freyheit/ im Fall sie sich wider die Circassier wol halten/ und dieselbe würden auß dem Land schlagen helffen/ und hierdurch wuchse die Anzahl der Mannschafft auf 10000. Mann. Diese ward/ auf Anordnung unsers Cavalliers und Ritters/ unter ihre Hauptleute und Obristen vertheilet/ und als nun alles zum Feldzug bereit war/ da gienge der March an/ und Carl ward Generalissimus, Garelan aber der Nächste nach ihm. Die Sclaven waren zwar meist untergestecket/ und alle die zu Fuß/ mit Musqueten versehen/ aber die Teutschen/ derer 200. führete einer von den vorigen 3. Teutschen Edelleuten, Namens Rauchwolff. Die 8. Constabel giengen auch willig mit/ und ihre Canonen wurden nachgeführet/ an Ammunition erschiene kein Mangel. Die Sclaven erzeigeten sich allerseits sehr munter/ fürnemlich die Teutschen/ welche alle/ wie die Tartarn selber/ mit Musqueten und Säbeln bewaffnet waren. Es hatte aber unser Teutscher Carl an verschiedenen Orten deß Landes/ 300. Pantzer-Hemde verfertigen lassen/ welche er unter die hohe und niedere Officirer außtheilete/ und darauf gienge er zu der Printzessin/ und nahm Abschied von ihr/ sie küssete ihn schwesterlich/ und nannte ihn den Erlöser ihres Landes/ ja/ sie liebete ihn fast mehr/ als ihren Trogell, zumahl sie einen gewaltigen Unterschied unter den beyden Personen fande/ zum Vortheil unsers Teutschen Ritters/

als

Carls / 3. Theil.

als welchem der Circaſſier das Waſſer nicht reichete. Sie wünſchete ihm Glück zu ſeinem Zug / und verſprach ihm / daß er deſſen eine gnugſame Vergeltung haben ſolte. Indem er aber von ihr ſcheiden wolte / tratt einer von den Sclaven hervor / ein alter anſehnlicher Mann / mit einem grauen Haupt und ſehr langem Bart / dieſer thäte einen Fußfall / und ſprach: Durchl. Prinzeſſin / und Großmüthiger Ritter / ich komme hieher / zu bitten / daß man mich dieſes Zugs überhebe / und vielmehr vergönnen wolle / die Feinde mit meinen Waffen zu beſtreiten / dann ich bin ein Armeniſcher Biſchoff / darum vergönnet mir / daß ich allhier bleibe / einen Altar und Creutz aufrichte / und ſo lang mein andächtiges Gebett zu dem Allerhöchſten außſtürtze / biß er die Eurigen mit einem völligen Sieg begünſtiget haben wird. Carl erhielte Erlaubnüß von der Daregam, daß dieſem Mann ſeine Bitte vergönnet ward / welcher darauf neben der Zinne einen Altar und ein klein Hüttlein zu ſeiner Wohnung auffſchlug / woſelbſt er hernach / ſo lang ſie zu Feld gelegen / ſeinem Gottesdienſt in aller Andacht abgewartet hat. Endlich gienge der Marſch fort / und die 200. Teutſchen Sclaven hatten ſich / nebſt ihren Muſqueten / mit Schweins-Federn verſehen.

Nachdem ſie 3. Tage fort gezogen / kam Bericht / daß Boris Radzin mit 15000. Mann / meiſt berittenen Circaſſiern / gegen ſie im Anzug wäre. Carl ſahe doch auf / weil er nur 3000. Mann zu Pferd hatte / und alſo beſorgete / im Fall Boris nur im Krieg ein wenig erfahren / würde derſelbe die Tartariſche Mannſchafft mit ſeinen Reutern von allen Seiten beſprinzen / und dieſelbe leicht in groſſe Confuſion bringen / dannenhero ertheilete er Ordre, wie ſich ein jeder Officirer an ſeinem Ort zu verhalten hätte. Er ſuchte aber

aber mit allem Fleiß / einen bequemen Ort für sein
Mannschafft / und fande solchen bald hernach / nicht
weit von den Circaſſiſchen Gräntzen. Er lagerte ſich
in einem Thal / der an beyden Seiten groſſe Berge
hatte / mitten hindurch ſtröhmete ein kleiner Chryſtall-
klarer Bach. Als er 2. Tage allhier außgeruhet hatte /
kamen die Circaſſiſche Vor-Trouppen ſchon an / und
ſcharmützirten mit der Tartariſchen Brandt-Wacht.
Bald / und zwar gegen Mittag / kam der helle Hauffen in groſſer Confuſion, mit einem erſchröcklichen Geſchrey. Carl hatte ſeine Armee ſehr wol eingetheilet /
und hielte eine gute Ordnung. Wie nun die Feinde
in ihrer Unordnung einbrechen wolten / da theilete er
ſeine Mannſchafft / und machte den bißhero geſtande-
nen groſſen Canonen Platz / welche auf einmahl loß
donnerten / daß die umligende Berge darvon erſchal-
leten / ſie waren zum Theil mit Cartätſchen / theils
auch mit Kugeln geladen / und dardurch wurden die
Feinde Augenblicklich in ſolchen Schrecken gebracht /
zumahl / da gantze Hauffen von den Pferden dahin
fielen / daß ſie alſobald die Flucht kieſeten. Boris ſchäu-
mete für Eyfer / und war halb raſend / bannenhero
war er bemühet / ſeine Leute wieder zum Stand zu
bringen / ſetzte auch nochmahlen verzweiffelt an / und
da kam es zu einem ſcharffen Treffen. Die Teutſche
Pantzer-Männer hielten ſich überauß wol / und machten allenthalben Raum unter den Feinden. Mit ihren
Hand-Granaten brachten ſie einen ſolchen Schrecken unter die feindliche Pferde / daß dieſelbe ſich bäu-
meten / und ſolcher Geſtalt ſtürtzeten über 1000. Circaſſier von den Roſſen / welche nach den Bergen lieffen. Andere mit den Schweins-Federn hielten dardurch die Feinde vom Einbrechen ab / da ſie inzwiſchen
auß ihren Musqueten auf dieſelbe unaufhörlich loß
feuerten.

Carls / 3. Theil.

euerten. Als Carl seinen Mann an Boris erkannte/ runge er in seinem vergüldeten Helm auf ihn loß/ und führete etliche Streiche nach ihm / aber er hielte einen Stand/ sondern kiesete die Flucht/ wie sie aber durch den jenigen engen Paß wieder hindurch gehen wolten/darburch sie herein gedrungen waren/funden sie denselben mit 2000. der tapffersten Sclaven besetzet / welche an beyden Seiten die kleinen Canonen gepflantzet hatten / und also die Circassier zwungen/ daß sie decimiren / und von zehen Mann einen / wo nicht zween/ im Stich lassen musten. Das Gefecht währete lang / und war hefftig. Die Carolinische Mannschafft zu Pferd setzete eyferig nach/und secondirte ihre Leute an dem Paß / und um diesen Durchzug kämpffete man biß in die Nacht / da endlich die meisten Circassier hindurch gedrungen waren/welche man nicht weiter verfolgen wolte. Es waren aber noch 2000. Feinde zwischen den Paß und den Tartarn eingeschlossen/welchen Carl Quartier versprach/ im Fall sie sich ergeben wolten/solches nahmen diese Leute willig an / weil sie kein ander Außkommen sahen / sie warffen ihre Säbeln und Bogen von sich/ fielen von den Pferden / und ergaben sich / nur um Fristung ihres Lebens bittend. Sie wurden unter die Militz vertheilet / und nachdem Carl seinem GOTT im Hertzen gedancket/ berieff er seine Völcker zusammen/ lobete ihre Tapfferkeit / und versprach ihnen grosse Belohnung. Er ließ sie sich lagern / und das Abendmahl mit Freuden einnehmen. Und nachdem die Wachten wol außgesetzet / begabe sich endlich ein Jeder zur Ruhe.

Am folgenden Morgen zehlete man die Todten/ und da sande es sich / daß Carl nur 240. die Feinde aber 4860. Mann verlohren hatten/die Jenigen mit

X 3 gerech-

gerechnet/ die sich ergeben hatten. Es wurden über 2000.Circassische Pferde aufgefangen/ welche den Carolinischen überauß wol zustatten kamen/ sich dadurch beritten zu machen. Man fande sonsten eine grosse Beute bey den Erschlagenen/ welche/ um die Lufft rein zu behalten/ bald in die Erde gescharret wurden/ unerachtet noch mancher darunter/ der nicht völlig todt war. Carl spedirte alsobald einen von seinen Teutschen Edelleuten nach der Prinzessin Daregam, und ließ ihr den erhaltenen Sieg ankündigen/ hernach besetzte er die Gränzen mit 2000.Mann zu Pferd/ und mit der übrigen Mannschafft gienge er wieder zuruck/ weil es schon spät im Jahr war. Er nahm innerhalb 20.Tagen alle von den Circassiern annoch besetzte Oerter wieder weg/theils mit Accord, theils mit Sturm/ nachdem er mittelst seiner Canonen gute Brechen zu legen gewußt, dessen sich die Feinde im Geringsten nicht zu den Tartarn versehen hatten. Endlich/ als alles wieder unter die Terkyische Bottmässigkeit gebracht worden/ kehrete er selber nach Colam,als er vorher alle veste Oerter wol besetzt/ und den Officirern ihres Verhaltens gnugsame Instruction hinterlassen hatte. Die Prinzessin Daregam zog ihm in Amazonis. Habit 2.gantzer Meil.Weges entgegen/ er sprange alsobald vom Pferd/ wie er sie sahe/ und sie thäte deßgleichen. Sie empfienge ihn mit einem schwesterlichen Kuß/ und gürtete ihm mit eigenen Händen einen köstlichen Säbel/ der mit Diamanten reichlich besetzet war/um die Lenden/und hielte eine weitläufftige Danck= und Lob=Rede zu ihm. Darauf kehreten sie nach ihrer Burg/ und alsobald wurden alle mit gewesene Sclaven völlig in ihre Freyheit gesetzet/ jedoch mit dem Beding/ noch einen Zug wider die Circassier zu thun/ so bald es das kalte Wetter zu=

Carls / 3. Theil. 327

r zulassen wolte. Garelan empfienge ein Præsent von
000. Ducaten / worinit er wieder zu seiner Ehe-
iebsten nach Hauß kehrete / und unsern Carl hefftig
athe / bey seiner Ruck-Räyse seine Burg ja nicht
or bey zu gehen. Alle Officirer wurden nach ihrem
Wolverhalten regaliret / und als hernach Carl mit
er Prinzeßin über der Tafel saß/und sie alleweil ab-
espeiset hatten/gabe sie ihrer Jungfrauen einer einen
Winck/ welche hingienge/ und bald mit einem gülde-
en Krönlein / so mit Rubinen und Smaragden
Wechsels-Weise reichlich versetzet war / wieder kam.
)aregam nahm dieses Krönlein/und setzete es unserm
Helden aufs Haupt / zum Zeichen / daß er / als der
Uertapfferste Kriegs-Held / solches vor Jedermann
erdienete / und obgleich Carl dieses Præsents sich mit
llem Fleiß zu entschütten bemühete/ war es doch ver-
ebens/ dann er muste es behalten/ oder die Daregam
u erzörnen befürchten. Orla-Chan bejammerte es
on Hertzen/daß er sich nicht auch mit zu diesem Feld-
Zug begeben hatte/nahm ihm dannoch vor/demselben
einkünfftig beyzuwohnen/weil er wol wuste/daß man
ihn so bald noch nicht würde ziehen lassen.

Inzwischen / weil nun gantz Dagestan von den
Circassiern wieder gesäubert/ward ein Botte an dieselbe Nation abgefertiget / welcher im Namen der
Prinzeßin eine Außwechselung der Gefangenen begehrete. Boris aber war sehr darwider/und wolte den
Tartarn in keine Wege willfahren / sondern verstär-
ckete sich mit den Kalauker-Tartarn/einem heßlichen
grimmigen Volck / welche mit ihren Feinden aufs
Allergrausamste umzugehen pflegen. Als die Daregam solches merckete / sandte sie nach dem Imerette
um Beystand/ der ihr auch/ so bald das Wetter wieder zum Feldzug bequem fallen würde/unter dem Ga-

X 4 relan

relan eine ansehnliche Hülffe versprach. Weil endlich der volle Winter einfiele/ muste man an beyden Seiten zur Ruhe sitzen/ohne die 8.Conſtabeln/welche mit Kugeln gieſſen/ Cartätſchen machen/ und anderer Feuerwercks-Arbeit/ niemahlen feyreten/ daß ſie hinkünfftig einen anſehnlichen Vorrath darvon hatten. Gleich wie man ſich aber inſonderheit der Fürſtl. Reſidentz Terky auf vorigem Feldzug wieder bemächtiget hatte/ alſo zog die Prinzeſſin/ auf Anrathen unſers Carls/ bald hernach wieder dahin/ und beſetzte die Regierung übers Land/ ſie hätte zwar den Teutſchen Ritter gern bey ſich geſehen/ aber derſelbe kunte ſich Wolſtands halben hierzu nicht reſolviren/ ſondern bliebe auf dem ſehr veſten See-Schloß Colam, und wachete daſelbſt für der Feinden Einbruch. Weil aber die vorigen Tartariſchen Räthe meiſt alleſamt entweder gefangen/ oder erſchlagen worden/ alſo adjungirte Carl der Prinzeſſin einen von den Teutſchen Edelleuten/ den vorbedeuteten tapffern Rauchwolff/ der ſich im Zug wider die Circaſſier ſonderlich hatte wolgehalten/ ſamt dem alten Armeniſchen Biſchoff/ welcher Baſilius hieſſe/ und Carl ſelber kam dann und wann zu ihnen/ biß er von einer hitzigen Kranckheit angegriffen ward/ daß er gantzer 17.Wochen deß Bettes hüten muſte. In welcher Zeit ihn die Daregam gar offt beſuchte/ und weil ihre Räthe gar fromme Leute/ und eyferige Chriſten waren/ ſo ließ ſie ihr derſelben Glauben/ zumahl um deß Carls willen/ den ſie ihr/ als ein lebendiges Exempel aller Tugenden/ vorſtellete/ um ſo viel deſto mehr gefallen/ daß ſie ſich nach und nach heimlich mit ihren neuen Bedienten unterredete/ und das Feuer deß H. Geiſtes in ihrem Hertzen aufgehen
ließ.

Carls/ 3. Theil.

as XXVI. **Capitul/**

t von Mäyntz weg / welche
in die Teutsche übergehet / worbey ein
ournal, was man davor auffgerichtet hat.
at dieses sagte/ kam Ulucastri mit Mar-
ieder herein / und weil die Zeit schon
lauffen / der Pohlnische Knecht auch
von dem langen Erzehlen/darinn er in
ines Herrn nicht fortfahren wolte / so
hrifft auß der Taschen/ darin die gantze
ß Ulucastri von ihm verfasset war/ und
lche kaum einem von den hohen Anwe-
et/ tratt ein Bott herein/ und überlief-
tschen Helden ein Schreiben / auf des-
alsobald grosse Augen machte / zu der
ratt / etlichen Printzen etwas heimlich
/ und sich öffentlich verlauten ließ/ daß
an nicht länger an diesem Ort aufhal-
temahl seine eigene sehr wichtige Ge-
ch seinem Vatterland berufften. Also
tze Gesellschafft zu diesem mahl / nach-
t ihm gelesset, nach ihren Zelten. Ulu-
nge am folgenden Tag mit Marlenga,
ribut deß nächsten Weges nach Franck-
er zu Friedberg anlangete/ hielte ihn ei-
lic von seiner Eyl-fertigen Räyse auf/
erselben schon wol gewohnet/ und also
nicht lang anzuhalten pflegte/ so gabe
n/ und bliebe in ermelter Stadt bey ei-
Wirth ligen. Aber über Vermuthen
er mit seiner Kranckheit an/ als er ge-
nhero/ als er etliche Tage allhier gele-
rschiedene Expressen auß dem Lager vor
er Zeitung daß dieselbe Vestung nun-
X 5 mehro

mehro von den Alliirten erobert sey. Ulucastri selber hatte grosses Verlangen/zu wissen/was sich Zeit der gantzen Belagerung daselbst begeben hätte/ und erhielte zu seiner höchsten Vergnügung von einem durchgehenden Expressen/ der ihn vor Mäyntz gesehen/ eine richtige Beschreibung der gantzen Belagerung/ nachfolgenden Inhalts:

Journal der Mäyntzischen Belagerung/ und was so wol in- als ausser der Stadt bey den Frantzosen und hohen Alliirten vorgelauffen.

JSt jemahlen eine Belagerung considerabel gewesen/ angesehen man gegen einen sehr vesten/ allenthalben zu Wasser und Land wol-verwahrten Ort/ eine/ so zu sagen/ mächtige/ als dem Außbund deß Frantzösischen Volcks/ so sich ohne dem in Vestungen tapffer zu wöhren pfleget/ und ohne Königl. Ord. solche nicht übergibt/ desperaten Feind/ welcher sich mit Abschnitten und allerhand ersinnlichen Gegen-Verfassungen versehen/ verzweiffelte starcke Außfälle/ ohnerhörten Tag- und Nächtlichen Schiessen und Bomben-Außwerffung/ auch Fertigung und Sprengung vieler Minen/ zu kämpffen und zu streiten gehabt/ so ist es gewiß die Mäyntzische gewesen/ als deren so viel grosse Fürsten und Generalen selbst beygewohnet/ alle gebührende Anstalt gemacht/ die Soldaten unerschrocken/ muthig/ mit sonderm Vortheil angeführet/ und es durch gute Vorsehung/ mit ungemeinem Canoniren/ stätigem Einwurff der Schlag-Bomben auf die Aussenwercke/ tapfferer Bestürmung und Eroberung der Contrescarpe, wiewolen/ als leicht zu erachten/ mit vielem Blutvergiessen/ durch Göttlichen Beystand und unermüdeten Eyffer und Fleiß endlich dahin gebracht/ daß dieser so importante Ort sich ergeben müssen.

Nach-

Nachdem nun allerseits beliebet worden / die Stadt Mäyntz (ohnangesehen selbige so starck befestiget / und mit 10000. Mann Guarnison, lauter Combattanten/ als den Kern deß Frantzösischen Volckes / den zugehörigen vielen Troß außgeschlossen/ besetzet gewesen / massen dann darinn / sicherm Bericht nach/ an Cavallerie das Regiment de Vivant, an Dragounern/ das Regiment von le Lande, an Infanterie eine Battaillon von Bourbon, eine von Crisole, eine von Dauphine, eine von Bretaigne, eine von Bonnevoisin, eine von Bombardeurs, eine von Mayne, eine von Orleans, und eine von Jarzé, in 192. Compagnien zu Fuß / und 24. an Reutern / gelegen/) mit Gewalt anzugreiffen/und sich deren zu bemeistern/um forderst am Obern-Rhein den Rhein-Paß zu gewinnen/ und desto weiter agiren zu können / rühmlichen ins Werck gesetzet worden; Inmassen höchst-belobte Ihro Käyserl. Maj. mit einer ansehnlichen Macht dero Generalissimum, Herrn Hertzogen von Lotthringen/ Hoch-Fürstl. Durchl. samt allen zugehörigen Nothwendigkeiten / dahin anziehen lassen / dero sich Ihro Chur-Fürstl. Durchl. in Bäyern / Ihro Chur-F. Durchl. zu Sachsen/mit Chur- und Printzen/Herrn Teutschmeisters Hoch Fürstl. Durchl. Herrn Marggrafen zu Bayreuth Hoch-Fürstl. Durchl. dessen Herrn Erb-Printzen / von Hanover Hoch-Fürstl. Durchl. und andere Fürstl. Personen mehr/ mit allerseitigen vielen tapffern und hochberühmten Generalen / in höchsten Personen zugesellet ; Darbey sich auch die Cräyß-Völcker eingefunden / welche gantz Patriotisch pro Deo, Cæsare & Libertate, mit Beysetzung einer grossen Mannschafft/ über respective ihres Contingents/ sich bezeuget.

  Hierauf nun zum Werck selbst zu schreiten / so
hielten

Deß Teutschen

hielten die hohen Herren Alliirten zu Franckfurt eine Conferentz / welcher Ihro Chur-Fürstl. Durchl. von Bayern / Chur-Fürstl. Durchl. zu Sachsen / Ihro Hoch-Fürstl. Durchl. zu Lothringen / und Ihro Hoch-F. Durchl. zu Hessen-Cassel / allerseits in selbst hoher Person beygewohnet / und wie der von ihnen gemachte Schluß gefasset / und von Käyserl. Maj. allergnädigst bestättiget worden / die Stadt Mäyntz mit aller Gewalt anzugreiffen / solchem zu Folge nahmen die Käyserl. Völcker ihren Marsch nach Coblentz / und passirten daselbst den Rhein; Chur-Sachsen schluge Anfangs sein Lager ohnweit der Gustavus-Burg jenseit Mäyntz / die Hessen-Casselische aber dißseits bey Costheim / worauf die Frantzosen Cassel verlassen / und nebst der Schiff-Brucken demoliret und haben sich nach der in der Insel oder angelegenen Schantz in aller Eyle / weil sie von dem Anmarsch keine sichere Kundschafft gehabt / Gestalten dann deßhalben noch einige von den Hessen in Cassel überfallen / und getödtet worden / retcriret. Als nun gemelter Massen die Käyserliche den Rhein passiret / so avancirten sie je länger je mehr gegen Mäyntz / und wurde der Ort den 6. Julii, st. v. dieses 1689. Jahrs von hoch-besagter Ihro Hoch-F. Durchl. dem Hertzogen von Lothringen in der Nacht mit etlichen tausend Mann berennet; Nun hatten Ihro Chur-F. Durchl. zu Sachsen nach und nach dero Trouppen mit Nachen und grossen Schiffen überführen lassen / welche dann die Käyserliche den 7. dito mit 3. Regimentern Infanterie verstärckten / den 8. dito rückten so wol die Käyserliche als Sächsische und Lüneburgische Regimenter in das vor sie abgesteckte Lager / zu denen den 10. dito Ihro Chur-F. Durchl. zu Bayern mit einigen Ihro untergebenen Käyserl.

und

…Haupt-Quartier zu Weißenau/ Ihro
…rchl. von Lotthringen in Brentzenheim/
…ch. F. Durchl. der Printz von Hanover/
…desheim. Das sämtliche Lager/ so mit
…allations-Linie vom Rhein zu Weis-
…in den Rhein gegen Biberich über/ um-
…/ war folgender Gestalt eingerichtet:
…nau biß Brentzenheim stunden Würtz-
…agouner/Battaillon Serinische/Battail-
…he/Minckwitzische Dragouner/Battail-
…del/ Battaillon von Beckischen / Caraffa
…Fuß/Battaillon von Beck/Battaillon von
…hsisch Leib-Regiment zu Pferd/ Bäne-
…iment/ Sächsisch Leib-Regiment zu
…l-Major Plato zu Pferd / General Flem-
…ient zu Fuß/ Obrist Broms Regiment
…brist Kuffers Regiment zu Fuß / Printz
…Pferd/Sintzendorff zu Fuß/Ramsdorff
…inmarische zu Fuß/Bayreuthische Dra-
…sche Regiment zu Fuß/ Stahrenberg-
…t zu Fuß/ Commercy zu Pferd / Chur-
…achsen zu Fuß/ Heddersdorff Fränckisch
…Brentzenheim biß an das Hanoverische
…tier/Obrist Schotten Regiment zu Fuß/
…u Pferd / Sommerfelds Regiment zu
…enbüttelische zu Pferd / General-Major
…iment zu Fuß/ General von der Lippe zu
…niedbergs Regiment zu Fuß/ General-
…en zu Pferd / General von der Lippe zu
…von Hanover Leib-Regiment zu Pferd/
…ß/Wolffenbüttelische Dragouner/und
von

Deß Teutschen

von dannen biß hinunter an Rhein gegen Biberich über/ Fränckisch Regiment zu Pferd/ Fränckisch Regiment zu Fuß/ Printz Carl von Neuburg Regiment zu Pferd/ Jung-Lottringisch Regiment zu Fuß/ Taffisch Regiment zu Pferd / Teutsch-Meisterisch Regiment zu Fuß/ Dünewaldisch Regiment zu Pferd/ Alt-Stahrenbergisch Regiment zu Fuß/ Graf von der Lippe Dragouner/ Obrist Kellers Regiment zu Fuß/ Ober-Rheinisch zu Fuß/ Fuldische Battaillon; Wartenlebisch Regiment zu Fuß/ Spiegels Regiment zu Pferd/Leib-Regiment zu Fuß. Worauf den 11.dito unter denen Chur-Fürsten-Hertzogen zu Lottringen/ und andern hohen Generals-Personen / auf was Weise die Stadt anzugreiffen / Kriegs-Rath gehalten/ und beschlossen worden / daß 2.Attaquen formiret/und eine oberhab Mäyntz bey der Charthauß/gegen das neue Thor/von hoch gedachten beyden Chur-Fürsten/ die andere aber bey dem Hoch-Gericht/ oder zwischen dem Gau- und Alt-Münster-Thor/auf beyde Bollwercke / Bonifacius und Alexander, von Ihro Hoch-F.Durchl.zu Lottringen/geführet werden solten / wie dann selbige Nacht durch darzu der Anfang gemacht/ und von beyden Seiten Posto gefasset wurde. Die Hessen-Casselische Völcker aber hatten sich jenseit Rheins/zwischen Collheim und Cassel/postirt.

Als nun der Feind gesehen/daß es dem Ort mit allem Ernst gelten solte / massen man dann mit Verfertigung der Circumvallations-Linien um das gantze Lager/ worzu viel 100.Bauren auß der Nachbarschafft / auch auß der Graffschafft Leiningen/ wiewol diese/als bereits unter Frantzös.Souverainität geständene /bey Lebens Straff nicht erscheinen dörffen/ entboten / und da mit beständigem Approchiren ohnabläßig continuirte / so suchte er durch starckes Canoniren

Carls/ 3. Theil. 335

ren möglichst vorzubeugen / wodurch den 13.dito Printz Friderich von Pfaltz-Neuburg mit einer Falconet-Kugel ins Haupt getroffen/ zu höchstem Leydwesen dero gegenwärtig-gewesenen Herren Gebrüdern / auch Chur- und Fürstl. Personen und hoher Generalen / erleget wurde / dessen Leichnam man in das Teutsche Hauß nach Franckfurt abführete / und daselbsten niedersetzte / welcher darauf bey Nächtlicher Weile nach Neuburg abgeführet wurde. Dessen ungehindert wurde die Arbeit beyder Attaquen starck fortgesetzet/ und auf Sächsischer Seiten/ ohnfern der Carthauß/ 2. kleine Batterien/ eine von 2. die andere von 4. Stücken / verfertiget / worauß auf deß Feindes Rhein-Schantze den 18.dito starck geschossen/ und wie die Hessen dißseits Mayntz / unter Ihro Hoch-Fürstl. Durchl. von Hessen-Cassel und dero Generalen/ Grafen von der Lippe / selbstigen Anführung / auch die Approchen von Costheim und Cassel in einer Linie gegen die beyden Rhein-Schantzen öffneten/ und täglich tapffer avancirten/ auch ihre Batterien verfertigten / so wurde von selbigen die fliegende Brücke ruiniret: Als auch Herr Oberist Keller mit wenigen an Costheimischer Seiten zu recognosciren außgieng / wurde selbiger einer in der Frucht gelegenen verdeckten Frantzösis. Parthey gewahr / auf die er dann chargirte / aber darbey in den lincken Arm gefährlich / nebst einigen der Seinigen / geschossen wurde.

Die Käyserlichen liessen nun auch ihre Schiff-Brücken bey Biberich über Rhein schlagen / auch wurde eine bey Hocheim über den Mayn geleget/ und den 19. dito oberhalb Weissenau von den Sachsen eine fertig gemacht / um allerseits die hochnöthige Correspondentz zu entretenieren / und zog darüber deß

über-

übergebliebene Volck / auch eine grosse Menge von
verschiedenen Orten auß dem Reich gekommen/
Munition, grosse und schwere Stücke / mit aller Zugehör. Die Frantzosen feyerten indessen auch nicht/
sondern thaten mit vielen und starcken Außfällen
grossen Schaden / wiewol sie darbey auch ziemlich
zusetzen musten.

Am 19. dito Abends / warffen die Hessen viel
Feuer-Kugeln in die Frantzösis. Schantz / wordurch
dero Baraquen / Faschinen / und anders / in Brand
gerathen / unter welcher Action die Sächsischen mit
etlichen Bäyrischen und Käyserlichen/ in 3000. starck/
gegen die Stadt rückten/ und fasseten einen neuen
Posten/ worgegen der Feind mächtig feuerte / und hörete man eine stätige Salve von 5. oder 600. Mann/
und jede Viertelstunde 40. biß 50. Canon-Schüsse.
Käyserl. und Alliirter Seiten wurde ihnen mit continuirlichem Schiessen gleichfalls tapffer begegnet.
Ja/ es gieng den 20. und 21. dito so scharff her / daß
man meynete/ es regnete lauter Musqueten-Kugeln/
dannenhero Beyderseits viel geblieben/ von den Be-
lagerern schätzte man es auf 160. Gemeine todt und
blessirt; Es blieben auch ein Obrist-Lieutenant/ Capitain Schenck und Dalwig / welcher Letztere zu
Wißbaden/ im Itzsteinischen/ begraben worden/ deßgleichen sind Capitain Borneman und Stöcken/ neben vielen andern Officiers / gefährlich verwundet
worden. Auf Käyserl. Attaque hatten die würckliche
Operationes mit Beschiessung der Stadt noch keinen
rechten Anfang genommen/ weilen keine Batterie noch
fertig war/ daran man jedoch sehr fleissig arbeitete/ so
war auch bißher an selbiger Seiten kein Außfall ge-
schehen/ sondern wurde mit Approchiren eyferig fort-
gefahren / und dann und wann einige Mannschafft
vom Feind blessirt und getödtet.

Den

Den 23. fuhr man mit Approchiren fort / und choßen die Frantzosen/ sonderlich von der Gau-Pforten/ und andern hohen Thürnen/ starck herauß/ wordurch ziemlicher Schaden geschehen. Den 24. that der Feind auf Sächsischer Seiten den 5ten Außfall/ worbey er mehr als die Belagerer eingebüsset / und unte nicht verhindern/ daß inzwischen ein Keßel und xächst darbey eine Redoute fertig gemacht / und mit 4. Mörseln und 2. halben Carthaunen beseßet / und urtz darauf noch eine Redoute von 2. Stücken / zu Bedeckung der Arbeiter / verfertiget wurde. Den 15. wurden die Lüneburgischen bey der Käyserl. Attaque abgewechselt / und die zweyte Parallel-Linie weiter außgeführet / eine zur rechten und die andere zur ncken Hand/ mit einem kleinen Aufwurff zur Rechten/wo man 4. Feld-Stücklein von 4. Pfunden pflantete / um damit die Feindliche Trenchée von vornen 1 beschießen / Falls der Feind von der Seiten deß Hochgerichts / welches uns zur Rechten stunde / und mit einer Redoute versehen / wol verpallisadirt / und die Communications-Linie biß an das Galgen-Thor atte / einen Außfall thun solte. Man erweiterte gleichfalls die Wercke zur lincken Seiten / daß man ther correspondiren kunte ; In währender dieser Nacht wurden bey 20. erleget/ und verwundet.

Den 26. dito zu Nachts warff man bey diesen rtgeführten Linien Redouten auf/ um die Arbeit zu decken / so ohne sonderbahren Verlust abgangen.

Den 27. dito fienge man die dritte Communicaons-Linie von der Rechten zur Lincken an / worbey Mann geblieben/ und verwundet worden. Selbin Tages gienge ein Frantzös. Lieutenant vom Bournnischen Regiment / Marschéval genannt / auß der Stadt / und nahm bey der Vorwacht einen Solda-

ten von seiner Compagnie mit sich/und beredete selb=
gem / daß er recognosciren wolte / da sie aber noch
200. Schritte von der Alliirten Wacht waren/ ruc=
ten sie weiter fort/ und kamen so nahe/ daß sie ange=
schryen wurden / darauf wolte der Soldat eylends
zuruck kehren / gemelter Lieutenant aber setzte ihm die
Pistohl auf den Leib/ und nöthigte ihn zu folgen/und
überzugehen/welches auch geschehen. Beyde wurden
vor Ihro Hoch-F. Durchl. zu Lotthringen gebracht/
dero der Lieutenant die Ursach seines Desertirens er=
öffnet/ und überreichete 12. Grund-Risse der Statt/
weilen solche nun grosse Avantage zeigeten/ so wurde
ihnen darfür ein Recompens zugestellet.

Den 28. dito fiele der Feind starck auß/ wurde
aber durch die Hand-Granaten bald zuruck getrie=
ben/worbey der Hertzog von Holstein vom Sächsisch=
Kufferischen Regiment durch einen Schenck=
sonsten noch ein Sächsif. Fähndrich / blessirt worden.
An Käyserl. Attaque hat man zur Rechten und lin=
cken mit den Linien fortgefahren/um den Anhang des
Berges zu gewinnen/ und naheten sich zur Rechten
immer näher dem Galgen/ es wurde auch eine kleine
Batterie von 6. Stücken verfertiget / und die Arbeit
an der Circumvallations-Linie und den Lauff-Grä=
ben eyligst fortgesetzet / und die Letzten also erweitert/
daß 4. Mann neben einander gehen kunten / und ge=
schähe die Ablösung bey jeder Attaquen täglich mit
4000. Mann / so aller Alliirten Völcker betroffen.
Diese Nacht wurde der Ingenieur du Mont an der
Hand blessirt/und blieben ohngefähr 12. Mann todt/
und verwundet. Eben diesen Tag gienge Marq. de Pa-
relle, Major von dem Jung-Lotthringif. Regiment/
mit seinem Vettern/ und einem andern Officier/ ge=
gen dem Rhein spatzieren/da merckten sie einen Men=
schen/

schen/mit hart eingedrucktem Hut/nach der Stadt zu
eylen/ sie hielten ihn/und redeten ihn Frantzösisch an/
er aber antwortete nichts/als Teutsch/und obwol besagter Herr Marquis und sein Vetter keine Frantzosen/
sondern Italiäner waren/so spühreten sie doch/daß er
kein Teutscher wäre / und ohngeachtet er ihnen ein
Grosses/wañ sie ihn gehen liessen/versprache/so pack-
ten sie ihn doch an/und nach scharffem Fragen bekañte
er / daß er der junge Cormallion wäre / dessen Vatter
sich/als General-Major, in Dännemarck aufhielte/kä-
me von Mont-Royal, und wolte sich in Mäyntz practi-
ciren. Wie er nun vor Jhro Hoch-F.Durchl. zu Lotthringen gebracht/und examinirt wurde/gab er seltzame Antwort/ daß man meynete/ er wäre seiner Sinnen beraubet/und ohngeachtet man ihn hart anhiel-
te/kunte man doch nichts auß ihm bringen/worauf er
nach Königstein in Verhafft geführet worden.

Den 29. dito thäte der Feind wieder einen Außfall. Nach 4.Uhr liesse Jhro Hoch-F.Durchl. zu Lotthringen durch dero Pfeiffer ein Morgen-Lied blasen/
darauf auß Musqueten 2.Salven geben / die Trenchéen öffnen/ und zum würcklichen Beschiessen den
Anfang machen. Um 9.Uhr thaten die Frantzosen auf
der Chur-F.Seiten gleichfalls einen Außfall/darvon
sie aber wenig Nutzen hatten / weil alles in guter
Wacht stunde/und die Chur-Fürsten sich selbsten in
den Approchen befunden/ welche die Soldaten mit
Geld spendiren zu fleissiger Arbeit sehr encouragir-
ten. Eodem schwumme ein Frantzoß dem Haupt-
Quartier Weissenau/ wie ein Pudel-Hund/ vorbey/
welcher sich oberhalb dem Dorff in Rhein begeben
gehabt. Wie er nun bey die Carthauß kame/allwo die
Sächsische eine Batterie hatten/ gaben die Constabel
etliche mahl Feuer auf ihn / aber dieser kühne Wag-
Halß kam unverletzt bey der Stadt Mäyntz ans Land.

Y 2 Den

Den 30.dito kamen 4000.Hessen über Rhein um neben den Käyserlich-und Lüneburgischen die Attaque mitzuführen. In dieser Nacht ist die grosse Batterie auf Käyserl.Seiten zu bauen angefangen worden/und thäte der Feind dahin einen starcken Außfall wurde aber mit starckem Feuer wieder zuruck gejaget. Von Costheim auß warffen die Hessen Bomben in die Stadt/darvon ein ziemlicher Brandt und grosses Geschrey entstanden/ welches aber nachmahlen eingestellet worden. Man hatte auf Käyserl. Seiten auch die Linie auf der rechten Hand weiter fortgesetzt und eine Redoute aufgeworffen/darinnen 160.Mann logiren kunten.Auf der Lincken that man deßgleichen/ gegen Beyde wurde deß Nachts so starck geschossen/ daß es einem beständigen Blitz und Donner ähnlich war.Deß Morgens sahe man/daß von einem an dem Bollwerck S.Alexander stehenden 4.eckichten Thurn/ darinnen der Frantzosen Magazin gewesen seyn solle/ die Belagerer starck incommodirt wurden/wie auch von der Spitze der Contrescarpe, deßwegen auf die Lincke/ zur Bedeckung/ viel Schantz-Körbe geleget worden/ zu der Rechten wurde die Nacht erwartet/ und selbige wieder in etwas eingeworffen/worgegen die Frantzosen mit Falconetten und Doppelhacken starck feuerten/und wurden darinnen bey 30.Soldaten getödtet. Ein Capitain von der Artillerie, Namens Seitzener/ wie auch ein Hessischer/ wurden erschossen/ Capitain Bugneq, auch von der Artollerie, wurde blessirt. Es langten auch diesen Tag 17.Deserteurs,so von Mont-Royal,auß deßMarschall deDuras seiner Armee/ im Lager an/ auch kamen deren dieser Tagen auß Mäyntz/ welche berichteten/ daß ein grosses Sterben unter ihnen in der Stadt sey/ und wäre ein solcher Gestanck darinnen/ daß man kaum

bleiben

Carls / 3. Theil.   341

bleiben könte/ sagten auch/ daß der jenige Frantzoß/ so vorgemelter Massen vorbey geschwummen/ 2. Blasen unter den Armen gehabt/ worinnen Brieffe an den Gouverneur in Mäyntz gewesen. Der Hertzog von Saphoyen wurde in den Approchen/ wiewol ohne Gefahr/ verwundet. Von den Minen/ so der Feind an der Käyserlich-bearbeiteten Batterie verfertiget/ sind 2. gefunden/ und ist das Pulver daraus genommen worden. Es hat aber der Käyserl. Minirer, so ein Frantzoß/ in die 30. Tonnen Pulver zuruck stehen lassen/ so von denen Arbeitern entdecket/ und er deßhalben in Arrest gebracht worden. An Chur-Bäyerisch- und Sächsis. Seiten ist ein Obrist-Lieutenant, 2. Capitains, samt vielen Gemeinen/ durch deß Feindes starckes Feuern/ geblieben/ weil sie die Bedeckung gegen einander Wechsels-Weise führeten. Herr Fähndrich Miltitz/ von Ihro Hoch-F. Durchl. Hertzog Christian zu Sachsen-Hall Regiment/ wurde sehr gefährlich geschossen. Ein Musquetierer von denen Sächsischen hatte ein groß Pacquet-Brieffe in einem hohlen Baum ausser dem Lager gefunden/ so theils vom Comendanten/ theils von denen Officirern in Mäyntz nach der Frantzös. Feld-Armee/ als an hohes Frauenzimmer nach Pariß/ geschrieben worden. Unter andern berichtete der Commendant an den General Duras, daß die Käyserliche und Alliirten sich starck zu Belagerung der Stadt Mäyntz rüsteten/ welche er bey scharffem Zusetzen nicht getrauete zu erhalten/ bathe derowegen um Entsetzung/ oder Ordre von seinem König/ wie er sich zu verhalten hätte. Eodem geschahe die Ablösung mit 3000. Käyserlichen und 1000. Hessen/ und bearbeitete man sich/ die gemachte Linie und Redoute, zwischen welcher die grosse Batterie gemacht werden solte/ in Defension zu setzen.

Den 31. dito thäte der Feind abermahl auf Sächsischer Seiten einen starcken Außfall/ in welchem der Sächsis. General-Major, Graf von Reuß/ am Kopf verwundet/ und bey 70. Gemeine todt/ und gequetschet worden. An Käyserl. Seiten ist die Ablösung wie ordinair, mit Lüneburgern geschehen/ und die Linie lincker Hand gegen das Thal gezogen worden. Ihro Hoch-F. Durchl. zu Lottringen hatte bey allen Regimentern Freywillige zur Arbeit an der neuen Batterie beruffen lassen/ um solche eylends zur Perfection zu bringen.

Das XXXI. Capitul/
Weiterer Verlauff/ was durch den Augusti-Monat von Tag zu Tag in der Mäyntzischen Belagerung Denckwürdiges passiret ist.

Weil nun in dem Monat Augusto das Momento fast passirt/ und darbey allerseits Chur-Fürsten und hohe Generals/ auch alle Offizirers und Soldaten/ mit ohngescheuter tapfferer Hand-Anlegung/ ihren ungemeinen Eyfer bezeuget/ und dann eine jede Attaque besonder geführet worden/ soll solches von einer zur andern Seiten ordentlich benahmet werden/ und zwar an Käyserl. Seiten/ darbey die Lüneburger und Hessen jedes mahl gewesen/ giengen den 1. Augusti 2000. Käyserliche/ und 2000. Hessen in die Approchen/ und setzten die Arbeit an der grossen Batterie fort/ und wurde von dar eine Parallel-Linie gegen die Stadt gezogen/ welche die Batterie bedecken solte/ auf welche die Frantzosen starck Feuer gaben/ wurden aber wenig getödtet/ und blessirt. An Bäyeris. und Sächsis. Seiten wurde mit dem Approchiren tapffer fortgefahren/ worbey fast nichts verlohren worden.

Den 2. dito, als man an der Käyserl. Batterie,
worauf

Carls / 3. Theil. 343

worauf 4. biß 25. halbe Carthaunen kommen solten / fleissig continuirte / hat man Nachmittag 3. in Roth gekleidete Officiers zu Pferde durch das Lager in die Stadt sprengen gesehen. Worauf die in der Stadt deß Nachts eine Laterne auf dem Thurn außgesteckt / vermuthlich einiger von den Ihrigen etwan ohnweit gestandenen Parthey das Zeichen der Hineinkunfft dardurch zu geben / und kam eben ein Uberläuffer / der sagte / man meynete in der Stadt / es wäre der Marquis de la Bretesche, andere aber der Crequy darunter / andere glaubten / daß es einige gewesen / die zu recognosciren herauß / und wieder hinein gangen seyen / nachmahlen verlautete / daß es der berühmte Ingenieur Barbezier gewesen. Indessen hat man auf ein Stück der Batterie einige Carthaunen gepflantzet / und mit selbigen den so genannten Eichelstein / und noch einen runden Thurn / worauß der Feind die Käyserliche mit Falconetten sehr incommodirte / durchlöchert / und unbrauchbar gemacht. Zwo Stunden in der Nacht visitirten Se. Durchl. der Hertz Teutschmeister / die Posten der Trenchéen / da dann eine Falconetten-Kugel die Erde und Faschinen durchgedrungen / und den Fürsten Seitwärts in die Lenden geschlagen / daß er auf das Angesicht niedergefallen / nach Erholung deß Athems wieder aufgestanden / und nach seinem Quartier gefahren. Eodem avancirten die Bäyerisch- und Sächsische ohnermüdet mit den Approchen / und wurden / durch veranstalte gute Bedeckung / wenig beschädiget. An Käyserl. Seiten wurden die Trenchéen den 3. dito mit Käyserlich- und Lüneburgischen völlig abgelöset / und obwol das Regen-Wetter die Nacht ziemlich angehalten / so ist doch neben der Arbeit an der Batterie lincker Hand vorwärts die Contrescarpe zu bestreichen eine Linie gemacht worden.

Y 4

worden. Gemeltes Regen-Wetter ist der andern Seiten auch sehr hinderlich gewesen / doch hat man gethan / was möglich war.

Den 4. dito ist die Ablösung mit 2000. Käyserlichen und so viel Hessen geschehen / und hat man die Nacht mit der Arbeit an der Batterie continuiret / worüber bey allerseitigem starcken Schiessen 6. blessirt / und 2. todt geschossen worden. Eben damahls war ein Bauer auß Mäyntz kommen / der zwar Anfangs nichts bekennen wollen/daß er Frantzös. Brieffe bey sich habe / den andern Tag aber selbsten gestanden / daß er drey in seinem von Zinn hohl-gegossenen Hosen-Knopff habe / die man ihm so dann abgenommen/den Inhalt aber hat man wegen lauter Characteren nicht zusammen bringen können. Diesen Tag haben die Fouragierer 3. Frantzosen ertappet/ und niedergemacht / worunter ein Officier gewesen. Die Bäyerisch-und Sächsische haben auch abgelöset/und mit der Arbeit allerseits ihr Devoir bezeuget.

Den 5. dito giengen wieder 3000. Käyserliche und 1000. Hessen in die Approchen / und hatte man diese Nacht nicht allein an der Batterie eyferig zu arbeiten continuiret/sondern auch noch lincker und rechter Hand eine Linie gezogen/also/daß in wenig Tagen selbige in völligen Stand kommen solte. Der Feind hatte dargegen starck geschossen/ und sind bey 12. getödtet/und blessiret worden. Damahls erfuhre man erst recht/daß der Hertzog von Saphoyen durch einen Schuß an den Kopff gefährlich verwundet/so musten auch auf der andern Attaque die Belagerer wegen ihres anhaltenden strengen Approchirens etwas herhalten. Den 6. Abends ist die Ablösung mit 4000. Lüneburgern geschehen / und frühe Kundschafft einkommen/ daß Heydelberg von den Frantzosen unter

Duras

Duras mit 25000. Mañ belagert sey/ weßwegen man von der gantzen Armee/ unter Commando deß Herrn General Grafen von Dünewald/ etliche tausend Pferde noch selbigen Tages commandirte; Und weil das Würtenbergische Regiment zu Heydelberg sich befande/ uñ wegen zu allem Glück verbrochener Neckar-Brücken nicht weiter gehen / sondern darinnen ligen bleiben muste/ so war der Obrist-Lieutenant Thevenot, welcher gedachtes Regiment comandiret/ eyligst beordret / sich zu selbigem in Heydelberg einzuwerffen. Selbige Nacht war die Arbeit in der Trenchée continuiret worden/ also/ daß die Batterie hiernächst in guten Stand kommen solte/ worüber 10. biß 12. blessirt/ und todt geschossen worden. Auf der andern Attaque fuhre man/ unter gewaltigem Canoniren uñ Musquet-Schüssen/ biß zu vorgehabtem Zweck / mit den Approchen schleunig fort/ und wurde das Volck auch abgelöset. Den 7. dito giengen 2000. Käyserliche und so viel Hessen in die Approchen / und wurden in der Nacht 15. halbe Carthaunen in die grosse Batterie geführet. Es kam auch ein Frantzösischer Reuter auß Mäyntz/ der bejahete/ daß jüngsthin nicht der la Bretesche, sondern Barbezier, neben 2. Officiers / hinein kommen/ daß sie viel Krancke und Blessirte darin hätten / welche Letztere sie zwar meistens auß ihrem eigenen zersprengten Gewöhr bekommen/ und daß sie sich zu defendiren resolviret/ wo aber der Succurs lang zuruck bliebe / und die Alliirten mit Ernst ansetzten/ dörfften sie gelindere Säyten aufziehen. Ein von Jhro Hoch-F. Durchl. zu Lotthringen nach Heydelberg abgeschickter Courrier war indessen wiederkommen/ mit Bericht/ daß der Ort noch nicht völlig attaquiret/ jedoch stünde der Feind mit einer grossen Macht nur eine Stunde darvon/ und advisirte der Chur-Bäyeris.

General, Graf Serini, daß er bereits etliche Battaillons hinein geworffen hätte / stünde mit seinen Trouppen ohnweit darvon / bey Rußheim / dessen ungeachtet marchirten die Commandirte unter Herrn General-Feld-Marschall Dünewald würcklich ab / dem Ort zu succurriren; Als sich selbige aber stelleten / thäte der Feind / in Meynung / daß es der Entsatz wäre / in 300. starck / zu Roß und Fuß / auf Käyserl. Seiten einen Außfall / worüber er aber so empfangen wurde / daß er bey 500. Todte und Blessirte bekommen. Käys. Seiten war ein Obrist-Lieutenant, ein Major, 3. Capitains, 2. Lieutenants, und bey 200. todt / und verwundet worden. Auf jener Seiten beförderte man das Werck unter Feuer und Rauch unaufhörlich / darüber unterschiedliche in das Graß beissen musten.

Den 8. dito Abends war die ordentliche Ablösung mit 3000. Käyserlichen und 1000. Hessen geschehen / und in der Nacht nicht allein an 2. Kesseln zu denen Feuer-Mörsern eyferigst gearbeitet / sondern noch einige Redouten besser vorwärts rechter Hand gegen die Contrescarpe gemacht / welche aber nicht in völligen Stand kommen können / und weil diese Arbeit nahe am Feind geschehen / sind darbey mehr Leute / als sonsten / als deren gegen 40. todt / und blessirt / darauf gangen / darunter der Hauptmann Salgari von dem May-Stahrenbergis. Regiment todt geblieben. Der Feind hatte sich zwar bey Anfang der Arbeit zu Fuß herauß sehen lassen / und auf die Unserige etliche Schüsse gethan / der aber bald zuruck gewichen. Demnach nun die Batterie zu völligem Stand kommen / hat man zu den vorigen noch mehr Stücke eingeführet / deren damahls 25. halbe Carthaunen und Quartier-Schlangen darauf stunden / der Überrest solte auch ehestens folgen / uñ nebst selbigen etliche Feuer-Mörser in

Feuer darvon zu geben/ welches auch nach der Salve auß dem kleinen Gewöhr durch die Maysen-Linien der Trenchéen geschehen/uñ solcher Gestalt/daß man an beyden Bollwercken einen guten Effect verspühret hatte/und hielte der Feind mit 2. seiner sonst gewöhnlichen Stücken gantz still/ und geschahe kein Schuß darauß/ jedoch wurden die Käyserliche und Alliirten von den feindlichen Musqueten in stätem Feuer gehalten/ und dargegen von der Batterie continuirlich canoniret. Auf Sächsif.Seiten gienge es/der Gewonheit nach/immer tapffer fort/und geschahe wegen deß Anndherens wenig Schaden mehr auß Stücken/ deß Nachts aber blitzete es mit Musqueten unaufhörlich. Den 9.dito Abends war die Ablösung von denen Lüneburgischen allermeist völlig geschehen/ und die Arbeit an der angefangenen Redoute continuiret worden. Der nach Heydelberg abgeschickte Obrist-Lieutenant Thevenot war selbigen Tages wieder ins Lager anhero kommen/ berichtete/ daß die Frantzosen/ nachdem der Succurs und Munition in Heydelberg kommen/von dorten wieder abgezogen wären/ welche aber/wie ein Uberläuffer berichtet / nebst vielen Gemeinen/3.vornehme Officiers verlohren hätten. Diese Nacht hat man in die grosse Batterie die übrigen Stücke eingeführet/ daß also dieselbe mit 2.biß 35. halben Carthaunen besetzet war/ mit welchen keine Zeit versaumet wurde/ auf beyde Bolwercke zu canoniren. Die Bäyerischen und Sächsischen rücketen immer auch wacker fort.

Den 10. dito Abends war die Ablösung mit

2000. Käyserl. uñ 2000. Hessen vollzogen/ zu Nacht
die Redoute rechter Hand in guten Stand gebracht/
lincker Hand der Batterie aber hatte man eine Neue
aufgeworffen/ bey welcher der Spanische Ingenieur
in Aufzeichnung todt geblieben/ der von allen sehr betrauret wurde. Der Feind hatte diese Nacht ein starckes Feuer gemacht/ also/ daß von den Unserigen 18.
todt geschossen und 49. blessirt worden. Auf der Chur-Bäyerischen und Sächsischen Attaque war der Feind
heut Frühe starck außgefallen/ der aber solchen Widerstand gefunden/ daß er ohne geringsten Vortheil
zurück weichen müssen. Es waren aber von den
Bäyerischen und Sächsischen 50. todt und blessirt/
darunter auch der Obrist-Wachtmeister Schweinitz
todt geschossen worden/ und sollen von dem Feind ein
Gleiches geblieben seyn. In der Alliirten Lager war
auch in der Nacht ein Lärmen/ als wann der Feind
avancirte/ entstanden/ von welchem aber biß anhero
nichts zu hören/ wie dann auch der Herz General
Dünewald solches berichtet/ daß er keine Nachricht/
ausser/ daß sie Sinßheim verbrandt haben sollen.
Auch verliesse der Feind den Stadianischen Garten/
der so wol von der Stadt/ als denen Rhein-Schantzen/ secundiret werden kunte/ und reterirte sich in
Mäyntz. Der eingelangten Uberläuffer Außsage
nach solten noch über 6000. gesunde Soldaten darinnen seyn.

Den 11. dito Abends wurde die Trenchée mit
3000. Käyserlichen und 1000. Hessen abgelöset/ die
Parallel-Linie aber/ so von beyden ersten Redouten
gezogen werden solte/ wegen Irrung der Ingenieurs,
so lincker Hand gearbeitet/ nicht völlig verfertiget/
sondern zur Rechten biß 150. Schritte gezogen/ und
die Redouten lincker Hand besser in Stand gebracht/
die

Die Feuer-Mörſer wurden ebenfalls in die Keſſel eingeführet/das Regen-Wetter aber wolte ſelbe dieſen Tag ſchwerlich ſpielen laſſen. Zu Nacht wurden wiederum 5. todt geſchoſſen/ und 25. bleſſirt. Gleicher Maſſen fienge man an/die Glacie von der Feindlichen Contreſcarpe zu ſappiren/ da dann die Sappe bey nahe 18. Fuß breit/uñ bey derer Verfertigung ein Sturm darauf tentiret werden ſolte/ welches zu verhindern/ oder wenigſtens eine Zeit lang aufzuhalten/ ſich der Feind in gedachter Contreſcarpe mit Morgen-Sternen/halben Lantzen und Senſen ſehen lieſſe. So continuirte auch/ daß bey dem letztern feindlichen Außfall ihrer bey 500. Gemeine / 2. Obriſten / 2. Majors, 5. Capitains und 8. Lieutenants, neben andern Unter-Officiers/ geblieben; Dißſelts aber an Officiers ein Obriſt-Lieutenant, 1. Wachtmeiſter/ 2. Capitains, Granadirer-Lieutenant Stutterheim vom Thüngiſchen todt/ Lieutenant Roth vom Sächſiſchen und Capitain-Lieutenant Pforte bleſſirt/ und an Gemeinen bey 200. verwundet und todt blieben wären. Auf Chur-Bäyeriſcher und Sächſiſcher Seiten continuirte man die Arbeit an der Batterie und Minen / zu deren ſchleuniger Verfertigung/weilen ſehr viel Leute darbey todt und bleſſirt wurden / noch 1000. Freywillige darzu genommen worden/ die ſich auch/ gegen ordentlicher Bezahlung/ beſagte Batterie in 5. Tagen fertig zu lieffern/ verobligirten/ zu deren Beſchleunigung dann man mit Herzuſchaffung der Palliſaden und Brettern/ ſo wol als andern erforderlichen Requiſiten/ äuſſerſt bemühet war/ auch inzwiſchen mit Canoniren allerſeits eyferig fortfuhre/ worbey Herr Graf Arco durch den Hals/ und ein Capitain von der Artillerie verwundet; So wurde auch allem vermuthenden feindlichen Außfall durch nöthige Præparatoria möglichſt vorgebauet.

Den

Den 12.dito Abends wurde die ordentliche Ablösung von den Lüneburgern völlig verrichtet/ und mit der Arbeit continuiret/ welche zwar der Feind durch einen Außfall zu verhindern suchte/ der aber bald wieder zu weichen gezwungen worden/ auch kamen von der feindlichen Armee/ 10. wol-mundirte Reuter mit einem Corporal übergelauffen/ mit Außsage/ daß deren noch 500.folgen würden. Man erhielte auch Nachricht/ daß die Frantzosen in der Revier Heydelberg un-Christlich hauseten/ Sintzheim Wißloch/Nußloch/Langenbeck/Graben und Bruchsal bereits in der Aschen lägen/ und sie/ dem Verlaut nach/gegen Stuttgardt gehen solten. Auf der Chur-Fürstl.Attaque wurden die Zapffen zum Miniren angesetzet/ und bemühete man sich äusserst/ die Batterie fertig zu haben/ bey welcher Arbeit/ weilen unsere Leute mehrentheils unter der Erden/ der Feind wenig Schaden zufügen kunte/ und war man auch alles Ernstes beschäfftiget/ dem Feind immer näher auf den Halß zu kommen.

Den 13.dito Abends geschahe die gewöhnliche Ablösung in der Trenchée abermahlen von den Lüneburgern völlig/ und wurde eine neue kleine Batterie lincker Hand angefangen/von welcher man schon den folgenden oder nächst-folgenden Tag zu spielen verhoffete/ auch wurden die Minen fleissig fortgesetzet. So war man auch Chur-Bäyeris.und Sächsif.Seiten mit Außarbeitung etlicher Minen sehr beschäfftiget/ mit welchen man der Frantzosen aufgerichtete Wercke zu ruiniren trachtete/ wodurch dann 7.der feindlichen Minen gefunden/ und bey 24. Centner Pulver darauß gehoben wurden.Und kame über Heydelberg so wol/ als von unsern von dem Feind zuruck gejagten Fouragiers, der Bericht/ wie/ daß die

Vor-

Vor Trouppen von diesem nur 5. Meilen entfernet/ die gantze Armee aber sich getheilet hätte, und die Cavallerie, so bey Rastatt stunde / die bey Fort-Louys über Rhein gegangene Infanterie erwartete / um bey der Belagerung den Entsatz zu tentiren.

Den 14. dito geschahe die Ordinari-Ablösung von den Käyserlichen und Hessen / zusammen 4000. Mann / da diese Nacht keine neue Arbeit gemacht/ die zuvor angefangene Wercke aber zur völligen Perfection gebracht wurden/welches der Feind/wiewol er mit kleinem Geschütz durch überauß starckes Schiessen sein äusserstes suchte / doch nicht verhindern kunte. Die Bäyeris. und Sächsische liessen die Arbeit Tag und Nacht fleissig fortsetzen / worzu die tapffere Anführung ihrer hohen Vorgesetzten / und Untern-Befelchshabere grossen Vorschub thäten.

Den 15. dito löseten abermahl die Lüneburgischen ab / und avancirte man diese Nacht bey 100. Schritte gegen der Contrescarpe, worbey jedoch viele erleget und blessirt worden / so warffe der Feind auch ohnaufhörlich viel Bomben auf die grosse Batterie, und thäte damit ziemlichen Schaden. Es wurde auch bey der vorhero angefangenen kleinen Batterie in so weit der vorgehabte Zweck glücklichen erreichet / daß man diesen Tag schon darvon in die Stadt canoniren kunte. Eodem wurde der Printz von Pfaltz-Veldentz auß der Stadt mit einer Mußqueten-Kugel erschossen. Sonsten hatte man Nachricht/ daß sich die zu Bruchsal gelegene Guarnison, so in 3. Battallions, als einer vom Thüngischen/einer vom Aursper-gischen und einer vom Veldentzischen Regiment bestanden / an die Feinde auf Gnade und Ungnade hätte ergeben müssen / und solche nach Philippsburg geführet worden wäre/ und / daß das Sengen und Brennen

Deß Teutschen
Brennen deß Feindes noch kein Ende hätte; Indeſ
ſen wurde der General Dünewald/ biß auf weite
Ordre, zu Groß-Gera/ etliche Meilen vom Lager ſte
hen zu bleiben befehlichet. Auf der andern Attaque
kame man mit Führung der Linien/dieweil ſie hierauf
gegen der Jacobs-Schantze/ wo die Stadt am be
ſten befeſtiget war/auß der Höhe gezogen werden muſ
ſten/ ſehr weit/ und wurde alles mit Redouten ſehr
wol verſehen/auch die Batterie bald zu vollkommenem
Stande gebracht/worüber es ſcharffe Scharmützel
geben/ welches beyderſeits blutig abgangen.

Den 16.dito Abends geſchahe die ordentliche
Ablöſung von 2000. Käyſerlichen und ſo viel Heſſen/
da man dann bey Fortſetzung der Arbeit rechter Hand
in der avancirten Linie biß an die Glacie der Contreſcarpen gezogen/nicht weniger eine Communications-
Linie zurück gegen der rechten Redoute anfienge/
welche doch nicht gar zu völliger Perfection gebracht
werden kunte/und ob zwar dieſe Arbeit ziemlich groß/
und ſich gedachter Contreſcarpen ziemlich näherte/
lieſſe doch der Feind ſolches alles gantz ruhig/ ohne ei
nig tentirte Verhinderung/ geſchehen/ſo gar/ daß nit
über 6.oder 7.darbey todt und bleſſirt geblieben. Es
berichteten auch die bey voriger Nacht übergelauf-
fene 2. Frantzoſen/ daß unſere Stücke denen Belagerten groſſen Schaden thäten/ auch/ daß eine ſichere
Perſon auß Mäyntz eine unter einer Kirchen vergraben geweſene Munition offenbahret hätte. Dieſen
Deſerteurs folgete ein Trommelſchläger vom Dau-
phiniſchen Regiment bald auß der Stadt nach/ mit
denen vorigen gantz gleichförmiger Relation, auch/
daß ſich die Feinde darinn wenigſtens noch dieſen
Monat zu halten gedächten/ und/ daß die Minen alle
gefüllet ſeyn ſolten. So thäte der Feind auf die bey
voriger

voriger Nacht nicht gar verfertigte Linie, in Meynung/ daß solche bereits von unsern Leuten besetzet seyn solte/ darinn aber damahls nur eine Schildwacht gewesen/ einen starcken Außfall bey 1500. Mann starck/ so zu Pferde/ als zu Fuß/ machte auch anfänglichen unsere Leute in gedachter Linie etwas weichend/ wurde aber nachgehends mit Verlust derer/ die in die Linien/ wie nicht weniger deren/ so die Pallisaden zu ruiniren in den Graben rechter Hand der Redoute gesprungen/ bald wiederum repoussiret/ zumahlen Herr General-Feld-Marschall-Lieutenant von Wallis, der damahls die Trenchée gehabt/ seine vorbekandte Valor rühmlich erwiesen/ und mit der Reserve in Person gegen dem Feind avancirte/ wie dann Unsere in der Parallel-Linie indessen auch in stätem Feuer gelegen/ also/ daß der Feind/ nachdem dieser Außfall/ bey welchem er mit Canoniren und Bomben-Werffen ziemlich continuirte/ in die 3. Viertel-Stunden gewähret/ mit Hineinschleppung vieler Blessirten und Hinterlassung der Todten/ derer nicht wenig waren/ und verursachten/ daß etliche der Unsern/ ohne deß Feindes geringsten Nutzen und Vortheil/ (ausser/ daß er von der Spitze der neuen annoch unbesetzten Linie etliche Schantz-Körbe weggerissen/) gute Beute machten/ mit grosser Confusion sich in die Contrescarpe retiriren muste/ worbey unser Seits gegen 100. blessirt/ und wenige todt geblieben/ der Printz Commercy fande sich bald bey denen Granadiers ein/ von der Trenchée aber blieben der Capitain Baron von Sickingen/ so ein Thum-Herr auß Mäyntz gewesen/ und ein Capitain von den Hessen todt/ der Herr Marquis Tunatti Granadier-Hauptmann aber wurde blessirt. Man fuhr auch indessen in der grossen Batterie eyferig fort. Eodem wurden auf der

Sächsis. Batterie 20. halbe Carthaunen geführet/ die Schieß-Scharten eröffnet/ auch die 2. Redou[ten] von St. Emanuel und St. Jürgen mit Pallisad[en] umgeben.

Den 17. dito geschahe die Ablösung mit 3000 Käyserlichen und 1000. Hessen/ in der Nacht abe[r] wurden von der neuen Batterie 2. Communication[s] Linien gezogen. Heute frühe berichtete ein Uberläu[f]fer/ daß die Frantzosen bey dem jüngsten Außfall ge[ge]n 500. Todte und Blessirte bekommen/ darun[ter] viele von ihren Officirern/ und der Fürnehmste [von] den Granadier-Hauptleuten/ geblieben. Eodem ka[m] men 4. Uberlauffer/ die vorige Außsage bestättigte[n/] daß nemlich die Ursache ihres Außreissens die imm[er] währende Arbeit wäre. Tages vorhero wurde d[er] Hanoverische Obriste Schotte durch eine Musque[t]en-Kugel verwundet/ welchem die Kugel/ so [ihnen] in der rechten Brust eingegangen/ bey dem Rück[en] wieder außgeschnitten wurde. Diese Nacht richte[te] man die Batterie gantz zu/ und führete 36. halbe Car[t]thaunen in allem darauf/ auch zoge man von einer Seiten zur andern auß der letzten Redouten die Parallel-Communications-Linie biß an die Batterie, woselbst ein neuer Place d'Armes gemacht wurde/ mit der Arbeit der Sappe war man auf 60. und noch mehr Schritte von rechter und lincker Hand besser avanciret. Den 18. dito löseten die Lünet urger wiederum völlig ab/ und zogen in der Nacht eine Linie rechter Hand biß an die Contrescarpen/ auf welche die Feinde 2. kleine Außfälle thäten/ bald aber wieder zuruck kehreten. Indessen sappirte man immer fort gegen die gedachte Contrescarpe, worgegen der Feind eine starcke Mine, wiewol sonder mercklichen Schaden/ springen ließ. Eodem frühe um 6. gegen 7. Uhren
kame

arme Ihro Chur-Fürstl. Durchl. von Bäyern in die Redoute St. Emanuel/ und liessen alle Kunst-Pfeiffer/ die bey der gantzen Armee/ zusammen auf drey Partien/ auf die Batterien kommen; Ihro Chur-F. Durchl. aber/ und der Printz von Savoyen/ Graf Reuß/ und andere hohe Officiers/ hatten in obgedachter Redoute die Pfeiffer vom Leib-Regiment/ und als die Losung von Ihro Chur-F. Durchl. in Bäyern gegeben wurde/ den Anfang zu machen/ so wurde in einem Augenblick ein Geschrey mit Jauchtzen/ Pfeiffen und Canoniren gemacht/ da dann die Mauren/ Schilder-Häußlein und das Wacht-Hauß bey dem Eichelstein alsobalden über einen Hauffen lage/ wornach noch viele Salven mit den Stücken gegeben/ und allezeit/ wann die Bäyerische und Sächsische aufhöreten/ von denen Käyserl. secundiret/ auch allezeit auß 8. Mörsern Granaten in die Contrescarpen geworffen wurden/ welches immer biß den Abend continuirte/ von solchem unaufhörlichen Schiessen muste der Feind seine Stücke zuruck ziehen. Indessen wurde die Arbeit bey der Attaquen gegen die Contrescarpen starck fortgesetzet/ verschiedene Redouten und Batterien angeleget/ worüber der Chur-Sächsische General-Wachtmeister/ Graf von Reuß/ durch den lincken Arm übel blessirt/ der Hauptmann Wedel aber/ wie auch der Chur-Bäyerische General-Adjudant von Rothkirchen/ erschossen wurden. Weilen man übrigens deß Entsatzes/ sonderlich zu Wasser/ sehr besorget war/ so wurde oberhalb Weissenau ein Aussen-Lager von 6. grossen Schiffen gemachet/ und der Rhein mit starcken Ketten und grossem Bau-Holtz gesperret/ auch weiter oben Stücke zu beyden Seiten gepflantzet/ um die Passirende im Zaum zu halten.

Den 19. dito musten 2000. Käyserliche und 200. Hessen die ordentliche Ablösung verrichten/welche in der Nacht nicht allein die vorig-angefangene Arbeit verfertigten/ sondern auch rechter Hand an der neuen Batterie, welche deß Tages angeleget worden / eine Redoute anfiengen. Von Käyserl. Seiten wurden selbige Nacht wenig todt geschossen/und blessirt/ausser etlichen/ die auß unachtsamer Weise im Munition tragen verbrennet worden. Eodem begaben sich Ihro Chur-F.Durchl. von Bayern in Ihro Hoch-Fürstl. Durchl. zu Lotthringen Lager hinüber/ von dar Sie/ nachdem selbe Trenchée besichtiget / gegen Abend in ihre Attaquen wieder herüber kamen. Auf der andern Seiten der Brücken/ oberhalb der Insel/ wurde eine kleine Schantze aufgeworffen. Von der neuen Batterie continuirte man auf deß Feindes Defence immerfort zu canoniren / so weit man selbige von dar sehen/ und fassen kunte. Diese Nacht/nachdem man näher der an deß Feindes Wercke neuen Posto fassete / und eine Batterie von 5. Stücken auf das Ecke von der Contrescarpen besser vorwärts vor der andern anlegete / wurden über solcher Arbeit/ weil man sich Anfangs ziemlich bloß geben muste/ bey etliche 70. todt geschossen/ und blessirt/ worunter ein Sächsis. Capitain, nebst 2. Lieutenants, Giau und Wellen/ todt geblieben. Den 20. dito Abends giengen 3400. Käyserliche und 600. Hessische/ die gewöhnliche Ablösung zu verrichten/in die Trenchéen/da man dann von beyden avancirten Linien linck- und rechter Hand eine Parallel-Linie zoge / welche aber nicht gar verfertiget werden kunte/ und darbey 8. todt geschossen/ und 27. blessirt worden. So meldeten 2. auß Mäyntz ankommende Überläuffer / daß die Frantzosen mit jüngst-beschehenem Außfall übel zufrieden wären/ angesehen
es ih-

Carls / 3. Theil. 357

es ihnen mit selbigem nicht nach Wunsch gelingen wollen/ daß sie bey 2000. Krancke und Verwundete darinnen hätten. Es fanden auch die dißseitige Mineurs eine Wurst/in welcher man zu denen Minen das Lauff-Feuer machet/ von dem Feind; Schiene also/ daß dieses/ was sie darmit zünden wolten/ schon hinter uns/und etwan nur eine Flegade gewesen. Gleichfalls erhielte man Nachricht auß der Pfaltz/daß deren eine Parthey das Chur-Pfältzische Waldorff und Retsch Roth/ St. Lehn/ Malsch Malschenberg und Mingelsheim/alles Speyerisch/abgebrandt/ auch zu Durlach mit Plündern und Ruiniren gantz Barbarisch gehauset hätten. Auf Chur-Bäyeris. und Sächsis. Seiten canonirte man den gantzen Tag eyferigst fort / so wol auf die Contrescarpen / als andere deß Feindes Wercken / doch kunte man noch wenigen Ruin deroselben sehen. Deß Nachts aber brachte man die bißher vorgehabte Batterie rühmlichst zur völligen Perfection, so/ daß die Stücke würcklich aufgeführet/ auch etliche der Granaten auf den Eichelstein und in die Contrescarpen geworffen wurden/ deren eine zu allem Glück deß Feindes Munition-Kammer mit grossem Gepraßel und Dampff ruinirte/ so faßete man abermahlen neue Posto zu einer neuen Batterie von 12. Carthaunen und etlichen Feuer-Mörseln.

Den 21. dito Abends löseten die Lüneburgische wiederum völlig ab / und brachten die bey voriger Nacht nicht gar verfertigte Parallel-Linie durch eyferiges Arbeiten nunmehr in völligen Stand / zogen auch noch eine andere Linie gegen dem Thal lincker Hand. So funden auch die dißseitige Mineurs eine feindliche Flegade unter gedachter avancirter Linie, worauß 3. Tonnen Pulver gehoben wurden. Bey der andern Attaque beförderte man das Werck auch

Z 3   mit

mit allem Ernst/ und canonirte man würcklich von der bey der Nacht zu völligem Stand gebrachten Batterie hefftig gegen die Contrescarpen. Auf dem neu-gefasseten Posten wurde gleichfalls eine Batterie, worauf die auß Sachsen angekommene also genannten 12. wilden Männer aufgeführet werden solten/ mit vollem Eyfer gearbeitet/ darbey aber in die 20. Mann blessirt/ und todt geschossen/ worunter auch der Rittmeister von Brockenhausen von J. Durchl. Printz Friderichs Regiment/ so von einer Falconett-Kugel getroffen. Den 22. dito Abends geschahe die Ablösung von 2000. Käyserlichen und so viel Hessen/ da gegen dem Eck der Contrescarpe ein Espaulement angefangen wurd/ eum dardurch die/ so der Feind auf gedachter Contrescarpe zu Schanden zu richten suchte/ zu bedecken. Die Batterie rechter Hand brachte man auch in solchen Stand/ daß die künfftige Nacht die Stücke aufgeführet/ und den folgenden Tag darauß gefeuert werden solte/ und bemühete man sich darbey nicht weniger/ die noch nicht völlig zu Stand gebrachte Arbeit zu verfertigen/ auch weil man sich der Contrescarpe immer mehr näherte/ mit den Minen nach Vermögen fort zu fahren/ welches der Feind/ wiewol vergeblich/ mit den Seinigen zu verhindern suchte/ deren er eine rechter Hand der Lüneburgis. Attaquen dargegen sprengen liesse/ die doch/ wiewol sie eine ungemeine Gewalt bezeugete/ gantz ohne Effect bey der Seiten außschluge/ nachgehends aber die solche zu visitiren außgeschickte Minirer auß der von dem Feind mit gantz gifftigem Dampff außgefülleten Gegen-Mine gleichsam für todt herauß gezogen werden musten/ so wurde die von dem Feind gleich darauf lincker Hand gemachte ebenfalls durch eine andere/ so man dargegen verfertigen/ und sprengen liesse/ glücklich

lich verschüttet/ und untüchtig gemacht/ doch musten auch auf dieser Seiten durch das feindliche stätige Schiessen und Stein-Werffen auß Mörsern viel Leute in das Graß beissen. Eodem erstattete ein auß Mäyntz angekommener Engelländer von deß Orts Zustand außführlichen Bericht. Die Bäyerisch-und Sächsischen waren ebenfalls äusserst beschäfftiget/ bey continuirendem Canoniren/den abgezielten Zweck ihrer vorhabenden Arbeit zu erlangen/ dardurch sie dann immer näher approchiret/auch die voriger Tagen angefangene Batterie zu ihrem völligen Stand gebracht/ so gar/ daß die deß Tages im Lager angekommene 12. Stücke/ nebst 6. Feuer-Mörsern/ so gleich gegen Abend aufgeführet/ der Capitain Burghauser aber von deß Hertzog Friderichs Sächsis. Regiment mit einem Canon-Schuß todt geschossen worden. Den 23.dito geschahe die Ablösung in der Trenchée von den Lüneburgern völlig/ worauf man dann mit Ziehung der Linien/ so weit es immer seyn kunte/ linck- und rechter Hand gegen der Contrescarpen und der Glacie, die man doch wegen der Weit und Nähe der Pallisaden nicht gar zusammen bringen konte/ mit Verfertigung der biß dato alle wol von statten gegangener Minen / als auch mit Erbauung 2. neuen Batterien/ gegen beyde Ecken/ alles möglichst tentirte. Es wurden gleichfalls die Feuer-Mörser in die Kessel geführet/ und darbey mit Bomben-Werffen dem Feind in seinen Granaten auf gedachter Contrescarpen ziemlicher Schaden gethan/ wiewol leicht zu ermessen/daß bey dergleichen Arbeit/ und die sich noch darzu dem Feind immer näherte/ es auch ohne Verlust dißseits nicht abgehen können/sondern ziemlich/so geblieben/als verwundet worden. Es berichteten die Uberläuffer auß Mäyntz/daß sehr viel

Krancke

Krancke und Blessirte darinnen wären. Bey der Churfürstl. Attaque wurde auch immerzu eyferig fortgefahren/ und auf der voriger Nacht verfertigten Batterie mit Stucken zu spielen angefangen/ worbey der Lieutenant Miltitz todt geschossen/ und Lieutenant Carlowitz/ beyderseits von Flemmings Regiment zu Fuß/ tödtlich blessirt wurde/ daß er folgendes Tages darauf gestorben. Es geschahe auch Abends gegen 9. Uhr ein feindlicher Außfall auf dißseitige Arbeiter/ weil nun solche ohne Gewöhr und unbedeckt stunden/ geschahe es/ daß ihrer in die 30. biß 40. meistens mit Sturm-Sensen darbey getödtet/ und blessirt wurden. Vier Mäynßis. Uberlauffer/ von dem Regiment d'Orleans, bekannten/ daß der mehrerer Theil von deß Feindes Constablen todt/ oder blessirt/ auch von beyden Bastionen/ St. Bonifacius und St. Alexander, durch die Belagerte Abschnitte gemacht wären.

Den 24. dito wurde die Ablösung wieder von 2000. Käyserlichen und so viel Hessen verrichtet/ und darbey an vorgehabter Arbeit der Batterien und Linien/ welche man fast zur Perfection gebracht/ continuiret/ auch mit denen Minen ziemlich nahend rechter Hand an die Contrescarpe avanciret. Es liesse zwar der Feind lincker Hand/ oder dißseitiger Gallerie, eine Fourneau springen/ die aber keinen sonderlichen Schaden thäte/ ausser/ daß 2. Minen verschüttet/ und bey 12. Schuhe von der Gallerie eingeworffen wurde/ welches doch an der Arbeit nichts verhinderte/ sondern dargegen an verschiedenen Orten Sappen angeführet/ eine der dißseitigen Minen mit gutem Effect ohnweit der Contrescarpe gesprenget/ die dem Feind seine dargegen geführete Gallerie eingeworffen/ und ruiniret/ und auß Mörsern Bomben, Steine und Granaten in Menge geworffen wurde/ das die Belagerten

Doch wurden auch darbey feindlicher Seiten 16. erleget/und bey 37. Verwundete gefunden. So gaben auch 3. auß Mayntz zu Schiffe über Rhein gekomene Bürger selbsten an / daß sie die bey sich haber den Brieffe von dem d'Auxelles, wegen deß Secours, nach Philippsburg hätten lieffern sollen/daß die darinnige Frantzosen alle Tage viel Todte und Blessirte bekämen/von welchen Letztern/benebenst denen Krancken/ die meisten Kirchen und Klöster angefüllet wären/ auch daß d'Auxelles, wegen dißseitiger Bomben und Stück-Kugeln / bereits das dritte Quartier verändern müssen. Auf Chur-Bäyerisf. und Sächsifs. Seiten wurde den gantzen Tag mit Canoniren eyferigst fortgefahren/Abends aber/ zwischen 8. und 9. Uhren/ unter continuirlichem feindlichem Schiessen / Jhro Hoch-F. Durchl. Hertzog Christian / als General-Feld-Marschall-Lieutenant, in den Approchen tödtlich blessirt/so/daß er innerhalb wenig Stunden darauf/ mit allerseits höchstem Betrauren / Todes verblichen. Herz Graf Reuß befande sich an empfangener Wunde sehr unpäßlich. So kamen Jhro Chur-Fürstl. Durchl. zu Sachsen heute wiederum von Franckfurt nach Weissenau / und solte morgenden Tages auf die feindliche Contrescarpen/ so wol von Käyserlicher als dieser Seiten ein Sturm vorgenommen werden/worzu alle Præparatoria gemachet/ auch zugleich viel wollene Säcke und Gefässe in Bereitschafft geführet wurden / bey einiger Avantage den Graben außzufüllen/und Posto auf dem Wall zu fassen. Eben damahls bekame man einen Spionen/der

B 5   bey

bey nächtlicher Weile alle Kundschafft in die Stadt brachte / gefangen.

Den 25. dito löseten abermahl 3400. Käyserliche und 600. Hessen die vorigen in der Trenchée ab/ da man nicht über 20. Schritte von den Pallisaden der Contrescarpen einen Posto fassete/ solchen auch/ ob wol der Feind ziemlich darauf schosse / und mit Steinen / doch ohne sonderlichen Schaden / sehr zusetzte/ dessen ungehindert / maintenirt / auch rechter Hand gleichmässig es verrichtete/ also/ daß man auf beyden Ecken ziemlich angerücket war. So zoge man auch bey Fortsetzung der Sappen lincker Hand gantz nahend der Pallisaden von gedachter Sappen eine Linie in der Contrescarpen hinein, worgegen sie herauß deßgleichen thäten/ welches doch wenig Verlust brachte. Bey welcher Arbeit der Feind abermahl Verschiedißseits erlegte/ und bey etlich 30. blessirte / unter welchen Letzten Printz Johann Friderich von Würtenberg von einer Granaten übel in Fuß und ins Gesicht geschlagen / bey Auffsuchung derer Erstern aber deß General-Feld Zeugmeisters Grafen de Souches, Adjutant gefunden wurde/ damahls setzte man einen Reformirten Obristen / der mit dem Commendanten in Mäyntz correspondiret haben solte/ in Arrest. Deßgleichen wurde ein gewisser an Ihro Hoch-F. Durchl. zu Lotthringen von der feindlichen Armee mit Briefen von dem gewesenen Comendanten zu Cochheim/ (welcher Ort etliche Tage vorher von denen Frantzosen mit stürmender Hand weggenommen / und die darinnen gelegene Guarnison mitgeführet worden/) auß Mont-Royal, allwo er gefangen sasse/ anhero ins Lager abgeschicket. Bey der andern Attaque wurde gleichmässig/ beneben stätigem Canoniren/ die Arbeit mit gewöhnlichem Eyfer immer fortgesetzet/ da man

dann

Carls / 3. Theil. 363

dann von rechter Hand der Attaquen mit einer neuen Linie 40. Schritte avancirte/ und zu Ende derselben eine neue Redoute auf der Glacie, 30. Schritte von deß Feindes Pallisaden/ oder seinem flanquirenden Angel/ verfertigte/ welches aber/ weil die Arbeiter mit Schantz-Körben und Blend-Faschinen bedecket/ in Regard es dem Feind so nahe/ ohne sondern Verlust der Mannschafft/ abgienge/ ausser/ daß darbey ein Sächsis. Lieutenant, und eben so viel blessirt wurden. Von lincker Hand St. Jörgens-Redoute, auf 50. Schritte auf der Seiten von der Attaque, wurden auf eine Batterie 4. Stücke gepflantzet/ worvon die Communication durch einen hohlen Weg gienge/ welche dem Feind fürnemlich seine Trenchée, so er ausserhalb der Stadt gegen dem Hoch-Gericht gemacht hatte/ zu incommodiren dienen solte/ und war man auch im Werck begriffen/ an einem bequemen Ort 2. neue Gallerien unter der Rechten zu eröffnen/ um dißseits Minen zu machen/ oder deß Feindes seine aufzusuchen. Nichts desto weniger warff man auch 400. Schritte von dißseitiger Brücken eine Batterie von 5. Stücken auf/ und stellete eine andere dergleichen an/ auf lincker Hand mit einem Travers angeleget/ um zu verhindern/ daß der Feind nicht mit Schiffen herunter kommen/ und in die Vestung einen Succurs einwerffen möchte. Ein von dem Feind gekommener Uberlauffer confirmirte/ daß der dritte Theil von der Guarnison kranck und blessirt wäre/ ihnen auch dißseitige Stücke von der grösten Batterie, indem die Kugeln/ wann sie außgeprellet/ gerade in ihr Corps de Reserve hinein gangen/ ziemlichen Schaden thäten/ weßwegen sie dann auch von solcher Seiten sich zuruck ziehen müssen.

Den 26. dito geschahe die gewöhnliche Ablösung

sung wiederum von 4000. Lüneburgern. Es kunt aber der Anlauff auf die Contrescarpe, der so wol Diß als Chur-F. Seiten zugleich geschehen sollen / weil man mit Ordinirung der Mannschafft nicht so bald fertig zu werden vermochte/ nicht vor sich gehen/ weßhalben dann diese Nacht die Commandirten / nebst denen darzu gehörigen Generalen und Officirern / biß den 27. dito in der Trenchée in Bereitschafft stehen liesse. Indessen hatte man Nachricht auß der Pfaltz/ daß Duras mit der Frantzös. Armee von Lichtenau den Rhein höher hinauf marchirte/ und mit Sengen und Brennen noch immer continuirte.

Das XXXIII. Capitul /

General-Sturm und endliche Eroberung der Haupt-Vestung Mäyntz / und was für Leute darbey ums Leben kommen sind.

Den 27. dito muste der bereits etliche Tage vorhero von beyderseits Attaquen zugleich auf die feindliche Contrescarpen vorgehabt/ und mit aller benöthigter Anstalt wol-versehene allgemeine Sturm nunmehro ohnumgänglich seinen Fortgang gewinnen/ da vorhero von besagten beyden Attaquen hefftiger/ als jemahlen/ canoniret/ und dardurch das so hochwichtige Vorhaben gnugsam zu erkennen gegeben wurde/ welches der Feind wahrnehmend/ solches / wo möglich / zu verhindern / oder doch zum wenigsten eine Trennung der ihm zuwidriger/ und in allem überlegener Force darbey zu verursachen/ alle ersinnliche Gegen-Anstalt verfügete/ zu welchem Ende er dann auch unter andern eine Mine Chur-F. Seiten sprengen liesse/ welche doch den abgezielten Zweck so gar nicht erreichet / daß auch selbige zu seinem selbsteigenem Schaden außgeschlagen. So ließ man dißseits das Werck zu gutem Außschlag zu befördern/ an

aller-

Carls / 3. Theil.   365

allermöglichster Anordnung / und auf allen begebenden Fall / höchst-nöthigster Gegen-Verfassung nicht das Geringste ermangeln / massen dann beneben diesem in folgender Ordnung anzulauffen / sich auf allen Winck parat hielten:

Rechter Hand:	Mitten stunden:	Lincker Hand:
1. Hauptmann/	1. Hauptmann/	1. Hauptmann/
2. Lieutenants,	1. Lieutenant,	2. Lieutenants,
150. Granadirer,	100. Granadirer,	150. Granadirer.
In 3. Trouppen/	In 2. Trouppen/	In 3. Trouppen.
2.	2.	2.
1. Hauptmann/	1. Hauptmann/	1. Hauptmann/
2 Lieutenants,	1. Lieutenant,	2. Lieutenants,
200. Arbeitern/nebst einem Obrist-Lieutenant.	100. Fuselier, abgetheilet.	100. Fuselier, nebst einem Obrist-Lieutenant.
In 3. Trouppen/	In 2. Trouppen/	In 3. Trouppen.
3.	2.	3.
2. Hauptleute/	1. Hauptmann/	2. Hauptleute/
2. Lieutenants,	1. Lieutenant,	2. Lieutenants.
200. Arbeiter/nebst einem Obrist-Wachtmeister.	100. Arbeiter/abgetheilet.	200. Arbeiter/ nebst einem Obrist-Wachtmeister.
In 4. Trouppen/	In 2. Trouppen/	In 4. Trouppen.

In Reserve aber waren eben so viel/und in gleicher Ordnung / nicht weniger in den Linien gegen den feindlichen Wercken/rechter Hand 1000. und lincker Hand auch so viel Mann. Nichts desto weniger war man auch Chur-F. Seiten alle Præparatoria zu machen/schon deß vorigen Tages eyferigst bemühet/wie solches auß nachfolgender Ordination zum Sturm/ weitläufftig zu ersehen:

Erstlich muste man die Attaque halbiren / wie auch die Woll-Säcke / Leuchte/ Faschinen/ Schantz-Körbe / Sand-Säcke und Fässer/ dann auch den Schantz-Zeug/ die Munition, Pulver/ Kugeln/ Lunten und Hand-Granaten/ welches in denen 2. Pulver-

Kammern/

Kammern / so linck- und rechter Hand in den 2. Redouten/ St. Maximilian und St. Georg/ war. Die Officirer solten heute noch ein Jeder seinen Posten beschauen / wie auch die Anspann. Im Anfang ein Feld-Webel mit 20. Granadierern/ wann es möglich wäre/ mit Flinten. Ein Granadier-Lieutenant mit 50. Mann / welche nicht allein ihre Granat-Taschen haben / sondern auch die Haber-Säcke / mit Granaten anhängen solten. Die Zimmer-Leute musten mit ihren Hacken halbiret werden/ halb recht- halb lincker Hand. Ein Hauptmann mit 100. Granadierern/ welcher diesen Lieutenant secundirte. Ein Obrist-Wachtmeister mit 200. Mann/ samt zugehörigen Ober- und Unter-Officirern/ den Hauptmann zu secundiren. Ein Officirer muste recht- und lincker Hand die Zimmer-Leute commandiren / so die Pallisaden abhauen solten. Hierauf folgeten nun 200. Arbeiter/ welche durch 2. Hauptleute und 2. Lieutenante commandiret werden musten/ samt zugehörigen Unter-Officirern/ und solten die Ingenieurs mitnehmen. Hierauf solten mit eben so viel Officirern 200. Arbeiter folgen/ welche den vorigen Woll-Säcke / Sand-Säcke und Fässer zutrügen/ und wäre auszutheilen von den Officirern/ so sie commandiren/ damit einem und anderm nichts abgienge. Noch 100. Arbeiter in Reserve, den andern beyzutragen/ was sie nöthig haben. Ein Obrist-Lieutenant/ samt zugehörigen Officirern/ und 200. Mann/ die Arbeit zu secundiren. Ein Obrister muste rechter und lincker Hand die Attaque führen. Ein Obrister hätte in der Reserve zu bleiben / welcher die gedachte Reserve in 2. Battaillons theilen muste/ Jede zu 300. Mann/ samt behörigen Officirern. Ein Obrister und Obrist-Wachtmeister solte folgen. Die Ingenieurs hätte der Obrist-Wachtmeister zu behalten / welcher

die Ar-

Die Arbeit führete. Ein jeder Posten hätte etliche Leute zu secundiren/ welche Lunten und Kugeln beytrügen/ und diesen hätte man es zu weisen / wo sie es nehmen solten. Der Obrist-Wachtmeister/welcher heute in die Approchen käme / hätte auf jeden paraten Platz/ zwischen denen Redouten über die Approchen 3. oder 4. Brücken/2. rechter und 2. lincker Hand/machen lassen/ in jeder Linie 2. neben den Batterien rechter/ und 2. neben den Batterien lincker Hand. Die Gräben/ als 2. rechter und 2. lincker Hand/ zwischen St. Leopold und St. Joseph ligend. Die Außgänge in denen Redouten / als nemlich auß St. Maximilian/ St. Emanuel und St. Georg/ über die Approchen/ welche gegen obgemelte Linie zugelauffen/ den Graben mit Brücken zu versehen/ hätte alles der Obrist-Wachtmeister machen zu lassen. Die 150. Granadierer zu secundiren/welche doch biß auf Ordre deß commandirenden Officiers bleiben musten/in St. Leopold 150. und St. Joseph 150. Auß der Redoute St. Georg/ muste lincker Hand ein Außgang gemacht werden/gegen dem Feld zu/ damit/ wann ein Außfall lincker Hand geschehen solte/ man auch etwas in der Flanque gegen dem Feind schicken könte. NB. Diese 1520. Mann verstehen sich bloß auf die Helffte von der Attaque, nemlich zur lincken Hand/ nicht allein eben so viel Mannschafft erfordert/ sondern auch alles/wie es zur Rechten angeordnet/ also auch zur Lincken observiret werden muste. Diese alle stunden in gedachter Ordnung und Bereitschafft unter aufhabendem Commando, und zu dessen Vollführung erwartendem Befehl / biß Abends zwischen 4. und 5. Uhr/ auf Chur F. Seiten auf der Batterie bey Capell 4. Stücke gelöset/ und eine Bombe/ die in der Lufft zersprange/ also denen Käyserlichen das zur Losung

sung abgeredete Zeichen zum Sturm gegeben/ und gleich darauf gestürmet wurde/ welchem alsobald die auf Käyserl. Seiten folgten; Worbey der Feind an allen Orten und Ecken seiner Wercke so wol mit Stücken und Bomben/ als kleinem Geschütz/ biß in die Nacht / ein solches Feuer machte / daß gleich Anfänglich viel dißseits todt geschossen/und blessirt wurden/ dessen allen doch ungehindert das Werck nichts desto weniger durch ungemeine tapffere Hand-Anlegung und ungescheuete Anführung / so von höchsten als andern Officirern/und durch der Gemeinen unermüdete Nachfolge/ also getrieben wurde/ daß die dißseitigen Granadierer und Fuselierer / den Feind von den 2. Spitzen der Contrescarpen endlich weggetrieben/und weil auß unsern Linien/Batterien und Feuer-Mörseln auf die feindliche Bollwercke ein stätiges Feuer gemacht wurde / kunten die Arbeits-Leute ihre Arbeit besser fortsetzen/ und sich also einschneiden/daß der Feind rechter und lincker Hand der Ecke die Posten verlassen muste. Rechter Hand gienge es zwar etwas hart her/ weil eine Mine zwischen dem gefasten Posto und dem Außgang/ allwo die Communications-Linie hat gemacht werden müssen/ die Leute weichend/ und den Obrist-Wachtmeister Hompeph in etwas verschüttet gemacht/ der sich aber bald wieder herauß begabe/die Mannschafft wieder zusammen brachte/und die Communication verbauete. In der Mitten solten die Hessen gleicher Gestalt postiren/ die aber/ weil ihre Officirer gleich Anfangs geblieben / nicht gern/ (wie es in solchem Fall zu geschehen pfleget/) angiengen/von welchen doch ziemlich geblieben seyn sollen. In währenden diesen solten einige commandirte Dragouner und Reuter/ die in lincker Hand im Weinberg gestandene Frantzösis. Wacht attaquiren/
und

nd auß ihren gehabten Wercken verjagen/ die aber/ lches merckend / sich zeitlich darvon / und in die Stadt machten. Rechter Hand ward gleichfalls e Reuterey auf die in dem Galgen sich aufhaltende rantzosen bestellet/ die aber schon von denen dißseits Knechten/ Jungen/ und anderm zusammen rottirten Leuten / flüchtig worden.

Die Chur-Bäyerisch- und Sächsischen avanirten auch ihres Orts auf solche Weise/und bey dergleichen Feuer-Geben/ so gantz ungemein/und wenig gesehen worden / so / daß die Soldaten durch das Exempel ihres Befehlhabers encouragirt/ sich auch zu dem wichtigsten Gefechte/und Exequirung andern Befehls/ willig einfanden. Die Hohe hingegen/ durch der Gemeinen unverdrossene Arbeit / solche selbst-eigenhändig zu secundiren/ sich um desto eyferig erwiesen. Welchem so vigoreusem Gefechte/ nachdem dem Feind länger zu resistiren unmöglich/ auch wieder zu weichen sich gemüssiget befande/ endlich auch den bißhero nach äusserstem Vermögen defendirten Posten denen dißseits mit solchem Ernst Fechtenden überlassen muste. Worduch also die Eroberung und völliger Besitz der feindlichen Contrescarpen nach dreyer gantzer Stunden lang gedauertem/und mit beyderseits gantz unbeschreiblicher Force geführtem Stürmen / darbey kaum ein Einziger der darzu commandirten Teutschen Officirern unbeschädiget geblieben/den Unserigen cedirt wurde. Und geschahe dieses alles unter Ihro Hoch-Fürstl. Durchl. deß Herrn Teutschmeisters/nebst dem General-Feld-Marschall-Lieutenant von Wallis, und General-Wachtmeistern / Hertzogen von Sachsen-Weissenfelß Commando, weilen höchst-gedachte Ihro Fürstl.Durchl. vorigen Tages/ da der Sturm geschehen

stehen sollen/ die Trenchée gehabt/ und Niema[nd]
abgelöset worden. Es fanden sich aber/ nebst [be-]
sagter Jhro Hoch-Fürstl.Durchl. zu Lothringen/ d[ie]
sämtliche Generalität darbey ein/ um/ wann ein oder
anderer blessirt werden solte/ die Versehung in ein[em]
und anderm geschehen/ wie dann Herr General-Feld[-]
Marschall/ Graf von Stahrenberg/ am Kopff ge[-]
fährlich geschlagen/General-Feld-Zeugmeister/Graf
de Souches, am Kopff/ jedoch ohne Gefahr/ blessirt/
nicht weniger General-Feld-Marschall-Lieutena[nt]
von Wallis über dem Aug gefährlich geschossen wor[-]
den. Was von andern Officirern und Gemeinen
von den Käyserl.Regimentern zu Fuß todt geschos[-]
sen/ und blessirt wurde/ ist zu ersehen auß nachfol[-]
gender

SPECIFICATION.

Rechter Flügel/vom Alt-Stahrenbergischen Re[-]
giment todt geschossen: 1.Obrist-Lieutenant,
Herr Carl/Graf von Lamberg/ 22.Gemeine/darun[-]
ter 6.Granadierer. Gefährlich und sonsten Blessir[-]
te: 1.Obrist-Wachtmeister/ Herr Graf von Stah[-]
renberg/2.Hauptleute/ Friderich Weißmann/ und
Johann Michael Rugraff. 2. Lieutenants, als Ja[-]
cob Hinsel/ und Michael Steindel/ 1.Fähndrich/
Christian de Wend, 1.Feld-Webel/ 1.Corporal/
104.Gemeine/ darunter 16.Granadierer.

Vom Neuburgischen Regiment: Todt ge[-]
schossen 11.Gemeine. Tödtlich Blessirte: 1.Lieute[-]
nant, Johann Ebner/ 1.Corporal/ 2.Gefreyte/ und
21.Gemeine. Blessirte: 1.Hauptmann/ 1.Lieute[-]
nant, Preysacher/ 1.Feld-Webel/ 3.Corporals/ und
39.Gemeine.

Vom Hedersdorffischen Regiment: Todt ge[-]
schossen 1.Hauptmann/ Herr von Klingen/ 1.Fähn[-]
drich/

Carls / 3. Theil.

ich / Hochmann / 1. Corporal / und 28. Gemeine.
lessirte: 1. Hauptmann / Samuel Septer / 1. Lieu-
nant, Breyuenbach / 1. Feld-Wäbel / 5. Corporals /
nd 165. Gemeine.

Vom Erffaischen Regiment: Todt geschossen /
. Hauptleute / als Herr von Hanstein / und Herr
Hanß Peter von St. Legier, 1. Lieutenant, Herr im
Hoff / 1. Fähndrich / Mader / 1. Führer / 1. Corporal /
und 29. Gemeine. Blessirte: Ein Obrist-Lieutenant,
Herr von Schönbeck / 1. Capitain-Lieutenant, Herr
von Preysing / durch die Mine geschlagen / 1. Lieutenant, Herr von Truchseß / 2. Feld-Wäbel / 1. Führer /
5. Corporals / und 14. Gemeine.

Lincker Flügel / vom May Stahrenbergischen
Regiment: Todt geschossen / 1. Lieutenant, Paul Lo-
renzi / 5. Corporals / und 12. Gemeine. Blessirte:
1. Obrister / so nach etlichen Tagen an seiner Blessur
gestorben / 2. Hauptleute / als Hauptmann Keller / und
Amigoni, 1. Lieutenant, Alexander de bon Compag.
1. Feld-Webel / Conrad Spiegel / 4. Corporals / und
133. Gemeine.

Vom Printz Lotthringischen Regiment: Todt
geschossen / 1. Obrist-Wachtmeister / Parella, 4. Corporals / und 10. Gemeine. Blessirte: 2. Hauptleute / als
Pazinski, und Marg. Lunari, 4. Lieutenants, als Johan
Friderich von Zimmerman / Joh. Carl Terri, Marg.
Ruberto Malnez, und Frantz de Vivie, 3. Corporals /
und 102. Gemeine.

Vom Chur-Printz Sächsischen Regiment:
Obrist-Wachmeister / Herr Carl Christoph / Graf
von Geyersberg / 2. Corporals / und 4. Gemeine.
Tödtlich Verwundete: Obrist-Lieutenant, Herr
Curd Christoph von Birckenholtz / 1. Hauptmann /
1. Lieutenant, und 10. Gemeine. Blessirte: 1. Hauptmann /

Deß Teutschen

mann/ 2. Lieutenants, 2. Feld-Webel/ 2. Corporalen und 61. Gemeine. Außgebliebene/ 8. Gemeine

Summa Summarum der Todten/ Bleſſirten und Verlohrnen bey dem recht- und lincken Flügel: Todte/ 140. Bleſſirte/ 816. Verlohrne/ 10.

Auffatz der Granadierer / was bey dem Sturm/ den 27. Augusti, todt geschossen/ bleſſirt und noch zu Dienſten iſt:

Alt-Stahrenbergiſch: 1. Hauptmann/ 1. Lieutenant, und 49. Gemeine bleſſirt/ und 9. todt 26. zu Dienſten.

Max Stahrenbergiſch: 1. Hauptmann und 1. Lieutenant bleſſirt/ 1. Feld-Webel todt/ 5. Gemeine todt/ und 35. bleſſirt/ 15. zu Dienſten.

Neuburgiſch: 1. Hauptmann/ 1. Lieutenant, 1. Feld-Webel bleſſirt/ 3. zu Dienſten.

Thüngen: 1. Feld-Webel zu Dienſten / 4. Gemeine todt/ 27. bleſſirt/ 24. zu Dienſten.

Lottbringen: 1. Hauptmann / 1. Lieutenant, 1. Feld-Webel bleſſirt / 6. Gemeine todt / 36. bleſſirt/ 3. zu Dienſten.

Sachſen: 1. Hauptmann/ 1. Lieutenant, 1. Feld-Webel bleſſirt/ 3. Gemeine todt/ 24. bleſſirt/ 10. zu Dienſten.

Hedersdorff: 1. Hauptmann bleſſirt/ 2. Gemeine todt/ 32. bleſſirt/ 13. zu Dienſten.

Erffa: 1. Lieutenant todt/ 1. Feld-Webel bleſſirt/ 8. Gemeine todt/ 22. bleſſirt/ 14. zu Dienſten.

Summa: 6. Hauptleute bleſſirt / 1. Lieutenant todt/ 5. bleſſirt/ 1. Feld-Webel todt/ 4. bleſſirt/ 1. zu Dienſten/ 6. Corporals todt/ 14. bleſſirt/ 6. zu Dienſten / 35. Gemeine todt/ 257. bleſſirt / und dann 131. zu Dienſten.

LISTA,

Carls / 3. Theil.

LISTA,

:as Chur-Fürstlicher/ so wol Bäyerisch-
als Sächsischer Seiten/ darbey bliebe/ und
blessirt wurde.

On der Sächsischen Artillerie Frey-Compagnie,
Lieutenant Buchner. Vom Leib-Regiment/
jor Sahlen/Capitain Krahe/Capitain Vichtings-
sen / Fähndrich Schönberg / Adjutant Buchholtz.
mmingisch Regiment/ Major Rodewitz/ Capitain
etzthum / Capitain Pistorius, Lieutenant Metzsch/
utenant Manshüpwer/ so an seiner Blessur gestor-
/ Lieutenant Haugwitz / und Fähndrich Nostitz.
rtzog Christians Regiment/Major Ziegeler/Capi-
 Graf Ronop, Capitain Stangen/ Lieutenant
olde/Lieutenant Trapendorff/ Fähndrich Käyser.
ussisch Regiment/ Capitain Röder/ Fähndrich
esenig. Kufferisch Regiment / Capitain Esserte,
itain-Lieutenant Sonder/ Lieutenant Michel/
hndrich Reisewitz. Sitzendorffisch Regiment/
rist Sintzendorff, Obrist-Lieutenant Röteln/ Ca-
ain Borschdorff / Lieutenant Rumor, Lieutenant
endischen/ Fähndrich Harlin, Fähndrich Win-
ln / Fähndrich Brotzte. (Gothisch Regiment/
rist Lieutenant Beilheim/Fähndrich Zscheitzschel/
 verwundet. Vom Leib-Regiment / Fähndrich
itzing. Flemmingisch Regiment/ Capitain Aemi-
n/Fähndrich Waldau. Reussisch Regiment/Lieu-
tant Ziegesor, Lieutenant Neschwitz. Sintzendorf-
h Regiment/ Lieutenant Velckershorffen. Go-
sch Regiment/ Capitain Mattenberg/ und vom
terobischen Regiment / Capitain Gleichem / todt.

Chur-Bäyerischer Seiten: Marquis Semenis,
neral-Commissarius Libel / und General-Adjutant

Aa 3   Bilbis/

Vilbis / nebst 600. Gemeinen / an Alliirter Seit todt / und viele verwundet.

Auf feindlicher Seiten sollen biß 1200. daran geblieben seyn / auffer denen Verwundeten / den vermuthlich auch eine ziemliche Anzahl.

Währendem Sturm brandte es etliche Stunden lang in der Stadt / ohne / daß man wuste / wie auskommen wäre.

Als man sich nun solcher Gestalt der feindlichen Contrescarpen bemächtiget / und sich würcklich darin gesetzet / auch die Frantzösische seithero bey der Justiz gestandene Reuter-Wacht zugleich nach der Stadt getrieben hatte / fuhre man die gantze Nacht mit Schiessen und Chargiren unaufhörlich fort. So lieffe über Heilbronn Bericht ein / daß die Frantzosen bey Dillingen durch den Schwartzwald in das Würtenbergische einbrechen wolten / aber mit Hinterlassung vieler Todten repoussiret worden wären.

Den 28. dito wurde Käyserl. Seiten an den neuen Posten / nicht weniger / in der Mitten / eyferig gearbeitet / und darbey dem Feind gantz ungewöhnlich zugesetzet / welcher zwar auch alles tentirte / wormit er nur zu schaden vermeynete / auch zu dem Ende Morgens frühe lincker-Hand bey den Lüneburgischen 2. Fugaden sprengen liesse / die doch den vermeynten Effect nicht erreichet / massen man dißseits dardurch nicht in dem Geringsten incommodirt wurde. Ebenmässig thäte man auf Chur-Fürstl. Attaque mit continuirlichem Canoniren / Bomben und Carcassen-Werffen auf den Wall und attaquirte Ravelin denen Belagerten grossen Schaden / warfft auch zugleich in der eroberten Contrescarpen bereits neue Werck auf / daß man verdeckt stehen kunte / und verfügete in allem solche Anstalt / daß man innerhalb wenig Tagen von

von der Stadt und Vestung Meister zu seyn hoffete. Es liesse zwar der Feind/durch gegebenes Zeichen/ einen Stillstand zu Begrabung der Todten begehren/ wovon man doch dißseits weder wissen noch hören wolte. Und weilen man

Den 29.dito Käyserl.Seiten warnahm/ als dann der Feind unter dißseits neuen Posto lincker Hand am Eck eine Mine ansetzen solte/ fienge man eine Gegen-Mine an/ und darbey so fort/ den Graben zu bestreichen/ Rechts und Lincks 2. Batterien/ und war deren eine auf drey/die andere auf 2.halbe Carthaunen/zu machen; So war man auch rechter Hand in 2.Sappen in die Contrescarpen begriffen. Eben so wenig liessen die Chur-Bäyerisch- und Sächsischen ihres Orts nichts ermangeln/ sich gegen allem in gebührende Postur zu setzen/ biß der Feind an allen Attaquen die Chamade oder das Appel schlagen/ und weisse Fähnlein aufstecken liesse/ auch gegen Mittag einen Obrist-Lieutenant,beneben einem Capitain, um Accord herauß schickte/ da dann alsbald befohlen wurde/ mit Schiessen und aller Arbeit einzuhalten; Worauf sich zugleich so wol deß Feindes/ als dißseitigen Posten alles sehen liesse. Der Lotthringische Obrist-Lieutenant Pinni wurde/ mit 2. andern Officirern/ an deren Statt hinein geschickt/ die Frantzosen aber mit aller Höflichkeit zu Ihro Hoch-F.Durchl. Herrn Hertzogen zu Lotthringen geführet/ die sich nach dem Mittag-Essen mit ihnen zu Ihro Chur-Fürstl. Durchl.Durchl. auß Bäyern und Sachsen/ begaben/ um die Accords-Puncta neben ihnen zu verfassen/ womit es sich/ weil einige Difficultäten/ sonderlich Frantzös.Seiten/sich hervor thun wolten/biß gegen Nacht verzogen/ worinn man sich doch endlich solcher

solcher Gestalt bequemet/ daß ein-und anderes zu Ende gebracht wurde; Nach welchem sich Prinz Commercy,mit unterlegten Pferden/biß Franckfurt und so dann in aller Eyl weiters nach Augspurg/zu Ihro Käyserl.Maj.begaben. Denen Unserigen wurde hierauf in der Contrescarpe vollkommen zu logiren zugelassen/und der völlige Abmarsch deß folgenden Tages/als

Den 30.dito vorgenommen/welches sich doch biß den instehenden Sonntag/wegen noch nicht völligen adjustirten Accords/verzoge/weßhalben dann die Trenchéen/und übriges/gleichwol von denen Unserigen besetzet bliebe/auch die Arbeit/zwar ohne einige deß Feindes Hindernüsse/immer fort geführet wurde/als wann die Belagerung noch würcklich vorhanden wäre/und zwar dieses vermuthlich zu dem Ende/damit der Feind/wofern je unter diesem Accord eine Schalckheit verborgen seyn solte/nichts darbey gewinnen könte/und glaubete man/daß der Abgang deß Pulvers bereits bemelten Accord bey denen Belagerten verursachet hätte/daß also der Abzug

Den 1.Septembr. da es Morgens ohngemein starck regnete/um 10.Uhr Vormittags seinen Anfang nahme/und biß Nachmittag um 4.Uhr währete/da dann die Frantzosen mit allem geraubten und erpresten Gut/so sie die Zeit hero von allen/so wol abgebrandten/als noch stehenden Orten diß-und jenseits Rheins zusammen gebracht/in Gegenwart der Käyserl.und Alliirten Generalität in kostbarem Aufzug/rechts und lincker Hand gestandener Guarden und Dragonern/und Anwesen vieler hundert frembder Personen/in 4.biß 5000. Mann/Gesunden und

und Krancken/ mit ohngefähr 400. Wagen/ auch etlich 100.beladenen Maul-Eseln und Last-Pferden/ unter Convoy von 200.Mann/ welche Herr Obrist-Lieutenant Baſſompierre, vom Commercyſchen Regiment/ führete/ außgezogen/ die Bleſſirte aber/ und die im Accord gemelten Stücke/ welche alle mit Königl.Frantzöſiſ.Wapen bezeichnet waren/ wurden in Schiffen zu Waſſer nachgeführet. Den Platz beſetzete man mit einigen tauſend Käyſerl.und Crätz-Völckern/ unter Commando, Herrn General von Thüngen. Die außgezogene Frantzöſiſ. Guarniſon hielte ſich/ wegen Menge der Bagage, lange unter Weges auf/ und hauſete zu Grünſtatt/ Kirchheim und Türckheim/ ob dieſe ſchon 3. ruinirte Orte waren/ auch zu Neuſtadt an der Hardt/ ſehr übel/ ſo die Convoy, als zu ſchwach/ nicht wol verhindern kunte.

Den 2. dito fienge man an zu Mäyntz wieder mit allen Glocken zu läuten und wurde in der Haupt-Kirchen in Beyſeyn Ihrer Chur-Fürſtl. Durchl. zu Bäyern und Herrn Hertzogen zu Lottringen/ Hoch-Fürſtl. Durchl. nebſt Celebrirung deß hohen Amts der Meſſe/ das Te DEUM Laudamus geſungen.

Folgenden Tages entbotte man viel 100.Bauren auß der Nachbarſchafft/ um die verfertigte Wercke wiederum gleich zu machen.

Daß nun dieſer ſo hoch-importirliche Ort/ beſagter Maſſen/ zu Aufnehmen deß Römiſchen Reichs wieder an den rechtmäſſigen Herrn kommen/ darfür hat man aller Orten dem Allerhöchſten GOTT ſchuldig-gebührenden Danck zu ſagen. Nun folgen die

Deß Teutschen

ARTICUL,
Welche
Im Namen Ihro Käyserl. Maj.
Zwischen
Deß Herrn Hertzogs von Lottringen/ Hoch-Fürstl. Durchl. Ihro Chur-Fürstl. Durchl. von Bäyern und Sachsen / Ihro Durchl. Durchl. von Hanover und Hessen/ als Ihro Käyserl. Maj. Alliirten/ und dem Herrn Marquis d'Auxelles, Königl. Ordens Ritter / und General-Lieutenant über dero Armeen / wegen Ubergabe der Stadt Mäyntz in Vorschlag kommen/ und bewilliget sind:

1.

SOll die Guarnison nächst-künfftigen Sonntag dieses Monats Vormittag um 11. Uhr/ mit ihrem Gewöhr und Bagage, Kugeln im Mund / klingendem Spiel / an zweyen Enden brennenden Lunten / mit Pulver und Bley gefülleten und versehenen Patronen / fliegenden Fahnen/ Musqueten und Picquen auf den Schultern / die Reuterey zu Pferd mit dem Sabel in der Hand / die Dragoner gleichfalls zu Pferd / die Flinten in die Höhe haltend / und aller ihrer Bagage, mit fliegenden Fahnen außziehen/ wann sie nicht zwischen hier und besagtem 11. dieses Monats St. N. mit einer Armee entsetzet wird.

2. Soll

2. Solle der Platz besagten 11. Tag Morgens aufgegeben werden/ und so bald gegenwärtige Capitulation unterzeichnet / und die Geissel von beyden Theilen gegeben seyn / mögen ob höchst-und hoch-ermelte Durchleuchtigkeiten ihre Logementer / biß in den bedeckten Weg innen behalten / jedoch nicht in den Graben gehen / noch einige Arbeit thun lassen.

3. Soll die Guarnison mit Rettung ihres Lebens / Gewöhr und Bagage, den nächsten und sichersten Weg nach Landau / mit einer gnugsamen Convoy, von Käyserl. und Alliirten Chur-Fürstl. und Fürstl. Völckern / durch einen hohen Officirer commandirt / in aller möglichen Sicherheit / so wol der Käyserl. als deß Reichs / und deren Alliirten / begleitet / und wann sie in eine Stadt / Flecken und Dorff kommet/ welche nicht weiter / als 3. oder 4. Frantzösis. Meilen von einander entlegen seyn sollen / wo man jedesmahl übernachten wird / deroselben im Namen Jhro Käyserl. Maj. Ordre deß Herrn Hertzogs von Lothringen/ und Jhro Chur-Fürstl. Durchl. Durchl. von Bäyern und Sachsen/ und Jhro Durchl. Durchl. von Hanover und Hessen/ mit nothwendigen Lebens-Mitteln nach Billigkeit versehen / und denen Officirern/ Soldaten / Reutern / Dragonern / Artollerie-Bedienten/ und andern von der Guarnison, Haber und Heu für ihre Pferde verschaffet werden.

4. Soll denen Außziehenden sechs Metallene Stücke, 24. Pfund schiessend/ mit deß Königs Wappen/ auf ihren Lavetten/ mit so viel Pulver und Kugeln/ fünff Schüß auß jedem zu thun / mit zu führen erlaubet / und ihnen Pferde / und andere nöthige Zugehör / biß nach Landau zu bringen / verschafft werden.

5. Soll

Deß Teutschen

5. Sollen sie auch 4. Feuer-Mörsel/ mit deß Königs Wappen bezeichnet/ Bomben darauß zu werffen/ mitführen.

6. Soll alles Silber und Geld/ so in Mäyntz befindlich/ und denen Particulier-Officirern/ Kauffleuten/ und andern von Frantzösischer Nation zugehörig/ in aller Sicherheit/ biß nach Landau zu führen abgefolget werden.

7. Soll deß Königs Gold und Silber in aller Sicherheit von Mäyntz abgeführet/ und gleichfalls nach Landau/ samt den Völckern der Guarnison, ohne einige Verhinderung/ unter was Vorwandt solches auch geschehen/ begleitet/ und zu diesem Ende dem Schatz-Meister gnugsame Fuhr/ ohne Auflag/ oder Zoll/ von gegenwärtiger Capitulation anverschaffet werden.

8. Soll der Guarnison erlaubet seyn/ Brodt/ Wein und Speisen/ Medicamenten/ Hauß-Geräth/ und alle Nothwendigkeiten für die Beschädigten und Krancken mitzunehmen/ und eine gnugsame Anzahl Schiffe/ samt Schiffleuten/ und einer Convoy, um besagte Beschädigte und Krancken biß nach Philippsburg in aller Sicherheit/ nebst deren Medicis und Aertzten/ Feldscherern/ Apoteckern/ und andern Leuten/ die ihrer warten und pflegen können/ zu führen verschaffet werden.

9. Mögen die Officirer/ Reuter/ Dragoner/ Soldaten/ und andere Blessirte und Krancken/ welche Schwachheit halber nicht können mit fortgebracht werden/ in Mäyntz bleiben/ und ihnen gnugsame Losamenter/ nebst nothwendigen Leuten/ um einen billichen Preiß verschaffet/ und wann sie wieder geheilet und gesund worden/ den kürtzesten Weg in einer

Seiner

Seiner Aller-Christl. Maj. zugehörige Stadt geführet/ und ihnen nothwendiger Paß und Convoy, in aller Sicherheit dahin zu kommen/ gegeben werden.

10. Soll kein Officirer/ Reuter/ Dragoner/ Soldat/ noch sonsten Jemand/ weß Standes oder Wesens derselbe auch seyn möchte/ von wegen der Contributionen/ Confiscationen/ Auflagen/ und ins gemein von wegen der erhobenen Gelder/ an welchem Ort und Land solches auch geschehen seyn mag/ noch wegen aller biß auf diesen Tag verübter Feindseeligkeiten/ angefochten/ sondern zu diesem Ende eine schriftliche Versicherung von Seiner Durchl. dem Herrn Hertzog von Lottringen/ gegeben werden.

11. Soll von allen Confiscationen/ welche auf den Herrn Chur-Fürsten/ und alle andere Personen/ weß Standes und Wesens sie auch seyen/ an baarem Geld/ Weinen/ Früchten/ Pferden/ Maul-Eseln/ Carossen/ Wägen/ Viehe/ und ins gemein von allem/ was in bemelter Stadt Mäyntz zu Unterhaltung der Guarnison, und derer zu der Belagerung besagten Platzes erforderten Nothwendigkeiten genommen worden/ nichts mögen wieder gefordert werden.

12. Soll allen Bürgern/ beydes Frantzosen/ als Teutschen/ und andern Innwohnern in Mäyntz frey stehen/ entweder zu bleiben/ oder mit der Guarnison außzuziehen/ und alles/ was ihnen zugehöret/ mitzunehmen/ auch ihnen drey Monat lang diese Freyheit gelassen/ und um keiner Ursach willen/ wie sie auch Namen haben mag/ beunruhiget werden/ mit dem Anhang/ daß sie sich dißfalls

falls den besagten 11. gegenwärtigen Monat Septembris erklären.

13. Soll ohne Erlaubnuß beyder Theile einiges Commercium und Handlung zwischen der Käyserlichen und Reichs-Armee/ und der Guarnison zu Mäyntz/ nicht zugelassen seyn/ noch Jemand von der Armee/ unter was Vorwandt solches auch geschehen mag/ auß- und eingehen.

14. Sollen die Gefangene/ so vor und in währender Belagerung gemacht worden/ beyderseits wieder außgelieffert werden.

15. Die Geisseln/ so wegen Vollziehung gegenwärtigen Tractats der Käyserlichen und Reichs-Armee gegeben worden/ sollen gegen denen/ so man uns zugeschickt/ von beyden Theilen außgewechselt/ und bey guten Treuen mit nothwendigem Paß und Convoy versehen werden.

16. Soll in währender zum Außzug der Guarnison verwilligter Zeit zwischen beyden Theilen ein Stillstand der Waffen seyn/ und um keinerley Ursach willen/ wie dieselbe auch Namen haben mag/ keine Feindseeligkeit verübet werden/ und Jeder auf dem Platz/ den er gegenwärtig zu Vollziehung dessen/ was in dem zehenden Artickel verglichen worden/ verbleiben.

17. Soll zwischen dem Käyserlichen General-Commissario, und dem Grafen von Autefort, wegen der Anzahl der Wagen/ die wol bespannet seyn/ und zur Abfuhr der Equipage der Officirer und der Guarnison verschafft werden sollen/ ein Vergleich getroffen werden.

18. Sollen alle Officirer ins gemein von der Guarnison, so zu dem General-Stab gehören/ der

Herr

Herr Petit, welcher die Intendanten-Stelle versiehet / die Krieges-Commiſſarien / der Zahl-Meiſter / die Königliche Ingenieurs, Minirer / Feuerwercker / Bombardirer / Conſtabel, Handlanger / Wagner / Maurer / und alle andere / keinen außgenommen / in dieſem Accord begriffen ſeyn.

19. Soll / zu Unterhaltung der Guarniſon, Meel / biß nach beſagtem Landau / verſchaffet werden.

20. Soll kein Officirer von der Käyſerlichen und Reichs-Armee / er ſey gleich hoher oder niederer Condition, befugt ſeyn / einigen Reuter / Dragoner oder Soldaten / wann derſelbe gleich von einer Käyſerlichen oder Alliirten Compagnie übergelauffen ſeyn möchte / zuruck zu fordern / oder anzuhalten.

21. Mögen die Reuter und Dragoner auf zween Tage Haber / und auf vier Tage Brodt / wie auch die Infanterie auf eben ſo viel Tage Proviant mit ſich nehmen.

22. Soll keinem Theil erlaubet ſeyn / einige Beute / noch Pferde / ſo vor oder in währender Belagerung gemacht / oder geraubet worden / wieder zu fordern.

23. Soll der Marquis d'Auxelles ein allgemeines Thun ergehen laſſen / und Krafft deſſelben beydes den Officirern / als Soldaten / und andern / anzubefehlen / daß ſie innerhalb vier und zwantzig Stunden alles / was ſie den Bürgern ſchuldig ſeyn möchten / bezahlen ſollen / in währender ſolcher Zeit gedachte Bürger ſich bey ihm / im Fall die beſagte Officirer und Soldaten ſich weigern würden / mit ihnen abzufinden / beklagen können /

nach

nach welcher Zeit aber man keinen Officirer / Soldaten / noch Jemand anders von der Guarnison, Schulden halben / oder sonsten / arreſtiren mag.

Alle in gegenwärtiger Capitulation enthaltene Artickel / ſollen von beyden Theilen getreulich vollzogen werden.

Geſchehen im Feld-Lager vor Mäyntz / den 9. Septembr. St. N. 1689.

Namens Ihro Römiſch-Käyſerl. Maj. und Dero ſämtliche Hohe Alliirte/

N. N.

Auxelles.

Als Ulucaſtri dieſes Journal geleſen hatte / danckete er dem Allerhöchſten / daß es endlich mit dieſer Denck-würdigen Belagerung noch / ehe man es ſich vermuthet / zu einem guten Ende gekommen. Wir ſchreiten auch hiermit / ehe wir weiter fortfahren /
zum

Beſchluß deß Dritten Theils dieſes Teutſchen Carls.

Regiſter

Register/
Uber den Dritten Theil deß Teutschen Carls.

A.

Alarmi sihe tapffer/ 78. schläget listiger Weise
den Orgeille den Kopff herab/ 81.
Allmosen/ deß Carls/ 221.
Anschlag auf den Orgeille gemacht/ 78. seq. der auf den Türckischen Sultan gemacht worden/ den höret Ulucastri, 201.
Articul, wegen der Ubergabe Mäyntz. 378. seqq.

B.

Bär/ mit dem Carl gekämpffet/ und solchem obgesieget/ 249. seq.
Basilowitz/ dessen grosse Tyranney/ 215.
Bauren prahlen wegen eines erlegten Bärens/ so aber von Carln geschehen/ 253. seq. erheben Lermen in einem Dorff/ 74.
Bauren-Kerl/ der Ursula Bruder/ und sie/ packen den Baldrich abermahlen an/ 45. der wird durch etliche Dragoner von ihr erlöset/ 46.
Bajazet/ 300.
Belisarius, verbessert Rom/ so gut er kunte/ 27.
Beuten/ so Carl bey den Circassiern gemacht hat/ 273.
Bitt/ der Peguaner Priester/ gantz demüthig/ 182.
Böhmen/ beschrieben/ 301.

Bock-

Register über den 3. Theil

Bock-Fest / der Circaßier /
Boris, ziehet starck an Mannschafft gegen dem Carl.
                                                323. ſe
Brandenburg/Beſchreibung.   3.
Bruſt-Bild/ der Candula, dem Ulucaſtri von Marle
  ga überreichet/ 196. dieſe lebet noch/   19
Bund / deß Königs von Braina mit dem Indianiſch
  Monarchen Calaminhan,   177. ſe

C.

Cambainha, kom̃t in groſſe Noth/ 144. ſein Tod/ 16:
Canonen/ der Prinzeſſin in Dageſtan vom Perſ
  Schach wider die Circaſſier wunderlich geliehen/ zu
                                               ſequ.
Carl / kommt bey einem Baſſa in groſſe Gefahr / 209.
  entkommt der Gefängnüß / 212. Würckung ſeines
  Türckiſchen Patents / 213. kommt in Circaſſien an
  248. wird von einem Edelmann in einem Holtz in
  der Irre angetroffen / und ſehr höflich tractiret / 251.
  wird von etlichen überfallen/ 248. wer dieſe geweſen/
  252. thut der Dageſtaniſchen Prinzeſſin ſehr groſſe
  Hülffe wider die Circaſſier / 271. ſeqq. greiffet dieſe
  abermahlen an / und ſchläget ſie / 277. fället in eine
  hitzige Kranckheit/   328.
Carthago, ihre Verwüſtung wird beſchrieben/ 7.ſeqq.
Caycyro, ein loſer Menſch/   153.
Chartel, darinnen Corniel den Carl außfordert / ſam̃t
  deſſen Beantwortung/ 192. wie es abgelauffen/ 195.
Chinchis, an Uchams Statt erwählet/   223.
Chriſtenthum / wann und zu welcher Zeit es in Siam
  gepflantzet worden/   115.ſeqq.
Circaſſier / werden liſtig angegriffen/ 256. ſeq. Diſcurs
  von dieſer Leuten ſeltzamen Sitten und Gebräuchen/
  259.ſeqq. was dieſe bewogen/ Dageſtan ſo greulich
  zu verwüſten/ Diſcurs hiervon/   280.ſeqq.
                                                Colam.

deß Teutschen Carls.

olam, dahin kommt Carl zur Dagestanischen Prin-
zeßin/ 275.
.orinth/ deren Verwüstung/ 11. seqq.
orniel, ist Marlenga, 195.

D.

Aregam, siehet Carln und seine Cammerathen
Anfangs für Feinde an/274. empfänget Carln/da
er Sieg-reich vom Krieg wieder kam/326. wird abermahl von dem Boris feindlich angefallen/mit Zuziehung der Kalmuker-Tartarn/ 327. wird eine Chri-
stin/ 328.
Doria Andreas,deß Flesco Cammerrath in der Revoulte zu Genua, 240.

E.

Abentheuren/ deß Ulucastri, von Koribut erzehlet/
198. seqq.
Ehren-Saul/ dem Ulucastri in Adrianopel aufgerich-
tet/ 208.
Einzug/der Brameern/in die Stadt Martaban/ 155 sq.
Eporedia, unter der Gestalt eines Kundschaffters/ gibt
sich Ulucastri zu erkennen/ 85.
Execution, unbedachtsame/ 139.

F.

Fest/ zweyerley/ mit was Gebrauch sie bey den Eir-
cassiern begangen werden/264. seq. Tag/den weissen
Elephanten zu Siam gewidmet/ 132.
Feuer-Execution, ist etlichen Franzosen selber ein
Greuel/ 5.
Flesco, ein Revoltirender in Genua, 236. ersaufft/244.
Flüsse/ die Fürnehmste in Teutschland/ 297.
Foralca, eine unwillige und greuliche Braut/284.seqq.

G.

GEbett / für glücklichen Sieg / eines alten Armenischen Bischoffs/ 323.
Genserich/ erobert und plündert Rom/ 25.
Gerechtigkeit/ in Malacca/ wegen der Schiffbrüchigen Güthern/ 132.
Geschenck/ König in Siam hält Grosse für schlecht/131.
Gewette/über deß Alarmi Redlichkeit/ 80.seqq.
Glück/Exempel dessen Wanckelmüthigkeit/ 184.
Glückseeligkeit/ der Königen und grosser Potentaten/ was darauf zu halten/per Discurs, 165.seqq.
Goly, ein Mit-Gefangener deß Carls/ wird durch ihn erlediget/ 220.
Gothen/von einem Juden übel gehalten/ 19.

H.

HEnricus, Teutscher Käyser/ belägert Rom/ 30.
Hof-Gericht / zu Rothweil/ 318.
Holger, erzehlet/ wie er in grosse Noth gerathen/ 76.
Honorius, straffet den Stiliconem seiner List halben/ 19.
Hunger/ bey Belagerung der Stadt Rom/ 22.

J.

JAnetino, von Ottobano, und seinem Anhang/ in der Revoulte zu Genua ermordet/ 244.
Jeffreys, Englischen Cantzlers seltzame Fata, 47.seqq.
Jerusalem / deren Verwüstung erzehlet Baldrich, 36. seqq.
Imerette, verspricht der Daregam Beystand/wider den Boris, 327.
Irrland/ Discurs hiervon/ 2.

K.

KAmmer-Gericht/zu Speyer/ 317.
Korb / dem Chinchis gegeben/ wird grausam gerochen/ 225.

Koribut,

deß Teutschen Carls.

Koribut, kommt zu seinem alten Herrn Ulucastri, 196.
Krieg/ zwischen dem K. zu Pegu und Siam/ woher solcher entstanden/ 164.
Krieges-List/ Königs von Siam/ 164.

L.

Laesse/ eine sonderlich starcke/ 226.
Legation, deß Francisci de Castro, an den König in Siam/ 130.
Leich-Bestattung/ deß Siamischen Königs/ 134.seqq.
Londondery/ was es für eine Bewandtnüß mit dieser Irrischen Vestung vormahlen gehabt/ 2.
Longobarden/ verheeren Rom/ 28.

M.

Mayntz/ Journal dieser Belagerung/ und wie solche endlich erobert worden/ 330.seqq.
Martaban/ dieses Reichs seltzame Veränderung/ 143. seqq. dieser Stadt Belagerung kostet den König der Brameern viel Volcks/ 163.
Mitleyden/ der Portugiesen/ wie auch deß Siamischen Königs/ 132.seq.
Moraja, in einem elenden Zustand von Carln angetroffen/ 228.
Mutter/ Exempel einer greulichen/ 140.seq. samt vier Kindern/ wird gehenckt/ 161.seq.

N.

Numantia, weitläufftige Erzehlung von dieser Stadt/ Gelegenheit und Eroberung/ 31.seqq.

O.

Oesterreich/ beschrieben/ 301.
Opffer/ deß Cambainha, 146.

P.

Parole, schöne/ deß Königs zu Brama, 149.seqq.
Patent, erhält Ulucastri durch gantz Türckey/ 208.

Register über den 3. Theil

Pegu, dieses Königreichs seltzame Veränderungen/ 177 seqq.
Pipinus, Caroli M. Vatter/ kommt Rom zu Hülffe wi der Aristulphum, 29.
Procession, erbärmliche/ der Martabanischen/ 158. seq.
Prom, wird vom König von Brama erobert / 172. seqq.

Q.

Quay Nivandel, ein Gott der Feld-Schlachten/ 146. 182.

R.

Regierungs-Form/ in Teutschland/ 307. seqq.
Reichs-Täge / wie es darmit gehalten werde / 310. seqq.
Revolte, zu Genua, wie solche abgelauffen/ 236. seqq.
Revolution, so im Königreich Siam entstanden / 91. seqq. eine andere/ 119. seqq.
Ring/ so Ulucastri dem Baldrich in Paris verehret/ bringet ein Bauer zu Kauff ins Lager/ 71. seq. ist eine Ursach der Erledigung deß Holgers/ 71.
Rom / wird blocquirt von Alarico, und endlich verwüstet/ 20. seqq.

S.

Sachsen/ 303.
Saladin, heurathet mit Unwillen seiner Geliebten/ dessen Außgang/ 286.
Saracener-Mohren/ belagern Rom/ 29.
Schatz/ Beschreibung eines fast unglaublichen/ 145.
Schiff/ so Noth leydet/ 319.
Schlange/ ist ein Abgott in Siam/ 135.
Schmach/ und Verachtung/ ist grossen Potentaten ein Wetz-Stein der Tapfferkeit/ 222.
Schreiben / deß Königs zu Pegu an den zu Brama, 147. seq.

Schwaben/

deß Teutschen Carls.

Schwaben/ wird beschrieben/ 299.
de Seixas, ein Sclav in Siam/ wird ranzionirt/ 130.
Siam/ Beschreibung dieses Königreichs/ 104. seqq. dieses Handel/ 123. seqq.
Sieg/ deß Carls über die Circassier/ 325.
Specification, was und wer vor Mäyntz geblieben/ 370. seqq.
Stenco Radzin, ein berühmter Rebell, 288.
Stilico, ein trefflicher Kriegs-Oberster/ 15.
Sturm/ zur See/ und Verunglückung deß Lud. von Montarrogo, 131. seq. vor Mäyntz/ beschrieben nach allen Beschaffenheiten/ 365. 369.
Supplic, deß Jeffreys, an den neuen König in Engelland/ 67. seq.

T.

Terky, ist in grosser Gefahr wegen der Circassier/ 270.
Teutsche/ werden von Fremden für grobe und ungeschickte Leute gehalten/ 254.
Teutschland/ dessen Beschreibung nach seinen fürnehmsten Ständen und Städten/ 290. seqq.
Tod/ Nhay Canato, deß Cambahina Gemahlin/ 162.
Trogell, krieget wider Boris, wegen seiner Schwester Foralca, 289. dieser sieget/ und daher seyn die Circassier Ober-Herren worden deß Landes Dagestan/ 290.
Totila, erobert Rom/ 16.
Tyranney/ deß Basilowitz/ 215. seqq. Sultans Bajazetis/ 218.

U. V.

UCunchenira, ein Ehebrecher deß Siamischen Königs/ 142.
Verrätherey/ durch solche wird Siam bekommen/ 163.

Verstö-

Register über den 3. Th. deß Teutschen C

Verstörung / unterschiedlicher Städten / Discurs, 43.
seq.

Verwüstungen/deren Ursächer wird so leicht nicht vergessen/ Discurs, 6. seq.

Villars, bleibet bey seiner Braut/ und scheidet sich von der Compagnie, 5.

Ulucastri, kommt ins Lager vor Mäyntz/ 70. bietet einen Kampff an/ wegen etlichen Reden/ über den Orgeille, und dessen Tod/ außgestossen/ 87. sieger Ritterlich/ 90. wird dem Sultan zugesandt/ als ein gefangen Christen-Kind/ 200. kommt vor den Sultan/ 202. soll beschnitten werden/ 203. wöhret sich/ solches zu thun/ und tödtet darüber einen Guardian, 204. eröffnet/ auf Befragen/ dem Sultan den heimlichen Anschlag deß Kara Mustapha, &c. 205. erlanget deßhalben hohe Gnade/ 206.

Uncham, sagt eine Enpörung wider ihn/ 223.

Unglücklicher Printzen/ unterschiedliche Exempel/ 230. seqq.

Unschuld / unterschiedlicher Leuten / so der Jeffreys hat lassen hinrichten/ 60. 63.

W.

Wahl/ eines neuen Hertzogs zu Genua, 246.
Wahl-Capitulation, Käyserliche/ 309. seqq.

Weiber, hohes Standes / werden bey den Füssen am Galgen aufgehenckt/ 160.

Werbung/ um Unchams Tochter/ deß Cnichis, bringet grosses Unglück/ 224.

X.

Xemindo, regieret löblich/ 181. wird überwunden/ 183.
Xemino, dessen Execution, 189.

Z.

Zauber-Spiel/ 226.

E N D E.

www.ingramcontent.com/pod-product-compliance
Lightning Source LLC
Chambersburg PA
CBHW030421300426
44112CB00009B/801